启笛 · 历史

Golden-silk smoke

A History of Tobacco in China 1550 —— 2010

中国烟草史

〔美〕班凯乐 著 皇甫秋实 译

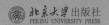

一种外来植物改变中国人生活的历史

目 录

致　谢 / i

导　论
　　全球和跨文化视野下的中国烟草消费 / 4
　　跨越帝国晚期—近代历史分水岭的延续和
　　　变化 / 10

第一章　近代早期全球化与中国烟草的起源
　　　　（1550—1650 年）
　　烟草传入明代中国沿海 / 18
　　烟草传入清初东北和蒙东地区 / 22
　　水烟传入西部边疆 / 26

第二章　中国卷烟生产、消费和贸易的扩张
　　　　（1600—1750 年）
　　烟草作为经济作物在长江丘陵地带的传播 / 37
　　在丘陵地带将烟草作为经济作物种植 / 46
　　区域专业化、烟草种植面积的扩大和人均烟草
　　　消费量的提高 / 52
　　烟草长途贸易的结构 / 54

　　中国烟草的种类 / 54
　　烟草商人 / 56
　　贸易量 / 57
　　烟草零售业 / 58

第三章　学会以中国风格吸烟（1644—1750 年）
　　向内渗透和向上渗透的烟草 / 66
　　都市世界性精英的烟草消费 / 68
　　普罗大众的烟草消费 / 77
　　清代妇女的烟草消费 / 79
　　名妓、娼妓和艺妓的烟草消费 / 80
　　盛清时期"体面"妇女的吸烟 / 85
　　针对妇女的儒家禁烟说教 / 89

第四章　明清医药文化中的烟草
　　将烟草作类比 / 95
　　烟草与"温补"学派 / 100
　　大众化医学文本中的烟草 / 106
　　烟草与不同的身体 / 108

第五章　烟草的时尚消费（1750—1900 年）
　　统治精英的进口鼻烟 / 117
　　向下渗透的鼻烟 / 124
　　乡绅的水烟袋 / 133

第六章　中国卷烟工业的兴起（1880—1937年）
　　中国工业卷烟的起源（1882—1902年）/ 140
　　英美烟草公司和中国卷烟市场的扩张
　　　（1902—1937年）/ 144
　　中国卷烟公司的缝隙营销 / 149
　　手工卷烟业 / 153

第七章　南京国民政府时期烟草消费的社会和空间差异
　　南京国民政府时期烟草消费的总体模式 / 161
　　上海的大众卷烟市场 / 164
　　上海的社会分层和品牌选择 / 171
　　北京的二元烟草市场 / 176
　　北京烟草消费模式的社会分层 / 180
　　20世纪30年代河北定县的烟草消费模式 / 185

第八章　都市的卷烟和乡村的烟袋　民国时期吸烟的文学表达
　　"现代"卷烟的社会结构 / 192
　　上海城市想象中的卷烟 / 194
　　在"老北京"抽烟袋的乡愁 / 197
　　20世纪30年代地方文学中的卷烟和烟袋 / 203

第九章　新女性、摩登女郎和女性吸烟的式微
　　（1900—1976年）
　　进入视野：上海妓女与"新女性"公然吸烟
　　　（1900—1915年）/ 216

针对女性吸烟的精英批判话语的出现
　（1900—1915 年）/ 225
吸烟、东方主义和不守规矩的女性情欲 / 226
作为"民族毒药"的烟草 / 228
世界基督教妇女节制会及其在华禁烟运动 / 230
民初中国的禁吸卷烟运动 / 233
卷烟与"摩登女郎"（1927—1937 年）/ 238
作为 20 世纪政治运动攻击目标的卷烟和
　"摩登女郎"（1934—1976 年）/ 247

结　语　中华人民共和国的烟草（1949—2010 年）
发展与趋势（1949—1976 年）/ 258
发展与趋势（1978—2010 年）/ 262
对中国当代吸烟相关疾病蔓延的历史看法 / 267

注　释 / 270
参考文献 / 311
索　引 / 350
译后记 / 368

致　谢

这本书写于我操心柴米油盐的年代。像其他中年人一样，我力图在养育儿女及照顾父母的甘苦与学术生涯的多元要求之间维持平衡，有时也会把这个项目放在一边，优先处理当务之急。我能在中年所特有的混乱中写出这本书，主要得益于许多人的鼓励和帮助。我很高兴最终有机会感谢在该项目的长久酝酿过程中予以支持的机构、同事、朋友和家人。

国会图书馆的克鲁格中心和乔治城大学研究生院为最初阶段的研究提供了资助。威尔逊国际学者中心慷慨的奖学金为我提供了一段不受干扰的宝贵时间来起草初稿。乔治城大学外交学院提供的一系列暑期资助和乔治城大学的学术休假使我有机会修改并确保本书的完成。

这项研究在许多图书馆中进行，我感谢有关机构的工作人员，尤其是乔治城大学劳因格图书馆馆际互借部的大卫·基尼维尔（David Guinevere）和其他人。他们神通广大地采购了许多不同的资料，这让我即便在承担其他学术任务和照顾家庭时，也能享受研究的便利。同样感谢丁烨（Ding Ye，音译）大幅扩充了劳因格图书馆数字化亚洲语言文献的馆藏。我还要感谢国会图书馆亚洲阅览室、哈佛燕京图书馆、斯坦福大学东亚图书馆、密歇根大学哈切研究生图书馆、史密森博物学院弗利尔—塞克勒美术馆图书馆、马里兰州贝塞斯达国家医学图书馆、洛杉矶加州大学理查德·鲁道夫东亚图书馆、纽约公立图书馆阿伦特烟草馆藏，以及芝加哥大学东亚馆藏的工作人员。

同仁们无论远近都在许多方面鼓励并支持这项工作。我非常感谢卜丽萍（Liping Bu）、纳塞尼尔·康福特（Nathaniel C. Comfort）、梁其姿（Angela Leung）、梅尔清（Tobie Meyer-Fong）、麦哲维（Steven Miles）、罗芙芸（Ruth

Rogaski)、萨普尔（Mike Sappol）、约翰·夏普德（John Shepard）、特里西娅·斯塔克斯（Tricia Starks）、戴真兰（Janet Theiss）、南希·托姆斯（Nancy Tomes）邀请我在许多工作坊、会议和研讨班上发表阶段性成果。在过去的14年中，无论在乔治城大学历史系，还是外交学院，我的同事们都创造了互助合作的环境。我感谢他们所有人。我特别感谢约翰·麦克尼尔（John McNeill）组织、艾莉森·盖姆斯（Alison Games）主持，并由乔治城大学历史系和亚洲研究项目共同主办的一个研讨班的参与者们，他们用批判的眼光阅读了全部或部分书稿。我要特别感谢米华健（James Millward）和穆盛博（Micah Muscolino），他们读了整部书稿，并做了详细的评论。其他评论各个章节的人还包括托马索·阿斯塔里塔（Tommaso Astarita）、白露（Tani Barlow）、格里·本尼迪克特（Gerry Benedict）、凯文·都克（Kevin Doak）、艾莉森·盖姆斯、韩嵩（Marta Hanson）、卡法拉斯（Philip Kafalas）、约翰·麦克尼尔、马尔西·诺顿（Marcy Norton）、马修·罗曼涅罗（Matthew Romaniello）、乔丹·桑德（Jordan Sand）、潘克俊（Howard Spendelow）、唐耐心（Nancy Tucker）、魏若望（John Witek）。我在华盛顿—巴尔的摩中国历史小组的好友们慷慨地用一节课来讨论我的书稿。我要再次感谢米华健和穆盛博，以及张勉治（Michael Chang）、冯素珊（Susan Fernsebner）、高峥（James Gao）、马寇德（Ed McCord）、梅尔清与冉枚烁（Mary Rankin）。

卜正民（Timothy Brook）、高迈德（Matthew Korhman）、包捷（Lucie Olivovà）和乔治·索萨（George Souza）都慷慨地分享了自己所做的关于烟草在中国历史和人类学方面的研究。在翻译方面，我得到了西蒙娜·阿梅斯坎普（Simone Ameskamp）（德语）、克里斯汀·金（Christine Kim）（韩语）和奥利维亚·塞利提斯·拉莫斯（Olivia Celetes Ramos）（葡萄牙语）的协助。恽文杰（Yun Wenjie，音译）检查了我对中国诗词的翻译，但文责仍由我自己承担。对于中国年画年代的确定，詹姆斯·弗赖斯（James Flath）和梁庄爱论（Ellen Johnston Laing）给予了宝贵的指导。张勉治、欧立德、韩嵩、乔纳森·李普曼（Jonathan Lipman）、梅尔清和魏爱莲（Ellen Widmer）给我寄来了重要的参考文献。我在威尔逊中心的一年，弗吉尼亚·陈（Virginia Chan）提供了重要的研究协助。维珍纳·蒂瑞丝（Régine Thiriez）和罗克珊·维特克（Roxanne Witke）慷慨地允许我使用她们个人收藏的图像。贝尔·埃尔文（Belle Elving）提供了有用的编辑建议，而布鲁斯·廷德尔（Bruce Tindall）则在最有必要的时候对书稿进行了审慎的删减，使其大为改观。大卫·哈根（David Hagen）制作了许多插图。朱阿那·希尔兹（Djuana Shields）和凯西·巴克加拉格尔（Kathy BucGallagher）不仅在举办其他学术活动时提供了宝贵的行政支持，而且他们也是我的朋友，给了我极大的支持。

在加州大学出版社，里德·马尔科姆（Reed Malcolm）从一开始就耐心地培养和鼓励这个项目，卡莉希雅·佩韦罗特（Kalicia Pivirotto）、苏珊娜·诺特（Suzanne Knott）和斯蒂芬·贝克尔（Steven Baker）也对项目予以关照，直至完成。卜正民、高家龙（Sherman Cochran）和一位匿名审稿人审阅了我最初的写作计划。安东篱（Antonia Finnane）和彭慕兰（Kenneth Pomeranz）阅读并评论了较晚阶段提交给出版社的书稿。我听从了他们大多数写作和修改的出色建议，尽管不是全部。所有的事实错误和存在问题的解释，文责都由我自己承担。

最后，我要感谢我的家人和朋友。我非常感谢金妮·赖特（Ginny Wright）和麦迪逊庄园的强大女性，她们提醒我，活跃的精神生活总是以强壮而健康的身体为基础。我感谢兰迪·普卢默（Randy Plummer）、谢里登的教员和员工，以及2010班级的家长和学生，相互帮衬，共同照顾我们的孩子。卡马特夫妇艾莉森和迪利普（Alison and Dilip Kamat）带来了许多愉快而有趣的湖上之夜。米歇尔·沃恩（Michelle Vaughen）和尼尔斯·克罗恩（Niels Crone）多年来一直是坚定不移的朋友。我感谢我的婆婆爱丽丝·阿欣（Alice Ashin）在我们的生活中充满活力。我无法用言语表达我对穆里尔·本尼迪克特（Muriel Benedict）的感激之情，她一生都给予我和我的兄弟姊妹无条件的爱和支持。我的父亲詹姆斯·史蒂芬·本尼迪克特（James Stephen Benedict）投身于治疗那些肺部被烟草蹂躏的人，但他未能看到这本书完成。谨以此书纪念他。感谢我的姐姐露丝·本尼迪克特（Ruth Benedict）和我的兄弟格里·本尼迪克特和托姆·本尼迪克特（Thom Benedict），多年来，特别是在亲人弥留时分所做的一切。在完成这本"永远写不完"的书的这段时间里，马克·阿欣（Mark Ashin）容忍了我的专注。如果不算太迟的话，我很高兴最终能兑现许诺已久的短途旅行。最后，我将最深切的感谢留给我最好的知识伴侣保罗·阿欣（Paul Ashin），他再次成为第一个听到每个观点，并最后一个读完每份草稿的人。我无法用言语描述，多年来他对我的工作无言的信心，这一直给予我力量。

导　论

据说，当美国烟草大王詹姆斯·杜克（James Duke, 1865—1925）在1881年获悉卷烟机的发明时，连忙翻开一本地图册，寻找世界上人口最多的国家。他告诉公司管理层，拥有4.3亿潜在顾客的中国"是我们要去销售卷烟的地方。"[1] 当得知中国人还不吸卷烟时，杜克料想他们可以学。一个世纪以后的今天，中国作为世界上人口最多的国家，拥有超过3.5亿烟民，确实已经成为机制烟草产品最大的消费国。[2] 虽然在创造当前巨大卷烟需求的过程中，杜克的英美烟草公司等跨国企业在20世纪确实发挥了一定的作用，但是中国烟草消费的普及可以追溯到"全球化"的现代时期以前。事实上，在杜克设想将美国烟草带给中国消费者之前的几个世纪，烟草早已存在于中国。

烟草是一种新大陆的作物，曾在南北美洲长期栽培，最初在16世纪由欧洲船只运送到东亚，而正是这些船只创造了新的世界跨洋贸易网络。克里斯托弗·哥伦布和他的船员是最早邂逅烟草的欧洲人。[3] 在他的第一次航行中，加勒比土著向哥伦布赠送了干烟叶，但这位航海家恐怕没有留意到它们。然而，就在几十年内，居住在伊斯帕尼奥拉的许多西班牙人已经学会了吸烟。那些参与跨大西洋贸易的人也是较早的吸烟者。[4] 烟草最初被认为与美洲印第安人的偶像崇拜密切相关，所以欧洲人接受烟草虽然相当迅速，但也并非一蹴而就。尽管主流的殖民话语仍在谴责使用烟草是魔鬼作祟，但西班牙人无意中吸收了中美洲的信仰和习俗，并最终培养出对印第安烟草的喜好。16世纪70年代情况发生了转变，几个西班牙医生开始赞扬烟草的药用属性。欧洲人从16世纪90年代才开始在商业上大量进口烟草，但到那时，伊比利亚水手已经将烟草带到世界各地的港口，其中包括那些连接东南亚和东亚的港口。到17世纪初，烟草已在菲律宾、爪哇、印度、日本、朝鲜，以及明代和清初中国的一些地区被广泛种植和消费。[5]

新大陆的烟草传入东亚大陆后，中国农民就立即开始将之本土化。16世纪下半叶，这种植物首次作为商业作物在华南沿海扎根。17世纪明清更迭之际（17世纪20—80年代），在席卷全中国的政治和军事动乱中，沿海移民将烟草运送到内地的新区域。到清军1644年进入北京时，烟草已经在东南沿海、东北、长江三角洲和华北平原的许多地区广泛种植。四十年后，当清朝终于巩固了对整个中华帝国的统治时，烟草种植已经扩大至华南和华中的大部分长江丘陵地区，以及西部一些地区。到18世纪50年代，对于许多中国地方社会、甚至对更大范围的清代政治经济而言，烟草已经成为一种重要的商业作物。烟草成为政府的一种财政来源，也为数百万人提供了生计。烟草被长途运输到帝国各地的市场，被男女老少分享。换言之，烟草被中国本土的生产和消费文化完全挪为己用。正如烟草爱好者陈琮在18世纪末所言："烟草始自边关，兹则随处有之，渐成土产"，多少有几分事实依据。[6]

本书讲述了从大约1550年至今中国烟草消费的社会和文化史，试图分析在**长时段**中形塑中国烟草消费的历史因素，同时促进一种对跨文化视野下中国新兴消费的历史书写。本书在提出中心论点的过程中，将两条紧密相关的主线交织在一起。第一个主题涉及在近代早期中国与烟草最初邂逅时，以及在我们自己身处的"卷烟世纪"，中国与其他社会广泛的联系和共性。[7] 根据最近关于新大陆烟草在全球传播的研究，我考察了历史悠久的美洲印第安人吸烟习俗"中国化"所经历的极为偶然而不断变化的历史过程。欧洲船只上的烟草运抵东亚沿海后，这种植物并不会像详述新大陆作物在中国境内传播的历史有时暗示的那样，自然而然地到处传播。普通人——商人和移民，士兵和水手，诗人和妓女，将烟草的物质文化及其社会意义和用途传播开来。由于许多地方因素的作用,中国社会将全球性的烟草本土化。他们如何做到这一点,不仅展现了许多明末和盛清的消费者可以企及的众多新商品;也阐明了一直以来中国适应外国事物、观念和习俗的方式。

自打中国沿海居民在16世纪首次拿起长烟管,中国人向"边界之外"的文化借鉴就不会完结。即便在烟草成为一种在全国广泛种植的"本土"作物以后,新的烟草使用形式仍持续从国外传入:中东和印度的水烟、欧美的鼻烟、东南亚的曼达克烟(madak,指与鸦片混合的烟草),以及手工卷制的菲律宾雪茄全都是在烟草在华悠久历史上的某个时间点输入的。每一次,中国消费者都热情地接受这些外国发明,并将之变成自己的。只有在19世纪末,当中国面临空前的外部威胁时,机制卷烟形式的进口烟草制品才被认为是外国的,总归不是真正中国的。尽管如此,当时中国城市新兴社会阶层的许多成员依然热情地接纳了"外国"卷烟。20世纪初,中国消费者已经习惯从国外挪用新的烟草形式,外国烟草公司在他们中间为其产品找到了现成的市场。

第一条考察的线索暗中比较了中国与其他社会关于烟草的历史经验,随着1500年以后全球商业网络变得越来越复杂,中国和这些社会的本土消费文化都在经历类似的转变,而第二个主题则强调了中国消费模式跨越帝国晚期—现代分水岭的变化和延续。直到最近,中国的消费文化史大致可以分为两类,一类聚焦于晚明和盛清时期繁荣的江南城市化地区的奢侈品消费,另一类考证现代"大众"消费在民国时期上海的起源。[8] 还有一类关注经济改革在1978年启动以后,中国城市中消费主义价值观和行为的复兴。[9] 这种清晰界定的时间框架有助于对不同时期中国都市消费文化进行特色鲜明的研究。然而,晚明和清代的消费模式和20世纪展现的消费模式之间的关系,尚未得以充分考察,对中国大城市以外居民消费习惯的重大转变也鲜有研究。

本研究聚焦于不断变化的消费模式,以及城乡居民都普遍使用的一种商品的社会意义,依照数百年来的实际情况分析了中国消费的历史,而不是根据一条通往以西欧或北美为模型的同质化"消费社会"的理想路径来进行评价。在西方扩张和融合的叙述中,强调全球协同和相互联系,我将中国烟草消费的动态文化置于晚明帝国(1550—1644年)、清初和盛清(1644—1820年)时代,以及晚清民国时期(1880—1949年)的具体背景中。采取这样长时段的视角,突出了在接下来几页中提出的关键论点。从16世纪烟草最初传入,到随后鼻烟、水烟、卷制雪茄和机制卷烟被纳入中国消费习惯,中国本土的烟草消费文化一直在更为广阔的世界历史框架内展现。对进口烟草的创造性挪用始于明末,贯穿于整个清代,并延续到卷烟开始在中国广泛销售的20世纪。虽然认识到20世纪中国消费文化规模和范围的扩张是前所未有的,特别是在1978年以后的几十年里,但本研究认为,近四百年的烟草消费史足以表明,中国消费的地方文化不仅是由民国时期的全球资本主义或20世纪70年代和80年代中国向西方的"开放"造成的。相反,中国当代的"卷烟文化"及其更广阔的消费文化出现在一个演变的过程中,通过中国人与已经相互联系的世界持续而有时中断的接触,这一过程在几百年间断断续续地呈现。

全球和跨文化视野下的中国烟草消费

在任何社会中,单一商品的历史显然都无法反映消费行为或价值观曲折转变的全貌。中国人口众多、疆域广阔、社会结构复杂多样,这意味着任何关于特定时期总体吸烟习惯的概括都必定会有缺陷。此外,消费文化的概念本身必须谨慎使用。最早的关于消费史的研究主要由欧洲和北美的历史学家开展,倾向于假设消费文化是一种独特的现象,它从单一的欧美源头向外传播,改变了非西方世界"传统"和"停滞"的消费体制。[10] 近来,人们认识到最早的一波消费研究所界定的近代早期消费文化可能并非欧洲所独有的,这促进了全球和比较视野下新的消费史研究。许多历史学家强调消费在所有社会中的重要地位，他们倾向于采用能顾及更广阔消费时空维度的各种研究路径，不再寻找单一"消费社会"的起源。[11]

烟草为我们提供了一个独一无二的机会，可以对相异却又并行的消费模式进行这种跨文化和跨区域的比较。悠闲地享受第一批从美洲跨越大洋的商品之一——烟草，成为全世界近代早期消费者的共同消遣。[12] 烟草随后以工业卷烟的形式出现，在创造我们自己时代的异质性全球化大众消费文化的过程中，成为不可或缺的一部分。事实上，在整个20世纪，卷烟在许多社会中都是现代性的有力象征，因为它似乎为男性和女性，以及各种社会群体的消费者都提供了更多便利而广泛的选择，以及一种注定趋于标准化的吸烟体验。[13]

诚然，早在卷烟成为现代大众消费主义的标志之前，烟草消费就已经被包括中国在内的许多社会接纳。在这方面，重要的是要认识到"烟草"从来不是一种单一的事物。按照科学名称烟草属分类，烟草植物可以分为许多不同的种类，但只有红花烟草（Nicotiana tabacum）和黄花烟草（Nicotiana rustica）这两种可以为人类所用。这两种烟草的品质和风味，以及它们在历史上的生产方式都非常多样化——作为一种为周边地区消费而栽培的副产品，或者作为一种为卖给远离产地的消费者而长途运输的商品，它们被消费的形式也大不相同。旱烟、嚼烟、鼻烟和卷烟只是几个世纪以来，不同文化群落中的人们消费红花烟草和黄花烟草的方式。烟草的多功能性意味着，它既可以作为一种异国情调的嗜好品卖给非常富有的人，也可以作为日常奢侈品卖给辛勤劳动的穷人。无论在清代的中国、莫卧儿王朝的印度、奥斯曼帝国、萨法维王朝的伊朗、沙皇俄国，还是近代早期的大西洋世界，烟草都很容易找到各个社会经济阶层的买家。

尽管烟草很早就被全球化，而且其全球化的方式不仅促进了普通消费，也促进了炫耀性消费，但历史上烟草被抽吸的方式和它获得的社会意义因地而异。诚然，作为一种精神活性物质，烟草具有许多超越文化的社会、心理和肉体的吸引力。然而，无论尼古丁的成瘾性质，还是吸烟的满足感都无法充分解释烟草的全球传播，以及吸烟的社会差异模式。成瘾的概念有助于解释为什么个人一旦沾染就会继续吸烟，但无法解释他们最初为什么开始吸烟，或者为什么在特定社会的某些人吸烟，而其他人却不吸烟。最近的控烟研究表明，吸烟的社会背景非常重要。个体可能选择吸烟，但他们是在特定的历史、社会和文化背景中才做出这样的选择。[14] 甚至诸如烟草之类易上瘾产品的消费习惯都并非自然而然和不言自明的，其在历史上的偶然和在文化上的特殊性，还有待解释。

烟草是一种大致在同时出现于欧亚大陆许多社会的新商品，因此，无论在富裕精英还是普通人中间，烟草都可以充当一种重要的比较指标，呈现不同文化背景下不断变化的消费品味。事实上，烟草是近代早期唯一在中国获得一席之地的"瘾品"。[15] 其他 1500 年以后进入全球商业主流的成瘾消费品都没有同等程度的可比性。甘蔗和茶叶是国内种植的产品，在中国有悠久的历史。[16] 在中国，熬制鸦片（作为药物口服）和蒸馏酒比近代早期的"精神刺激革命"要早好几个世纪。[17] 可吸食的鸦片出现于烟草之后，在 17 世纪作为一种生鸦片和烟丝的混合物首次出现，被称为曼达克烟。[18] 巧克力和咖啡都是具有成瘾属性的温和兴奋剂，虽然两者都生长在西班牙殖民统治下的菲律宾，距离中国不远，但它们（直到不久前）从来没有在中国流行起来。[19] 这些物质千差万别的全球史突显了文化交融过程中的高度偶然性。[20]

烟草也不同于在 16 世纪进入中国的可食用的新大陆消耗品。红薯、花生和玉米都是具有高营养价值的粮食作物。因此，它们有助于促进中国人口的大幅增长，特别是在 18 世纪。[21] 烟草显然不是食物，也不是饮料，尽管 17 世纪的中国人认为深深吸入醉人烟气的感觉类似于饮酒。尼古丁是烟草最强大的化学物质之一，刺激脑细胞释放出某些神经物质，诸如多巴胺和肾上腺素。[22] 它改变人的情绪，并暂时抑制食欲，但并不提供营养。在这个意义上，烟草是一种日常乐趣，而不是每日必需品。此外，其他新大陆舶来品主要是为了家庭就地利用而种植。相比之下，许多中国农民专业种植商业烟草,培育优质产品,让商人销售给远方的城市消费者。中国烟草的高度多样性意味着,即便是劳动的穷人,也可以偶尔抽上一两斗烟,但他们这样做是为了乐趣或自我治疗,而不是为了生存。

中国消费者若想将美洲烟草挪为己用就必须养成新习惯,对其他旧大陆社会的消费者而言也是如此。事后看来,吸烟——通过嘴吸入燃烧物质并吸到肺部的行为,在中国消费模式中似乎标志着一个重要的文化分水岭。烟草的到来不仅后来为吸食鸦片提供了机会,而且使中国消费者了解到一种新的吸入方式——将鼻烟嗅入鼻腔。虽然吸烟和嗅烟是身体运用方式的革命性转变,但当时的人们不一定这样看。由于缺少 16 世纪的资料,我们无法确切地了解首先邂逅烟草的中国人对这种新奇的做法有什么反应。当中国人在 17 世纪初开始写下有关烟草的文字时,烟草在东南沿海已经成为一种普遍的商业作物。然而,我们有理由认为文化交融的过程在中国进行得相对顺利。虽然在基督教的欧洲和伊斯兰教的中东,许多人最初憎恶烟草的烟气,视之为地狱的火焰,但中国宗教、哲学和医学思想中的烟气通常只有积极的含义。[23] 烟气发挥了保护机体免受伤害的作用,而且在实用和象征的层面都具有防病除害的特性:它阻挡了恼人的昆虫,并抵御了令人厌恶的气味。烟气将信息从人间传递到灵界,纪念死者,净化生者。无论从先祖祭坛上的香炉缭缭升起的烟,从火炕下涌出的烟,还是从厨房炉膛里散发出来的烟,都被认为是一件好事。

16 世纪的欧洲人谴责烟草是美洲印第安人的野蛮习俗,17 世纪奥斯曼帝国的学者怒斥烟草是基督教削弱伊斯兰教的阴谋,但烟草进入中国时,中国并没有这些仇外的反应。[24] 17 世纪描写烟草的中国文人非常清楚它来自国外,但这一事实并没有引起特殊的不满。事实上,在烟草在华传播的头一百年,烟草都以它的外国名字——"淡巴菰",而不是中国化的词语"烟草"被提及,这表明它的异国情调是一个广泛接受的事实。[25] 在现存最早的关于烟草的中文文献中(1611 年),姚旅也称之为"金丝薰"。在最早的一本关于中国烟草的英文史书中,富路特(L. Carrington

Goodrich）颇有诗意地将之描述为"金丝烟"，我借用这种意译作为这本书的标题。[26]

当明清文人贬损烟草时，与其说他们不认可烟草的海外来源，不如说他们为抽烟袋超越阶级的性质感到焦虑。和在欧洲一样，烟草从最初的边缘地带逐渐进入大都市，从底层民众渗透到精英阶层。最终，它甚至接触到了足不出户的"体面"妇女。高官和上流社会妇女与农民、妓女都热衷烟草，这种想法令一些儒家精英感到不安。然而，在19世纪末外国公司开始向沿海开放港口输入机制卷烟之前，烟草的异国情调并没有成为一个问题。

诚然，在17世纪和18世纪初，吸烟引起了中国重要文人的许多争论，同时期欧洲和中东的医生、神学家和法学家也是如此。然而，相比于其他欧亚社会由医生和宗教权威人士发起的大规模宣传活动，中国人对烟草的反对颇为和缓。在17世纪30年代，明朝末代皇帝和清朝开国皇帝都颁布了短暂而严厉的禁烟法令。正如我在其他章节所指出的，较之于道德谴责或对帝国臣民健康和福祉的关心，明末清初的禁烟更多地涉及国家对一种有价值的战略和经济资源的控制。[27] 18世纪初，新儒家的政治活动家认为烟草的种植浪费了本该种粮食的耕地，但他们禁止烟草的尝试没有成功。[28]然而，中国并没有出现英国詹姆士一世所写的那种，对于烟草内在"邪恶"特性的道德指控。中国医学思想也从来没有像17世纪至19世纪的欧洲那样发生历时性的转变，对烟草的评价没有从正面变得较为负面。[29]在中国医学传统中，灵活的分类组合使人们认为烟草是一种灵丹妙药，同时也是一种天然的致醉剂。

中国人认为烟草对健康非常有益，而且类似于其他具有药物性质的可摄取物，但是烟草在中国与在欧洲和中东一样，主要用于享乐。随着中国农民开始种植烟草，而商家也开始对之进行长途贸易，烟草变得越来越普及，但烟草最初的流行并不完全由此引起。对这种域外商品的消费需求剧增也并不仅仅是因为其防御疾病的声誉。烟草首先是一种用于交际的消遣品。在朋友间分享，并给予陌生人，烟草完美地补充了茶、酒、美食，以及其他小礼物和装饰,代表了主人的慷慨和客人的友情。烟草的社会属性是它17和18世纪在整个东亚大陆广泛传播的主要原因,也是它在其他文化背景下传播的关键。

吸烟是一种通常通过与他人互动习得的行为,因为新手必须学习如何吸烟、如何点烟和握烟管,以及什么类型的烟草是最好的。这些信息最初是通过广泛的社交网络,在朋友、同事和伙伴之间直接传递的。流动小贩、烟草商人和老店掌柜也通过口口相传或者图文并茂的招牌为他们的商品"做广告"。在17世纪初,一些医生和文人开始描写烟草,而且关于这种植物及其用途的文本信息大量出现于18世纪的文人笔记、刊印的鉴赏指南,以及通俗医书中。吸烟的印刷广告和大众视觉表达更晚出现于19和20世纪。然后,像现在一样,已经习惯吸烟的朋友依然是缺少经验的人学习吸烟的主要途径。

从明末开始,烟草在中国作为社交润滑剂的重要地位与其说象征一场"社交革命",不如说它代表了中国既有休闲模式的扩展和巩固。[30]在欧洲和中东,咖啡馆等新机构大大促进了吸烟者的社交聚会,与之不同的是,中国的此类场所,诸如茶馆、戏园、妓院和餐馆,早已存在于许多城市和乡镇。[31]旱烟只是被添加到这些半公开场所可享用的茶、酒和小吃之列。诚然,可供顾客体验的烟草店在17世纪是新生事物,但这些设施对于中国人的公共生活,从来不像咖啡馆在欧洲和中东那么重要。虽然许多商人和百姓在街上公开吸烟,但权贵更喜欢在僻静的庭院或室内一起吸烟。对于上流阶层的妇女而言更是如此,只要她们在家私下吸烟,就可以随意为之,而不会遭受任何社会非难。

到18世纪中叶,在不同条件下种植的各种烟草制品通过中国长途贸易网络流通。中国烟草多样化发展为不同的商品,其中一些被炫耀性消费,奢华地展现财富,这表明中国早已形成一种烟草消费的动态时尚体制。消费模式逐渐被进一步细分为18世纪文化精英更"高雅"的吸鼻烟的习惯,以及19世纪精英妇女、老人和南方人所喜爱的更柔和、更冷却的水烟。最终，进口卷烟取代了这些早期的时尚消费形式。虽然更加昂贵的烟草种类和摄取尼古丁的新方式不断出现，但烟草的基本社会功能在不同的等级、阶层、性别依然保持了显著的一致性。烟草在中国特定的社交文化中所发挥的核心作用近四个世纪基本保持不变。仅凭烟草对于建立和维持社会关系的持续效用，难以解释为何明末清初烟草在中国迅速传播，以及为何至今烟草仍在中国社会普遍存在。

跨越帝国晚期——近代历史分水岭的延续和变化

如果说17世纪和18世纪对旱烟和鼻烟的休闲消费使中国成为一种全球化近代早期烟草文化的参与者，那么19世纪末工业机制卷烟的传入则在某些方面标志了中国和世界其他地区吸烟习俗的大融合。机制卷烟最早于19世纪80年代在中国沿海条约口岸的吸烟者中开始受到欢迎。大约四十年以后，它不仅成为数百万中国男性和一些中国女性首选的烟草制品，而且在中国文化想象中，成为一种高度发达的西方化生活方式的象征，既有许多人对之向往，也有许多人对之厌恶。事实上，不同的地方消费文化被认为会不可逆转地融合成一个以欧美为中心的大众全球市场，而卷烟在工厂中用新技术生产，借助图像丰富的广告销售，并由大型跨国公司运销给世界各地的消费者，因而迅速成为这种融合的象征。

聚焦于卷烟工业机械化引起的迅速变化，通常会忽视世界各地烟草消费中显著的连续性。例如，在第二次世界大战爆发以前，老式烟草消费在美国和英国市场所占的比例都始终大于机制卷烟。[32] 即使卷烟在全球销量中占据主导地位之后，"传统"烟草制品仍被赋予新的功能和意义，以这种方式被不断重塑。例如，被行家杂志赞美并在专卖店销售的雪茄，如今被重塑为男性成熟和品味的象征而正在回归。[33] 这种再生现象的另一个例证是美国城市中"水烟吧"（hookah bars）的激增，这迎合了引领潮流的二十多岁年轻人的需求，他们渴望尝试"最新的事物"，通过经典的中东水烟管吸食风味烟草。[34]"水烟"不久前还被视为"东方"堕落的象征，如今再次变得时髦。这些例子强调了重要的一点，即烟草的时尚消费和一般意义上的时尚一样，不一定按照设定的线性阶段迈向真正的创新，而是可能转回去复兴早期的形式。[35]普遍的品味也不总是从单一的中心向边缘扩散。新的风格和趋势会以出人意料的形式跨越空间并超越文化的边界。[36]

19世纪末，伴随着全球卷烟在其他国家成为主流，吸纸卷烟草的风尚开始流行于特定的中国城市人群。在20世纪初的几十年，机制卷烟在中国的销售出现了爆炸式的增长，从1900年的每年约3亿支增加至1937年的800多亿支。[37]历史学家通常认为，卷烟销售总量的这种迅速增长表明中国消费文化显然正在发生巨大转变。与牙膏、针织丝袜、煤油等一起，卷烟通常被列为西方物质文化的"全新"对象，据说激发中国形成了大众消费社会。[38]许多人认为"消费革命"在20世纪初源于上海，在1978年邓小平启动经济改革计划之后终于得以实现，而卷烟作为一种精湛的现代商品，被认为是"消费革命"的前兆。

当然，在中国和其他地方，卷烟自从19世纪80年代引进以来，一直充当西式现代性令人信服的象征。然而，正如阿尔君·阿帕杜莱（Arjun Appadurai）所论述的，事物的社会意义不仅来自物品本身；人们在特定的历史背景和不同的社会的环境中创造这样的意义。[39]"卷烟是现代和西方所独有的"，这种流行于中国和其他地方的观念是在一个特定的时期由社会建构起来的，当时外有帝国主义内有混乱，许多中国人发现自己正与个人、群体和国家认同作斗争。特别是在1911—1912年清朝崩溃和中华民国建立之后，对于试图表达成熟和进步的新政治立场，以及开明思考方式的中国都市人而言，卷烟成为一种重要的道具。选择吸卷烟而不是烟袋，不仅表达了个人的风格，而且表现了一个人对于当前紧迫问题的立场。

虽然20世纪上半叶旱烟在许多进步的都市人看来已经过时了，但"传统"烟袋在中国许多地区仍具有显著的持久力。然而，中国吸烟习惯的延续，尤其在占多数的农村人口中，不仅是文化保守主义的表现。作为一个相对贫穷的国家，在全球资本主义扩张的年代，中国所面对的特定经济现实也构成了吸烟偏好的基础。在理论上，大规模销售的卷烟可以被所有人获取。现实中，卷烟比烟丝略贵。尽管一些城市和农村贫民可能偶尔享用工厂生产的卷烟，但在大多数情况下，广大中国居民继续吸更为廉价的旱烟。

中国自己的"卷烟世纪"在历史上更类似于埃及或俄国，这些国家的卷烟市场依然维持了贫富和城乡的二元化。[40] 在中国，与在 19 世纪末和 20 世纪初受到外部政治和经济干预的其他国家一样，在决定什么人吸什么烟时，价格发挥了关键作用。然而，在文化上将卷烟的形象建构成典型的现代消费品，也导致吸烟者之间产生新的社会差异。[41] 无论在艺术、电影，还是文学方面，长杆的烟管一直被描绘成一种享用烟草的独特"东方"风俗，休闲而轻松，却也无可救药地"落后"。相比之下，卷烟被视为一种更有活力的、西方的吸入尼古丁的方式。

事实上，卷烟本身并没有什么是本质上"现代"或"西方"的，即使同时代的人（以及后来的历史学家）对它也是这样认为的。早在 19 世纪 80 年代初彭萨克卷烟机发明以前，许多社会的消费者就已经开始吸卷在纸张中的烟草。卷烟恰好在中国的财富和权力跌入谷底时传入中国，因此，与西欧、北美和日本等更强大的工业化国家形成了一种特殊的关联，而不是与土耳其、埃及或菲律宾等国家，虽然在那里手工卷烟已经流行几十年。当卷烟不被视为一种全新的西方舶来品，而是被视作数百万中国吸烟者已经熟悉的商品的一种变体形式，卷烟就不再象征外国技术和跨国公司销售所带来的革命性转变，而是成为一种普通的日用品，被中国消费者创造性地挪用，其方式在很大程度上与过去几个世纪使用其他进口烟草制品一样。

烟袋被认为在文化上是正宗的，但在政治上是退步的，而卷烟被认为是动态的、现代的和政治开明的，这样的表达在其他背景下也可以找到，例如埃及。[42] 实际上，接下来的章节表明，如果不从享有全球霸权和经济优势的那些社会的视角来看，而是从在军事占领或经济依赖的威胁下进入20世纪的那些社会的视角来看，畅销卷烟的历史看起来会相当不同。在这种情况下，"现代"卷烟和西方化的广泛关联导致这种吸烟的新方式相当矛盾。即使许多20世纪的中国知识分子将卷烟视为自己先进现代性的标志，但他们仍然对卷烟的"外国"性质感到疑惧。华资烟草公司的发展和国货运动对"购买中国货"的鼓动，多少缓解了这些焦虑，[43]但对民国时期的许多人而言，卷烟不仅依然象征现代性，还象征经济和文化帝国主义。因此，中国与全球卷烟接触的经验虽然不一定使中国吸烟文化截然区别于"其他地区"，但也与"西方"经验大不相同。

20世纪还出现了新的社会心态，改变了烟草消费和恰当女性举止之间存在已久的关系。一场颇具影响的世纪末禁吸卷烟运动从美国和英国的节制运动剥离出来，这场运动认为一个有大量女性吸烟的社会是"野蛮的"。这种情绪，加上先前存在的关于妇女在公共场所吸烟不得体的想法，形成了一种针对所有吸烟女性的民族主义精英话语，连同认为吸烟女性导致种族退化的社会达尔文主义观念，通过基督教传教士传播到世界各地。在中国、日本和埃及等社会中，过去吸烟习俗没有性别区分（除了对于体面妇女吸烟地点的文化限制之外），20世纪初，受过教育的精英推动设立女性行为的新标准，其中包括完全禁止吸烟。讽刺的是，正是从这一点出发，西方妇女开始将预先制好的卷烟用作"自由的火炬"，确实照亮了她们迈向男女平等的道路。[44]因此，20世纪出现了妇女吸烟的富裕西方国家和妇女基本上不吸烟的欠发达社会的差异。[45]

20世纪中国烟草性别化的历史强调了以下章节贯穿的一个关键论点：不同的消费文化通往全球同质化的单一消费史并不存在。中国人与全球烟草的邂逅，无论是在16世纪还是20世纪，历史上都是独一无二、极为偶然并具有特定背景的。诚然，中国吸烟者与外国物品、观念、时尚和全球经济力量不断互动，同时他们也建构了符合自身情境和具有较强适应性的本土消费文化。这样的适应性并不总是持续和绝对的。本土动因可能受到外部势力和强大地缘政治潮流的影响。19世纪末和20世纪初的情况就是如此，当时中国知识分子挪用了特定的东方主义观念，认为女性吸烟具有"野蛮"的性质。中国与更加一体化的全球经济接触日益频繁，但并非所有地方都同样从中受益，尤其在近代，当时这样的参与是受到军事力量的逼迫，并且按照极为不平等的条件进行的。民国时期机制卷烟的历史表明，由于贫穷或不断变化的政治和性别规范，许多人被全球性的和国内经济的扩张性商品世界拒之门外。虽然这种对机制卷烟的排斥可能使妇女和穷人免受烟草的危害，但这也表明晚清民国时期存在显著的社会和空间限制，阻碍了人们更普遍地获得机制消费品。只有在1949年中国共产党创造了一个更加平等的社会以后，特别是在20世纪70年代末和80年代初，农村生活水平开始提高以后，机制卷烟才实现了真正的"大众化"。

　　追溯中国烟草消费在几百年间的变化和延续揭示了经久不衰的中国价值观和消费习惯，也突显了中国与其他社会之间的共性和联系，从1500年开始，这些社会的地方消费文化就发生了缓慢而特定的转变。无论我们考察17世纪30年代、20世纪30年代，还是20世纪90年代，我们都找不到一场爆炸式的"消费革命"，可以标志一个区别于过去的时代。相反，与在欧洲和北美一样，烟草制品在中国市场上流通的整个时期内，只有零散并且非常平缓，但仍富有活力的转变在持续进行。这种转变没有按照简单从传统通往现代的一系列精确的线性阶段发生。与在其他背景中一样，即使有新形式出现，中国烟草消费的较早形式仍被不断重复使用。在我们身处的全球一体化愈演愈烈的时代，地方习俗和信仰继续以意想不到的方式发展，只有考虑过去在当前继续发挥的重要作用，我们才能更充分地理解地方习俗和信仰的差异。中国烟草是来自"边界之外"的"本土产品"，它的悠久历史有助于阐明，正当全球化的力量飞速推进时，中国生产者和消费者如何在几百年间不断创造并再创造自己的本土化消费文化。

第一章　近代早期全球化与中国烟草的起源
　　　　（1550—1650 年）

水手、奴隶和商人口袋中的烟草最初被欧洲的船只带往世界各地，他们的劳动成就了整个近代早期海上贸易和海外殖民主义的事业。[1] 在阿拉伯海、印度洋和中国南海充满活力的港口城市里，欧洲海员将来自美洲印第安人的烟草知识传授给当地的同行，当地人再转而将这种新行为教给其他人。在非洲、亚洲和中东的许多地方，沿海的农民很早就获得了种子，开始为当地市场生产烟草，而与此同时，还有其他群体的世界主义旅行者将这种新商品运往内陆的聚居地。16 世纪末和 17 世纪初，经久不衰的越洋和洲际交流成为贸易领域不断扩大的特征，在这种交流日益频繁的时代，烟草通过许多族群中不断迁徙的人们广泛传播。

烟草顺应全球流动的潮流涌入中国，这股潮流也将烟草输送到非洲和欧亚大陆的其他地区。烟草最早进入中国的时间和方式没有准确的记载。然而，作为近代早期跨区域贸易网络的积极参与者，许多中国人应该有很多机会接触到这种新奇的植物及其用法。南部海岸和东北辽东半岛附近的海域是烟草传入东亚大陆的两个主要渠道，也是不同的跨文化互动的地带（参见地图 1）。16 世纪 60 年代，明朝取消了对海外贸易的官方禁令，在此以前，福建的中国商人只能与日本和东南亚的商人秘密交易。[2]

欧洲人不仅沿着长期连接东亚和印度洋区域的海上航路航行，还经由大西洋，甚至直接跨越太平洋航行，随着他们加入亚洲地区的活动，以中国沿海为中心的强大海洋网络与更广阔越洋经济的联系愈加密切。吸烟的习惯在 16 世纪下半叶迅速成为欧洲、阿拉伯和印度船员的一项固定活动，

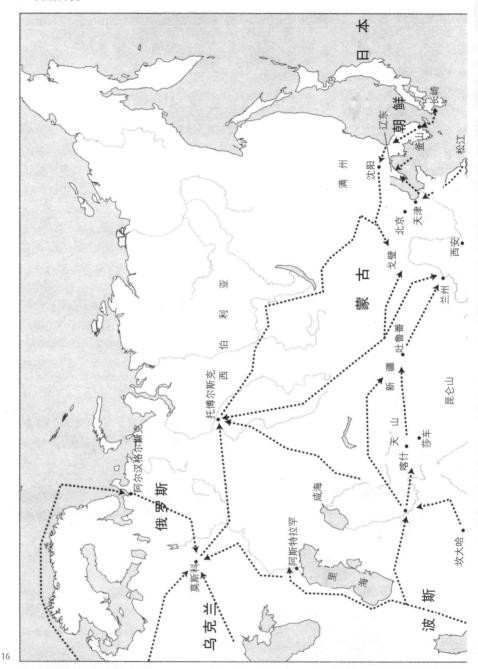

地图 1：烟草传入中国境内（大约 1550—1650 年）

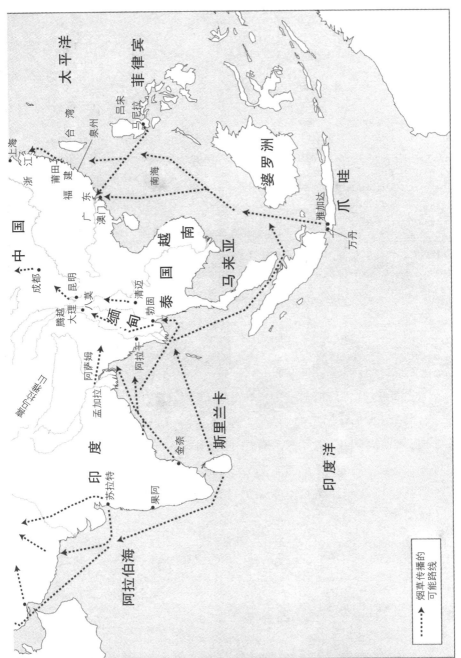

在大约同一时期，它也轻而易举地被中国、日本和东南亚的商人及水手挪为己用。

东北边疆也被证明有机可乘，特别在 17 世纪初，当时的政治动荡使武装民船得以秘密穿越明代防线，进入满洲人控制的地区。朝鲜人从日本贸易商那儿获得烟草，在 17 世纪 20 年代和 30 年代将朝鲜品种运到东北。[3] 在朝鲜半岛西海岸活动的走私者也将中国烟草运往东北。尽管清初政权试图禁烟，但在 1644 年满洲人占领北京时，许多清朝开国精英已经成为烟草的忠实爱好者。

正当欧洲和亚洲的船员往返于中国东部的海域时，有些贸易商队正蜿蜒穿过印度东北部、上缅甸与中国西南诸省之间的山口。还有一些人正在穿越塔克拉玛干沙漠和戈壁沙漠，前往古道沿途的绿洲，这些道路将中国西北与中亚、中东、俄国和印度连接起来。甚至在烟草成为一种在中国许多内陆地区普遍种植的作物以前，这些陆上旅行者就将一种独特的烟草和通过注水容器吸烟的新方法，带给西部边疆的内陆社会。

烟草在 16 世纪进入东亚大陆，并在 17 世纪初广泛传播，许多其他的著作对此已经做了详细描述。本研究将采取那个众所周知故事的基本轮廓。[4] 然而，烟草传入中国的历史通常始于欧洲人也终于欧洲人，他们的船只将烟草从美洲运往中国东南沿海的岛屿和海湾。相比之下，本章强调烟草沿多条中国边境路线传播过程的高度互动性。它展现了亚洲人通过相互连接的网络全面参与烟草传播的方式，这些网络将中华帝国与隔着世界各大海洋和欧亚大陆的遥远地方联系起来。烟草在中国东部边境和西部边境交互出现的历史，足以突显明末清初的中国与近代早期世界的联系持续不断并愈发密切。

烟草传入明代中国沿海

尽管亚洲人和欧洲人在东南亚沿海港口事实上如何互动依然不太明

确,但这一过程为烟草的中国化提供了最早的契机。最初的烟草交易最有可能发生在该区域使用多种语言的外国人之间。葡萄牙人从16世纪20年代起开始频繁出入于中国南部沿海的岛屿,也许在此之后,一个葡萄牙水手的奴隶向一个感兴趣的中国走私者展示了如何使用烟斗。[5] 16世纪70年代,长崎的一个日本居民从葡萄牙贸易商那儿学会了吸烟,可能将烟草介绍给旅居日本的福建商人。[6] 或者一个方济各会修士,在16世纪80年代中期从西班牙的美洲殖民地跨越太平洋到达马尼拉,将从美洲印第安人了解到的烟草药用知识传授给他认识的中国人。[7] 更有可能的是,一个雄心勃勃的福建商人,受到解除东南亚贸易限制的1567年法令的鼓舞,并被马尼拉华商所提供的机会诱惑,用他的一些货物交换了"淡巴菰"(烟草)种子,并将之带回福建南部。[8] 简言之,在充满活力的南洋海域,往返于东亚和东南亚港口的任何一个欧洲或亚洲代理商都有可能是第一个将烟草带到中国东南沿海的人。

17世纪初,烟草作为一种商业作物,已经在福建沿海和广东的一些地区被广泛接受,无论它在什么时候,通过什么途径到达那里。姚旅是(福建)兴化府莆田县居民,他提供了证明中国种植烟草的最早文本(1611年)。在他的笔记《露书》中有关莆田土产的部分,姚旅记录了许多当地的药用植物,其中包括一种来自吕宋(菲律宾),叫做淡巴菰的新奇本草,漳州的农民如此满怀热情地种植淡巴菰,以致"今反多于吕宋;载入其国售之"。[9] 姚旅指出,这种本草在他的家乡也有销售。到17世纪40年代,莆田的烟草消费量相当大。1648年,当清军将明朝拥护者包围在城墙以内时,烟草变得十分稀缺和昂贵,以致一名"烟贩想出去(向当地农民)购买烟草",因此请求离开包围圈。但他却被割鼻,以儆效尤。[10]

17世纪初,烟草种植在福建南部的其他地区也很普遍,特别是沿海的漳州府和泉州府。[11] 事实上,漳州各县,尤其是石码、长泰和平和成为"石码烟"的主要产地,这种烟在整个17世纪都被普遍认为是最好的烟草之一(参见第二章)。明末广东沿海地区也开始种植烟草,但直到18世纪,烟草才成为广东省的主要经济作物。[12]

福建烟草最重要的市场是江苏和浙江两省的城市和乡镇。[13] 在江南地区，最初只有精英社会所鄙视的那些人——流动商贩、士兵、土匪之类才抽烟袋，但这种习俗逐渐在士绅中间流行起来（参见第三章）。叶梦珠（1624—约1693年）是上海本地人，明亡时他刚刚成年，他是松江府变化趋势的一位敏锐的观察者。在一本"杂记"汇编中，叶梦珠总结了从1620年至1644年的几十年里，烟草从福建南部传播到长江下游的情况："予幼闻诸先大父云福建有烟，吸之可以醉人，号'干酒'然而此地绝无也，崇祯之季 [1628—1644年]，邑城有彭姓者，不知其从何所得种，种之干本地，采其叶，阴干之，遂有工其事者，细切为丝，为远客贩去。"[14]

和叶梦珠同时代的王逋是上海西南嘉兴府人，他证实了吸烟在该地区越来越流行，并表明嘉兴在明代最后的几十年开始种植烟草。[15] 另一位松江府人氏曾羽王（约1610年—?）注意到1644年以前，在他家所在的村子里从来没有本地人吸烟，"止福建人用之"。然而，在清军占领以后，"官兵无不用烟，由是沿及士民。二十年来十分之八"。[16]

许多长途贸易商沿着大运河往返于津京和江南地区，他们进而将烟草从浙江和江苏运往山东和直隶等北方省份。在明末，将漕粮从南方运往首都和北方边防的帆船也被允许免税携带一定重量的非官方货物。[17] 某些时候，这些额外货物中也包括福建的烟草。虽然山东省种植烟草最早的记录是在1647年，但兖州、济宁和山东在长城沿线其他地区的农民很可能在清军入关以前就开始种植烟草。[18] 当然，到1644年，华北城市居民的吸烟普及程度已经足以确保山西商人张晋凯①的成功，他在明朝衰落的年代在天津城墙外开了一家烟草店。中和烟铺不仅是天津最早的商店，而且是天津经营时间最长的家族企业，它作为一家烟草公司一直延续到20

---

① 作者误作"Zhang Pukai"。——译者注

世纪。[19]

直到 17 世纪 30 年代，居住在北京的中国官员才提及这种新商品。[20] 在 1637 年，诗人申涵光（1620—1677 年）称福建烟草是北京商铺中最好的产品之一，他还指出福建烟草相当昂贵。[21] 申涵光的排序表明，不仅已有不同种类的烟草在北京市场上销售，而且当时吸烟在首都已被普遍接受，所以行家才会做出这样的区分。[22] 杨士聪（1597—1648 年）① 是一位来自山东的明末官员，他观察到"乃至无人不用"，证明烟草在 17 世纪 30 年代的北京非常流行。[23]

与江南地区一样，北京对烟草的需求不断增加，导致当地农民在周边郊区种植烟草。杨士聪认为，虽然烟草"古不经见"，但在整个崇祯时期，"乃渐有之"，直到 1640 年前后，甚至种植在首都附近的地区。杨士聪还注意到，烟草种植非常有利可图："二十年来，北土亦多种之。一亩之收，可以敌田十亩。"[24]

从直隶到山西和陕西，在华北平原相对平坦的地带，烟草知识及其栽培技术传播得相当迅速。在 1637 年，申涵光注意到，他的家乡永年县（位于直隶和山西的边界）已经开始种植烟草。[25] 清朝初年，黄河及其主要的两条支流——渭河和汾河沿岸的冲积平原也在种植烟草。17 世纪早期或中期，曲沃县（山西）的农民开始在汾河流域下游种植烟草。[26] 到 1673 年，西安附近美原镇② 沿渭河种植的烟草已经以优良品质名扬全国（参见第二章）。[27]

烟草沿着从福建到江南地区的东部海岸，经过大运河地区，并穿越华北平原传播，这主要是由于明末特有的对外贸易和国内商业增长所致。一些中国人可能通过与广东南部沿海的葡萄牙人交往而养成吸烟的习惯，

---

① 杨士聪的生卒年份应为 1567—1648 年。——译者注
② 《延绥镇志》中"美原烟"的产地应为陕西省富平县美原镇，作者误作"美原县"（Meiyuan County）虽然金代曾设美原县，但在元朝初年即撤销。——译者注

而冒险去马尼拉的中国旅居者则是最有可能将烟草带回福建的人。烟草在南部沿海的种植区占有一席之地后,商人和其他旅居者就开始将之运往北方。上海的彭姓者等企业家认识到这种新商品的潜力,随后不久就开始种植烟草。像彭姓者这样的人从"不知何所"得到种子,将之种下,"采其叶,阴干之,遂有工其事者,细切为丝",然后"为远客贩去",这一过程无疑在明朝衰落的几十年里一再重复。[28] 到 17 世纪 30 年代,商业化生产的中国烟草已经种植于东部沿海地区,并通过连接华北及江南地区城市中心与海洋世界的跨区域贸易网络广泛流通。

烟草传入清初东北和蒙东地区

辽东地区的东北边境是烟草进入东亚大陆的第二条渠道,在 16 世纪末和 17 世纪初,由于它与朝鲜的外交和经济关系、与欧亚大陆中部贸易圈的联系,以及女真(满洲人)在明代北部边境进行的大量贸易,该地区与不断扩大的跨区域贸易网络联系起来。东北毗邻朝鲜王国、中国关内地区、蒙古草原和西伯利亚,从 16 世纪 80 年代起也成为重大政治、外交和军事活动的地点。因此,烟草传入该地区的动力比东南沿海更加多样化:将军、士兵、外交官与商人、海员、移民一起,将烟草带到东北。

在 16 世纪末,当烟草最初出现在东北亚海域时,明朝已经控制了整个辽河流域下游和辽东半岛,将这片领土作为山东省的一部分进行管理。然而,这种局面很快就被改变了。在 1618 年,明朝与来自建州附近地区的女真各部首领努尔哈赤(1559—1626 年)之间持续已久的紧张局势,演化成公开的战争。到 1621 年,努尔哈赤吞并了辽东大部分地区,他的军队控制了包括沈阳在内的辽东所有大城镇。努尔哈赤的第八子皇太极(1592—1643 年)在 1626 年他父亲死后成为可汗,十年后宣布自己是新王朝——清朝的皇帝,并将他的女真臣民重新命名为"满洲"。经过皇太极的军队数年的军事骚扰和连续的边境袭击,明朝北部防线最终在 1644 年完全崩溃，清军长驱直入攻占北京并征服了全中国。在此期间，烟草在清初政权控制的区域获得了一席之地。

与在中国东南部一样，烟草作为一种来自东亚海域的商品，最初也取道日本和朝鲜，或者从山东或辽东的明朝辖区进入东北。烟草一度没有引起清政府的关注，所以无从知晓它最早传入的时间。到1625年前后，烟草可能已经开始流通。[29] 日本人可能在16世纪70年代就已经知道烟草。[30] 朝鲜人大约在1616年或1617年认识烟草，[31] 可能是由于烟草从日本对马岛进口到釜山港。[32] 朝鲜人从17世纪20年代初开始种植和销售烟草。因为烟草的药用性质据说可以与人参相媲美，所以烟草立即在朝鲜广受欢迎。[33] 也许由于同样的原因，朝鲜人不久后就在辽东人（包括汉人和女真人）中为烟草找到了一个现成的市场。

早在努尔哈赤与明朝的关系逐渐恶化、最终于1621年吞并辽东之前，中国商人可能就在东北边境市场上交易烟草。女真人拥有东北的自然资源，包括貂皮、珍珠和野生人参，所有这些都是他们的朝鲜和中国贸易伙伴非常想要得到的。1618年努尔哈赤占领了规模最大和最为重要的边境市场所在地——抚顺，当时建州女真和汉人之间的合法边境贸易在明朝专门指定的五个地点进行。[34] 在这些16世纪末几乎每天都开办的市集上，女真人用北方森林的物产交换食品、纺织品、铁器、耕牛和农具。[35] 当努尔哈赤的军队进入抚顺时，来自中国几个不同省份的商人都居住在那里。[36] 至少有一些旅居者来自已经有烟草买卖的南方城市，而且这些商人有可能在皇太极接替努尔哈赤成为可汗之前，就已经将烟草样品带往北方边境。

烟草可能通过蒙古东部进入满洲控制的地区。[37] 至少从1631年起，蒙古首领和皇太极就将烟草作为外交礼物进行交换。[38] 和女真人一样，东蒙古人可能从几个来源获得烟草，其中包括来自中亚的贸易商。例如，在17世纪20年代，来自布哈拉的乌兹别克汗国的商人，就将穿过俄国走私，或沿着欧亚大陆中部商路运输的烟草销售到西伯利亚南部的定居点，尽管俄国沙皇米哈伊尔·费多洛维奇（Mikhail Fedorovich）在1618年对烟草施加了几项严格的限制。[39] 在17世纪30年代,布哈拉人还将中国的烟草,与茶叶、大黄和纺织品一起运往西伯利亚的俄国人定居点。[40] 他们沿着中国与西伯利亚前哨托博尔斯克之间的几条路线穿过蒙古草原,几乎可以肯定的是,他们沿途与各个蒙古部落都交易烟草。[41]

在山西和陕西边界沿线从事贸易的中国商人可能也向蒙古人提供中国种植的烟草,虽然这种贸易实际上从何时开始并不清楚。在1644年以前没有这种商业的记录,但这种贸易可能早在清军入关之前就开始了。根据1673年《延绥镇志》纂修谭吉璁的记载,"昔年",山陕商人大量买卖烟草,因此带来了可观的关税。[42] 延绥(或榆林)是鄂尔多斯地区以南,陕西北部长城沿线的一个要塞,长期以来一直是鄂尔多斯南部蒙古人和明朝中国人之间茶马贸易的中心。然而,在1673年以前的许多年,"边口既众,市利甚微"①。经营烟草的商号"遂大困"。谭吉璁指出十年前,在1663年,陕西总督②请求皇上减轻烟草关税,但即便如此也没有使大商号恢复烟草贸易;贸易转由许多"货留而无息"③的小商贾承担。山陕烟草商人在1663年以前就已经走向衰败,这也表明蒙古边境烟草贸易的历史更为久远。

清初文人方以智(1611—1671年)认为烟草最初于明代万历年间(1573—1620年)出现在漳州和泉州,并逐渐从那里传播到"九边",他进一步提出,商品化的烟草早在1644年以前就通过边境马市进入了蒙古和女真地区。[43] 前文提到的嘉兴人王逋突出了这条可能存在的传播路线,他

---

① 原文为"不数年,边口既众,市利甚微,又从而征之[烟税],商遂大困"。——译者注
② 原文为 the governor-general of Shaanxi-Shanxi。但山陕总督设立于康熙五年(1666年),兼辖山西,驻西安。此前称陕西总督。——译者注
③ 原文为"夫榆中之商,皆小贾也,今之货留而无息,惟有智尽能索已耳"。"货留而无息"指贸易停滞、不畅通,以致没有收益。作者误作"不间断地交易货物"("exchange goods without cease")。——译者注

指出到 17 世纪 30 年代,吸烟在长城沿线卫戍的士兵中非常普遍,而且用少量烟草就可以轻易买到马匹,因为"边上人寒疾,非此不治"。[44] 王逋的记述表明,中国商人在北方边境沿线经营烟草,以及茶叶和纺织品已经有一段时间了。

在东北,由于日益增多的敌对行动和随后爆发的全面战争,官方的明朝—女真贸易关系于 1618 年破裂。[45] 然而,在整个 17 世纪 20 年代和 30 年代,中国的武装民船继续与辽东人暗中交易。来自日本和美洲的白银以及中国纺织品、茶叶和牲畜继续被用于交换貂皮和人参,尽管数量大大减少。[46] 最终(无疑到 1631 年)中国烟草也从名义上效忠明朝的要塞走私到东北境内。[47] 朝鲜走私者还冒险进入朝鲜湾的未知水域,偷偷穿过明朝边界,将禁运的日本或朝鲜烟草带入满洲领地。[48] 与此同时,辽东的农民也开始培植烟草,尽管皇太极从 17 世纪 30 年代初起就颁布了严格的禁烟令。[49] 虽然任何被抓到吸烟的老百姓都会被严惩,但东北南部的烟草消费量仍在 17 世纪 30 年代明显增加。1633 年初,一位为满洲人效力的汉族将领杨方兴向皇太极递交了关于东北烟草的请愿书,指出虽然烟叶没有什么好处(而且气味难闻),但"金汉官民"无不吸烟。[50] 到 1638 年,吸烟在沈阳已经非常流行,以致《沈阳状启》的朝鲜作者指出:"有此禁断,而此国市上,则行用不禁",因为"此乃群情之所在"。[51]

因此,清朝开国精英早在入关统治中国以前就迷恋吸烟。不论地位高下,不论男女都是如此。许多在 17 世纪 30 年代末不幸落入皇太极禁烟法网的辽东居民都是妇女。[52] 1641 年禁令取消之后,甚至一些显赫的皇族成员,如摄政王多尔衮(1612—1650 年)也开始公开吸烟。[53] 新征服地区的中国文人经常评论这种社会习俗在清朝士兵和官员中有多么流行,当时在中国的欧洲观察者也是如此。[54] 在四川,根据傅氏宗谱纂修傅义迁①

---

① 作者误作"Fu Yiqiang"。——译者注

（生卒年不详）的记载，烟草对于满蒙八旗弁兵"尤所必需"，可能是因为他们相信烟草能使他们不受西南瘴气之害（参见第四章）。傅氏将他们的田地改种烟草，赶紧将之提供给新来者。[55]

正如傅氏族谱所表明的，清军入关后，旗人推动烟草广泛传播到中国其他地区。在1644年以前的数年间，由于晚明实施了与辽东类似的禁烟令，江南官员取缔烟草。[56]因此，松江府的种植量减少了。八旗军队的到来重新激励了当地的烟草业，以致"一时贩者辐辏，种者复广，获利亦倍初价"。[57]渐渐地，烟草业被上流士绅接受，到1670年，吸烟在江南地区非常普遍，甚至在汉族士绅精英中也是如此（参见第三章）。

清军入驻北京也重振了华北烟草贸易。大运河沿岸山东地区，特别是济宁和兖州的农民，开始重新种植烟草，以供在京城销售。到1647年，烟农在兖州府无所不在。正如一位方志编纂者观察到的，"至今遍地栽烟，每岁京客来贩收买这不绝，各处因添设烟行"。[58]同样，北京周围郊区的农民在清军入关后增加了烟草的种植。法国耶稣会士李明（Père Louis Le Comte，1655—1728年）于1687年来到中国，他描述了就在城墙外种植烟草的情况。[59]然而，这种本地种植的烟草主要用于非精英消费。更富裕的吸烟者喜欢引进的烟草产品，这些烟草不仅来自东北和福建，还来自帝国各地新开辟种烟区，包括中国遥远西部边疆的一些地方。

水烟传入西部边疆

16世纪和17世纪的中国对外贸易关系不仅延伸到中日之间的水域和东南亚海域，还跨越欧亚大陆到达东南亚大陆的各个王国，以及中亚、南亚和西亚的帝国和汗国。当地的种植者在烟草传入后不久就开始种植，东南沿海经历的这一过程也在16世纪末发生于亚洲其他的沿海地区。到17世纪中叶，在孟加拉湾、阿拉伯海或地中海东部沿岸种植的烟草，沿着连接欧亚大陆和中国西部边疆地区的既有陆路流通。在中缅边界活动的贸易商将印度东部的烟草带到中国西南,而另一些人将走私到俄国或者在印度、波斯或安纳托利亚种植的烟草运往西伯利亚东部、蒙古,以及后来成为新疆的地区。云南和甘肃经由陆路通往东南亚和欧亚大陆中部,这两个中国西部省份成为边陲的交汇中心,许多明朝和清朝的臣民最初都是在这里学会了用水烟筒吸亚洲种植的烟草。

吸水烟的习俗是亚洲、中东和非洲的一些地区所特有的,这些地区在商业上由印度洋的航线联系在一起,在文化上由散居的穆斯林联系在一起。各种构造的水烟,包括印度水烟、阿拉伯水烟、波斯水烟,通过麦加朝圣者、印度商人,以及非洲、波斯、阿拉伯或中亚贸易商传播,广泛使用于印度、伊朗、奥斯曼帝国、马达加斯加、东非和东南亚大部分地区,以及中国西部。虽然水烟的确切起源不得而知,但印度南部很可能是起点。最早的水烟袋由掏空的椰子壳和充当烟杆的直芦竹(水烟 [nargilah] 是椰子的梵文词)构成。这种连穷人也不难企及的简单设计,16 世纪在印度东南沿海被使用,并可能被整个印度洋地区的其他先锋吸烟者采用。到 17 世纪初,印度西部和波斯都使用了更加复杂的形式。[60]

现存最早的中国水烟袋源自 18 世纪。它们具有一体式的容器和修长的鹅颈杆,比在其他地方发现的烟斗更小、更加便携的 19 世纪中式烟斗,更接近原始印度水烟简单的壶形设计。[61] 水烟袋今天在云南西部,以及缅甸、泰国北部、马来西亚和婆罗洲仍然普遍存在,这也让人想起中国和东南亚对最初印度样式的改进。[62] 旅居的中国人有可能在印度贸易商也经常光顾的南洋海港碰见了用水过滤烟气的做法。几种中文文献表明,东部沿海的早期吸烟者用水来过滤烟气,虽然仍不清楚他们实际操作的方式。[63] 然而,这种南亚的吸烟方式很可能是沿着存在已久的陆路传播到中国西部的,这些路线将云南和甘肃与亚洲其他地区新建立的烟草种植区联系起来。

烟草在 16 世纪中叶乘葡萄牙船只首次抵达印度洋东部地区,几乎与此同时,烟草传入中国沿海地区。到了 16 世纪中叶,葡萄牙雇佣军和私人贸易商已经在孟加拉湾各地的沿海前哨站稳了脚跟。他们控制的村庄在16世纪末开始种植烟草。[64] 其他当地农民也很快随之仿效。到17世纪初，沿印度东海岸种植的烟草开始出口到东南亚。欧洲旅行者称，1608年在马来亚、1616年在缅甸、1622年在暹罗、1631年在越南都看到有人吸烟。[65] 孟加拉、安得拉邦和金奈（马德拉斯）很快成为主要的种植区，科罗德曼沿海也是如此。葡萄牙修士塞巴斯蒂安·曼里克（Sebastian Manrique, 1587—1669年）在1629至1643年印度旅行期间，观察了孟加拉的一个烟草种植，并注意到这种商品大量出口到位于孟加拉湾北部海岸的一个独立的缅甸王国——阿拉干（Arakan）。[66] 到17世纪20年代，印度烟草也已经成为一种在印度东南部和勃固之间的跨区贸易中具有一定重要性的出口商品，勃固（Pegu）是伊洛瓦底江入海口的一个海港，与印度和斯里兰卡有着牢固的商业联系。

　　一个错综复杂的网络将云南和缅甸沿海地区连接起来，这个网络包括道路、山脉和河流，将中国西南地区与东南亚半岛、印度东北部、西藏和中亚长期连接在一起。这条古老的"西南丝绸之路"的主干，从四川成都通过云南西部进入上缅甸，并从那里到印度的阿萨姆邦和孟加拉邦。[67] 这条陆路的一条分支沿着伊洛瓦底江，通过下缅甸到达阿拉干。另一条分支穿过暹罗北部的清迈到达勃固。杨斌和孙来臣① 非常详细地研究了这些陆路沿线的商业，令人信服地指出，清初大量汉族人迁徙到西南地区，开始让云南西部更紧密地融入整个中国政治经济，而在此之前，西南边境地区在经济上主要面向印度洋东部地区。[68] 缅甸和云南之间的贸易在16世纪的最后数十年里尤其活跃，因为明末中国精英对缅甸宝石的需求量急剧增加。明朝宫廷使用大量白银，其中一些在云南开采，用于从缅甸北部的掸邦购买红宝石、琥珀和玉石。中国白银流向阿拉干和勃固，以换取

---

① 作者误作"Shen Laichen"。——译者注

从孟加拉和其他印度洋地区输入的物品。一则 16 世纪 80 年代的报告描述了两百多名商人和三十多艘满载货物的船只从伊洛瓦底江出发，前往中国边境。[69]

泰国、缅甸、老挝和其他将货物从沿海运往内地的贸易商没有留下很多关于他们活动的文字记录，而且关于西部偏远城镇腾越以外道路的中文记录也寥寥无几。我们知道沿着这些边境路线运输的许多商品，但不是全部。金、银、武器、铜器、铁器、丝绸、普洱茶被运往下缅甸和印度，用于交换象牙、印度纺织品、缅甸原棉，以及到 17 世纪在云南仍被用作货币的印度洋贝壳。[70] 香料和诸如阿魏和犀牛角之类的药材也从缅甸沿海用船运往上游的八莫，在那儿被转移到马车上，通过上缅甸运往云南西部的市场。烟草作为一种罕见但相对较轻的商品，可以轻易地在马背上大量运输，似乎也包含在这些货物中。

虽然没有同时期的证据可以证明印度种植的烟草通过缅甸实际传播到云南，但在 16 世纪末确实存在发生这种情况的必要历史条件。清代方志记载，云南西部地区的农民在明代万历末年，已经开始在通往八莫的道路沿线种植烟草。[71] 这表明烟草跨越缅甸边境传播。另外两种新大陆作物——玉米和红薯非常早就出现在云南西部，1563 年出现在大理，1574 年出现于腾越，这一事实突显了中国西南部内陆边界与环孟加拉湾沿海社会的密切经济联系。[72] 云南西部许多其他行政区的明末方志记载玉米和红薯种植的时间要远远早于该省其他地区。在更靠东部的地区，这些作物直到 18 世纪中叶才被列为本地产品。虽然该省东部汉族居民和仍为西部主体的少数民族之间的文化或经济差异或许可以用来解释这种地理差别，但一种更合理的解释是，由于大理和连接广阔印度洋贸易圈的缅甸沿海地区有着密切的陆上交往，这些外来植物首先影响了云南西部的农民。

亚洲水烟传入中国的另一条可能的路线是穿过西伯利亚南部的草原、欧亚大陆中北部的高原沙漠，或者新疆的绿洲城镇，进入甘肃省的东北端。[73] 甘肃的省会兰州很早就因为切成细丝的"黄花烟"著称，这种烟只能用水烟筒吸食。兰州位于从北京通往准格尔和塔里木盆地的交通繁忙的"官道"旁,是形形色色的货物、人和习俗交汇的地方。[74]虽然红花烟草肯定是从其他中国省份传入甘肃的,但芳香的黄花烟草很可能沿着欧亚大陆中部的商队网络传播,该网络不仅将兰州与新疆地区的汗国和河中地联系起来,还将兰州与俄罗斯、印度和中东帝国联系在一起,正是黄花烟草奠定了兰州作为一个主要的水烟烟草种植区的声誉。

甘肃东部的农民在17世纪早期到中叶的某个时候开始种植烟草。虽然不知道确切的日期,但清初中国医生已经开始颂扬兰州"黄花烟"良好的药用性质。[75] 1648—1649年穆斯林反抗清军占领兰州的叛乱遭到了暴力镇压,在随后的1650年,陕西总督给回族商人颁发执照,授权他们销售烟草、茶叶和白银,试图以此来安抚他们。这项政策表明,甘肃走廊沿线的烟草贸易到那时已经确立下来。[76]

早在清军入关以前,中国种植的烟草就已经进入了欧亚大陆中部的贸易圈。如前所述,边境贸易的市集可能是烟草的一个来源,17世纪30年代,东部蒙古人在与满洲人的交易中换取烟草。"布拉哈"贸易商群体可能包括许多来自吐鲁番和塔里木盆地城市的新疆人,他们早在1637年已经开始将切碎的中国烟草运往西伯利亚西部的俄国人定居点。[77]中国烟草在整个17世纪一直是布哈拉商队贸易的支柱,不仅在蒙古人、俄国人和西伯利亚人当中,而且在乌兹别克斯坦人、哈萨克人、吉尔吉斯人和新疆的维吾尔人中间都非常受欢迎。[78]当俄罗斯资助的贸易代表团在17世纪下半叶开始沿这些相同的陆上线路旅行时,他们发现中国烟草在整个西伯利亚和蒙古都是人们渴望得到的一种商品。[79]

运往西伯利亚南部和俄罗斯的"中国烟草"的起源并不确定,但甘肃似乎是一个可能的来源。克罗地亚耶稣会士尤里·克里扎尼奇(Iurii Krizhanich,1618—1683年)在1661年和1676年间被流放到西伯利亚城市托博尔斯克,根据他的记述,布拉哈人在那里经销两种来自中国的烟草,一种颜色较深,具有令人愉悦的香气,但也对精神也有强烈的影响,而另一种是切成细丝的绿色烟草,较温和。深色的品种可能是生长在甘肃西部的一种红花烟草,简称"西烟"。最优质的甘肃烟草——仅在兰州附近地区种植的"黄花烟"呈绿色,被切成很细的丝,只能用水烟筒吸食。

兰州黄花烟以黄花烟草植物上出现的小黄花命名,是用今天在中国西部地区(甘肃、青海、新疆、四川和云南)、印度北部和东北部、俄罗斯、乌克兰、摩尔多瓦,以及中东和北非的部分地区种植的一种烟草加工而成的。与更为常见的红花烟草不同,黄花烟草的生长周期短,而且最适合在低温和高海拔条件下生长。黄花烟草是原先在秘鲁发现的两种野生烟草的杂交种,最初在安第斯山脉培育。多个世纪以来,美洲印第安农民逐渐把这个物种向北传播到北美的林地,当地的英国殖民者第一次到达切萨皮克地区时就与之相遇。[80] 然后欧洲人在16世纪末将黄花烟草从北美运往欧洲和亚洲。

黄花烟草如何到达遥远的甘肃尚不清楚。如前所述,山西和陕西的部分地区在17世纪初就已经开始种植烟草,而兰州烟草贸易可能只是中国北方其他地方烟草种植的延伸。烟草也可能从孟加拉或阿萨姆,经由云南和四川向北运输,因为兰州位于西南丝绸之路的北部分支。然而,也无法排除"黄花烟"从印度西北部或波斯东部经由新疆,或者从俄罗斯通过西伯利亚和蒙古传入河西走廊的可能。[81] 早在17世纪初,在印度北部或奥斯曼帝国控制的地区种植的烟草开始沿欧亚大陆中部的贸易路线流通。[82] 例如,当德国贵族海因里希·冯·波塞(Heinrich von Poser,1599—1661年)在1621年经过印度—伊朗的贸易中心时,吸烟已经在莫卧儿的前哨坎大哈(现在是阿富汗的第三大城市)的居民中广为流行。[83] 马维兰纳赫尔图兰低地中的绿洲城镇(现今在哈萨克斯坦西南部,乌兹别克斯坦西北部,以及土库曼斯坦)最早在17世纪初获得烟草,最有可能来自伊朗。[84]

包括黄花烟草在内的烟草也生长于莎车周围的地区,位于塔里木盆地西南角的一个名为喀什噶里亚(喀什噶尔和莎车)的地区。莎车既是一个矿业城镇,也是新疆与南亚及喜马拉雅国家贸易的一个主要货物集散地。[85]

直到18世纪或之后，中国商业才渗透到新疆西部的大部分地区，[86]而且似乎更有可能的是，印度或布哈拉商人通过喀喇昆仑山口、帕米尔和兴都库什山脉，在16世纪末或17世纪初将黄花烟草从印度北部或波斯东部带到喀什噶里亚。新疆人可能是最早将"黄花烟"，连同在喀什噶里亚开采的珍贵软玉运往甘肃的人，他们在明末为中国西北部和新疆西南部城市之间的贸易担任掮客。

烟草也在17世纪的俄罗斯广泛流传。[87]这种商品最早大约在1609年出现于莫斯科。尽管官方反复禁烟，但在整个16世纪，许多民族的商人继续将烟草走私到俄罗斯境内。英国与荷兰贸易商将美国烟草直接运到他们在北方共享的阿尔汉格尔斯克港，或者将之卖给波罗的海港口的瑞典中间商，他们随后再将之卖给俄国和芬兰边境西北段沿线的俄罗斯人。从17世纪20年代开始，希腊和土耳其贸易商将在奥斯曼帝国黑海南部沿海种植的烟草，经过摩尔多瓦和乌克兰运往莫斯科。[88]到17世纪30年代，乌克兰人开始种植他们自己的烟草，并将其与禁止的伏特加一起走私到俄国，用于交换皮草和兽皮。[89]来自印度北部的散居印度商人和来自中亚的布哈拉贸易商在17世纪中叶，也将印度西北部或波斯东部生产的烟草进口到里海的俄国港口阿斯特拉罕。[90]在彼得大帝于1697年取消禁烟令之前，烟草事实上在俄国境内一直是违法的，但几十年来，官方的俄国大使照例在西伯利亚和蒙古将烟草用作外交礼物。其中一些可能到达中国西北市场。[91]

最终，甘肃"黄花烟"的起源仍是一个谜。然而，零碎的证据表明，到了17世纪早期至中叶，烟草——无论是种植在安纳托利亚、乌克兰、摩尔多瓦、印度或波斯的烟草，还是从奥斯曼帝国或欧洲港口走私到俄罗斯的烟草，已经流通于与中国西部有着直接商业和文化联系的欧亚大陆中部地区。鉴于陆路旅行比水路的距离更长、困难更多，相较于烟草沿着明末中国或清初东北的东部沿海边界传入中国的机会，烟草从俄罗斯、印度北部或中亚向东，频繁而持续地传播到中国西北边疆的机会肯定更为有限。尽管如此，17世纪中叶烟草出现于欧亚大陆从坎大哈到兰州的许多内陆地区，这突显了这些内陆地区并非偏远、孤立的地区，没有完全切断与日益扩张的近代早期海洋贸易圈的联系。当政治条件允许安全通行时，陆路就会被到处奔波的人们利用起来。经过绿洲城镇的先锋吸烟者与在边境贸易市集做生意的商人可能是第一批将黄花烟草带到甘肃的人。因此，中国通往遥远"西域"的门户——兰州因其"本地"的黄花烟而闻名，而这一物种于几个世纪之前在世界的另一端首次被杂交而成。

新大陆的烟草传入中国境内是复杂而持续的全球化进程的组成部分，这一进程遵循许多路径，并涉及许多不同的参与者。16世纪20年代以后，欧洲船只不断出现在亚洲水域，这是烟草最初进入中国海域的必要前提，因为烟草植物的种子和叶子最初是搭乘远洋船舶到达亚洲港口的。我们认为这些船只来自"欧洲"，因为伊比利亚君主或英国和荷兰的投资者资助他们，而费迪南德·麦哲伦（Ferdinand Magellan）、托马斯·卡文迪什（Thomas Cavendish）和卡内里斯·德·霍特曼（Cornelis de Houtman）等人担任了船长。然而，近代早期的海洋世界必定是一个多元文化的世界。鉴于许多水手在航行期间死于坏血病和其他疾病，欧洲船只配备的船员通常包括沿途招募的阿拉伯人、亚洲人和非洲人。[92] 海上共同生活的经历促进了异域的新习俗在海员之间的传播。美洲印第安烟草的最早采用者包括许多流动的劳工，这并不令人惊讶，他们驾驶帆船穿越世界各地的海洋，从维拉克鲁斯或巴伊亚到马尼拉和澳门。在甲板上养成的习惯很容易蔓延到亚洲港口城市的码头。在多语言环境中取得经济上的成功，需要对陌生的习惯、新的食物和新奇的时尚保持开放的态度。通过一根长管吸入烟叶燃烧产生的烟气，被认为对健康大有裨益，可能吸引了当地的码头工人和商人，他们在这些世界性的场所遇见了环球旅行的航海者。

随着全球海洋贸易网络变得越来越复杂，烟草从船到岸的跨文化传播机会也越来越多。在16世纪末和17世纪初，已经习惯吸烟的海员与沿海地区尚未接受这项习俗的人之间有更为频繁和持续的接触，这大大促进了烟草向亚洲和非洲沿海社会居民的传播。在大约 1570 年和 1620 年之间，烟草出现在各地的海港，包括马尼拉、万丹（爪哇西部）、长崎、苏拉特、孟加拉、阿拉干（缅甸）、摩卡（也门）、基尔瓦（非洲东部）和伊斯坦布尔。这种趋同性在某种程度上是大约在 16 和 17 世纪之交美产烟草欧洲商业化的结果。在将近一百年期间，在烟草与美洲印第安的野蛮习俗关联在一起，此后欧洲人终于开始意识到烟草潜在的盈利能力。在 16 世纪 90 年代，葡萄牙、法国、荷兰和英国的走私者开始将大量烟草从西班牙的加勒比殖民地运过大西洋，用之在非洲黄金海岸沿线交换奴隶。到 17 世纪初，用非洲奴隶在委内瑞拉或巴西种植园生产的西班牙和葡萄牙烟草变得非常有利可图，促使早期的英国、荷兰和法国殖民者选择在他们的百慕大、加勒比和切萨皮克殖民地种植烟草。越洋运输的烟草数量猛增，以满足欧洲西北部不断上升的消费需求。随着美产烟草供应的增加，欧洲烟草贸易商开始积极地寻找新市场，例如，将美产烟草走私到俄国，或者在阿巴斯、苏拉特、果阿、巴达维亚和澳门等遥远的帝国前哨，用之交换亚洲的奢侈品。

与此同时，西班牙、葡萄牙和荷兰的殖民者开始鼓励在非洲东海岸、印度次大陆、东南亚大陆、菲律宾和印度尼西亚群岛的沿海要塞附近种植烟草。当地的非洲和亚洲栽培者很快开始在远离海岸的内陆地区种植烟草。没过多长时间，烟草就在非洲和亚洲许多农业经济体中成为一种本土作物，包括华南、中国东北、莫卧儿帝国、地中海东部、波斯湾和斯瓦希里海岸。然后长途贸易商将这种新商品经由陆路运往内陆地区。到 17 世纪 30 年代，通过将中国与新兴的近代早期全球经济联系在一起的海洋和洲际贸易网络，在欧亚大陆以及美洲许多地方种植的烟草广泛流通。

长期以来一些学者认为在明末清初中国没有被孤立，没有和世界其他国家隔绝，烟草传入明末中国边疆和清初东北的历史证实了这些学者的结论。烟草到达中国的许多不同的路线——通过东南沿海的伊比利亚和亚洲水手；东北的日本、朝鲜和中国外交官、士兵和商人；西北的中亚和俄国贸易商；西南的东南亚旅行者——生动地展现了 16 世纪和 17 世纪中国参与的多种跨区域长途贸易网络。作为从美洲进口的一种全新商品，一种同时在许多其他的旧大陆社会确立地位的商品，烟草以其跨越海洋和陆地的复杂旅程，突显了近代早期世界日益加强的相互关联。许多不同国籍的人从罗盘指向的各个方位启程旅行，他们将烟草带到中华帝国的边缘。在中国近代早期边疆的互动区域，烟草开始了从异国舶来品到中国本土产品的初步转变。

第二章　中国卷烟生产、消费和贸易的扩张（1600—1750年）

尽管同样起源于美洲，但新大陆烟草在中国遵循的历史轨迹与之在欧洲有所不同。近代早期的欧洲人最终消费的是进口烟草，由殖民地种植园的奴役劳工种植，并由皇家专卖或政府特许的股份公司经销，而大部分中国消费者吸食的则是国产烟草，由遍布整个帝国的无数小型家庭农场在中国种植。虽然大多数国产烟草均在当地或区域内买卖，但到18世纪，一个繁荣的国内市场也发展起来，交易由全国各地的专业种植区生产的高端烟叶。优质地方烟草产自中国九个经济大区周边的多山地区，并在产地附近的小作坊里加工，由控制中国长途贸易的大型商帮积极推销。除了几个显著的例外，包括上文提及的在福建、辽东和山东沿海种植的烟草，以及甘肃西部生产的烟草，清代精英消费者吸的最著名的品种均来自中国南部、中部和西部的丘陵地带，17世纪和18世纪客家人和汉族移民都在那里定居。

到18世纪中叶，主要由于大规模移民迁入长江流域的丘陵地带，一个烟草生产和消费的双层体系已经牢固地建立起来。农民吸当地种植的廉价烟草，而有钱的精英则炫耀性地消费通过中国统一的市场经济长途运输而来的昂贵烟草。[1] 在不同销售层级上供应的各种烟草产品意味着，烟草对于各种收入水平的城市和乡村消费者都唾手可得。诚然，在本地销售的烟草，与那些沿着山路、顺着河流被运送到中国城市核心地区的富裕消费者手中的高度加工的烟叶，在质量和价格上都存在巨大的差距。然而，在1750年左右出现的各种各样的国产烟草促使全国各地富人和穷人的烟草消费都显著增长。

　　国内生产扩大的过程、这种广泛的产品多样化,以及将各个社会阶层"一网打尽"的烟草消费模式的出现,都出乎预料。在其他情况下,切丝的旱烟可能已经成为一种类似于人参的皇家专卖品,而人参几乎在整个清代都由皇室控制。否则烟草可能仍是一种昂贵的舶来品,令普通消费者可望而不可即,就像18世纪的政治精英所喜爱的鼻烟一样(参见第五章)。烟草甚至可能被完全禁止,17世纪30年代在清代东北和明代中国正是如此。[2] 相反,在16世纪末和17世纪的特殊历史条件下,烟草成为一种自由买卖的经济作物,由小农在长江及其支流上游丘陵地带的无数小块土地上种植。明清更迭的混乱时期,许多山地的大规模移民、大量土地开垦、以及帝国权力的相对缺失,促进了1620年至1650年之间福建和江西许多山区的烟草种植。大约1680年以后,随着丘陵地带移民速度的加快,西部地区的创业型农民也加入了烟草业。侍奉雍正皇帝(在位时间:1723—1735年)和乾隆皇帝(在位时间:1736—1795年)的官员决定,这种不可食的作物浪费了良田,应该"连根斩除",而那时烟草已经成为许多地方经济的支柱。清朝统治者唯一能做的就是以税收的形式获取烟草在整个帝国已经产生收入的一小部分。

烟草作为经济作物在长江丘陵地带的传播

　　虽然明末许多沿海居民和一些内地居民已经非常熟悉烟草,但这种植物和吸烟的习俗在整个中华帝国的传播还是经历了一段时间。如第一章所述,烟草在1600年已经种植于东南沿海的许多地区,并在17世纪30年代到达一些北方地区。甚至在清军入关以前,烟草就出现在东北和西部。兰州的特种水烟在清代早期就已经远近闻名,而福建南部的烟草早在1644年以前就在杭州和北京等城市里销售。然而,其他的著名地方烟草仍在不断涌现。推动这一空间扩散和区域专业化进程的主要动力是明末清初所特有的显著地理流动性。

  闽南充当了烟草在整个帝国范围内传播的中心。作为一个高度流动的社会，闽南至少从16世纪50年代起就成为大量移民的目标和来源。明末对外贸易的扩张大大刺激了农业商业化和手工业生产，尤其在沿海的漳州府和泉州府。[3]正当漳泉商人起航前往马尼拉、巴达维亚和其他外国港口时，中国其他地区的旅居者来到闽南，利用新的经济契机。当闽南迅速的经济增长在17世纪减缓时，人口流动发生了逆转。17世纪20和30年代的海盗袭击，以及17世纪40和50年代郑成功（1624—1662年，又称国姓爷）的反清地方叛乱，引起了沿海地区社会和政治秩序的崩溃，这导致许多难民东迁至台湾，北迁至浙江，或西迁至闽西的丘陵地带。[4]17世纪60年代清初政府的"海禁"政策进一步促进了百姓从人口稠密的东南沿海向内陆山区的迁移。1681年以后最终恢复稳定时，甚至有更多的居民离开沿海，迁往闽北，或者翻山越岭迁往赣东丘陵地带。从那里他们再迁往广东、广西、湖南、湖北、陕西、四川或云南（参见地图2）。

  无论他们去往哪个方向，从闽南外迁中国其他地区的商人和移民都传播了烟草的知识及其栽种技术。在某些情况下，去东南沿海的旅居者在回家时带回了烟草种子。例如，在湖北石首县农民"艺以获利"，种植他们在福建获得的种子。[5]据说，一个名叫张时英的人在闽南长期逗留后，率先将烟草种子带到家乡——山西汾河流域的曲沃（参见地图1）。[6]还有福建商人将烟草传入内陆社会，他们利用不断扩展的跨区域贸易网络贩卖烟草，以及茶叶、书籍、竹纸和他们当地生产的其他特产。[7]例如，康熙时期（1662—1722年），来自闽南的一对父子在兰州开了一家烟店。在河南、湖北、江西、台湾的城市和乡镇，都有来自闽南的东家经营的专卖福建烟草的商店。[8]

  虽然个体旅居者有助于烟草的广泛传播，但烟草在空间上从东南沿海向内地省份传播的主要动因是四处迁徙的创业型农民。烟草，和16世纪传入中国的其他新大陆作物一样，最终由汉人或客家人在丘陵地带种植，他们从福建和广东长期居住的地区迁移到广阔长江流域特有的丘陵地带和狭窄河谷。经过三个世纪,在大约从1550年到1850年间发生的几次大规模移民潮中,被称为"棚民"的移民开垦长江丘陵地带,并将从前隔绝的边缘山区整合到中华帝国晚期不断扩张的商业经济体中。在山坡上种植经济作物,并利用在森林里发现的资源,他们生产了各种商品,销售给经济大区核心的低地居民:纸和印版;木材和竹子;靛蓝、苎麻和大麻;蔗糖;烟草。

当地人或官员担心丘陵地带的移民无法无天,棚民是他们用于称呼丘陵地带移民的一个贬义词,"棚"指的是许多人刚来到一个新地区时搭建的摇摇晃晃的住所。[9] 棚民是一个多样化的群体:有些是谋生的流浪汉,而其他人则组成了开垦和耕种土地的家庭。商人也来到这里,他们具备投资经济作物和手工生产的资本。[10] 许多棚民讲客家话;实际上,从16世纪50年代中叶到17世纪初期的第一次棚民迁徙潮出现于福建西部(闽)、江西东南部(赣)和广东西北部(粤)边界沿线的传统客家中心地带。闽赣粤边界地区成为棚民临时集结的地区,从那里他们进一步迁徙到湖南、湖北、四川和陕西南部,长江及其支流沿岸人口稀少的丘陵地带。其他客家人定居在横跨江西东北、福建北部、安徽南部和浙江西部边界的山区。还有一些人从福建西部迁入广东和广西,逐渐开垦西江流域沿岸的丘陵地带,并最终推进到贵州和云南。[11]

烟草是一种可以用旱地农艺在山坡上以及山谷里栽种的经济作物,这些创业型移民很容易种植。客家人尤其如此。事实上,客家人迁徙的路径与地方志中记载的烟草空间传播路径具有惊人的一致性,这表明伴随着从明末开始,并持续到清初和中期,客家人从福建西部和广东北部迁往长江丘陵地带的历次移民浪潮,烟草栽种传入了中国内地省份。客家农民比大多数农民更深入地参与到市场中,他们有意迁往主要河系源地附近的高级商业中心的腹地,在那里他们可以更容易地将包括烟草在内的经济作物卖给中间商和批发商。

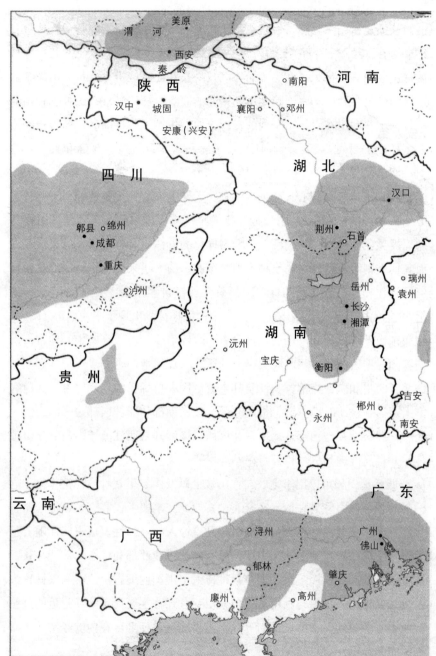

地图 2：烟草种植在中国南部、中部和西部的传播（大约 1550—1800 年）

第二章 中国卷烟生产、消费和贸易的扩张（1600—1750 年） | 41

客家人在租金低、税收少、运费相对便宜的地区耕种,以此降低生产成本,而且他们能够利用不同寻常的不分性别的家务分工提供的额外劳动——客家妇女和少年儿童通常在这些领域工作。[12]这让他们比低地的竞争者更有优势,使丘陵地带的烟草栽种更加有利可图。因此,中国南部、中部和西部的许多主要烟草产地都位于客家人定居的长江下游、中游、上游和赣江的丘陵地带。

客家旅居者以在丘陵地带种植经济作物、采矿、经营林业和手工生产的技能而闻名,他们可能于16世纪末在福建南部沿海首次遇到烟草。在16世纪50年代,许多来自福建西部(客家人的中心地带)汀州府的客家人迁到了福州、泉州和兴化沿海地区周边的山麓丘陵。[13]在莆田和仙游以北的丘陵地带,这些"客人"及其后代使用刀耕火种和旱田技术种植商业作物。烟草在16世纪下半叶的某个时候抵达福建沿海后,随即就成为客家人种植的一种作物。[14]

到17世纪早期至中叶,客家人传统落户的闽赣粤边界地区已经开始种植烟草。[15]长汀人黎士宏(1618—1697年)指出,来自漳州讲闽南话的旅居者最早开始在福建西部种植烟草,而在他的有生之年,烟草种植已经在那里无处不在。[16]许多当地的客家家庭很快就开始专门从事烟草种植。邹家和马家控制了闽西的商业图书出版业——从清代早期开始就是汀州的经济支柱,他们在明代末期已经进入烟草行业,从事多元化经营。[17]这类创业活动使福建成为全国最重要的烟草生产中心之一,特别是长汀、上杭和永定周边的地区。17世纪末汀州知府王廷抡(简庵)认为,该府30%以上的耕地都种植了烟草。[18]

江西东部赣江丘陵地带南部的客家定居点位于汀州的山脉对面,从1620年至1650年,种植烟草的移民从福建西部涌入这里。[19]1651年清朝平定赣南地区时,山区的小村庄,特别是在宁都府和赣州府都普遍栽种烟草。[20]江西东南部最重要的加工中心位于瑞金县城。最终,瑞金周围的每个地区都种植了烟草。

当客家人从闽西和赣南丘陵地带向外迁徙时，他们将烟草传入岭南北部地区，首先在与江西南部边界沿线的南雄府种植烟草，然后将之传入广东和广西在西江流域的山区。[21]明末广东的一些沿海地区（高州和肇庆）也开始种植烟草，但直到18世纪客家移民将之更广泛地传播到内地，烟草在那里才成为一种重要的经济作物。[22]例如，在乾隆时期初年，来自南雄的客家旅居者就在广州附近的佛山丘陵地带开辟了烟田。[23]

来自福建和广东的客家移民也将烟草带到了湘赣丘陵地带，该地将江西西部的赣江流域与湖南东部的湘江流域分隔开来。棚民在湘赣边界沿线的丘陵地带种植的大部分烟草由山陕商人进行加工，长途运输到位于湘江边的城市——衡阳。[24]"衡阳烟"也在湘潭加工，那里当时是湘江流域所有产品的主要集散地。[25]衡阳周边的山麓可能在晚明时期开始种植烟草，但湘江丘陵地带真正开始种植烟草是在1680年明清更迭的战争和叛乱平息之后。[26]在顺治和康熙统治时期（1644—1722年），大量客家移民从福建西部和广东北部迁入江西西北部和湖南东北部，18世纪初烟草在那里才成为一种重要的农产品。[27]正如江西巡抚在调查1723年温上贵叛乱的背景时所发现的，到雍正时代（1723—1735年）早期，商业烟草种植在江西西部丘陵地带的袁州府和瑞州府已经非常普遍。[28]而就在边界另一边的湖南东北部岳州府的山区，18世纪初来自江西的客家移民也在种植烟草。[29]那时，湖南南部的丘陵地带（郴州府和永州府），以及将湘江流域与向西的资江流域分开的低山地区，同样正在种植烟草。[30]

另一支迁徙的棚民主要来自福建南部讲闽南话的地区，但也有一些来自汀州的棚民讲客家话，他们在17世纪中后期将烟草带到福建北部（闽北），并从那里穿过武夷山将之带到江西东北部的赣北丘陵地带。[31]这个边界地区位于赣江、东南海岸和长江下游西部边缘的连接处，毗邻福建北部的建宁府，而且沿山路距离蒲城县不远，该县是18世纪初以烟草闻名的地区加工中心。从至少10世纪或11世纪以来，蒲城一直充当福建北部与中国其他地区之间长途贸易的枢纽，而且几条陆路将之连接到赣东北的丘陵地带和长江下游地区。[32] 在明代，建阳府附近著名出版商号印刷的书籍经蒲城运输，销往全中国，以及日本和韩国。[33] 建阳书籍贸易在清初显著减少，而且从那时起，从16世纪50年代以后已经相对衰落的闽北经济，越来越落后于福建沿海地区。[34] 尽管如此，福建北部包括蒲城在内的城镇仍是将茶叶和稻米运往江西和浙江，并顺着闽江运往福州的重要贸易中心。[35] 虽然"蒲城烟"对于闽北经济不像茶叶那样重要，但仍是一种从17世纪开始在福建北部种植的重要新兴农产品。[36]

久而久之，随着福建移民进一步迁入赣北丘陵，江西东北部和福建西北部的丘陵地带也开始种植"蒲城烟"。[37] 到清代中期，广信府已成为烟草生产的一个中心，福建移民直接促成了这一发展。[38] 烟草种植在与建宁府交界的广丰县最为普遍，那里出产的烟叶最初被福建商人作为"蒲城烟"在遥远的地方销售。[39] 最终"广丰烟"自身就获得了一定的声誉，到19世纪初，王欣等鉴赏家已经将之列入优质烟草的名单。[40] 来自福建的客家烟农定居在玉山县和新城县，这两个县也成为重要的烟草产地。[41]

早期棚民从东南沿海北部迁入黄山和天目山脉的丘陵地带之后，安徽南部和浙江西部的边界地区在明末就已经开始种植烟草。在长江下游的这片丘陵地带，客家人在棚民中所占的比例相对较小，但是最早到来的一些人来自汀州，那是福建西部烟草生产的中心。[42] 其他人主要来自江西东北部的玉山和广丰等县，那里已经普遍种植烟草。18世纪来自福建和江西的移民定居以后，安徽安庆府和浙江滁州府周边的地区成为著名的烟草加工区。[43]

在西边，清朝镇压了最后挑战其统治的三藩叛乱（1673—1681年）之后，来自湖南、湖北、江西和广东的棚民开始在汉江流域上游的丘陵地带种植烟草。[44] 在此之前，这些位于四川北部、湖北西北部和陕西南部边界，并且有效界定了长江中游、长江上游和中国西北经济大区的丘陵地带主要是原始森林。在18世纪20年代，尤其是在雍正皇帝推行宽厚的土地开垦政策之后，越来越多的棚民农户迁徙到汉江上游北岸的秦岭山麓，以及南边的大巴山。最后，到 19 世纪初，在汉中和安康周围肥沃的冲积河谷开始大量种植烟草。正如嘉庆时代（1796—1820 年）岳震川描述该地区："郡城商贾所集，烟铺十居其三四。城固湑水以北，沃土腴田，尽植烟苗……当其收时，连云充栋，大商贾一年之计，夏丝秋烟。"[45] 商人将这种"汉中烟"沿汉江运往湖北、汉口及其他地方的市场。汉江流域的其他地区，特别是湖北均州和河南邓州，也在 19 世纪开始为当地、区域、甚至国际市场种植烟草。[46]

如第一章所述，陕西中部的渭河流域（美原镇①）甚至在 1644 年以前就开始栽种烟草。[47] 在 18 世纪初，大批来自湖北和四川的移民涌入了渭河上游的南方丘陵地区和陕西南部的秦岭山区，一些人开始将烟草作为经济作物种植。然而，陕西大多数丘陵地带的农民并没有种植用于商业销售的烟草，也许因为这些烟草无法与那些在黄河河谷肥沃的淤积黄土中生长的烟草媲美。[48]

18 世纪，四川盆地东部和云南东北高原肥沃却荒废的农田也开始种植烟草。如第一章所述，烟草可能在明末时期从印度经由缅甸进入中国西南部，但直到三藩叛乱终结导致更多移民从湖南以及东部的其他省份迁往西南，汉族定居者才真正开始在四川或云南广泛种植烟草。[49] 到 19 世纪初，成都平原上生长的烟草，尤其是郫县的烟草已经变得非常有名。[50] 一些郫县栽种的烟叶由总部设在汉中的陕西商人经营，他们将之作为"汉中"烟草销售。[51] 四川东南部，与贵州交界的山区也种植了大量烟草。[52] 昆明郊区的农民从大约 1700 年以后开始种植烟草和其他经济作物。到 1790 年，据一位观察者记载，"昆明附近一半以上的农田种植了烟草。出售烟草的家庭比出售稻米的更多"。[53]

---

① 《延绥镇志》中"美原烟"的产地应为陕西省富平县美原镇，作者误作"美原县"（Meiyuan County）虽然金代曾设美原县，但在元朝初年即撤销。——译者注

到了 1800 年前后，烟草种植从东南沿海到内陆省份的向西传播基本完成。此后，烟草种植主要在已经将烟草作为商业作物种植的地区附近继续扩张。例如，在 19 世纪，潮州被认为是广东东北部梅江流域丘陵地带种植烟草的中心，但在很大程度上，这种发展是最初在上游集中于兴化府的蓬勃烟草业的一种延伸。随着越来越多的丘陵农民转而将烟草作为经济作物种植，烟草种植向新开垦地区的类似扩张一直持续到 19 世纪初。[54]最终，中国中部低地的农民也开始种植烟草。例如，在湖南，在 1830 年至 1870 年期间，长沙附近的地区从稻田转变为烟田，因为烟草的利润要比粮食"丰厚数倍"。[55]

在丘陵地带将烟草作为经济作物种植

在长江丘陵地带，烟草是一种受到青睐的经济作物，因为它相对容易种植，而且不论给予多少关注和照料，烟草都能生长。烤烟是目前在全球栽种的这种植物的主要品种，高度劳动集约并且非常消耗资本。然而，在特定条件下，特别是如果以数量而非质量为目的的话，其实可以用最省事的方式种植烟草。与那些在平原种植烟草的人相比，丘陵地带的烟农最初在这方面具有一定的优势。这些差异有助于解释为什么许多清代精英烟民喜爱的优质地方烟草主要生长在遥远的边缘山区，而不是在核心的低地。

烟草需要氮、磷、钾相对丰富的土壤。如果不持续轮作并大量施肥，即便最肥沃的土壤，其养分也会很快被烟草消耗殆尽，这不仅会导致环境退化，而且会产出劣质烟草。在已经集约化耕种的人口稠密地区，种植烟草需要投入大量劳动力。首先，种植在苗床中的小芽必须一天至少浇灌一次，并且遮蔽阳光，然后用手小心移植。然后，植床需要持续耕锄，以免田地滋生杂草。用相对昂贵的豆饼进行适当施肥是非常关键的，因为粪便会让叶子带有一种难闻的气味。大约两个月后，靠下的叶子和顶部的芽被除去，以防开花，从而刺激叶子生长并增进养分的摄取。最后，烟叶被分阶段采摘，其中在植物最下方的首先被收割，其次是中间的几层，依此类推。所有这些精细的操作都需要大量时间和精力。移栽幼苗和收获烟叶是该过程中最为劳动密集的阶段，小生产者可能不得不在这些时期雇佣额外的人手，或者与村里其他人互惠交换劳动。

在核心低地种植烟草的成本可能相对较高。[56] 18世纪，在位于大运河周边平原的济宁（山东），据说烟草所需的劳动力是玉米的两倍。种植烟草的成本高达收益的75%，而种植玉米的成本却仅为收益的20%。[57] 19世纪的经世作家包世臣（1775—1855年）出于意识形态的原因，对种植烟草相较于粮食的高成本感兴趣，他估计种植一亩烟草需要50个人工日，而种植棉花、豆类、高粱或玉米则需要12至13个，种植水稻只需要8个或9个。[58] 包世臣还估计，烟草所需的肥料比水稻多十倍。

与低地农民相比，那些在丘陵地带种植烟草的人能够使用较少的劳动力并投入较低的成本。在丘陵地带，新开垦的田地为刀耕火种的农业留有余地，烟草种子可以直接播撒在地面上，从而跳过了劳动密集型的移栽阶段。新开垦的土壤一般相当肥沃，因此不一定需要肥料。在这种条件下，对全面除草的要求也很低。如果需要肥料，至少在特定区域的树木被用完以前，山区种植者都可以使用唾手可得的木灰。如果降低成本比烟叶质量更为重要，也用不着截去植物的顶端以免花朵生长，或除去叶子以增强香气。通过一次性收获全部烟叶，而不是分阶段采摘烟叶，劳动投入可以最小化。客家家庭可以利用妇女的家庭劳动，这是另一个附加优势。[59] 此外，在山坡旱地上种植烟草的农民也不需要投资建设和维护灌溉系统。

无论是在丘陵地带还是平原，烟草收获后，几乎不需要任何炮制就可以出售给中间商，将之运到市镇加工。在19世纪末和20世纪初以前，人们将烟叶悬挂于户外，在阳光下风干，或者在火上烘烤，以这些方式加工烟草。这些方法都不需要用于特殊设备或建筑的任何支出。[60] 烟叶被简单地干燥，然后交给经销商，他们对烟叶进行分级，并将之作为"生烟"在当地销售，或者用于进一步加工（参见图1）。

图 1：弗兰克·迈耶（Frank Meyer，1875—1918 年）。"在架子上风干的烟叶"（陕西阳平附近）。弗兰克·迈耶摄，1912—1915 年；获得哈佛学院院长和理事的版权；阿诺德植物园照片档案。经允许使用

烟草在专业作坊里加工，这些作坊的规模不一，既有 3 到 5 个工人的小型家庭企业，也有员工众多的大型制造厂（厂房或作坊）。小型捎客往往充当农民和大烟草商之间的中介。中型烟行则直接向生产者收购烟草，然后为出售给消费者而将之加工。中间或中心市镇战略性地坐落于可以航行的水路支流沿岸或附近，这些市镇的烟行通常在他们的住宅后面设有加工棚，在前面设有零售店。他们往往雇佣十来个人。地方或区域城市中的大型加工和批发机构可以雇佣 50 多人。[61] 随着时间的推移，在位于优质烟草产地或附近的许多县城，烟草加工成为一种专门的手工业。

例如，在逐步发展为福建西部烟草种植中心的永定，在 1736 年只有一家烟草作坊，但到了 1820 年，增长到一百多家。[62] 在赣南丘陵出产烟

第二章　中国卷烟生产、消费和贸易的扩张（1600—1750 年）

草的加工中心瑞金也有大量烟草作坊。来自漳州或汀州的商业投资者最初提供了开垦烟田所需的资金，还在位于县城的"数百个"加工棚中雇佣了大量劳工。[63]

无论在小型作坊还是大型制造厂里辛勤劳作的员工，根据烟草销售的形式（旱烟、水烟或鼻烟），以稍许不同的方式加工烟草，但基本程序相当简单。[64] 烟叶先从茎上摘下，然后弄碎。这些碎片被撒在一个木制平台上并用脚踩碎。随后，烟草被撒上糖、酒、香料和油并干燥，然后反复喷洒和干燥。这一润滑的干燥过程重复的次数越多，最终产品的质量就越高。

将调味品与烟草混合需要一定的技术，通常由训练有素的工人完成。浸透了油和香料的烟叶被聚集在一起，夹在两块板子中间，被压成块状（编按：即烟砖）（参见图 2）。（过量的油被从烟草中压出并用作其他用途，

图 2：莫理循（Hedda Morrison）。"烟店内部，男人正在压制烟草，后视图"，1933—1946 年。莫理循文件，哈佛燕京图书馆，哈佛大学；获得哈佛学院院长和理事的版权；阿诺德植物园照片档案。经允许使用

如杀虫剂）。压榨大约12小时后，烟砖被移出并（对于旱烟）切成丝。然后，加工后的烟丝被包在纸中，以不同的重量出售。以这种方式调制烟草大大减少了它的体积，同时增加了它的价值，而且烟草以这种切丝旱烟的形式，从边缘山区被运送到城市化的核心地区。

烟商经常向佃户种植者提供启动贷款或延展信贷。对于丘陵地带的农民而言，这种融资即使令他们债台高筑，也往往是必不可少的；因为地主通常要求提前支付大量不可退还的押租，而且租金必须以现金支付。出于同样的原因，农民生产者经常以协商的固定价格提前将他们的烟草作物抵押给当地经销商，然后这些经销商以市场价格将之转卖给区域加工中心的大型制造厂。因此，既承担价格波动的风险，又享受其收益的是商人中介，而不是农民。负债、极度贫困，以及艰苦而辛劳的工作是长江丘陵地带大多数烟农的命运，中国其他地方也是如此，但是买家支付的小额钱款所给予的激励，以及粮食作物相对可靠的产量，促使许多棚民迁徙者尝试将烟草作为经济作物种植。

大多数小农可能最多只能通过烟草赚一小笔钱。这笔钱被他们用于缴税纳租、偿还债务或支付临时花费。对于黄山周边丘陵地带的烟草种植，严如熤（1759—1826年）认为："汉川民有田地数十亩之家，必栽烟草数亩。烟草亩摘三四百斤，[卖青蚨十千以外，姜、药材亩收八九百斤，卖青蚨二三十千]① 以为纳钱粮，市盐布，庆吊人情之用。"[65]然而，一些将土地用于种植烟草的地主和富农自己做得相当好。1785年的济宁县志记载，1672年的举人臧咸② "世以读而兼耕"。[66]虽然臧咸将他的烟田改种玉米（因此地方志里提及时予以褒奖），但似乎他的家族最初有大量土地都种植了烟草，并由他们自己管理。在19世纪的济宁，六个家庭控制了烟草生

---

① 括号中的文字系译者按原文补充。——译者注
② 作者误作 Zang Xi。——译者注

产和加工，年营业额为 200 万银两。[67] 在某些情况下，棚屋的居民也可以通过种植烟草脱贫致富。[68]

诚然，在丘陵地带种植烟草有一定的风险。旱地农业完全依靠雨水，倾盆大雨或长时间的干旱都可能是灾难性的。疾病和虫害是常见的危险，而霉菌会在加工过程中破坏烟叶。然而，烟草的耐受力相当强，在季末通常都有所收获。烟草的种子易于获取，因为一株烟草能产生几百克的种子，而种植一公顷土地仅需 50 至 75 克。烟草的生长期相对较短，这意味着可以在同一块田地轮作粮食作物，特别是高热量的甘薯或玉米。开垦土地显然是非常劳动密集型的，但许多棚民耕种的是在 17 世纪中叶的灾害以前曾经有人定居的土地。这些土地很容易恢复。此外，清场伐木的工作可以在没什么农活可做的冬天完成。有时，这种费力的工作是由地主专门雇佣的年轻移民完成的。这些地主被称为"山地主"，他们投入大量资金开垦大片土地，然后要么雇佣季节性劳工耕种，要么将之出租给烟农。

最好的烟草和最高的产量都出自长期休耕的田地。因而投资者和耕作者都无可厚非地倾向于选择从前未被开垦，而且靠近河道的土地。然而，鉴于烟草对氮和钾的高摄取量，在所有种植烟草的丘陵地带，土地很快就丧失了大部分肥力。我们不知道中国烟草在清代侵蚀原始土壤的速度有多快，但在同时期的印度，在山区种植烟草导致每年每英亩土地损失 45 公斤表层土。相比之下，棉花每年每英亩土地损失的表层土为 7.5 公斤。[69] 烟草对中国土壤肥力的负面影响可能与在长江丘陵地带种植的耗钾作物玉米处于同等水平。[70] 当然，许多地方官员担忧烟草对山地的不利影响。1819 年版南雄（广东）方志的编撰者观察到："[烟草] 其利几与禾稻等。但种烟之地俱在山岭高埠，一经垦辟，土性浮松，每遇大雨时行，冲刷下注，河道日形壅塞，久则恐成水患。然大利所在，趋之若鹜。"[71] 显然，在丘陵地带种植烟草有利可图。对于许多耕作者而言，短期收益的预期比烟草生态效应的长期影响更为重要。

区域专业化、烟草种植面积的扩大和人均烟草消费量的提高

在烟草剥蚀了土壤之后，丘陵地带的农民面临选择。他们完全可以放弃烟草，而种植所需养分较少的其他作物，或者他们可以利用平原上使用的劳动和投入更加集约的技术来耕作他们的土地。[72] 或者，他们可以向西或向北迁徙，寻找休耕地和更加肥沃的田地。为了应对种植烟草的土地肥力下降造成的困境，无数家庭做出的决定总体上导致了两种对中国烟草史至关重要的长期趋势。首先，虽然在丘陵地带利用更加集约的耕作技术需要付出更多的劳动和资金，但这种选择通常提高了边缘山区出产烟草的整体质量、风味和香气。这反过来导致鉴赏家将某些边缘种植区视为"最佳"和最理想高端优质烟草的来源。从这些著名山区输入的烟草在都市核心区域高价出售，这一进展鼓励商人和"山地主"在这些专业区域进一步投资烟草生产。在一些地区，例如，福建西部和江西东南部，烟草最终成为首要的经济作物和主要的手工业。

其次，棚民在他们已经定居的地区，以及过去不知道烟草种植的地区继续开垦新的烟田。结果，烟草种植的总面积扩大，而且烟草种植地的数量也急剧增加。中国的权威烟草史学家杨国安估计，清代中期约有500万亩（约833333英亩）土地种植烟草。[73] 相比之下，茶叶的估计种植面积约为521万亩，棉花的种植面积约为1亿亩。[74] 18世纪末和19世纪，随着新地区的农民开始种植烟草，以供在当地、区域、全国，乃至国际市场上销售，烟草种植面积持续扩张。[75] 到20世纪初，超过100万英亩的中国土地被用于种植烟草。[76]

烟草种植从东南沿海向长江丘陵地带的地理扩散表明，从大约1600年至1750年，烟草的总需求量不断增加。遗憾的是，这里讨论的任何特定种植区的烟草产量都没有数量统计，因此我们无法对清代人均烟草消费量进行可靠的估计。关于1900年以前全国每英亩烟草作物的产量，仅存的信息零碎不堪。石奇和方卓芬估计，清代种植的烟草平均产量为每亩

150斤，或者每英亩1184磅。[77]该统计量不仅高于20世纪20和30年代中国南方一些地区所记载的产量，[78]而且比20世纪初美国的平均产量还高。在20世纪30年代通过的新经济法案促进了化肥和农药的使用，以至到20世纪60年代，烟草产量提高到每英亩2000磅以上，但在此以前，美国农场的标准产量为每英亩约800磅。[79]中国精耕细作的农业技术，尤其是大量施肥以及家庭成员对杂草和害虫的密切防范，不仅在低地运用，最终也在丘陵地带推广，这可能导致中国的产量要高于工业化以前美国农场的产量。作物轮作是常态，而且烟草通常种植在新开垦的、非常肥沃的土地上，至少在这样的土地用完以前，这些事实可能也促进了中国的生产。然而，石奇和方卓芬估计18世纪的产量可能有所夸大。如果杨国安认为清代中期种植烟草的土地为500万亩评估大致正确，而且我们使用更保守的每英亩烟草产量为800磅的数据，并假设18世纪中叶的人口大约在1.7亿至2.5亿之间，[80]那么我们得到的人均烟草消费量大约为每人每年3至4磅。[81]这些数字与1698年至1752年之间英国和威尔士的估计数字相当，甚至更高。[82]虽然这些数字低于同一年代美国成人人均每年5至6磅的消费量，但仍高于20世纪30年代中国人均每年约2磅的消费量。[83]在这些粗略估计得以证实以前，18世纪人均烟草消费量的还有待进一步的研究，但是如果被其他数据证实，这些估计将支持彭慕兰（Kenneth Pomeranz）的假设，他认为中国和西方的烟草消费水平在大约1800年以前基本相似，但后来差异越来越大。[84]

从17世纪到19世纪，烟草种植在整个帝国不断向新的种植区扩张，但这并不一定意味着清代所有社会群体的人均烟草消费量不断提高。彭慕兰假设，在18世纪的人口增长开始对周边区域的食品供应造成压力之后，包括烟草在内的"瘾品食物"的大众消费就会收缩。[85]由于缺乏更可靠的产量数字，很难了解是否像彭慕兰假设的那样，种植者在19世纪缩减了商业烟草生产的规模，以致本地种植烟草的大众消费量随着时间的推移而减少。然而，烟草种植面积在专业区域持续扩大，这表明至少清代精英对优质烟草的消费量并没有明显缩减。事实上，早在 18 世纪初，商人就开始将大量长江丘陵地带种植的烟草运送给中国大城市的都市精英。

烟草长途贸易的结构

一方面加强区域专业化，另一方面扩大烟草种植面积，这种双重趋势带来了显著的产品多样化，至少在 18 世纪大大促进了具有社会包容性的消费模式。像茶叶、药材、酒类、纺织品，以及在盛清时期通过跨区域贸易网络长途流通的许多其他商品一样，大商行也在各个层次的城市，竞相销售来自不同地区的烟草产品。[86] 诚然，国内种植的烟草在价格、质量和吸引力等方面都有很大差别。旱烟既包括最粗糙的未加工的本地烟草，也包括在最著名的产地种植和加工的顶级优质烟草。烟草被分为廉价"生"烟和精加工的优质烟叶两大类，这意味着许多人都可以吸烟，不只是非常富裕的人。

中国烟草的种类

中国农民栽种了两种可摄入的烟草，但迄今为止红花烟草的栽培最为普遍。红花烟草是一种 1 至 3 米高的高大植物，开粉红色、红色或紫色的花，有大片的叶子。它在热带或温带气候生长得最好，但也可以在寒冷乃至半干旱的地区生长。在中国，烟草只被用作烟丝，而且根据烟叶的来源和质量，烟草的价格差别很大。黄花烟草只开稍带绿色的黄花，而且其高度和叶片尺寸都要小于红花烟草。在中国，黄花烟草只为了用于水烟而在特定地区种植，主要在甘肃和福建西部。比起红花烟草，黄花烟草制成的烟加工得更加精细，往往非常昂贵。

中国烟草通过产品标签——也就是品牌名称进一步区分，理论上品牌让中国吸烟者在知情的情况下选择他们所购烟草的品质。烟草产品通常按照烟叶栽种或加工的地点分类。在上述许多地区加工的烟叶——例如,蒲城、衡阳和汉中,就遵循惯例,按照其原产地赋予一个特殊的"商标"。久而久之,特别是随着区域和地方品种的数量大大增加,在全国不同地区种植的烟草也因某些特质或特色而闻名。因此,在福建西部山区种植的呈黄色、切成细丝,并在永定加工的黄花烟草被视为"条丝烟",来自漳州的较粗糙、颜色较深的红花烟草被称为"乌厚烟",稍带绿色的兰州黄花烟草被称为"青条烟"。

至少在某种程度上,这些俗名所描述的颜色、质地和香味等品质的差异是由生产各类烟草的不同环境条件造成的。在工业时代发明化学加工法来控制烟草的味道之前,风味基本上取决于自然因素,诸如在任何给定生长期的土壤构成、气候和降雨量。例如,在兰州周围发现的黄土中生长的烟草就不同于在蒲城的酸性红土或济宁的棕色土壤中种植的烟草。[87]

不同农业体制下影响土地利用的社会与制度形态(税率、产权、农业规模、现有劳动力、宗族和市场准入)对所采用的特定栽种技术(以及后来的品质)的决定性作用往往与自然因素相当,甚至更大。在大多数情况下,佃农或自耕农主要使用家庭劳动力在小块耕地上种植烟草,在一些地区,雇工也在地主或商人企业家的管理下在更大的农场种植烟草。烟草是否间作或与其他植物双重轮作也影响其品质。在灌溉农田随处可见的中国南方低地,烟草与水稻一起茁壮成长;在丘陵地带的耕地,烟草散布在红薯和玉米之类的粮食作物中间。烟草相对较短的生长期(60—150 天)使之可以在一些地区一年三作。在北方,烟草通常在春天或夏天,冬小麦收割之后种植,而在南方,烟草(经常在秋季)与蚕豆、红薯、蔗糖和大米轮作。[88] 在一些集约耕种的地区,如漳州府,烟草只有每隔一年甚至两年才会在特定的地块种植。[89]

特定的地方"品牌"通过几种方式来赢得声誉。口碑显然在早期建立品牌忠诚度的过程中发挥了重要作用。店主和商家也主动销售他们的产品,悬挂招幌宣传他们销售"有名的""石码"或"蒲城"或其他地方烟草。[90]

地方志的编纂者也颂扬他们家乡出产的烟草,将当地的烟叶与最出名产地的烟叶相比。[91] 在 18 世纪,关于烟草的专门手册也开始出现。这样的指南——例如,汪师韩的《金丝录》和陈琮的《烟草谱》,对于不同地区生长烟草的质量,以及充分享受吸烟过程所需的适当辅助设备向读者提出建议。[92] 久而久之,在某种程度上由于这些出版物的宣传,一些地方烟草产品变得相当有名。

在鉴赏家的文献中,优质地方烟草的排名相当稳定,但并非完全固定——不同地方品牌的地位随着时间的推移上下起伏。17 世纪,在漳州种植的"石码"烟草被许多人认为是世上最好的烟草。[93] 18 世纪,"石码"烟草首先被"蒲城"烟草取代,然后被"永定"烟草取代。[94] 在乾隆朝的内务府将"条丝烟"的地位提升至适合皇家消费的"烟魁"之后,永定烟的声誉得以确立。[95] 这样的赐名使永定烟草受到高度赞赏,并且变得非常昂贵。例如,在道光时期(1821—1850 年),在永定加工的条丝烟的售价超过了一千贯。这与福建西部其他地区出产的较低档次的烟草形成鲜明对比,其价值仅在一百至两百贯之间。[96]

价格较高的永定"品牌"只有极为富裕的人才能消费。其他著名烟草,虽然不像条丝烟那样昂贵,但仍是大多数吸烟者不可企及的奢侈品。有些商人的产品来自不太著名地区,他们有时会将自己的商品与更有名的烟草联系在一起,声称自己的烟叶模仿了更知名品种的质量和风味。因此,在郫县种植的四川烟草被山陕商人作为"汉中"烟草销售,而在广新(江西)种植的烟草最初被当作"蒲城"烟草。消费者必须时时防范,以免买到"假冒"烟草。

烟草商人

像许多其他在帝国范围交易的地方产品一样,最好的和最昂贵的烟草由晚清中国著名商帮的成员经营,特别是来自徽州、山西、陕西,以及福建和江西烟草种植区的商人。来自漳州、泉州和汀州的福建的商人在福建西部和赣南丘陵主宰了"条丝烟"贸易。"蒲城"烟草在本地以外的运输由来自徽州（安徽）、福建南部和江西的旅居商人承担。[97] 徽州商人还控制了在长江下游丘陵地带种植的烟草，将在安庆（安徽）加工的烟草运往扬州和其他江南城市中心。[98] 来自中国西北的山陕商人经营着湘赣地区种植的"衡阳烟"。[99] 山陕商人一度在衡阳经营了9家专门的烟草商行（堂）和13家批发经销商（号）。[100] 来自山西和陕西的烟草商人和赣南和赣北丘陵的同行一样，集中在长江下游、珠江三江洲，和北方城市北京和天津，他们将湘赣丘陵种植的烟草运往清代统一市场经济体的南北轴沿线的城镇，将"衡阳"烟草塞入运往北京的"京包"和在广东销售的"广包"。[101]

山陕商人还控制了西部烟草业，主宰了陕西南部（汉中）、四川（郫县）和甘肃（兰州）的贸易。至迟从18世纪初开始，来自山西的烟草商人就活跃于北京：河东烟行会馆从1727年开始就不断资助修建三圣祠。[102] 来自汉中的陕西商人将四川种植的烟草销往湖北的市场。[103] 来自汾河下游流域的山西商人控制了从均州（湖北西北部）到汉口的烟草贸易。[104] 如第一章所述，山陕"西部"烟草在新疆、蒙古、西伯利亚南部，甚至俄罗斯也有相当大的市场。到18世纪，也由山陕商号经营这项贸易大幅扩张。晚清时期，经由张家口陆路运输到蒙古和俄罗斯的烟草主要来自山西曲沃县，该县有8万亩土地种植了烟草。年均产量在4000吨至5000吨之间。[105]

贸易量

到1750年，大量中国烟草已经开始在中国境内跨区域流通。虽然我们不知道大型商号沿全国市场经济体的T形弧线运送烟草的数量或价值，但我们知道这种贸易之大，足以向清朝国库贡献国内关税。北新关的记录表明，在18世纪50年代，闽赣粤边界地区生产，并在蒲城、永定或

55 瑞金加工的大量烟草穿过山口,被运往长江下游地区。在 18 世纪中叶,在福建西部和江西东部丘陵地带生产的烟草是通过北新关最重要的商品之一。[106]

虽然缺乏在北新专门征收福建—江西烟草关税收入的直接数据,但我们知道,至少在乾隆中期,烟草是北新关的一个重要税收来源。[107] 在 1755 年和 1756 年间,至少有 25 万斤(36 万磅,或 180 吨)烟草通过北新关。香坂昌纪(Kōsaka Masanori)估计,实际数字可能是该数量的两倍(50 万斤),甚至四倍。香坂昌纪假设,福建—江西的烟草数量是账目所记载的三倍或四倍,因此,他估计烟草税收在 3 万到 5 万两白银之间。如果我们承认这一估值接近于烟草长途贸易在北新产生的实际收入,那么那里征收的烟草税将占 1755 年征收的全部过关收入的 14% 到 27%(220535 两)。[108]

虽然这些估计是零碎的,但由此我们至少可以确定,18 世纪中叶从福建西部和江西东部的丘陵运往长江三角洲的山地烟草比沿同样路线运输的其他货物价值更高。在关口检察员的记录中,他们强调烟草贸易的波动大大影响了北新关的总收入,而且这进一步表明烟草对于钱塘江沿线贸易而言是一种比较重要的商品。例如,在 1764 年,烟草收成不好,因此北新的贸易量和关税收入也大幅下降。[109] 北新的证据也突显了优质地方烟草品种的市场划分,因为北新按照不同的税率向来自不同地区的烟草征税:福建烟草以最高的税率征税(每 100 斤 4.6 两),这进一步表明它的总体质量和价值被认为比其他品种更高。[110]

烟草零售业

随着烟草种植在整个帝国逐渐扩张,社会经济等级两端的消费者,无论是贫农还是高官,都可以持续不断地买到新品种的廉价和高价烟草产品。因此,清代烟草零售业在两条平行的轨道上进行:在著名生产中心加工的高端烟草在中国大城市的专卖店作为奢侈品销售,而在大多数庙会或地方赶集市场上可以买到的廉价烟丝则为绝大多数都市和农村的穷人提供了一种简单的乐趣。

烟草在晚期帝国市场体系的各个层级销售,从帝国首都直到标准集镇。北京不仅是皇室居住的地方,也是高官、富商和出身名门的旗人的聚居地,有大量销售各种烟草的专卖店。到1717年,如果我们根据纪念康熙皇帝六十岁生日画卷上再现的许多招牌来判断,北京零售商出售从许多著名产地输入的旱烟,包括济宁、石码、蒲城和佘塘。[111] 虽然仅凭图像再现无法证明来自遥远产地的优质烟草在北京的店铺里出售,但将宣传著名地方品牌的招牌精心绘制在这幅画中,表明康熙时期山东、福建和湖南的烟草在北京备受关注。一百年后,富裕的顾客在北京的大型烟草商号里可以买到来自帝国任何地方的旱烟。[112]

在专业烟草店销售的各种烟草制品中,江南地区的大城市(南京、扬州、杭州和苏州)、北方的天津、长江中游的汉口、南方的广州等地的富裕消费者也有相当多的选择。前文提到过,天津最早的烟草商店——中和烟铺建立于晚明时期。[113] 中和烟铺与北京著名的北裕丰商号一样,销售多种等级和品质的旱烟、水烟和鼻烟。这些是从帝国各地和国外输入的。[114] 到清代中叶,烟店在北京各地都很普遍。在乾隆时期,至少如徐扬1770年的画卷所描绘的,苏州有八家高档烟店,其中三家专门销售来自福建北部的烟草。[115] 到18世纪中叶,上海不仅从福建和广东输入国内种植的烟草,而且从日本进口非常昂贵的烟草。[116] 1760年以后广州成为欧美商人被允许开展业务的唯一沿海口岸,广州居民不仅可以买到国产烟草,还可以买到在欧洲加工的巴西和切萨皮克鼻烟(参见第五章)。19世纪的汉口有"大量令人眼花缭乱的零售店",其中有些专门销售汉中(陕西)和均州(湖北)的加工烟草。[117]

在最富裕经济大区的大城市中唾手可得的一些烟草产品,也可以在都市等级的较低层次和更边缘的地区找到。在许多标准集镇和地方城市,以及区域大都市，可以找到销售多种本地种植或从远方进口烟草的烟店。吴英是一位六十岁的生员，来自浔州府平南县（广西），1780年陷入乾隆朝的文字狱，他注意到在广西较大的城镇，有20—30个零售烟店；在中型市场，大约有10个；而在小市镇，有5或6个。[118]方苞（1668—1749年）是在乾隆时代早期领导禁烟运动的学者官员，他在1736年控诉，在整个岭南地区，哪怕最小、最远的地方也有小烟店。[119]流动商贩将烟草和烟草用具直接运送给城市周边的消费者、农村集市或偏远村庄，他们完善了清代烟草市场的零售结构。在某些情况下，流动烟草商贩不仅销售烟草，而且出租烟袋，使消费者可以当场吸烟（参见图3）。

从各方面来看，商业烟草种植在明末清初大幅扩张。到1750年左右，烟草在中国许多地方广泛种植。从福建沿海开始，商人和移民将烟草知识传播到整个东部沿海地区、华北平原、西北黄土高原，以及中国南部、中部和西部的长江丘陵地带。最终，几乎每个省份都种植烟草。近两百部清代县志的编纂者都将烟草列入他们的"土产"清单。[120]虽然编纂这些文献的士绅并不总是将之编入目录，但我们相信还有许多其他地区也种植烟草。

诚然，由于种植经济作物主要用于出售，而不仅仅用于家庭消费，烟草在地理扩张上受到限制。例如，在陕西中部的渭河流域，虽然其他几种新大陆作物都成为丘陵地带的主要产品，但只有西安附近的几个低洼的郊县种植烟草。在其他地区，如湖南西部和湖北沿汉江下游的地区，烟草在19世纪以前并不重要。此外，烟草在珠江三角洲没有广泛种植，17世纪以后烟草在北京周围的平原或江南地区的都市化核心区域也没有大量种植。虽然中国主要城市郊区的一些农民生产低价或中等价位的烟草，但在17世纪和18世纪，这些经济中心地区的富裕吸烟者更喜欢从福建沿海、山东、甘肃，以及长江丘陵地带涌现的专业种植区输入的高端优质烟草。

清代烟草业的区域专业化反映出晚期帝国农业经济所特有的市场开放

第二章 中国卷烟生产、消费和贸易的扩张（1600—1750年） | 61

图3：西德尼·甘博："租烟"，1917—1919年。西德尼·甘博照片；纪实艺术档案；杜克大学；（65A-354号）。经允许使用

性。在中国的一些地区——福建西部和北部、赣江丘陵、湘赣边界地区、汉江上游流域，以及成都平原，商业烟草种植高度发达。乾隆时期，福建西部生产烟草的大约60%都被运往其他省份（如台湾），或输出到东南亚。[121] 福建烟草最重要的市场是江南地区的城镇，但福建商人仍广泛运送"石码""蒲城"和"条丝"烟草，在遥远的四川和甘肃建立商铺。[122]

参与南洋贸易的漳泉商人也成功地将福建烟草销售给在海外居住的华人。[123] 中国西北专业种植地区的烟草也主要出口到亚欧大陆中部、西伯利亚和俄罗斯。

烟草在全国那么多地区广泛种植，这使许多消费者，包括经济窘迫

的那些，越来越容易获取烟草。到1750年左右，可供重视身份的消费者自由选购的烟草种类多得惊人。与此同时，可供当地消费的廉价烟草的数量也增加了。几乎从一开始，烟草消费就在两个层次进行，一种由对价格的关注驱动，而另一种的驱动力在于只想消费特定烟草产品的欲望，那些烟草产品使吸烟者作为时尚少数群体的一分子而变得与众不同。农村和城市吸烟者对烟草日益增长的需求，主要通过扩大种植面积和增强商业专业化来满足。中国统一的全国特产市场使大型商号可以将优质地方烟草从边缘山区运到城市化的核心地区。市镇和农村定期市场的活跃网络，由流动商贩和旅居商人供货，使廉价烟草产品得以销售到村庄和小城镇。大约在1800年，人口增长开始对粮食供应造成压力，只有在此之后，贫穷人口的烟草消费量才可能有所缩减。

精英吸烟者居住在最商业化和最繁荣地区（长江中下游、东南沿海、岭南、北京和天津周围的华北地区）的都市化核心地区，他们显然是生长于遥远内地山区最优质烟草的主要顾客。这些边缘地区都属于一种特定类型：它们通常位于主要河流水系的支流附近，并且一般距离一个主要的商业中心不远，烟叶可以在那里加工并集中交付长途运输。17世纪，在东南沿海、长江下游和赣江、岭南、长江支流源头附近未曾开发的丘陵地带被证明是生产商业烟草的理想地点。明清更迭的破坏，以及某些种植烟草的区域的人口减少，促使许多农民在长江中上游地区种植烟草，尤其是在1681年清朝成功平定三藩叛乱之后。在这些地区定居的闽南、客家和棚民迁徙者发现，在丘陵地带种植烟草可以赚取一点额外的现金。甘肃、四川和云南偏远地区的一些农民也发现，烟草种植多少有利可图，他们也开始生产优质地方烟草，利用中国统一市场经济体的长途运销渠道销售。

清代烟农并非都是穷困农民，被贫穷所迫而在偏远丘陵地带的边缘土地上勉强维持生计。在丘陵地带种植烟草虽然冒险，但也可能有收获，许多人从中察觉到经济机遇，并为之吸引。由于生产和运输成本相对较低，创业型移民认识到在丘陵地带种植烟草可能盈利，他们专门种植烟草，将之卖给控制地区间运输商品长途贸易的商人。因此，至迟从1600年开始，烟草从东南沿海到中国其他地区的空间传播，很大程度上可以用许多中国参与者（农民、劳工和商人）的无数决定来解释，他们认为烟草如果不是财富来源的话，至少也是财政支持的来源，而不仅仅是维持生计的来源。许多制定行动计划的个体对一种新奇商品不断增长的消费需求做出了回应，在他们的共同推动下，烟草成为一种高度商业化和多样化的农产品，不仅通过地方市场，也通过遍布全国的区域和长途贸易网络广泛流通。

第三章　学会以中国风格吸烟（1644—1750 年）

从明末的最初传入到清代的广泛传播，新大陆的烟草在多个方向、沿无数路径扩散，逐步"中国化"。当然，这种文化交融的过程并不是中国所独有的，而是与率先学习使用美洲印第安烟草的其他欧亚大陆地区大致同步。与在其他情况下一样，即使烟草已经成为一种全球化的现象，但仍通过特定的文化路径在中国本土化。此外，在中国和其他地方一样，只有出现一定数量相当富裕的吸烟爱好者，一个优质烟草产品的统一市场才可能存在。只有在17世纪中叶至晚期，中国汉族精英从社会下层挪用吸烟的习俗之后，这才得以实现。

吸烟袋最初在中国边疆地区的社会底层人群中开始流行。在南部沿海，水手和私人商贩是第一批尝试烟草的人；在北方边境，士兵、私掠者和强盗是较早的吸烟者。满蒙贵族很快就养成了吸烟袋的习惯，正如辽东和蒙古东部的普通人一样。然而，从汉人的角度来看，所有的蒙古人和女真人都是举止粗鲁的边疆蛮夷。新疆人、回族、傣族、纳西族，以及沿西部边境交易烟草的其他民族，甚至更加远离汉人意识中的"文明"中心。因此，中国的烟草消费始于明代上流社会最为轻视的帝国边疆群体中。

不料烟草却逐渐传入汉族精英的文化世界。许多清代旗人和官员在1644年控制华北时就已经对烟草习以为常，他们在烟草高端化的过程中发挥了至关重要的作用，因为他们使吸烟对于公职人员而言变成了一件体面的事情。清军入关后，北京和长江下游城市一些有势力的汉人士大夫开始青睐烟草，因为他们认为烟草有益健康，或者发现烟草可以用于娱乐。继而，较早接受烟草的人通过连接各地精英群体的跨区域网络教会其他人。

到 1700 年，许多上流人士，无论男女都知道如何吸烟。当然，到了 18 世纪 30 年代，在一些江南学者的社交圈里，吸烟已经成为时尚。18 世纪诗人厉鹗（1692—1752 年）简要总结了在他的有生之年旱烟所涉及的广大社会范围，突显了那些处于社会等级两端的人对旱烟的消费："今日伟男髫女，无人不嗜。"[1]

吸烟跨越从百姓到精英、从男到女的界线并非是预先确定的，事实上，如果烟草在其他时代传入中国，这可能根本不会发生。众所周知，社会流动性增强的现象是帝国晚期社会最显著的特征之一，这是由明末商业经济的国际化引起的。16 世纪日本和新大陆白银的大规模进口为来自不同社会背景的人相互影响创造了新的社会条件。一个新兴的世界主义精英阶层出现在中国的大城市中，其中包括富商、拥有功名的官员，以及告老还乡的士绅。[2] 从一开始，在这个包括商人、艺术家和学者的广阔圈子里，许多人认为烟草是一种可以表达好客、聚精会神、增强性快感，以及保持或恢复健康的物质。从这样积极的角度来看，烟草轻易地跨越了地位、阶级和性别的界线，而这个时代愈演愈烈的商业化和经济竞争已经让这些界线变得漏洞百出。

一旦烟草进入都市世界主义精英阳春白雪的领域，它就像许多其他奢侈品一样，成为记述此类事物的品鉴专家感兴趣的话题。知名士大夫和著名儒医在一系列文本中突出了烟草的奇特属性，这在 17 世纪末至 18 世纪变得愈发常见。包括本草、笔记和诗集在内的出版物均提及这种新奇的本草，据说它能够治愈或预防疾病，像酒精一样醉人，像茶叶一样令人镇定，并且有助于促进各种社会互动。专门的烟草文本也开始出现，包括指导新手在与绅士一起吸烟的细节方面的指南。对于那些希望购买士大夫外部文化标志的新富阶层，这些书特别有吸引力。它们在 18 世纪末的出现，显示出了超越阶级的吸烟习俗引发了持续的身份焦虑，并且表明许多引领潮流的都市人此时已将旱烟视为粗俗之物。

大约在清朝统治的头一百年，不论社会经济阶层、空间位置或性别，长烟管是所有中国吸烟者使用的主要器具。旱烟最初流行于男性和女性、百姓和精英，在很大程度上是因为它被誉为能治百病的灵丹妙药。烟草所谓对健康的益处，在精深的 17 世纪医学著作中被理论化，通过大众化的医学文本广泛传播给 18 世纪的阅读公众，而这些医学文本通过繁荣的长途书籍贸易得以流通。流动的书商将面向市场生产的手册运往内地城市和小城镇，从而向全国各地的乡绅传播关于烟草及其用途的文字。在清代的全盛时期，包括远离长江下游地区传统出版和消费中心居民在内的许多上流社会人士，既能获得有关烟草的信息，也能获得有名的高档烟草。到 18 世纪中叶，吸烟袋作为一种日常享受，在富人和穷人中都变得极为普遍。男女老少、高低贵贱，乡下人和城里人都学会了吸烟。

在清朝统治的头一百年，抽烟袋的习俗如此轻易地被不同阶层和性别的人共享，其方式和原因是下一章的主题。我将首先讨论男性精英开始吸烟的原因，证明对于拥有特权的少数人而言，吸烟完全适合他们所享有的交游广泛而悠闲自得的生活方式。然后我将描述普罗大众和女性抽烟袋的情况。在第四章中，我转而讨论中国人对烟草的医学解释，强调烟草进入明末清初本草目录的高度偶然性及其具体语境。烟草所谓的治愈特性非常有助于它融入中国政治精英的消费习惯，而儒医提出的医学解释也为上流士绅提供了一种方法，可以调和他们对一种平常物质的喜爱与他们凌驾于抽烟袋的下等人之上的文化优越感。

向内渗透和向上渗透的烟草

面对史无前例的吸烟社会行为，17 世纪的中国士大夫只是模糊地意识到将烟草带进他们当地社群的全球路线和跨地区网络。许多描写这种植物的笔记文献都试图确定烟草的原产地。黎士宏等作者认为烟草来自日本。[3] 其他人则认为，烟草首先从吕宋进入福建，吕宋是菲律宾的主要岛屿，1571 年西班牙人在那里建立了他们的殖民地首府。[4] 还有杨士聪等人认为烟草通过澳门被带入广东，然后由前往东北部边境抗击满洲人的明朝士兵运往北方。[5] 很少有人关心烟草最初来自哪里，但至少有一个早期的观察者记录到，菲律宾人"其种得之大西洋"，换言之，来自经过印度洋海域的欧洲或亚洲的贸易商。[6]

这种新习俗从空间和社会的边缘向中心，从边疆到内陆城市，然后到农村腹地"向内渗透"和"向上渗透"的显著方式是这些早期评论家关注的焦点。他们观察到，烟草在社会阶梯上迅速攀升，从士兵、堕落青年和边缘化的边疆居民到男性精英，甚至"良家"妇女。对于一些人而言，这是恐慌的根源：他们谴责烟草是一种"罪恶"，而父辈不能阻止年轻人尝试烟草，官员无法阻止农民种植烟草。[7] 对于其他人来说，可以"祛寒破寂"的"天香"值得颂扬。[8]

17世纪的士大夫清楚地意识到，将他们与低级吸烟者分隔开的社会界线存在间隙。第一章里提到的来自直隶西南部的诗人申涵光就曾非常明白地描述了烟草如何自下而上地向北京精英扩散："予丁丑在都，见奉旨禁烟，不知烟为何物。戊寅守城后，予郡渐有用者，然不过隶役下流及兵卒耳已，而士人多有用者。近闻闺阁中亦有之，可怪也。此物不见于载籍，不知起于何时，大约三十年以前未见有也。"[9] 顺治时期的进士董含哀叹这种"恶习"如何从城市蔓延到乡村，从男人传播到女人，以致"习俗移人，真有不知其然而然者"。[10] 清初诗人、官员和艺术的赞助者王士禛（1634—1711年）在世纪之交描写了吸烟和烟草种植无处不在："今世公卿士大夫下逮舆隶妇女，无不嗜烟草者，田家种之连畛，颇获厚利。……今处处有之，不独闽矣。"[11]

对于明末清初的一些精英而言，这种新习惯自下而上扩散是一种降低格调的行为，必须加以阻止。明代后半期发生的集中商业化、城市化和经济货币化造成了社会地位差异的减弱，而烟草的跨界吸引力则加剧了对此早已存在的焦虑。[12] 上海居民叶梦珠将烟草描述为只有"流寇"才会消费的东西。[13] 曾羽王指责福建"把总衙内"将烟草带到他在松江府的家乡，并用一则轶事提醒他的读者注意烟草的危险,他描写了一个盐工的儿子因为在用来煮盐的锅炉旁吸烟,变得醉醺醺的。这个青年不幸跌入沸腾的大锅而瞬间丧命。[14]

值得注意的是,反对烟草的言论很少以仇外的词语来表达。许多在17世纪描写烟草起源的人非常清楚它是从国外传入中国的。虽然有些人对它的传播路径感到好奇,但它最初起源于美洲却没有被论及。17世纪的士大夫更感兴趣的是烟草如此迅速融入日常生活节奏的方式。在施闰章(1619—1683年)的评论中,伴随着一丝显而易见的沙文主义,他写道:"烟始来自异域。今所在成熟为土产,其毒似亦全减。"[15]在一首赞美烟草"妙趣"的诗中,陈元龙(1652—1736年)指出:"异种来西域,流传入汉家。"[16]尽管一些儒家卫道士和政治活动家在18世纪继续抵制烟草,但由于国产烟草市场的规模已然扩大,他们的反对以及将烟草视为奢侈品加以禁止的提议被一扫而空。烟草的反对者还不得不对付作为吸烟者的权威人士。新大陆烟草在中国的本土化取得成功,很大程度上是因为它最终被北京和江南富裕的城市政治和宗教界的一些当权者所接受。

都市世界性精英的烟草消费

17和18世纪移民的地域流动促进了烟草在整个晚期帝国版图上的空间扩散,但最初烟草进入中国精英家庭的因素却是明末清初社会所特有的显著社会流动性。在某种程度上,由于中国更多地参与国际贸易,中国经济长期以来一直在进行的商业化在1550年至1620年期间得以加强。正如柯律格(Craig Clunas)和卜正民(Timothy Brook)所指出的,16世纪末国内和海上贸易发展速度的加快导致官绅与良民之间的界线日渐模糊。[17]在理想化的中国社会的儒家模式中,富商是被置于社会等级最底层的一种类型,但在现实中却享有较高的社会地位,因为他们能够维持一种类似于官方学术精英的生活方式。他们在明末的兴盛能使他们的子孙接受良好的教育以通过科举考试,这一成就使一个人有资格供职于帝国官僚机构。他们还具备必要的资金,担任艺术家和学者的赞助人。通过这样的赞助,他们以前所未有的方式将商业和学术共同体结合起来。[18]

晚明社会显著的流动性弱化了既定的地位差异,这引起了新的焦虑。这些不确定性产生的原因不仅在于下层民众模仿上流社会,也在于士绅向下采纳普通民众的风格和习惯。[19]许多有抱负的考生来自向上流动的普通家庭。然而,在风格、姿态以及适合于一位真正"绅士"的行为方面,这些学生还没有受过训练。当他们在社会上攀升时,他们也携带着地方的习惯和文化。其他家世显赫的年轻精英成长于明朝衰落的年代,沉溺于用钱就能买到的享乐消遣——娼妓、赌博、佳酿和高档酒肆中的美食。这些嗜好集中于南京、苏州和杭州的风月场所,普遍被认为是雄心勃勃的年轻人社交生活的一部分,但一些上流社会的保守成员认为,过度进行炫耀性消费不适合正直的儒家学者,即使他们有可能来自粗俗的新富阶层。由于自晚明起不同的社会群体更加融合,吸烟这种习俗从浮华的世界或者繁忙的商业领域传到地方官员的衙门和学者的书房。

尽管明清更迭的混乱和失序暂时打断了商人和他们所支持的学者对财富的炫耀,但以北京和长江下游城市为中心的奢侈经济在 17 世纪末已经基本恢复。18 世纪的头几十年,越来越多的富商家庭,特别是在扬州,再现了奢侈的生活方式。[20] 在决定社会地位时,物质财富虽然仍不像帝国功名那样重要,但也充当了社会地位的重要衡量标准。有足够的钱来购置大型园林,并收集古董、名画或珍本书的商人阶层成员将古典学术、文学资助与商业结合起来,以求进入学术精英的行列。虽然基本遵照士大夫的品味和传统,但这些有权势的商人如今也自信地保留了某些非精英地方文化的成分。[21]他们在帝国首都或长江下游城市拥有或经常光顾的休闲场所(私人园林、游船、戏园、酒肆和茶馆)充当了高雅士大夫文化和大众商业品味之间的中间地带,大大促进了社会融合。许多具有较高社会地位的早期吸烟者可能最初在这些场所,从商人资助者、文人朋友或当红名妓那儿学会了如何使用烟斗。

北京和江南地区烟草消费的高档化在清军入关前已经开始,到康熙时代都进展得相当顺利。许多高官居住或旅居的京城是清代初期最重要的奢侈品消费中心。[22] 如第二章所述,北京烟店销售多种多样的产品,包括从遥远的种植中心输入的高级烟草。从外国使节和传教士的表述来看,似乎在顺治皇帝(1644—1661年在位)和康熙皇帝治下供职的满汉官员是这些商店所售旱烟的主要消费者。例如,制图师扬·纽霍夫(Jan Nieuhof,1618—1672年)在1655至1656年随荷兰东印度公司(VOC)贸易代表团访问了顺治的宫廷,他指出大多数士大夫携带"两个小荷包,里面放着烟草。这玩意儿(烟草)广受他们喜爱,因为只有最尊贵的宾客才能享用,并由宫中奴仆取来款待最尊贵的宾客"。[23]

虽然17世纪南方士大夫吸烟最初不像北方人那样普遍,但康熙时代来自江南地区的一些著名士大夫则是公认的老烟枪。公开蔑视旱烟的康熙皇帝据说在一次南巡时赠予两名高官——陈元龙(前文已述)和史贻直(1682—1763年)水晶烟管,当他们吸烟时,这种烟管将火焰及烟气引至唇边,康熙皇帝以此惩罚他们吸烟的嗜好。[24] 这个故事可能是杜撰的,但从陈元龙的诗来看,他对烟草非常迷恋:他将烟"霞"的吞吐描写为道教气功的一种形式。[25] 而另一位康熙时代的高官、出生于苏州的翰林学士韩菼(1637—1704年)作为一名狂热的烟酒嗜好者而全国闻名。他的同僚王士禛曾精彩地记录了一段关于韩菼两大喜好的轶事:"韩慕庐宗伯(菼)嗜烟草及酒,康熙戊午(1678年)与余同典顺天武闱,酒杯烟筒不离于手。余戏问曰:'二者乃公熊、鱼之嗜,则知之矣,必不得已而去,二者何先?'慕庐俯首思之良久,答曰:'去酒。'众为一笑。"[26]

在这则轶事中,王士禛将烟和酒关联在一起是相当自然的,因为17世纪的中国人认为烟和酒都是醉人的东西。许多早期的中文记述将烟草描写成一种强大的致醉剂:例如,明末医师张介宾(1563—1640年)警告说,如果一个人吸入的烟气不止一两口,他就会"令人醉倒,久而后苏"。[27] 虽然对于张介宾来说，这种特性使烟草成为一种必须谨慎使用的强效药（参见第四章），但对于某些享乐主义者而言，在明清士大夫文化的源泉——官方宴请、私人晚宴和文学聚会上，将烟和酒作为一项重要内容的做法备受推崇。在赞颂吸烟奇妙的诗中，陈元龙妙趣横生地说，在这样的聚会上烟比酒有显著的优势，因为烟草"醉人无籍酒，款客未输茶"。[28]

陈元龙认为款待客人时，烟草是茶叶的极佳替代品，这种想法并非完全是异想天开。正如在17和18世纪男性精英享受的休闲活动中，烟草与酒搭配一样，它也和茶一起作为接待客人时好客的典型表现。得体的礼节规定，访客一到，不论地位高低，主人都要奉茶：不这样做是违背礼数，而且让主人丢脸。热情地向访客奉上一支烟管，以及茶、小吃或酒，表示人们的慷慨、礼貌和文雅。至迟从17世纪初起，烟草成为这些长期存在的社交礼仪的一部分：倪朱谟（大约1600年—？）观察到，向客人赠送烟草"表示尊重"在1624年已经是"北方人"的一种普遍日常行为。[29] 前文提到过的顺治朝进士董含评论这种用法，表示"宾主相见"，他们往往一起吸烟。[30] 直到我们身处的时代，茶和烟仍是中国东道主向客人奉上的适当仪式化礼品。

社交广泛的江南学者精英主导着晚期帝国的文化景观，至少对于他们中的一些人而言，烟草的致醉性及其在接待客人时的实用性使之成为一种受欢迎的物品。在明末和清初，士大夫和告老还乡的官员通过一系列休闲活动来维持广泛的跨地区社交网络。他们去拜访远方的朋友和熟人。他们组织游览风景名胜或历史古迹的远足，在江南游乐场所举办宴会，成立诗社，并安排著名作家和艺术家的聚会。他们还大量描写自己的社交生活，并通过出版选编的文集和对彼此作品的评论来巩固文学友谊。这些由高官或富商负担开支的消遣标志着受过高等教育的男性属于一个排他的共同体，他们的互动是慷慨地"招伎侑酒，吟诗唱和"。[31]

烟草巧妙地融入了17世纪和18世纪艺术家、诗人和文人所享有的休闲文化和男性社交活动。烟草被一些人接受后，就通过直接的社会接触，并间接地通过 17 世纪末开始出现在印刷品上的诸多关于烟草的诗歌和掌故，进一步向他人传播。是王士禛对烟草的简要说明收录于 1702 年出版的《香祖笔记》，是最早的此类文献之一。[32] 当然，这并不是中文文本中最早对烟草的描述：事实上，这条简短条目的大部分内容改写自姚旅早在 1611 年出版的文献（参见第一章）。尽管如此，王士禛位高权重，并作为一名早慧学者和杰出诗人蜚声全国，这意味着他的作品相当有影响力。从这种意义上来说，他对烟草的概论使之比以往更加引人注目，甚至在仍对烟草的卑贱起源感到疑虑的那些人中间，可能赋予了吸烟习俗一定程度的合法性。

在梅尔清（Tobie Meyer-Fong）对 17 世纪末扬州精英文化和认同的细致重构和分析中，王士禛非常引人注目，他是 17 世纪 60 年代在扬州举办的几场著名文学聚会的主要赞助者。[33] 这些聚会使人想起在明朝日渐衰落的年代在苏州和南京举办的类似活动，而且它们通过将著名的文学家和艺术家吸引到扬州，使当地的文化生活得以重振。这些活动几乎无疑为吸烟在士大夫精英中进一步传播提供了机会。王士禛自己好像并不吸烟，但他广泛社交圈中有一些人吸烟。董以宁（17 世纪末）1659 年与王士禛相识，17 世纪 60 年代在扬州偶尔与他来往，17 世纪末江南文学界的另一位名人尤侗（1618—1704 年）也是董以宁的朋友，发现他抽烟袋。[34] 对于围绕着像王士禛这类人的扬州派而言，吸烟显然是清初士大夫文化的一部分，这与携友饮酒、作诗、观景，或在掌故和散文集中辑录个人体验并无差别。

无论如何，并非所有的清初士大夫都接受烟草。许多学者煞费苦心地试图呼吁将烟田复种粮食，以提高粮食产量，这种情况始于雍正时期，并在乾隆时期愈演愈烈。在雍正皇帝积极推动土地开垦计划的大背景下，几位官员提出，如果限制甚至禁止烟草种植，可以为不断增长的人口生产更多的粮食。[35] 1726 年兵部尚书法海（1671—1737 年）控诉烟草"无益于民生日常之用"，但为了赢利人们仍在主要的耕地上种植。法海号召禁止富裕家庭种植的烟草。[36] 1726年末或1727年初，广西提督韩良辅（18世纪初）对广东的烟草种植和其他商业性农业表达了类似的担忧，他指出"在广东本处之人，惟知贪财重利，将地土多种龙眼、甘蔗、烟草、靛蓝之属，以致民富而米少。"[37] 对于一般经济作物的影响，特别是烟草的奢侈浪费，雍正皇帝显然与法海和韩良辅有着同样的担忧。早在1727年，他就命令福建和广东巡抚，规劝这些地区的农民不再种植这种商业作物。[38] 作为回应，两位巡抚上奏称，在他们各自的省份，农业专业化创造了财富，而不是挥霍财富。雍正似乎不为这些理由所动，当年又颁布了几道圣旨，敦促其他官员劝导已经在肥沃土地上种植烟草的农民将之"竟行拔去"。[39]

到1736年乾隆皇帝登基时，虽然烟草仍是方苞和陈宏谋（1696—1771年）等反对烟草的政治活动家改革的对象，但它显然是许多权势高官的心爱之物。[40] 方苞担心种植烟草等经济作物会增加饥荒的风险，对于禁烟的宣传活动格外热心。从1736年开始，他不断恳求皇帝彻底禁止烟草种植，或者至少将之限制在不用于种植粮食的少量耕地。[41] 虽然乾隆一度似乎会批准这些提议，但孙嘉淦（1683—1753年）等人立即批评方苞的主张称，烟草已经是"千万"中国臣民消费的一种"饮食日用"。[42] 孙嘉淦可能会补充说，在那些数百万臣民中，也包括不愿放弃吸烟的士大夫。诗人沈德潜（1673—1769年）是王士禛的追随者之一，他就是这样一位有权势的吸烟者。沈德潜成为乾隆皇帝信赖的顾问后写了一首诗，歌颂"炎气"似白云从他胸中喷涌而出，以致"九宇遍氤氲"。[43]

许多与沈德潜同时代的士大夫活跃于18世纪上半叶，他们认为烟草是一种奇妙的物质，像酒一样，本来就应和朋友一起分享，并以诗称颂。从乾隆初年开始，收录于各种文集的清代烟草诗很可能是作者在诗会上和朋友一起吸烟时所作。当然，许多抒情诗人私下相互认识或听说过彼此的大名。例如，在颇具影响的扬州邗江吟社中，许多成员都写过关于烟草的诗。该诗社凭借盐商马曰琯（1688—1755年）和马曰璐（1697—1766年）的资助创立，在18世纪30年代和40年代维持着一个高度引人注目的诗人、学者和艺术家的社会网络。诗社成员定期会面，一起饮酒、吸烟、作诗。邗江吟社的成员有意识地模仿明末清初前辈的休闲活动和学术追求，玩联诗游戏或一起即兴创作指定主题的诗歌。诗会之后紧接着是精心安排的娱乐活动。随后，马氏兄弟利用自己的出版设施，印刷和分发在这些聚会上创作的诗集。商业图书贸易确保这些作品流通到远在扬州以外的地区。在这样的一个聚会上，由特别著名的学者或有权势的官员即兴所作的一首诗，可能被全国的文人雅士广泛引用。[44] 18世纪初产生的烟草诗可能起源于此类诗社的休闲活动。[45]

厉鹗是邗江吟社的成员、浙西词派的领袖，他是一位热忱而富有诗情的吸烟倡导者。在一首题为《天香》之词作的小序中，厉鹗将自己塑造成这种美妙香草的爱好者（"而予好之尤至"），它的"风味在麹糵之外"。[46] 虽然观察到"无人不嗜"，但这位词人还是哀叹"恨题咏者少，令异卉之湮郁也"。因此，厉鹗说他感到必须拿起毛笔，阐明它的优良特性。[47] 这首词作本身将烟草描述为上天赐予的"瑶草"。

厉鹗是钱塘（杭州）人，那里是长江下游丘陵地带，以及福建西部和江西东部所产烟草的重要集散地（参见第二章）。他很可能在青年时期就养成了吸烟的习惯。厉鹗出生于一个贫穷的家庭，父亲去世时他还是一个孩童。他的兄长为了养家，成为一名烟草商人[48]——显然取得了一些成就，因此厉鹗能够致力于学业，并于1720年通过了乡试。他后来在1736年专门的博学鸿词科的考试中落榜，而成为一名受各方赞助的私人教师和学者，其中最著名的赞助人就是马氏兄弟。[49] 厉鹗从一个出身低微的商人成为一名广受尊重的文人，是一位吸烟的士大夫。鉴于他的文学成就至少部分归功于他兄长烟草生意的资助，他想要赞美烟草或许也在情理之中。

吸烟的乐趣也是邗江吟社的其他诗人，以及那些受他们启发的人所关注的主题之一。事实上，鉴于该社成员创作了许多关于烟草的诗词，人们猜想"天香"不止一次成为即兴作诗的灵感。例如，马氏兄弟的长期门客陈章也是钱塘人,并是邗江吟社的关键人物,他和好友厉鹗一起写了一首关于吸烟的词作。[50] 该社团另一位著名的成员全祖望(1705—1755 年)写了一篇《淡巴菰赋》,从善于交际的男性士大夫的视角出发,总结了烟草的诸多优点:"将以解忧则有酒,将以消渴则有茶。鼎足者谁?菰材最佳……若夫蠲烦涤闷,则灵谖之流;通神导气,则仙茅其俦。"[51] 全祖望以他的历史著述闻名,也是曾经恳请乾隆皇帝禁烟的政治活动家方苞的密友。然而,在吸烟的问题上,全祖望显然与厉鹗、陈章及马氏兄弟社交圈中的其他学者和艺术家一致。

总之,在 17 世纪末和 18 世纪初的江南都市精英中,与朋友一道吸烟实际上象征着受过良好教育的男性作为富商或官方赞助人的宾客所享受的安逸生活。尽管抽烟袋最初是一种效仿下等阶级的嗜好(或者,正如在厉鹗的案例中,当商人接纳士大夫文化的外部标志时,保留了抽烟袋的习惯),男性精英在专门的文学聚会上一起吸烟,创作关于"天香"的诗词,这将烟草转变成一种时尚的高雅标志。[52]

诚然,那时和现在一样,人们并不总是和朋友及同伴一起吸烟。独自一人在沉思的静谧时分也会吸烟。在许多作家的书房里,笔筒、砚台、奇石、善本书和精美的卷轴为文学创作提供了良好的氛围,而长烟管和烟袋就放在它们旁边。尽管身处这样优雅的环境,诗人也会缺乏灵感,每当此时,吸一口上好的烟草可以使人神清气爽。[53] 烟草也正是让人放松心情的东西。18 世纪末来自娄县(靠近上海)的学者许安泰在他的诗中捕捉到了这种情感:

> 绣阁书堂寂寂时,销愁何物最相思。
> 携来三尺湘筠管,呼吸通宵伴咏诗。
> 草仁火圣总名烟,谱订于君第一编。
> 典故遍搜征博雅,茶笺药录并流传。[54]

许诗的最后一节突出了 18 世纪许多学者普遍描述烟草的这一事实。许安泰提到的"君子编订者"① 是他的朋友陈琮，他是 1805 年出版的《烟草谱》的作者。陈琮出生于 18 世纪中叶，来自上海附近的青浦一个历史悠久的家庭。[55] 作为一个忠实的吸烟者（烟客），陈琮用毕生的努力创作了一部可以与陆羽（733—804 年）写于 8 世纪的名著《茶经》相提并论的烟草经典。在 1785 年至 1805 年间，他从两百多份文本中收集资料，其中包括地方志、诗集、笔记和随笔。然后他将这些整理成百科全书式的文稿，这仍是现存关于清代烟草最详尽的史料。

陈琮的汇编无疑是清代出版的最全面的烟草文本，但并非第一部。陈琮在其专著开篇的几页中列出了 210 个标题，其中有几个似乎是专门的烟草诗集，正如在邗江吟社的聚会上所创作的那些。一首这样的作品，由曹锡端② （18 世纪初）编纂，题为《烟草倡和诗》，其中就包含厉鹗 1751 年所写的序。[56] 诗集本身没有保存下来，但厉鹗的序表明，18 世纪初一群以平湖县陆培（1686—1752 年）为首的名人，在一起参加社交活动时候创作了这些诗。

18 世纪初其他专门的烟草文本更加经久不衰。最值得注意的是汪师韩（生于 1707—?）的《金丝录》。[57] 这部作品有一篇序言的日期为 1737 年，该书将包括厉鹗作品在内的清初烟草诗与 17 世纪各种提及烟草的文献结合起来。汪师韩的文稿首次出版的时间尚不清楚——陈琮提到，他曾听说此书，但没有见过——然而，这部 18 世纪的著作开启了潜心研究中国烟草的传统，这一传统一直延续到陈琮及其之后的时代。

---

① 诗中"谱订于君第一编"中的"君"乃对对方的尊称，指由陈琮编订的《烟草谱》是第一部对烟草著作的汇编，并非君子之意，作者将之译为"gentleman editor"，系作者理解有误。——译者注

② 英文文本中《烟草倡和诗》编纂者注音为 Chen Xiduan。此注音有误，应为 Cao Xiduan。——译者注

汪师韩列举了大量赞美烟草的文学作品，而陈琮引用的数量更多，有鉴于此，似乎大多数18世纪的饱学之士肯定会遇见旱烟，如果不是直接接触，也会通过这样的文本邂逅。对于那些还不了解应该如何优雅地吸烟的人而言，陆耀（1723—1785年）在1774年之后出版的《烟谱》便成了救星。[58] 16世纪末以来，伴随商业化所产生的高雅品味指南异常流行，按照这一传统书写的文章参考了关于烟草的早期作品，将各种优质地方烟草按等级排序，就适合于绅士的烟管长度和尺寸提出建议，并探讨了得体的吸烟礼仪。[59] 陆耀还概述了吸烟的最好时机，其中大部分是有钱人才能享受的闲暇时间。[60] 虽然此类烟草指南表面上是针对吸烟的士大夫，但有抱负的商人或者其他试图进入文化精英行列的人也可以利用。事实上，《烟谱》指出，尽管抽烟袋已经被纳入由富商及其供养的诗人和艺术家组成的悠闲世界，但它仍是一种在农民和劳工当中常见的习俗，通过强调这一事实，《烟谱》在粗俗和优雅的吸烟方式之间设定了界线。

普罗大众的烟草消费

抽烟袋在17世纪已经通过他们在商业社会的人脉向上渗透至学术精英，但从来没有变成一种专属的习俗，而在整个清代仍是普通人与上流社会共享的一种习俗。即使诗人和官员在17世纪末和18世纪初满腔热情地学习这种新习惯，吸烟还是从高度商业化和城市化的沿海地区向较小城市、乡镇和村庄中更广大的民众，同时"向内"和"向下"渗透。

到1750年左右，吸烟在清代乡村社会的大部分地区已经普遍存在。自己不生产烟草的农民基本上都会向小贩或市镇上的商店购买廉价的旱烟，尽管我们无法估量他们会买多少。20世纪20年代和30年代进行的调查统计表明，中国农民和劳工消费了大量烟草，这些烟草要么是他们自己种植的、作为酬劳接受、赊账或作为礼物获取，要么是用现金购买的。卜凯（John Buck）在20世纪初发现，超过五分之四的受访农民家庭汇报了一些用于烟草的现金支出，而中国中东部农民的这一比例要稍高于华北农民。[61]

卜凯的调查数据显然不能视为更早时期情况的证据。18世纪中国的人均烟草消费量接近每人每年三磅烟草，足以为许多吸烟者每天提供一或两烟斗的烟草。[62] 在农村烟草消费水平方面，各地无疑存在显著的差异：例如，与没有商业化种植烟草的地区相比，福建和江西东部较为贫穷的居民几乎必定消费了更多的烟草。尽管这种量化证据有限，却与许多中外文献相吻合，据这些文本描述，吸烟在清代中国几乎无所不在。

抽烟袋在中国普遍存在，甚至在儿童中也是如此，从17世纪和18世纪开始，这一直是欧洲旅行文学中常见的主题。神父白乃心（Johann Grueber，1623—1680年）是1659年至1661年居住在北京的一位耶稣会士，他观察到："'鞑靼人'[满人]和'中国人'[汉人]，男男女女都大量吸食烟草"。[63] 约翰·贝尔（John Bell）在1721年做出了类似的评论，并补充说："除此之外，大量烟草被送给了蒙古人[原文如此]，他们最爱中国人调制烟草的方式。"[64] 在18世纪末，于1793至1794年陪同马戛尔尼勋爵（Lord Macartney）的爱尼斯·安德逊（Aeneas Anderson）在使团经过山东省时注意到：

> 我们经过许多种植烟草的地区。中国人对这种植物的种植和制造达到很高程度。烟草种类之多亦非世界各国所能比拟。中国烟草的消费量，当然还有它的生产量，一定是无法估计的，因为吸烟在中国极为普遍，普及到各阶层和各种年龄的人。孩子们一到他们能手执烟筒时，就由父母教他们吸烟；他们对吸烟不单是成为一种消遣时的习惯而且视为足以防止各种传染疾病的侵袭。[65]

马戛尔尼使团的随行画师威廉·亚历山大（William Alexander，1767—1818年）也指出，甚至连拿着烟管的年轻女孩也并不罕见。[66]

中国士大夫也曾谈及在妇女、儿童和劳动阶层中广为流传的吸烟习俗。正如包世臣所言："今则山陬海澨，男女大小，莫不吃烟。"[67] 根据包世臣在19世纪的观察，农民不仅喜欢吸烟，而且他们还用现金购买烟草。包世臣接着说："作工之人，莫不吸烟。耕耘未几，坐田畔，开火闲谈……牵算每人每日所费不下七八文，十口之家，终岁吃烟之费不下数十金。"

看来在盛清时期，至少在经济较为繁荣的地区，农民和劳工能够时常购买少量烟草。事实上，有迹象表明，在长江三角洲较为富庶的城市化地区，农民对非必需品的消费量在1700年至1800年间大体上有所增长。根据方行的研究，在17世纪至19世纪之间，江南农民为酱油、肉、鱼、蔬菜和酒等非必需品支出的费用占全部家庭食品费用的比例从五分之一增长到三分之一。[68] 尽管方行没有将烟草列入购买的物品，但无法想象江南农民会只买酒却不买廉价烟草。事实上，包世臣的观点表明，至少在19世纪早期，即使农民消费烟草也像酒一样普遍。

清代妇女的烟草消费

在清初和盛清时期，吸烟不仅由不同阶级的人共享，而且还超越了性别的界线。[69] 烟草在"闺阁"中无处不在，17世纪和18世纪描写烟草的学者经常对此发表评论。在上述王士禛关于烟草的简要说明中，他就曾强调吸烟在妇女中普遍存在。[70] 沈亦然（乾隆时期举人）也描述了在他的有生之年，烟草和吸烟在不同性别和年龄的人中间已经变得非常普遍："余儿时见食此者尚少，迨二十年后，男女老少，无不手一管，腰一囊。"[71] 显然，随着旱烟在地理上向内渗透，并在社会层面向上渗透至男性精英，它也进入了精英妇女的闺阁。

大量妇女开始吸烟的确切时间仍是个谜。包括许多满洲贵族在内的辽东妇女甚至在清朝入关以前就开始吸烟。北京的满洲妇女延续了这一习俗：入关十年之后出生的康熙皇帝提到，他还是个孩童时，曾在奶妈的陪伴下吸烟（尽管他成年后据说非常厌恶吸烟）。[72] 根据申涵光的记述，在17世纪30年代末，一些居住在北京的上流汉族妇女已经开始消费烟草。来自南昌（江西）的一位女性词人朱中楣（1621—1661年）在1630年至1660年间，写了一首关于一位吸烟美女的诗（参见本章下文引诗）。[73] 17世纪的这些片段表明，至少一些来自中国南方和北方名门世家的女性在1644年前后就学会了吸烟。

精英女性最初如何开始吸烟是另一个令人困惑的难题。陈琮汇编中的一则条目表明，许多人最初由她们的丈夫或其他男性亲戚指导。[74] 这些上流妇女也可能由来自社会经济底层的妾侍或女仆私下教授，在进入夫家府邸之前就已经养成了吸烟的习惯。在晚明时期，一些妇女也可能从相识的名妓那儿学会了吸烟。正如高彦颐（Dorothy Ko）所阐述的，17世纪初，许多受过良好教育的妇女与精通文学的艺人建立了友谊。当时体面的妇女也经常追随名妓引领的时尚潮流。[75] 吸烟可能正是以这种方式从大众艺人"漂泊不定的地带"过渡到"良家"妇女。

名妓、娼妓和艺妓的烟草消费

17世纪初，吸烟成为高级青楼提供的商业化招待中不可或缺的一部分。作为"打茶围"仪式的一部分，向男性客人呈上烟管成为惯例，顾客借此礼节性地拜访房间中的女子，表明他设宴款待的意图，希望最终与她交欢。[76] 名妓不仅向其顾客提供烟草，而且由于和他们聊到深夜，名妓自己也与之一道吸烟。[77] 许多晚明时期沉湎声色的年轻人在江南风月场所里寻欢作乐，他们很可能从花钱雇来的女性同伴那儿学会了吸烟（反之亦然）。

17世纪40年代的事件① 使江南名妓文化遭受重创：许多艺妓居住的

---

① 清军入关后，在江南遭遇汉族军民反抗，在扬州、江阴、嘉定等地都发生了大规模屠城事件。——译者注

南京秦淮区被摧毁,直到 18 世纪末才得以恢复。扬州等其他城市,在清军占领的几年之内开始重建风月场所。[78] 随着对城墙的修复、当地名胜的重建,以及官府衙门的恢复,用于娱乐和性消遣的设施也在清代初期重建和扩张。[79] 名妓经常出席像王士禛在 17 世纪 60 年代举办的那种文学聚会。[80] 尽管世事变迁,对于许多士大夫而言,晚明名妓文化还是代表了"一个失落的优雅世界,被残酷的满洲人入侵所破坏"。[81] 然而,梅尔清指出,至少在扬州,"欢娱不仅仅是对前明怀旧的简单幻想,而且也是城市重建的非常真实的一面"。[82] 随着以江南为中心的奢侈品长途贸易得以恢复,许多在名妓及其顾客中流行的产品,包括优质地方烟草,再次出现。在秀丽的私家园林或扬州风景名胜,当王士禛的朋友和熟人点燃他们的烟管时,他们的女伴可能会一起进行这项消遣。

　　或许因为美丽而成熟的名妓与她们的顾客一起享用烟草,中国男性和欧洲男性一样,经常将吸烟和性联系在一起。[83] 清秀的女子吞云吐雾令一些清初的诗人着迷,其中的几位写了"闺阁诗",包含美人在闺阁独自吸烟或与情郎一起吸烟的形象。虽然在之前几个世纪美人指的是宫廷女子,但从明代中后期开始,这个词主要指的是理想化的名妓,在人们的想象中,她们具有迷人的外貌,并从事特定的活动,诸如备茶、捕蝶,或者春晨赏花。[84] 清初的美人谱录将这些消遣分类编目,将之概括成可以被用在一首诗中的短语。[85] 随着"上秋千飞红如雨",一位美丽的女子也"玉唇[烟杆]含吐亦嫣然"。[86] 上述这一行为见诸一段描写吸烟美女的长诗,尤侗(1618—1704 年)认为此诗是其友人董以宁所作:[87]

> 起卷珠帘怯晓寒,侍儿吹火镜台前。
> 朝云暮雨寻常事,又化巫山一段烟。[88]
> 乌丝一缕塞香荃,细口樱桃红欲然。
> 生小妆楼谁教得,前身合是步非烟。
> 剪结同心花可怜,玉唇含吐亦嫣然。

> 分明楼上吹箫女，彩风声中引紫烟。[89]
> 天生小草醉婵娟，低晕春山髻半偏。
> 还倩檀郎轻约住，只愁紫玉不如烟。[90]
> 斗帐熏篝薄雪天，泥郎同醉伴郎眠。
> 殷勤寄信天台女，莫种桃花只种烟。
> 彤管题残银管燃，香奁破尽薛涛笺。
> 更教婢学夫人惯，服侍云翘有袅烟。

在某种层面上，这首诗可以被解读为一位效忠明朝之士对他的青春岁月的怀念和哀悼，那时尚未改朝换代、山河破碎。[91]从另一个层面讲，这是一首情诗，突出了一个美丽女子对烟草的喜爱，暗指混合了吸烟和性的活动。

吸烟与性之间的联系形成于17世纪，并在整个盛清时期得以延续。18世纪江南风月场的乐趣包括大量旱烟、美味的河畔野餐和不分昼夜的赌博。[92]华广生在19世纪收集了不少关于名妓生活的流行词曲，罗溥洛（Paul Ropp）对之进行了翻译和分析，其中一些诗句显示，在商业化性行为之前的殷勤款待的仪式化表现中，烟草一直非常重要。[93]例如，《叹五更》的作者无名氏表达了她对不得不与醉汉交谈，然后交欢的沮丧和绝望：

> 二更里，窗前月光寒。
> 可怜奴家应酬难；
> 好心烦，人来客往把话谈。
> 烟茶我亲手递；温存带笑颜。
> 怕的是：酒席筵前遇醉汉；红颜薄命说不尽羞惭。
> 不知何日才跳出是非关？我的天哟！咳，为银钱，才吃这碗饭。[94]

无论诗歌、叙事散文，还是流行的视觉表现，通常都以色情挑逗的方式,将传统清代"美人"描绘成独自在闺房里吸烟。这样的表现是更为悠久的文学和艺术传统的组成部分,这一传统通常展现一个孤独的女人在奢华的房间里苦苦思念她在外或去世的伴侣。[95]这些"闺怨"传承了16世纪情诗和唐代唱词的主题和惯例。孤独的吸烟美人在清代成了一种常见的隐喻,并最终在20世纪的卷烟广告中被重新定义(参见第九章)。

例如,女诗人朱中楣写于明清更迭之际的《美人唫烟图》就描写了一个孤独却充满欲望的女性吸烟者:

> 惜惜佳人粉黛匀,轻罗窄袖晓妆新。
> 随风暗度悲茄曲,馥馥轻烟漫点唇。[96]

朱中楣的作品表明,这是一首描写某位吸烟女子真实形象的题诗。笔者并未找到任何17世纪描绘吸旱烟女性的画作,但此类图像后来变得颇为常见,尤其在19世纪年画之类的商业画中。例如,一幅嘉靖年间在苏州桃花坞作坊制作的印刷品,正是展现了这样一位独处华丽闺房的美人,端庄地吸着一支银质水烟管(参见图4)。

最终,人们普遍认为,可吸食的鸦片是一种性事的辅助品,在"房中术"中配合烟草使用。[97]事实上,从18世纪末开始,名妓就经常将鸦片烟枪和烟草一起提供给她们的顾客。[98]19世纪,中国许多地方的妓院被称为"花烟间",而"烟花"则是妓女的委婉称谓。在清代医学文献中,烟草被建构成具有强烈的温补特性(参见第四章),被认为能够激发身体的阳气,这种治疗功能对增强男女两性的生殖力都有好处,而对患有阳痿的男性特别有益。此外,烟草的阳恰好抵消了鸦片的阴性,这被认为可以防止早泄并延长性耐力。[99]在发生性关系之前,烟草和鸦片通常以不同的烟管被一起吸食,两者被混合起来或者相互交替。

因此,对于生活在明清时期的精英男性而言,一些女性烟草消费的形式从很早开始就与性有关。无论是在普通妓院还是上等青楼,在公开或

图 4:"美人吸烟"。取自江苏古籍出版社,苏州桃花坞年画(南京:江苏古籍出版社,1991年),图版 38

半公开的场所与男性一起吸烟的女性都被认为可以和不止一个男人发生关系。尽管如以下章节所讨论的,女性吸烟也有许多其他的意涵和关联,然而,公然吸烟和滥交之间假定的联系是清代烟草文化中持续不断的一股潜流。

在整个晚期帝国时期,高尚贞洁的妇女可以在隐蔽的地方与亲朋乃至男性宾客一起吸烟,而不用担心有伤清名。吸烟行为本身并没有被视为女人行为不检的标志;重要的是女性吸烟的地点和方式。

盛清时期"体面"妇女的吸烟

到 18 世纪,男性知识分子恢复了研究经典文本的兴趣,加上清朝的国家政策聚焦于妇女和家庭,以致出现了曼素恩(Susan Mann)所说的盛清时期的"人伦道德"(familistic moralism)。[100] 17 世纪的浪漫主义渐行渐远,色情的"闺阁诗"也变得不太常见。虽然从 17 世纪开始,吸烟就在妓院和青楼的社会交际和性事中发挥了重要作用,但吸烟从来都不是只有"堕落"的妇女才做的事情。事实上,在整个 18 世纪和 19 世纪,对于不同社会出身的妇女(包括上流士绅的妻子)来说,吸旱烟都是一种得体的女性行为。

精英家庭的妇女通常在隐蔽的房间里,或在府邸内的园林中私下吸烟。卧室是许多女性吸烟者最喜欢吸烟的地方,无论是独自吸烟,还是和丈夫或女性密友一起。一位只知是静海(天津附近)吕氏之妻的无名女诗人塑造了一个孤独的女子在梳妆台前独自吸烟的形象,她曾描写在一个如此狭窄的地方不便使用特别长的烟袋:"这个长烟袋,妆台摆不开。伸时窗纸破,钩进月光来"。[101]

如前文所述,描写妇女独自在闺阁吸烟的文字可能被指责是色情的。事实上,"长烟袋"这首诗是以闺怨风格写的,令人想起一位思念在外丈夫的女子。然而,有时候,孤独女性吸烟者的形象仅表示,和男人一样,吸烟也是女人在闲暇独处时享受的日常娱乐。许多妇女似乎一觉醒来就要吸上一管烟。例如,金学诗(18 世纪)描写了 17 世纪苏州小姐在中午下床前抽一筒烟的嗜好。[102]

女人刚醒时可能独自吸烟,但白天她们通常聚在一起吸烟。在家里,良家妇女和她们的丈夫、其他男女家庭成员,甚或男宾一起吸烟。吸烟作为女子同性交际的一种表现形式,在文康(1798?—1865?)的晚清小说《儿女英雄传》中得到了丰富的展现。其中一个场景是主人公安学海的妻子与另一个妇女坐在炕上一起吸烟、聊天。而在另一章中,女主角张金凤和她

图 5:《万象更新》。注意在左下方角落里抽烟袋的几个女子。取自刘见编:《天津杨柳青画社藏中国杨柳青年画线版选》(天津:天津杨柳青画社:新华书店天津发行所,1999 年,第 466—467 页)

的母亲饭后一起吸烟。[103]

这部小说还对男人和女人在家里一起抽烟袋提供了充分的证据。一次,张金凤的丈夫安骥试图让她和二房何玉凤(又称十三妹)都加入一场喧嚣的饮酒游戏,当时张金凤正在吸烟。[104] 在这种情况下,两个妻子都对安吉的行为不满,而在何玉凤斥责他时,金凤静静地坐着吸烟。事实上,一起吸烟并不总是和谐的:戴真兰(Janet Theiss)讲述了(1740 年)一个嫁入河南随州富裕士大夫家庭的进士女儿的故事。

当她反对丈夫纳她的一个女仆为妾时,遭丈夫掌掴,丈夫还想将她正在抽的烟管塞进她的喉咙,借此杀了她。[105]

撇开变态行凶不谈,男女一起吸烟一般被视为家庭稳定的象征。男人通常前往女人的寝房吸烟。苏珊曼和白馥兰(Francesca Bray)都曾指出,男人在复杂而竞争激烈的世界压力过大，安静的"内室"房间成为他们的避难所。[106] 根据记述清代习俗的日文汇编《清俗纪闻》，白馥兰特别关注在隐蔽的女性空间内，男性与他们的妻子一起享受"惬意的亲昵行为"，指出他们会经常"去妇女的寝房饮茶和吸烟"。[107]

良家妇女的交际性吸烟也扩展至与男性宾客一起吸烟。在《儿女英雄传》中，安学海拜访一位老当益壮的昔日高手邓振彪，小说中他是何玉凤的师父。当邓振彪的姨奶奶被邓振彪的女儿（诸大娘子）唤来帮客人上茶点时，她将长烟袋（她已经在抽的）递给安学海和诸大娘子。而两人都不愿吸。[108] 农村小妾向社会地位更高的人递上自己的烟袋和她所谓的高级烟草，她的粗俗使一个妇女在客人面前吸烟的虚构故事变得更加幽默，而且这个故事与来华外国旅行者的观察相类似。例如，威廉·亨特（William Hunter）记述了1824年他（还是个男孩时）在到达广州后不久参加的一个新年宴会，宴会上大多数妇女都吸着"细长精致的"烟管。[109] 妇女在家庭空间里与家人朋友一起抽烟袋的视觉形象经常出现于杨柳青等作坊制作的流行年画中，这表明此类形象在19世纪末相当常见（参见图5）。各方史料都表明，似乎在清代的大多时期，只要在恰当的家庭场景中，妇女在男人面前吸烟就不会与行为不检联系在一起。

在结束讨论清代妇女吸烟的主题之前，有必要提到一类妇女，对她们而言，烟草不仅与性、社交或休闲有关，而且与脑力劳动和文学成就联系在一起。至少有一些清代早期和全盛时期的女作家吸烟，而且她们和士大夫都认为烟草可以净化心灵，并激发作诗的灵感。与男性同行一样，描写烟草的女性吸烟者（至少作品流传至今的那些）往往通过各种文学网络相互联系。袁枚（1716—1798年）的一位女弟子骆绮兰（1755—1813年？）不经意间提到，她在作诗时吸烟。[110] 在袁枚的另一位女弟子归懋仪（大约1762—1832年）描写烟草的一首诗中，将创造力和吸烟联系在一起：

> 谁知渴饮饥餐外，小草呈奇妙味传。
> 论古忽惊窗满雾，敲诗共讶口生莲。
> 线香燃得看徐喷，荷柄装成试下咽。
> 缕绕珠帘风引细，影分金鼎篆初圆。
> 筒需斑竹工夸巧，制籍涂银饰逞妍。
> 几席拈来常伴笔，登临携去亦随鞭。[111]

在这首诗中，归懋仪挪用了男性士大夫的情感，将烟草和烟袋作为学者生活的必要装备。其他名气稍逊的女诗人也描写了在写作时吸烟的乐趣。例如，沈彩（18世纪末）写道："自疑身是谪仙姝，沉瀣琼浆果腹无。欲不食人间烟火，却餐一炷淡巴菰。"[112]

无论是高级妓女还是名流夫人，精英妇女一般都被描绘为在隐蔽的地方吸烟。相比之下，普通妇女势必在公共场所吸烟，要么在市场上，要么在田地里。即便在家，她们也不一定在私下吸烟，因为逸出小房子或庭院的烟味会让邻居或路人察觉主妇在里面吸烟。无论在前文讨论的士大夫文化中，还是在鬼故事之类更为通俗的文化形式中，一个独自吸烟的女人通常意味着性欲没有得到满足。有时这样的行为被视为卖弄风情的挑逗。在戴真兰分析的几起18世纪的强奸案中，一个女人在家门口甚或在自己家里独自吸烟的事实，也被所谓的强奸犯（错误地）解读为一种女子愿意发生不正当关系的信号。[113] 保拉·巴德妮（Paola Paderni）描写了一起1735年的谋杀案，案件中丈夫因怀疑他的兄弟和妻子有奸情而杀了他们，他将妻子不同寻常的夜间吸烟举动援引为她行为不检的证据。[114] 包捷指出，袁枚几篇短篇小说中的人物将向吸烟的妇女借火作为搭讪的一种伎俩。[115] 在现实生活中，有一个受雇劳工使用了这一策略，1735年他被宣判谋杀了他女友的另一个情人。这个情人以借火抽烟袋为借口走进年轻女子的家门，开始了这桩风流韵事，嫉妒的劳工割开了他情敌的喉咙，这段不正当关系以暴力的方式收场。[116] 因此，早在卷烟被等同于自由而轻浮的

20 世纪"摩登女郎"之前,一个公然抽烟袋的女人就在某些方面与淫乱放荡联系在一起。

针对妇女的儒家禁烟说教

滥交与妇女公然吸烟之间的联系在 18 世纪的诉讼案件和文学作品中显而易见,这导致一些士大夫谴责女性吸烟是不道德的。儒家话语中从来不缺少对女性烟草消费的反对。如前所述,顺治时代的学者董含对妇女染上这种"恶习"的事实感到震惊。[117] 然而,董含和其他儒家卫道士反对所有精英(无论男女)吸烟,因为他们认为这是一种从底层挪用的粗鄙习俗,因而不适合绅士和他们的妻子。对于董含而言,上流妇女吸食烟草只是暴露了明朝崩溃前,对社会下层的逆向文化模仿所导致的上流社会的堕落。

在 18 世纪,方苞和陈宏谋等政治活动家也谴责男人和女人吸烟。他们主要的反对理由是用良田种植非粮食作物必定会造成浪费。这些活动家认为节俭和自制是实现社会改善所必需的。他们反对任何形式的过度放纵,无论是喝酒、饮食、房事,还是吸烟。正如罗威廉(William Rowe)所指出的,陈宏谋憎恶烟草,并将铲除烟草当作毕生的事业。然而,他的厌恶并非出于对女性吸烟禁欲主义的反感,而是来自他对个人和家庭节制美德的执着信念。[118]

儒家批评烟草是一种奢侈浪费,是针对所有的烟草生产者和消费者,而并非专门针对女性吸烟者。吸烟是以大家庭乃至帝国秩序为代价来纵容一个人的嗜好。尽管儿女都会因为过于娇惯遭受批评,但儒家的孝道观念仍有一个性别化的面向,因为妇女被寄予通过厉行节约来管理家庭的期望,以便为父系保留财富。因此,节约和俭省尤其是女性的美德,"被认为不仅对于贫穷的家庭必不可少,对于精英家庭的妥善管理也是如此"。"不但对穷人是必须的,对精英家庭的正常管理也是不可缺少的。"[119] 人们一般期望妇女比她们的男性亲属消费得更少，而且在许多家庭，她们只有在男人吃完饭以后才能少量地吃一点。[120] 因此，大量吸烟的妇女可能被谴责为在追求一种奢侈的生活方式，这对一个端庄而节制的女子而言是不得体的。作为浦爱达（Ida Pruitt）20 世纪完成的《一个中国职业妇女的自传》一书的主人公，宁老太太讲述了自己的姐姐（妹妹）"没有学会做工"，却"学会吸烟"的故事。[121] 姐姐（妹妹）吸烟的习惯使她的婆婆抱怨媳妇"骄奢淫逸"。媳妇在婆婆突然进屋时，将她点燃的烟袋藏在席子下面，不慎将床点燃，她们的矛盾在这时达到了顶点。这招致了她的婆婆和丈夫的一顿暴打。

因此，关于孝顺、节制和厉行节约的儒家理想催生了一种本土的带有性别色彩的禁烟思想，这种思想虽然不像的维多利亚时代反对女性吸烟的道德观念在英美那么显著，但也导致一些女人（和男人）抛弃这种习俗。在分析晚清小说对不吸烟者的描写时，马克梦（Keith McMahon）指出，虽然吸烟对于男女两性和所有的社会群体都是可以接受的，但 19 世纪的小说反映了德行的等级，其中最为杰出和体面的男人和女人全都不吸烟。[122] 例如，在《儿女英雄传》中，尽管许多重要的"正派"人物吸烟，但儒家典范安学海，他的儿子安骥，以及主要的女英雄和女战士何玉凤（十三妹）全都不吸烟。马克梦指出，不吸烟的人"在社会等级中是最纯洁和最高尚的。他们是优秀的官员，正直的强人，以及虽然最终会成为妻子和母亲，但将依然保留纯真的女战士"。[123]

因此，关于女性吸烟的儒家话语的性别中立性仅到此为止。不吸烟与女性美德的联系虽然很微妙，但在明清思想中显而易见。文康的小说描述表明，虽然妇女吸烟的习惯在整个清代社会普遍存在，但仍被一些人视为轻浮、浪费，甚或不道德的。如果在这些反对理由中加入烟草消费、女艺人和性交易之间长期存在的联系，显然女性吸烟不是中国儒家精英普遍接受的习俗。尽管儒家卫道士反对，但只要局限于正派妇女所在的隐蔽空间，17 和 18 世纪的妇女吸烟似乎一般被认为是相当得体的。

烟草存在于中国的大约头一百年，在 18 世纪嗅鼻烟变得流行，而 19 世纪水烟变得甚至更加流行之前，用长烟袋吸烟是一种广泛共享的文化习俗，跨越了地理、阶级和性别的界线。抽烟袋的嗜好最初从社会边缘化的群体向政治和社会精英自下而上地流动。在这个过程中，它从一种"游民"和"罪犯"的粗鄙嗜好转变为一种体面的社会习俗，甚至上流社会的妇女也可以享受。一旦抽烟袋进入王士禛和厉鹗等权贵士大夫的文化语库（culture repertoire）①，可以肯定的是，它就会直接凭借社会接触并间接借助书面文字，通过跨地域的精英网络进一步传播。对于许多有钱有势的人而言，从国外进口、并由这么多著名作家描写的这种可以吸的植物是一种不同寻常的物质，它促进了同性间和异性间的交往，增添了文人的闲暇乐趣，并保障了家庭的稳定。随着时间的推移，烟草成为款待仪式的关键，而款待仪式对于所有社会、官方和情欲的交往而言都至关重要。烟草促进了男性和女性作家的文学创作，并且慰藉了从竞争激烈的官场暂时脱身的士大夫。总而言之，明清精英吸烟的许多理由都与社会底层相同：放松、消磨时光、与他人交际、塑造独特的自我形象，以及消除压力，理由举不胜举。如今的吸烟者吸入尼古丁的原因可能也与之类似。

　　虽然之前几个世纪的中国烟民与现在的消费者有许多相同的吸烟理由和动机，但过去的吸烟者却有一个关键理由与当代人不同。现在很少有人声称他们吸烟是为了增进健康。然而，认为烟草是一种可以预防或治疗众多疾病的灵丹妙药的观念，对于中国的社会和政治精英接受烟草至关重要，在欧洲和中东也是如此。尽管鲜有中医实际使用烟草治疗疾病，但 17 和 18 世纪关于烟草医疗用途的医学理论（在下章中详细讨论）为上流社

---

① 文化语库或作文化资料库，社会学名词，描述行动中可以调用的文字性和符号性资源的集合。——译者注

会的吸烟者提供了一个烟草休闲消费的重要理由。将烟草纳入备受推崇的儒医药物论著,并随后通过大众化的医学手册传播它对健康的益处,这不仅在北京和江南地区的城市,也在全国的大都市和小城镇,稳固增强了男性精英和上流女性对新吸烟习俗的认同。

第四章 明清医药文化中的烟草

1752年邗江吟社的词人厉鹗在他挚爱的城市杭州去世，他在生前热情地推崇烟草。虽然厉鹗确切的死因不明，但他曾在去世的前一年悲伤地提到，尽管他依然嗜烟如命，但因为身患肺疾而不能再吸烟了。[1] 厉鹗去世时的诊治医生不会用癌症、肺气肿或现在与烟草联系在一起的其他疾病来解释他的病痛。相反，厉鹗的医生观察到，由于多年来烟草的辛辣和火气造成的不良损耗，他的肺脏受到了致命的损害，以致维持生命所需的元气已经耗尽。[2]

从"天人合一医学"的宇宙论框架内部来看，经典中医的主流将做出以下诊断[3]，即厉鹗的病因不是他偶尔抽一两袋烟，而是他在一生中抽的烟太多。厉鹗自称嗜烟如命，从年轻时就开始吸烟。在明清书籍市场上可以买到无数"养生""食疗"和"本草"的著作，如果他听从这些书所提供的建议，他很可能活到60岁以上。此类著作虽然不要求读者戒绝烟草等"有毒"物质，但通常敦促他们尽量节制消费。

中医在17世纪初已经意识到烟草会伤害身体。事实上，从17世纪20年代开始，记述烟草的人一直在收录关于其潜在危害的警告以及将之作为药物使用的建议。在欧洲，从对烟草大体正面的医学评价到后来负面的评价经历了非常缓慢的转变，与之截然不同的是[4]，在中国，通常同一个医生对烟草会同时持有两种看法。到20世纪初，大量医学文本依然将"烟草"列为一种可以被用于治疗某些疾病的药物，但同样的文本一般也会告诫不要过度使用。[5] 虽然我们意识到明清时期的医生从一开始就了解烟草的有害影响，但仍需要解释为什么大多数收录烟草的本草目录将之构建成对健康既有益又有害。只有当我们密切关注烟草进入中国医学文献的具体历史背景时,帝国晚期关于烟草对人体利弊的细微诠释才会充分显现。

烟草传入中国时,许多儒医都对新药物和新疗法抱有开放的态度。来自城市化的中国长江三角洲的医生尤其如此,那里既是明帝国文化和经济的中心,也是当时大多数最有影响力的中医学者的家乡。[6] 许多江南医生认为他们在一个全新的疾病环境中行医,而在某种程度上,他们或许是对的。伴随着正在进行的社会和经济的深刻变化——经济的商业化、加剧的城市化,以及跨区域和海外贸易的扩大,地理和社会流动性的增强可能使传染病比以往传播得更广、更快。事实上,在16世纪80年代和17世纪40年代,一系列严重的传染病袭击了江南许多地区。[7] 特别是在1640至1644年传染病爆发时期,医生对病人的治疗毫无效果。此外,梅毒通常被认为是16世纪中国人不熟悉的一种疾病,它无情的传播导致一些人推断,权威文本(经方)不再能充分阐述当时的医学问题,该权威文本源自汉代,通过宋代皇家医学出版物传承,后经金元学者修订。[8] 因此,晚明医学文化的特点在于百家争鸣的医学思想学派具有罕见的多样性,至少其中有些学派推动了利用新的本草药物和替代性治疗方法进行的尝试,包括从国外引进的药物与疗法。[9]

吸烟是一种创新疗法,通过将之类比于其他可摄入物的方式而为人熟知。"温补"学派是天人合一医学的一个独特分支,受其影响的中医满腔热忱地将烟草采纳为一种药物。这股思潮在许多晚明时期的江南儒医中颇有影响,但远未成为主流。那些遵循其他传统的人,特别是那些信奉"养阴"学派的人,批评烟草的使用,将之视为一种完全有害于人体健康的烈性物质。即便对于那些喜欢使用温补药物的医生而言,只有在对特殊体质的人患有的特定类型的疾病进行短期治疗时,灼热而辛辣的烟气才被视为有益的。

过度使用烟草的危害由17世纪的作者从理论上加以阐明,并在18世纪通过全国畅销的大众医学手册得以广泛传播。但许多中国人依然吸烟。

关于吸烟的长期负面影响的忠告变得越来越温和，这不仅是因为医学文本中穿插了另一种建议，而且因为在市场上可以买到各种各样在消费者眼中具有独特药效的烟草产品。商家鼓吹他们特定的产品对健康的好处，甚至开发新的产品来卖。到18世纪中叶，尽管一直有医生警告吸烟有害健康，但想象中中国各种烟草产品的各种健康功效使个体吸烟者相信，他们在摄入的物质即使不对他人的健康有益，也对他们自己的健康有益。因为每种体质都有一种适合的烟草，所以每个人都可以无忧无虑地吸烟。他们也正是这样做的。

将烟草作类比

中国晚明时期关于烟草的医学思想被认为处于天人合一医学的独特宇宙哲学框架内，与早期近代欧洲的医学观念截然不同。从一开始，欧洲人就认为烟草既不是食物也不是饮料，而是一种独特的可消耗物质。[10] 这导致了相当大的分类混乱和激烈的争论：吸烟是一种恶习还是一种善行？烟草能够提供给养，抑或只是一种短暂的愉悦？它是一种有效药还是天然的致醉剂？最终，这些神学和医学争论以烟草的胜利而告终，并且出现了一种共识，即温和地使用烟草既不是罪恶，也不危害人体健康。事实上，在17世纪的某个时期，许多人认为烟草是一种"万能的灵丹妙药"。在19世纪欧美医生再次开始站在医学和道德的立场反对烟草消费之前，这种对烟草大体上肯定的观点一直占据着支配地位。[11]

虽然吸烟在中国也引发了一系列争论，但在中国医学界，烟草本身的基本性质从未遭到质疑。烟草巧妙地融入了可摄入物质的广泛范围，饮食和药物都被包含在内。烟气和通过口鼻吸入的所有物质一样，被认为会直接进入五脏之一的脾胃，五脏在特定的生理过程中共同连接着人体的所有部分，导致正常或病理的身体状况。[12] 烟气和其他可摄入物质一样，从脾胃渗透和扩散到全身。食物和药物之间的区别是程度的问题，而不是本质的差异。摄入的任何东西只要使用得当就能预防疾病，但过量、以错误的搭配方式或在不适宜的季节摄入时，则可能导致疾病。在这个灵活的概念框架内，没有必要将烟气视为对人体健康基本有害或有益的：根据使用者的体质和吸入烟草的特定条件，烟草可能有益或有害，也可能两者兼具。

因此，17世纪的中国作者很容易将烟草纳入一个包含所有可摄取物的连续统一体中，将之等同于其中的其他食品、饮料和药物。因为其致醉性，烟草通常被比作酒，而且被普遍称为"干酒"或者"火酒"。[13] 有时它被称为"烟酒"。[14] 17世纪流传至今以烟草为主题的许多中文文本不使用"吸烟"这个词，而是使用"吃烟"或"食烟"。[15] 例如，厉鹗明确地将烟草描述为饮料，不仅把它与茶，还与具有悠久历史的六种饮料（六饮）——白开水、浆、醴、生水、汤剂、酏——归入一类。[16]

在明清医学文本中，所有的可摄取物，无论是食物、饮料或药物，都能够彻底改变人体内的阴阳平衡。气这个术语不容易译成英语，因此一般不翻译。费侠莉（Charlotte Furth）恰如其分地将之描述为："气是生命源泉的基本能量，是单一且最重要的因素。[17] 气有时可以辨识为薄雾或蒸气，而在其他时候完全隐藏。它在所有东西中流动：天、地和人体。每个个体都在成胎的时刻被赋予了一丁点填充宇宙的气。这种"元气"是养护生命、维持增长、保持生命活力的原料。它随着身体的老化而衰退，逐渐被用尽，直到它完全消失而导致死亡。

阴阳二元论是中国宇宙观中最根本的分类，支配着元气最初可以感知的转变，化为物质世界的无数现象。[18] 作为变化的动力，这两个互补的对立面不断地相互作用。阴与黑暗、寒冷、潮湿、被动、月亮、夜晚和女人的天性相关；阳象征着光明、干燥、太阳、火焰、温暖、主动和男人的天性。在身体中，阴和阳调节气（对生命和健康必不可少的、有生殖力的阳性能量）和血（阴性活力以及携带它们的体液）的运行。通过协调关键的阴阳力量以确保气和血在全身的适当流通，健康得以维持，生命也得以延续。当阴阳之间的微妙平衡以某种方式被打破时,例如六种无节制的行为(六淫)、运动或情绪过激、性欲过多或性生活过度放纵、饮食不当或过量,或者欲罢不能的吸烟,疾病就会发生。[19]

可摄取物改变身体阴阳平衡的有效能力促使人们密切关注通过口或鼻摄入的所有物质的药用属性。根据中国的天人合一观念,每种可摄取物都拥有一种或多种称作五味的阴阳特性:甘、酸、苦、辛、咸。甘味和辛味的特性为阳;其他三味为阴。此外,摄取的东西也具有寒、凉、温、热的特性。一种特定物质的味与它在口中的味道可能有关,也可能无关,这表明该物质一旦被脾胃摄取,最有可能对脏器功能系统产生影响。与烟气相关的辛味则从胃直接行至肺。

受这些概念的影响,17 世纪的观点认为,习惯性吸烟是不健康的。例如,与同时代的许多人一样,哲学家方以智将烟气视为一种烈性的药物。方以智警告说,长期吸烟会损害肺腔(肺焦),以致所有其他药物都无法发挥药效。由于过度吸烟而遭受肺疾之苦的人会突然吐出一种淡黄色痰液并死亡。[20] 清初士大夫施闰章也告诫读者烟草消费对健康的危害,他提到蜜蜂在吸吮烟草的花蜜后"皆立死"。他还讲述了一个朋友的故事,这个朋友非常喜爱烟草,而且一天吸烟在一百次以上。根据施闰章的记述,这个人后来得了一种怪病,使他的头肿起来,牙龈长出渗着脓液的疮。这位友人虽然康复了,但一度在死亡边缘徘徊。[21]

像酒或者任何烈性的可摄入物一样,过量吸入的烟草是有害的,而且可能危及生命。从中国药物疗法的角度来看,这些特性意味着烟草具有相当大的毒性(有毒)。这并不表示它是一种完全不能使用的物质,而是一种可以小心地用于治疗急性病症的药物,诸如南方偏远地区特有的瘴气引起的间歇性发热。[22] 正如奥林热(Frédéric Obringer)所论证的,中国有一种悠久的传统,即利用包括雄黄和砒霜等砷化合物在内的毒性药物治疗间歇性发热(疟和瘴),其中包括生物医学鉴定为疟疾的疾病。[23]

人们普遍认为烟草具有预防和治疗瘴气的退热功效,这无疑是 16 世纪烟草在亚热带的中国沿海地区迅速流行的原因之一。姚旅观察到，吸烟可以预防瘴气。他还指出，将碾碎的烟叶做成膏药涂在头皮上能杀死头虱，17世纪的欧洲药学家也知道这种做法，美洲印第安人在接触外来文化之前经常这样做。[24] 倪朱谟是最早描写烟草的儒医之一，他判断这种药物的味是苦和辛（味苦辛），其气的属性为热。他将烟草置于"毒草类"，从而强调这是一种必须谨慎使用的烈性药物。在他看来，烟草之气被吸入时，能够抵挡风雨之寒、山岚之气和鬼邪之力这些可能导致间歇性发热的东西。[25] 与倪朱谟同时代的张介宾也强调了烟草治疗和预防南方热病的功效，在接下来的章节中，我们会更细致地探讨他为吸烟提出的复杂理论依据。张介宾讲述了一则轶事，吸烟的士兵进入充满瘴气的云南境内，却没有染上任何疾病。[26]

在他的本草目录中，张介宾将烟草类比于在整个华南地区都广泛使用的槟榔。张介宾指出，烟草的功效虽然比槟榔更强烈，但它们都能够增强身体之气，从而提高对疟疾的抵抗力。因此，"而今则西南一方，无分老幼，朝夕不能间矣"。[27] 由槟榔树的果实、蒌叶椒植物的叶子和熟石灰（通常取自牡蛎壳）制成的槟榔在东南亚和中国沿海地区有悠久的历史。[28] 当少量槟榔被咀嚼时，这些化合成分的汁液使身体精力充沛，产生一种轻微的愉悦感；槟榔碱是槟榔子中的主要生物碱之一，在刺激中枢神经系统方面具有与尼古丁类似的作用。[29] 然而，较大的剂量通常导致镇静作用。历史上，在所有消费槟榔的亚洲地区，槟榔被认为具有广泛的治疗用途，包括促进消化、治疗腹泻、排出寄生虫，以及预防蛀牙。[30] 在华南，槟榔最常见的医疗用途是预防由瘴气引起的间歇性发热。

作为在南方沿海普遍消费并被广泛认为有益健康的一种物质，槟榔最有可能是闽粤的早期中国吸烟者接触烟草的媒介。明末本草目录将两者的特性都描述为辛和温，而且两者都是普遍消费的非食用品，其摄入方式与食物或饮料有所区别。正如安东尼·瑞德（Anthony Reid）所指出的，槟榔最初传入印度尼西亚时是烟草的天然桥梁,不仅因为它对中枢神经系统的生理影响与烟草类似,还因为可以用槟榔代替仪式化社会互动中的烟草。[31]埃德蒙·斯考特(Edmund Scott)是英国东印度公司刚成立时的成员,他在1602至1605年逗留爪哇期间注意到那里的中国商人嚼槟榔和吸烟的行为。[32]不难想象,当时主宰中国和爪哇贸易的漳州商人可能会把烟草和爪哇槟榔一起带回家。[33]

只有在中国南方,人们才嚼槟榔,因为在那里槟榔的各种原料易于获取,而且间歇性发热的威胁始终存在。而在中国北方,由于那里疾风四起、冬季寒冷,烟草被认为更类似于人参等被用于治疗伤寒的温性药物。[34]伤寒这类病症是指各种不同的发热性疾病,发病时症状很剧烈,并以发热为主。[35]伤寒的经典权威专家张仲景(150—219年)在《伤寒杂病论》中提出伤寒的许多表现形式都可以用人参治疗。[36]在晚明时期,至少在江南地区,用人参治疗伤寒发热存在很大争议,因为这种药物被视为一种阳气的强力刺激物,因此不适合脆弱的南方体质。许多医生喜欢开清热或消除肿胀,特别是胸部充血性胀痛的药物。[37]尽管如此,一些南方医生仍为此类病患开了人参的处方。而被认为生来体质就更加健壮的北方人据说能够更好地驾驭强有力的阳气增效剂;因此,在16世纪和17世纪的中国北方、朝鲜和东北地区,人参是一种相当普遍的药物。

人参有几个品种,而且不同类型的人参药物属性也不一样。烟草最接近于高丽参,这是东北和朝鲜野生的人参品种。像高丽参一样,烟草被普遍视为一种元气的强力刺激物,因此被认为能够增强人体对伤寒的抵抗力。烟草具有抵抗寒湿的功效,17世纪某些江南医生仍坚信这一点,他们强调烟草作为一种类似于人参的强效温补剂有益健康,不仅可以激发阳性活力,还能增强元气。尽管烟草的危险已经被察觉,但是这些特性仍促使明清时期的医生将烟草作为一种有效药物。

烟草与"温补"学派

将燃烧烟草产生的气体直接吸入身体对 16 世纪和 17 世纪的中国人来说是新奇的,就像对于其他旧大陆社会的人一样。通过类比,烟草被认为不仅和酒精,而且与槟榔、人参等通常消费的物质具有某些共性。因此,这种植物轻而易举地融入了中国药用植物学和食疗本草的悠久传统。然而,我们不应该假设它立刻被视为"中国的"。整个东北亚用于烟草的术语表明,它被十分明确地认为是一种从国外进口的新事物。大多数 17 世纪的中文著作并不用它中国化的名字——烟草,而是将之称作淡巴菰或淡肉果,这是音译自西班牙语"el tabaco"。[38] 满洲人在 17 世纪早期的文献总将这个词译作"dambagu",而日本人将之从葡萄牙语译成"tabako"。[39] 在整个 17 世纪,这个外来词的继续使用突显了烟草的新颖及其异域的起源。[40] 此外,许多明末清初的评论家认为,烟草是"自古未闻也"的东西,是近年才出现的一种事物。[41]

烟草的新颖使之受到一个特定儒医群体的推崇,他们以怀疑的态度对待古代医学经典,更喜欢依靠自己直接的临床经验。因此,烟草之所以得以融入中国本草,一方面因为在烟草和人们熟悉的传统草药之间能够找到相似之处,另一方面因为一些明末的医生相信,这种新奇的外国药物可以帮助他们解决前所未有的流行病问题。

具体而言,对于张介宾等追随薛己(大约 1488—1558 年)"温补"学派的医生来说,烟草对他们可资利用的药物是一种有益的补充。薛己主要以综合了金元修正主义"四大家"中的两位——李杲(1180—1251 年)和朱震亨(1282—1358 年)的观点而著称,他的思想受到许多 16 和 17 世纪江南行医者的影响。[42] 李杲(李东垣)提出了著名的观点,即所有疾病都起源于脾胃失调,该器官系统负责将食物、饮料和药物转化为气和血的精华。损害脾胃的后果被认为相当严重,因为脾胃是调节人体消化和代谢功能的内脏功能系统;如果消化和代谢过程遭到损害,人体通常难以保持健康状态。李杲指出，应该用散发热量的阳性物质补充脾胃，以便补充激发元气的内火，并且他尤其强调这样做的重要性。[43] 他的学说因而被称为"补脾胃学派"（补土派）。

金元四大家的最后一位朱震亨则强调要保护脆弱的肾脏器官系统，而不是脾胃。[44] 与李杲形成鲜明对比的是，他认为身体的阴气总是缺乏的，因此需要防止阳气过盛，而阳气表现为相火，即激发所有人类行为（精神思想和身体活动）的气。由于过度或不当的行为，火会压倒身体的阴性液体（水和血），并导致疾病。朱震亨的标志性临床策略是用味属苦凉的阴性物质"滋阴降火"。他特别告诫不要采用具有热、燥特性的药物，认为这会进一步削弱身体的阴气。他著名的箴言"阳常有余，阴常不足"构成了"养阴"学派的基础。

这些理论在整个明代都依然具有影响力，而且两种传统的追随者仍在继续对其进行阐释。16 世纪，薛己汲取这两种传统，形成后来被称为"温补"学派的观点。薛己认为脾胃和肾脏都极为重要。以李杲为榜样，他主张用温补物质治疗病人，以首先恢复脾胃的代谢功能。他也接受了朱震亨的观点，即具有强烈温补倾向的药物会过度刺激相火，从而危及血和水。因此，在使用强烈的温补阳性药物之后，他再用寒凉的阴性物质抑制这种危险的火。虽然薛己整合了两个体系的观点，但他的治疗方法还是更倾向于采用能够补充身体内火的阳性物质，而不是那些用来增加血和水的阴性物质。[45]

在许多明代中晚期在江南地区行医的儒医的案例中，使用人参和黄芪等强烈的阳性"温补"药物十分常见。例如，在《石山医案》描述的许多临床经历中，汪机（1463—1539 年）就喜欢使用这种疗法。[46] 17 世纪 10 年代和 20 年代居住在扬州的徽州医生程从周（1581—?）也喜欢使用包括人参和黄芪在内的"温补"处方，特别是在遇到时疫中可能出现的急性发热疾病时。[47] 这种治疗策略旨在治疗阳气的内在不足，以便恢复脾胃的代谢功能。有时这会遭到持有异见的医生和患者的批评，他们中的许多人认为，这种疾病主要是由伤寒之类的外部异常引起的。追随"滋阴"学派的其他医生谴责采用"猛烈"温补药物的风尚。[48]虽然怀疑在治疗急性发热时采用"温补"药物策略，但许多病人在感到他们基本的生殖活力遭到危害时，还是会用人参等温补药物自我治疗，以增强阳气。这些药物被认为能够加速康复，增强人们对疾病的综合抵抗力，并治疗女性月经不调和男性阳痿的衰竭性疾病。[49]

衰竭性疾病，无论是由于阴虚还是阳虚，都可能对女性生育力和男性生殖力产生不利影响，因此医生和患者都对之非常关注。[50]乔安娜·格兰特（Joanna Grant）发现，在明末医学文本中，衰竭性疾病更加受到重视。[51]她认为，汪机等人频繁做出这种诊断的倾向表明，在16世纪末和17世纪初繁荣的江南地区，人们对社会经济快速变化产生的道德影响普遍感到担忧。如前所述，在这个时代，许多医生认为他们正面临前所未有的挑战，这些挑战体现为梅毒之类的新疾病。梅毒被认为通过广州进入中国，通常与旅居商人和其他到处旅行的人有关。除了被认为是通过性行为传播的梅毒之外，[52]汪机等医生认为，随着商业财富的增加，淫邪、不检、放荡之风愈演愈烈，这导致男性精英普遍患有阳虚疾病。根据许多明末医生的记述，不节制引起的亏症最好采用先温后补的药物来治疗。[53]

理论上，男性和女性都可能患有阳虚：在晚明医学文化中，男女身体被认为是高度雌雄同体的，而且两者都处于一个不断变化的阴阳连续统一体中，除了产科和生殖医学以外，大部分领域都非常类似。[54]实际上，微妙和含蓄的性别差异往往在诊断和治疗时悄然出现。例如，乔安娜·格兰特表明，汪机在大多数男性患者中诊断出阳虚，但几乎没有在他的女性患者中发现这种症状。[55]徽州商人是他的主要顾客，他一次又一次采用"温补"药物来增强他们的阳气。

阳虚被性别化为男性的疾病，因为这种疾病被认为是由男性（特别是那些有钱有闲的男性）比女性更频繁从事的活动引起的。在汪机看来，他的男性患者逾越节制和禁欲的道德界线，沉溺于放纵的享乐主义，将他们的健康置于危险的境地。饮食过于丰盛、饮酒过量，以及性交太过频繁都有损耗体内元阳的危险，导致筋疲力尽（劳），并且使人特别容易受到外邪的侵害，如寒、风，或者疟、瘴。过度的性生活不仅会导致阳虚，还会引起生殖器溃烂、麻风病（被认为是一种性传播疾病），或大量其他疾病。因此，对汪机而言，精英男性的阳虚显然是那个时代标志：奢侈的程度不断提升，而道德价值每况愈下，暴发户群体尤其如此；伴随而来的是，统治阶层的士大夫精英身体和道德的腐化。在这种道德和医学焦虑不断加剧的氛围中，汪机、程从周等医生采用"温补"药物增强阳气的倾向，从而可以被视为提振士大夫男性气质的一种尝试，而流连于商人阶级堕落而奢华的生活方式，已经使士大夫的男性气质变得脆弱不堪。被视为一种烈性阳气补充剂的烟草也在这个过程中发挥了作用。

"温补"学说的著名支持者张介宾是最早注意到烟草的儒医之一。张介宾是浙江山阴人，来自一个政治人脉深厚的家庭，他一生的大部分时间都在北京度过。[56] 在军中任职一段时间后，他在京城学医并在那里行医多年，直到 1620 年近 60 岁时，他才回到浙江，撰写了颇具影响的《张氏内经》并编纂了他的全集《景岳全书》。在他行医生涯的大约一半时间里，张介宾都追随"滋阴"学派。然后，大约在 40 岁时，在他自己临床观察的基础上，他开始相信，通过补充温性物质来保护脾胃，以增强和养护身体的属阳成分才是保持健康和治愈疾病的关键。[57] 正是从这个观点出发，张介宾开始对吸烟久负盛名的医学疗效产生兴趣。

《景岳全书》可能出版于 1636 年左右，在这部全集的本草部分，张介宾纳入了对烟草的讨论，其中他阐述了这种植物的性质和特点，并指出了它的用途及其对身体的影响。张介宾并不是第一个描述烟草的医生：倪朱谟和几位名气稍逊的医家早就这样做了。[58] 然而，张介宾显然是最有影响的。他的短文出现于《景岳全书》的"隰草部"，在后世文本中被经常引用，直到 20 世纪，有关烟草的中国医学书写一直受到他对烟草理论认识的影响。

根据张介宾的记述，烟草气温而味辛。作为一种向上和向外升发，具有微热性的草药，烟草的基本性质是纯阳①。在张介宾看来，这些温、补、升发和纯阳的特性必然使烟草成为一种效果卓著而强烈的药物。他认为，烟草和人参一样，增强和补充了身体起初的阳气（元阳），这在他看来"对男性有至高的价值！"[59] 与那些主张"滋阴"的人不同，张介宾认为（人体）不可能有过多的阳气。对他来说，通过口腔和喉咙吸入烟气，能够使它极其温补的阳气迅速通过全身，温暖五大脏器功能系统的每个脏器。一旦深度吸入下体腔，其阳气上行，能温心肺；下行则能温肝脾肾。

因此，张介宾认为，阳气通过吸烟得以恢复，由此身体可以克服许多疾病，包括那些由外部或内部病因引起的疾病，以及那些由于饮食不当、房事过度或精疲力竭和过度劳累造成的疾病。这包括由六淫，尤其是"寒"和"湿"引起的流行病和急性发热。作为一种强烈的阳性药物，烟草具有封闭间隙和毛孔（腠理），抵御风邪之气的能力，而且它可以缓解由"寒"造成的关节和骨骼的风湿性疼痛。张介宾还指出，烟草可以用于阻挡在树木繁茂的山区和南方亚热带地区遇到的有害蒸气（山岚瘴气）。

遵循李杲和薛己的传统，张介宾还强调了烟草对于治疗由内部原因所引起疾病的功效，特别是那些影响脾胃的内部原因。通过温暖脾胃器官系统，烟草具有帮助消化、餐后消除饱足感、控制霍乱（"霍乱"字面意思为"突然的混乱"）[60] 的剧烈呕吐，甚至具有消灭肠道寄生虫的能力。当脾胃的代谢功能在烟气的帮助下得以恢复时，它们可以将必要的滋养作用再次传递到全身。通过驱散停滞或污浊的寒、驱散停滞的凝结（瘀结）和防止血液停滞壅塞，烟草还能促进气的流动。[61] 总而言之，对于张介宾而言，烟草是一种有效的药物，其主要的临床用途是辅助那些阳气停滞或衰

---

① 作者原著理解有误。英文原文为 The basic nature of tobacco, as an herb that ascended upward and outward to protect Heat, was pure yang (chun yang)，而张著原文为"性微热，升也，阳也"。作者将此处表示程度的"微"理解成保卫的"卫"（protect）。——译者注

竭的人。换言之，烟草主要用于保护或振奋一些男性，因为他们不加约束的欲望导致他们过度沉溺于宴会、青楼或小妾的闺房。

诚然，像许多同时代的人一样，张介宾也认为烟草有毒，并主张烟草只能适度吸食，吸烟者一次只能吸一两口。他警告说，否则，吸烟会"令人醉倒"，而且需要很长时间才能使他们苏醒。在这种情况下，可以用白糖水制成的补汤治疗患者。而且，在张介宾看来，烟草绝对不适用于那些具有很强阳性体质的人。对于这样的病人，吸入这种强烈的阳性物质会激发相火，达到气亏的程度。即使对于那些阳气较弱的人来说，烟草只在短期内有益。如果长期过度使用烟草，烟草的阳气最终会耗尽张介宾视为生命之本的元阳。张介宾用这些警示的文字结束有关烟草的条目："故人多喜服而未见其损者以此。"

张介宾认为烟草是一种温性物质，如果适当使用，可以增强阳气，对于 17 世纪的男性精英吸烟者和他们的医生而言，张介宾的观点为烟草的休闲消费提供了一种理论医学的正当理由：烟草可以作为无节制行为所造成不良后果的良方。顺治时代的医生沈穆明确表示，烟气能够修复纵欲所造成的损害，他在 1661 年出版的《本草洞诠》中列入了一则关于烟草的条目。[62] 沈穆基本上延续了张介宾的描述，指出烟草味辛气温，其主要优点在于治疗"寒"和"湿"引起的风湿病、消除瘀血、化痰、改善气血循环，以及化解各种瘀结。像张介宾一样，沈穆也指出，烟草可以使一个人沉醉，但他接着说，烟草也可以使一个人清醒，或者至少减轻宿醉的影响。此外，当一个人饥饿时，烟草可以让他饱足，而当一个人饱足时，可以让他饥饿。"人以代酒代茗，刻不能少，终身不厌，故一名相思草。"这种对烟草（尚且未知的）上瘾性质的诗歌引文，后来也用于描述鸦片。这突出了烟草的医学化如何在无意中为精英从下层采纳烟草，主要将之用于娱乐和享受的做法提供了正当理由。用厉鹗的话来说，烟草可能可以用于"祛寒"，但烟草更重要的一种功能在于融入热衷社交的男性士大夫精英的各种休闲活动，使之"破寂"。[63]

大众化医学文本中的烟草

名医张介宾的著作经常被征引,在认识烟草对健康的影响方面,他的看法对随后的几代医学学者以及普罗大众均产生了巨大的影响。大约有九十部清代本草著作曾论及烟草。[64] 其中许多是张介宾之条目的简化版,特别是出版于 17 世纪末或 18 世纪的书籍。它们用简单易懂的语言书写,兼顾了临床医生和外行读者。这些描述被简化至最基本的内容,出现在用作初级医科学生的入门教科书中,或者用作通俗家庭历书的药理启蒙读物中。[65] 这些简洁的概要转而被摘录于 18 世纪开始出现的专业烟草鉴赏文献。因此,这些概要有助于理解,受过教育的中国人如何看待吸烟对自己的身体的影响。

汪昂(1615—1699 年?)是最早将烟草列入简化版本草目录的医学推广者之一。他来自一个与杭州还读斋刻书铺有关联的徽州家族,在晚年才将注意力转向医学。[66] 有一次,汪昂大发善心,要将他的部分钱财重新分配。于是,此后大约从 1663 年至 1694 年他都致力于撰写医书。他强烈主张向广大民众开放医学文本:他将自己的著作捐赠给书商,要求他们免费散发。他出版于 1683 年的《本草备要》以一种直接明了的风格书写。其目标受众包括需要一本现成参考工具书的实习医生,以及可能需要在手头备有一本书,以应对居家或出行时紧急医疗情况的外行。

汪昂在《本草备要》中关于烟草的简要条目提炼了以前关于这种物质的医学文献。从中可以明显看到张介宾和沈穆的影响。该书的概述直接扼要:

> 宣,行气,辟寒辛温有毒。
> 治风寒湿痹,滞气停痰,山岚瘴雾。其气入口,不循常度,顷刻而周一身,令人通体俱快,醒能使醉,醉能使醒,饥能使饱,饱能使饥。

人以代酒代茗，终身不厌（故一名相思草）。然火气熏灼，耗血损年，人自不觉耳。闽产者佳（烟筒中水，能解蛇毒）。[67]

汪昂的文本易于获取而且广受欢迎，这与张介宾或沈穆撰写的专业本草目录截然不同，表明这种关于烟草的信息可能比之前的文本传播得更广。

汪昂对烟草的疗效和危害的概述在大量其他18世纪的著作中反复出现。例如，在吴仪洛（18世纪）出版于1757年的《本草丛新》中，烟草的条目直接照搬了汪昂的概述：

宣、辟秽杀虫。
辛温。宣阳气。行经络。治山岚瘴气。（明时征滇，深入瘴地，军中皆染病，独一营以服烟得免，由是遍传远迩，人皆服之矣。）
寒湿阴邪。辟秽杀虫。（捣汁，可毒头虱，烟筒中水，能解蛇毒。）
其气入口。顷刻而周一身。令人通体俱快。（其性纯阳，能行能散。）
用以代酒代茗。终身不厌。（故一名相思草。）
然火气熏灼。（最烁肺阴，令人患喉风咽痛，嗽血失音之证甚多，未必不由嗜烟所致。）
耗血损年。卫生者宜远之。
闽中产者最佳。（质细，名金丝，沈氏露书云：吕宋国有草，名淡巴菰，漳州人自海外携来，莆田亦种之，今处处有之，不独闽矣。）[68]

吴仪洛是一位来自浙江海盐的儒医，他认为《本草丛新》是对汪昂的通俗药典进行扩充和修正。[69] 他的烟草条目比汪昂多提供了一些从17世纪文本中挑选出来的信息。例如，他收录了张介宾关于明朝军队在云南的轶事，以及姚旅用烟草治疗头虱的建议。然而，一般来说，诸如此类通俗而广泛传播的本草目录为 18 世纪的读者提供了相同的烟草对身体之影响的基本信息。在其他关于烟草的书中,例如,在姚旅的《烟谱》中,这种知识被多次重复,就此而言,它可以被视为当时关于烟草对健康之影响的普遍看法。[70]

在这些比比皆是的文本中,吸烟的危害及其对健康所谓的益处一并列出。作者清楚地认识到习惯性吸烟对身体、尤其是肺部的害处。虽然"成瘾"这个术语还不是中国医学思想的一部分,但他们也注意到烟草对吸烟者的强大控制力。汪昂和吴仪洛①都一再提到,17 世纪的人们将烟草诗意化地比喻成"相思草"。每个条目还强调了烟草在社交情境中的重要性("代酒代茗"),而且每条都意味着,较之烟草公认的药用特性,其娱乐功效能更好地说明为何它被持续使用,但这些都被吸烟"耗血损年",以及那些"卫生者"的人避免吸烟的事实抵消了。

烟草与不同的身体

从张介宾到吴仪洛,许多儒医都发现吸烟会造成长期的负面影响,但他们在各自的本草目录中还是将之列为一种有效的草药。烟草就像包罗万象的中国本草和饮食医学中所有的可摄取物一样,被认为是一种对各个人体具有截然不同影响的物质,这取决于时间和环境,以及个人体质、性情和行为。烟草会对人体有益或有害只能根据具体情况加以判断。然而,明清儒医将烟草视为一种基本特性为热、温和辛的强效阳性补充物,实际上将吸烟的医疗功效(以及相应的危害)缩小至以性别、年龄和空间位置界定的某些社会群体。

如第三章所述,到 18 世纪初,吸烟已经成为完全融入精英女性的文化。然而,在关于烟草的中国医学著作中,吸烟却被含蓄地与男性联系在

---

① 作者误作 Wang Yiluo。——译者注

一起。尽管在明清医学思想中，有一种总体趋势是淡化与健康、疾病相关的性别差异，但关于吸烟的情况仍未改观。[71] 理论上，由于中医的人体是阴性的，阳气和阴血处于平衡状态的男性和女性都可以在一段时间内有节制地安然吸烟，并不会因此产生不良影响。然而，长期来看，持续吸入烟雾形式的纯阳之气可能导致身体阳盛阴虚，随之而来的是阴阳失衡等各种健康问题。在临床诊断时，较之于男性或绝经后的妇女，育龄妇女更有可能出现阳盛阴虚的情况。男性通常更偏向于阳性，所以可以耐受来自烟草的更强的阳气。此外，月经可能会使妇女处于阴虚状态，因为水和血是生殖健康所必须的重要阴性物质。妇女已经面临这种综合症的危险，她们必须特别小心，不能接受过多的阳气。于是，已经过了生育年龄的妇女吸烟可能没有危害，但较年轻的健康妇女吸烟就有患月经不调和不孕症的风险。因此，《闽东本草》的佚名作者坚持认为，在为孕妇开药时，绝不应该使用烟草。[72] 然而，同一本著述也建议，当妇女胞寒或月经不调时，可以使用烟草补充阳气。

烟草对男性和女性有不同健康功效，这样的告诫最早出现在17世纪医学著作中。如上所述，倪朱谟将关于烟草的条目列入了他的《本草汇言》，这本书首次出版于1624年。[73] 虽然倪朱谟引用了在其他药学文献中对烟草的记述，但他的评论是现存最早的，比张介宾的论述大约早十年。倪朱谟认为，随着社会和人类的改变，经典本草目录需要定期更新。[74] 也许正是本着这种精神，他将这种新的植物列入他的书中，该书的首要目的是为临床实习医生提供一本简化的工具书。

倪朱谟的烟草条目在理论上不像张介宾的那么复杂，而且关于他对"温补"学派和"滋阴"学派之间争论的立场，隐含的线索较少。像张介宾一样，他认为烟草是一种重要的阳性辅助药剂，并明确建议据此将之用于男女两性和不同年纪的人。当身体的阳气由于积寒而停滞，烟气可以化痰、开胃、止渴，使气通过循环渠道自由流动。如果妇女吸烟，她们可以清除小腹的阻塞。对儿童而言，烟气具有缓解疳积的能力。[75] 然而，倪朱谟也像张介宾一样，告诫有些人绝对不能吸烟，尤其是那些患有阴虚的人。如果严重虚劳或者阴虚表现为咯血和肺燥的病人吸烟，将会完全抑制他们的阳气，然后"昏愦如死"。

虚劳被认为是由无节制的激情引起或加剧的病症，是明末医学文本中少数与女性联系在一起的综合症之一。[76]虚劳是一种类似于近代早期欧洲医学的结核状"消耗性疾病"的综合症，其特征是慢性长期损耗、食欲不振、冷汗，以及有时咳出血痰。虽然男性和女性都可能患有虚劳，但女性被认为风险更大，因为她们被视为在控制自己的情绪方面不如男性。事实上，虚弱、体衰、患有痨病的美女是明清叙事小说中的一类原型人物，她们的痨疾是由过度的女性情感，包括相思病和被压抑的性欲所引起的。[77]最极端的虚劳形式表现为"骨蒸"病，热从骨骼内部产生，并使年轻女性的阴性活力枯竭，导致呼吸急促、头昏、晕厥、四肢冰冷、潮热，以及慢性咳嗽、腹痛、咳血，并最终死亡。生物医学可能判断这种疾病的过程与结核病一致，但在中华帝国晚期的小说中，这些消耗性综合症表现为根本而致命的女性疾病，是被压抑的性欲和危险情绪的征兆。[78]在实际的临床应用中，这些就是倪朱谟告诫无论如何也不能吸烟的病人。

因此，关于吸烟性别化的健康功效，明清医学文献的记述混杂不一。妇女可以受益于烟草，这取决于她们的情绪倾向、年龄、生殖状况和生活阶段。烟草的阳气可能帮助患有各种腹部梗阻的妇女，包括包块、肿块或循环阻塞。因此，吸烟也可以帮助患有闭经、月经过量、其他月经不调或宫"寒"的妇女。消耗性疾病的患者，特别是受高度性别化虚劳形式之苦的年轻女性，可能会受到热、燥阳性烟气的致命伤害，孕妇腹中的胎儿也会受到伤害。随着时间的推移，许多女性吸烟者试图减少医学文献中所描述的阳气的不良影响，她们喜爱具有阳性较弱的烟草品种，如来自云南的"兰花烟"。她们还拿起水烟管，因为其中冷却并汩汩流动的水被认为是阳气的过滤器。

诚然，精英男性也吸水烟，而且"水烟"作为社会地位的象征比它作为性别标志重要得多。然而，在明清医学著作中，相比于性别或阶级，身体差异显然更多地是由地理和气候造成的。事实上，清代出现了一种以江南为中心的新医学传统——温病学派，该学派认为南方人的身体与北方人截然不同。在此过程中，温病理论家主张，地方医学知识和乡土身份比伤寒传统的普遍权威更为重要。[79] 温病医生越来越多地描写南方特有的疾病，特别是那些被认为由空间特殊性和在地化的气所导致的流行病。地气或土气是一个从经典汉族医学传统中挪用过来的概念，长期被用来解释人类和文化的多样性。根据这个观念，六种过度的气候——风、寒、火、暑、湿和燥，并非在全国平均分布，因此，特定的疾病在某些地方比在其他地方更容易发生，例如，南方的疟和瘴，或者北方的伤寒。

不同的气候和地形也产生了独特的本地土产、当地风俗和烹饪方式，这反过来影响了生活在不同地区人们的身体素质和生理过程。北方人来自气候更凉爽的地区，生活在更干燥的地方，一般被认为耐寒而强壮，能够承受大量的强效泻药和补药。南方人生活在海拔更低和气候潮湿的沿海地区，身体纤弱，需要滋补品和更为温和的治疗方法。

在晚明时期，此类从空间、气候的角度对人体差异所作的解释与社会经济的解释相互重叠。[80] 耕种土地的老百姓很强壮，他们像北方人一样，拥有强健的内脏功能系统和紧密的毛孔，使他们的身体可以抵御外部风邪的威胁。然而，那些从事脑力劳动而非体力劳动的人往往软弱无力，他们的内脏没有受到保护，而且他们的毛孔松散，这使他们容易受到外部攻击或内部功能紊乱的伤害。根据这种观念，南方的江南士大夫和长江下游的商人阶层染上严重疾病的风险最大，这是他们富裕而奢侈的生活方式和他们潮湿而低洼家乡的地气共同导致的结果。

烟草进入中国之际，这些关于气候、环境和疾病等区域性变化的古老观念正在被重新阐述和构造，形成了以江南为中心的温病医疗传统。韩嵩曾大量论述了温病学说的产生和发展，他指出晚明时期，南北方疾病之间，以及居住在各个区域的人之间的地理差异已经成为医学文本中最重要的理论分野。[81] 烟草迅速融入了这种新兴的医学地方主义。在现存最早的关于烟草的文献中，烟草被认为在不同的地区具有不同的功效：在南方，它能防止间歇性疟疾发热，而在北方，它能抵御伤寒。一些江南的医生还认为，烟草强盛的阳气对南方人柔弱的身体比对北方人的身体有更多不利的影响。例如，"滋阴"学说的追随者强烈反对将包括烟草在内的"热"而"辛"的物质用于南方的男性以及女性。[82] "温补"学派的支持者试图增强身体虚亏的江南男性精英的阳气，即便对他们而言，在判断烟草对特定的病人有益或有害时，空间原因也十分重要。

根据患者的祖籍，使用不同的烟草。此类建议可以在几种清代的本草目录中找到，其中包括张璐（1617—1699年）在1695年完成的《本经逢原》。[83] 张璐是来自常州的儒医，常州乃一府之都，位于江苏苏州以东。虽然他不是新兴温病学说的倡导者，但作为一名居住在苏州的医生，他无疑认识许多倡导该学说的同行。[84] 他显然赞同他的同行关于南方人的身体具有独特性的观点。像同时代的许多儒医一样，张璐来自一个官绅家庭，但他自己在科举考试中屡屡失败，只好选择从医。他精通医学经典，特别在明清更迭之际，退隐山林后的十年间著述颇多。他最著名的作品《张氏医通》花费了50年才完成。模仿王肯堂（1549—1613年）汇集了许多学说和实践方法的《六科证治准绳》（出版于1602年），张璐的文本包括一系列折衷的学说方法。但中国医学史家现在主要将他与"温补"学说联系在一起。然而，与张介宾截然不同的是，张璐对烟草并不热衷，尤其是在为南方人开处方时更是如此。

张璐将烟草放在其本草目录中的"火"部，并以讨论南北之间烹饪方式、地气和患者体质的地域差异为出发点，开始他对"烟草之火"的描述。根据张璐的论述，北方人使用煤火来烹饪食物不会产生不良影响，因为他们的元气足以承受煤炭的强热。在他看来，南方使用的柴火要比煤弱，因此南方人不如北方人那么强壮有力。如果南方人吃了在煤火上烹饪的东西，他们就会生病。通过类推，烟气的温辛特质恰好适合北方人，但对于南方人的身体而言太强太热。张璐承认，一些眼科医生已经成功地在配方中使用烟草，利用其温辛特质来驱散白内障的积寒。然而，除了这种用途之外，张璐没有谈到烟草的任何积极功效。

张璐连同烟草一起提出的这种地方主义，在清代有关吸烟的医学思考中仍然是一个重要因素。在 18 世纪中叶著述的医生比前人更加详细地解释了不同区域类型的烟草在医疗方面的优劣。例如，赵学敏（约 1719—1805 年）在《本草纲目拾遗》的烟草条目中，摘录了他弟弟赵学凯（18 世纪）所撰《百草镜》的内容。[85] 赵学凯的烟草目录从漳州（福建）种植的石码烟开始。这种浓烈的烟草呈黑色，也被称为黑老虎，如果使用过量，会导致吸烟者吐出黄痰。[86] 相比之下，来自常山（浙江）的面烟具有祛痰的神奇功效。"凡老人五更咳嗽吐痰者，食之，嗽渐止，痰亦消。"湖南衡阳烟的特点是平和镇静。它不仅可以活血，甚至还能遏制虚劳之疾的发展。甘肃的水烟可以醒酒，而潮州（广东）种植的烟草据说非常有助于消化，尽管药性非常猛烈，甚至会导致身体衰弱"至死"。

18 世纪中叶，赵学凯描述了各种可以在杭州市场上买到的优质地方烟草及其药用特性，这表明当时几乎对每个人来说都有一种适合的烟草。来自石码和潮州的烟叶产生的刺激性烟气显然不适合育龄妇女、老年人或来自南方的体质柔弱的学者，但他们可以吸来自常山或衡阳的更淡更香的产品。随着烟草栽种的传播，以及越来越多的优质地方烟草在中国更多的繁荣城镇中销售，烟草商人为迎合不同的顾客，有意增加他们产品的种类。例如，参与营销兰州水烟的陕西商人向北京和长江下游地区精英群体的顾客销售"青条烟"，吹捧它防范流行病和间歇性发热的功效。在四川，还是这些商人从事"棉烟"买卖，这种烟据说更适合生活在西部地区更为干燥条件下的人们。[87]

关于这种植物的非医学文献，也证实了这种将各地种植烟草的某些品种与特定的健康功效联系起来的倾向。写于 18 世纪末和 19 世纪初的鉴赏家指南都强调不同地区烟草的药用特性。例如，陈琮指出，南方人可以用潮州烟草治疗消化不良。[88] 然而，生长于山东比较寒冷地区的济宁烟草则会导致黄色粘液不断从鼻子流出，南方的士绅和夫人应该尽量避免使用。

尽管吸烟在中国社会普遍存在，而且明清本草目录中频繁提及烟草，但鲜有证据表明医生确实经常把它作为药物用于临床实践。烟草很少出现在方书或医案中，明清医学文本的这两个部分反映了医生诊治时的实际作为。[89] 那些确实在方书中提到烟草的人，如叶天士（1667—1746年）主要探讨了在外部将烟草膏应用于疼痛的关节或伤口，而不是将烟草作为烟雾或鼻烟吸入。[90] 在对其他有关烟草文献的概述中，赵学敏列举了一些案例，其中记录了烟气、烟杆和烟叶、烟管中的烟油，以及水烟筒中的水被（在内部和外部）用于治疗各种疾病和失调。[91] 这些病症包括白内障、鼻腔的黏膜炎（流出恶心液体的黏膜炎症）、"脚气""虫"和毒蛇咬伤、"血崩"、外伤、褥疮和溃疡。[92] 在大多数情况下，科班出身的医生根本不会在处方中使用烟草。直到20世纪初，烟草一直被列入本草目录，这与其说标志着烟草作为一种药物被广泛使用，不如说表明烟草是一种普通的具有医疗特性的日常摄取物。

最后，虽然烟草被收录于许多明清时期的本草目录，但根据可摄入物质所占的比例，大多数非医学的作者还是认为它更类似于食物和饮料，而不是药物。烟草商人可能将之作为一种保健品给顾客，但他们在烟草专卖店，而不是专门的药店销售烟草。许多清代地方志的编纂者将烟草列为一种本地产品，将之置于当地产品的名目下（货之属），而不是列入本地药用植物的部分（药之属）。在这种意义上，烟草在中国和在欧洲一样，被广泛认为是一种"药物食品"——一种主要目的和功能在于给消费者带来愉悦而不是健康的可摄入物。尽管如此，烟草在整个清代一直被收录各种本草目录，这表明它从未完全被认为只是一种消遣药物。即使在20世纪末，烟草依然被广泛认为是一种治疗消化不良等疾病的特效药（参见本书结语章）。

烟草经常被类比为食品、饮料和某些药用物质，但它显然是独一无二的。尽管厉鹗提出烟草早已成为第八饮，人们"吃"或"喝"它，但它既不能提供养分也不能缓解口渴。从使用烟草的人的角度来看，烟草可能最近似于槟榔、酒或茶——这些物质可以致醉，或者以近似尼古丁的方式刺激中枢神经，并且以非常类似于烟草的方式在社会上被使用。这当然是厉鹗等诗人看待烟草的方式：除了将他非常喜爱的"瑶草"比作美酒和香茶，厉鹗还指出，对宴饮后的娱乐来说，烟草甚至比槟榔更佳。[93] 陆耀在 18 世纪的士绅吸烟指南中，也将烟草比作槟榔。[94] 像南方的槟榔和北方的人参一样，烟草被广泛认为具有治愈的特性，即使它通常并不作为一种药品被归类、销售或使用。

烟草被认为具有的治疗功效无疑促进了它在全国的迅速传播，因为前卫的消费者认为他们在摄入一种对健康有益，或者至少不是特别有害的物质。然而，中国的儒医，从 17 世纪初的倪朱谟和张介宾，直到 18 世纪的医学普及者汪昂和吴仪洛，都一直同时指出烟草的危害及其对健康的益处。无论如何，生活在清代中国的大多数人——无论男女、老幼、士大夫和劳动者都吸烟。

久而久之，随着烟草栽种扩展到全国的新地区，而且烟草商人将新的类型和品种从边缘地区输入中心城市，关于烟草对健康危害的医学警示变得有些含糊。中国烟草实际上从来不是一种单一的事物，而是分化成无数的品种，并根据生产地区的地气和个体消费者的独特体质，每种烟草都被认为具有不同的特性。具有不同健康功效的各种优质地方烟草唾手可得，这使 18 世纪的精英消费者忽略了在医学学术文本和通俗读物中持续出现的警示。然而，士大夫和富商难以忽视的事实是，他们与普通农民、劳工和其他社会地位较低的人共享抽烟袋的习惯。对抽烟袋具有跨阶级性的焦虑超过了对健康的担忧，但这没有驱使他们远离烟草，而是让他们在清朝统治的第二个世纪采取了一种新的、更加时尚的烟草消费方式。

第五章　烟草的时尚消费（1750—1900年）

从17世纪到19世纪以降，中国烟草成为一个动态消费领域的组成部分，该领域随着时间而改变。中国烟草从来不是一种无差别的商品，而是被各个阶层和男女两性消费。在中国和在其他地方一样，人们以社会分层的方式消费这种物质，这些方式随着价格、不断变化的社会规范、关于烟草医药特性的观念，以及时尚潮流的趋势而变化。如第二章所述，发生于1600年至1750年间的商业烟草栽种在地理上的逐步扩散，不仅导致廉价本土烟草的大量生产，而且引起售价较高的优质地方烟草产量激增。这种趋势与18世纪对欧美高档鼻烟和日本、朝鲜上等烟草的进口相结合，在一些地区促进了炫耀性的烟草消费，人们以之作为一种展现个人财富或地位的手段。

烟草的"时髦"消费最初仅限于能够获得极昂贵的旱烟烟丝的富有吸烟者（或者那些有富裕主顾的吸烟者）。起初，有名"品牌"的数量相当有限，只包括那些在东部沿海的著名加工中心或附近种植的品种。随着时间的推移，地区专业化和产品多样化意味着更多人可以根据自己的经济收入购买独特的烟草制品。所选择的特定烟草"品牌"不仅取决于它所谓的健康功效或吸烟者的个人偏好，还取决于不断变化的品味美学。因为社会下层试图模仿上层士绅的吸烟习惯，而时髦的士绅则试图避免消费他们当时视为品位低俗的烟草，所以这些时尚的烟草消费模式不是固定的，而是持续变化的。

到1750年左右，这种烟草消费的时尚体系在阶层和空间位置这两个方面都产生了巨大的差异。这种分歧不仅出现在所购烟草的种类上，而且出现在所采用的消费方式上。社会下层百姓继续用长烟筒抽旱烟，而精英逐渐转向鼻烟和水烟。久而久之，这些更时尚的烟草消费方式也向下渗透到中国城市中的"中等阶层"。到 19 世纪，许多消费者青睐于这些更为"高雅"的吸烟形式，他们居住在中国最繁华并充满商业活力的地区，尤其是北京、广州和长江下游地区城市。由于雪茄和卷烟从海外传入沿海城市，18 世纪初就已经开始分化的烟草消费模式在 19 世纪继续改变。

在更广阔的世界范围内，精英在 18 世纪抛弃旱烟而改用鼻烟，19 世纪初水烟随后开始流行。鼻烟和水烟最初都是来自国外的舶来品：一个来自欧洲的大城市，另一个来自伊斯兰和印度洋世界的集市和咖啡馆。中国人很快就挪用并改变了这些外国物品，正如他们早先接受用美洲印第安式烟斗吸食的散烟一样。虽然他们在开发鼻烟、鼻烟壶、水烟和水烟袋的本土形式方面取得了成功，但也不应忽视这样一个事实，即有风格意识的中国人正在参与塑造一种全球化的烟草时尚消费文化。本章追溯了大约从 1750 年至 1900 年中国烟草消费的不同模式，从而强调了中国本土吸烟文化与跨区域大趋势的互动性。19 世纪末工业卷烟的进口与其说是和过去的彻底决裂，不如说是这种世界主义传统的进一步体现。

统治精英的进口鼻烟

即便是从远方运来的品质最好的种类，并且用最为精美的长杆烟袋吸食，旱烟也仍然是精英吸烟者与社会下层共享的东西。因此，难以归纳是什么使吸烟成为优雅的象征，而不是粗俗的标志。18 世纪出版的烟草指南，特别是陆耀的《烟谱》，至少在一定程度上是为解决这些问题而撰写的。[1] 除了提供有关高档烟草和适用器具的建议之外，陆耀还制定了优雅的吸烟者应当遵循的几项礼法。例如，根据陆耀的记述，士人在听琴或赏梅时吸烟是不合时宜的。此外，"踏落叶"，或"近故纸堆"的时候吸烟是宜节制的。正如卜正民所言，陆耀列举的一长串吸烟规则首先是为了描述将高雅吸烟者区别于低俗吸烟者的风格和形式。[2] 当然，精英烟草消费者所面临的挑战是在吸烟如此普遍的社会中，难以保持一种明显的优越姿态。精心挑选高级品牌、使用独特的烟袋，以及遵循某些礼仪，可能会在一定程度上表明一个人高贵的社会地位，但到最后，士大夫或高官抽烟袋的行为与粗俗的农民或社会地位低下的劳工并无二致。

在第三章提到的《儿女英雄传》中的情节表明，抽烟袋很容易让社会上层人士变得粗俗不堪。在这一文本中，善良和邪恶的男女角色都吸烟。[3] 但是，几乎所有消费烟草的人要么来自农村，要么出身低微。没有任何社会地位较高的城里人抽长烟袋，仅有一个例外。这部小说直言不讳地描绘了一个受过教育的吸烟者——一位上年纪的教书先生：他的头发上有油腻的头皮屑，他的烟袋太久没有清洗，以致烟嘴都牢牢粘在烟杆儿上。这位先生虽然名义上是精英群体的一员，但甚至不知道如何妥善准备或保养他昂贵的乌木烟袋；他不清除烟锅里的烟灰，就一次又一次把生烟塞进去，使烟袋污秽不堪，"便一直到他'盖棺定论'，也休想他把那烟袋锅儿挖一挖"。这个男人和他吸烟的习惯如此恶心，以致没有一个仆人愿意帮他点烟；最后，受命这样做的年轻丫鬟请他自己点烟。这位先生只顾着谈话，灌了一烟管的唾沫还没发觉。[4] 这段叙述虽然是虚构的，却将抽烟袋与普遍缺乏教养联系起来。难怪这部小说中真正彬彬有礼的绅士安学海不断强调他"不会吃烟"，而是喜欢喝绍兴酒。[5]

《儿女英雄传》写于19世纪末，但在清朝初年，抽烟袋就已经被一些人视为一种粗俗和令人讨厌的习惯。如前所述，据说康熙皇帝不能忍受旱烟。[6] 而正是在康熙统治时期，一种新形式的烟草——鼻烟在北京的统治精英和江南地区有影响的士大夫当中变得极为流行。鼻烟和鼻烟壶是18世纪出身名门的清朝显贵不可或缺的配饰。它们经常被用于社会最高阶层复杂的礼物交换制度。鼻烟随后转而逐渐被大众化，以致到了19世纪初，特别是在港口城市广州，它也被社会地位较低的人所消费。

印第安人通过鼻子吸入的粉末状烟草已经有上千年的历史，但其他人对它的消费在 17 世纪才开始普及。16 世纪末西班牙药剂师开始将烟草作为治疗百病的药物加以推广，此后鼻烟开始在西班牙生产。[7] 最初，上层阶级的安达卢西亚人认为鼻烟有失他们的身份，但久而久之，西班牙精英逐渐喜欢上了这种形式。到 17 世纪下半叶，西班牙和葡萄牙的皇家烟草垄断企业开始大量生产鼻烟，以满足欧洲其他地区日益增长的需求。18 世纪 20 年代鼻烟在法国上流社会风靡一时。它被认为是一种特别高雅的烟草消费方式，而吸鼻烟随后发展成一种极为繁复和仪式化的习俗，具有独特礼仪规范。在整个 18 世纪，鼻烟在欧洲政治事务和外交关系中占有重要的地位，而鼻烟盒则成为"当代伟大的政治礼物"。[8]

众所周知，鼻烟在 18 世纪的清朝宫廷也成为时尚。尽管最初传入的时间尚不清楚，但耶稣会传教士可能是第一批将鼻烟引进中国的人。[9] 1684 年康熙第一次南巡时，在南京见到了耶稣会士汪儒望（Jean Valat, 1614—1696 年）和毕嘉（Giandomenico [Jean-Dominique] Gabiani, 1623—1694 年），他们向康熙赠送了欧洲的鼻烟，而康熙似乎已经熟悉这样东西。[10] 1713 年，在康熙帝 60 岁生日时，耶稣会士纪里安（Kilian Stumpf, 1655—1720）和苏亚雷斯（Simeão [Joseph] Soares，生于 1641 年）送给他两个鼻烟壶，并在次年代表澳门市参议院向他赠送了 12 瓶葡式鼻烟。[11]

葡式鼻烟是一种用巴西的扭花条烟制成的细粉状鼻烟，似乎特别受到清代宫廷成员的欢迎，它成为贯穿 18 世纪中欧外交往来的一个特色。[12] 当时，巴伊亚省种植的巴西烟草是世界上传播最为广泛的烟草种类，在欧洲、北美和亚洲都有稳固的市场。[13] 巴伊亚的种植者专门生产扭花条烟或卷制烟草，他们采取了一种精细的加工过程，赋予烟草一种独特而甜美的芬芳。[14] 他们将烟草反复缠绕在一根结实的杆儿上，形成一个个球状物（rolos），同时将其浸泡在油和药草中，使之产生独特的香味，并且还添加了一层绿色的薄膜。之所以如此，是因为它将被运往大洋彼岸，这层油膜有助于更好地保存烟草。[15]

在整个 18 世纪，欧洲统治者及其使节经常将上好的巴西鼻烟和欧洲鼻烟壶作为礼物赠送给清朝皇帝。[16] 罗马教廷官员肩负扩大教皇对中国天主教徒的权威、并控制北京耶稣会传教士的使命，当他们在 1705—1706 年和 1720 年来华时，都给康熙带来了巴西鼻烟和威尼斯制造的鼻烟壶。1725 年，为恭贺雍正登基，教宗本笃十三世（Pope Benedict XIII）从罗马派出的第三个也是最后一个使团，带来了"11 个内嵌象牙的鼻烟盒；一对鼻烟罐和鼻烟壶等休闲用品"。使节还携带了 50 罐"以巴西的方式制作，在那不勒斯生产的"鼻烟。[17] 在两年后的 1727 年，葡萄牙特使赠送了装有葡式鼻烟的雕花水晶瓶，以及分别在巴黎和伦敦制造的鼻烟盒。[18] 荷兰使节伊萨克·蒂进（Isaac Titsingh，1745—1812 年）在 1797 年至 1798 年向中国皇帝赠送了黄金和琥珀鼻烟壶，并向诸位大臣赠送了巴西烟草，在 18 世纪末，巴西鼻烟和欧洲鼻烟壶在清朝皇室中依然非常流行。[19]

在葡式鼻烟和其他用巴西烟草制成的优质鼻烟受到清廷成员喜爱的同时，其他欧洲国家，特别是西班牙和法国制造的鼻烟也受到青睐。作为帆船贸易的组成部分，西班牙鼻烟可能从美洲的西班牙殖民地跨越太平洋，通过马尼拉进入中国。[20] 法国鼻烟装在印有法国王室纹章的包装中出口到中国。18 世纪，北京的鼻烟店曾一度将这个符号作为他们的标志。[21] 外国鼻烟的早期经销商，其中许多是罗马天主教徒，据说在北京发了大财。[22]

17 世纪末，一些用兖州（山东）种植的烟草，在北京皇家造办处制作的国产鼻烟开始出现。[23] 王士禛等人率先注意到"鼻烟"的本土生产：

> 近京师又有制为鼻烟者，云可明目，尤有辟疫之功……瓶之形象，种种不一，颜色亦具红紫黄白黑绿诸色，白如水晶，红如火齐，极可爱玩。以象齿为匙，就鼻嗅之，还纳于瓶。皆内府制造，民间亦或仿而为之，终不及。[24]

据说雍正帝和乾隆帝都喜爱皇宫造办处制作的一种鼻烟，这种鼻烟是根据现已失传的独特配方制作的。[25] 广州的皇家造办处从 18 世纪开始制作各种各样的鼻烟壶,可能也在那时开始生产鼻烟。[26] 当然,到乾隆时期,广东已经成为国产鼻烟的一个重要产地,李调园(1734—1803)居住在该省时所写的笔记证实了这一点。[27] 四川某些地区因鼻烟而闻名,江苏和浙江也生产鼻烟。

  比起国产鼻烟,北京的许多高官似乎确实更喜欢外国鼻烟。欧洲所产鼻烟的香味与国产鼻烟相比可能有明显的差异,但异国情调的诱惑也可能发挥了作用。虽然中国的鼻烟壶制作精美,但国产鼻烟本身与精加工的欧式鼻烟相比就显得平淡无奇。中国鼻烟经销商仅将干烟叶在研钵中捣成细粉,然后将之筛几遍。他们随后往粉末撒上"鲜花和香料"便可即刻使用。[28] 欧洲也使用这种技术生产简单而廉价的鼻烟品种。然而,对于高端产品,制造商会花费更多时间和精力。烟叶先用油和草药反复浸裹,并固化成绞绳状或烟叶卷,然后被研磨成细粉;再将粉碎的烟草用醋和酒精的混合物反复湿润或者煮沸,以促使其成熟;最后加入调味品和香料。各种各样的鼻烟以这种方式生产出来,每种都有一个表示其起源和成分的名字。因此,"西班牙烟"(*tabac d'Espange*)呈红色,散发着灵猫香、麝香和丁香的味道,而"蓬吉本烟"(*tabac de Pongibon*)呈黄色、充满麝香味,并用蔗糖、橙花和茉莉花增加甜味。[29] 制作优质鼻烟可能需要花费几周。最好或最贵的鼻烟则要贮藏几年甚至几十年。对于真正的鉴赏家来说,发酵的过程越长越好。

  即使鼻烟开始在中国本土制作以后,也依然保持着与外部世界的联系。事实上,正如米华健(James Millward)所指出的那样,清代鼻烟和鼻烟壶文化展现出一种"生机勃勃的世界主义"。鼻烟壶在材料、技术和题材上不拘一格、兼容并蓄,它们本身"通常明确彰显着外来特质"。[30] 来自新疆山脉和沙漠的和田玉;来自日本海的珊瑚;来自缅甸的翡翠和琥珀;在金、铜和玻璃上绘制的珐琅(向瑞士和法国耶稣会士学习的一种技术);来自南亚和非洲的象牙;来自波罗的海的琥珀,以及玻璃、瓷器、竹子、漆器等,都被巧妙地制成了被称为鼻烟壶的掌上物件。

[31] 一些鼻烟壶描绘了欧洲主题：金发妇女和孩子、外国水手、戴着三角帽的上流子弟，以及连同乡村宅邸的田园风光。[32] 其他的鼻烟壶则复制了欧洲钟表的外壳，那是另一种在18世纪中国精英中非常流行的舶来品。[33]

关于鼻烟，清代的著作实事求是地将之描述为一种从海外进口的产品。例如，康发祥（18世纪）的《鼻烟歌》突显了它的外来起源。他大段赞颂用缅甸玉制成的鼻烟壶、通过"或翻沧海探（珊瑚）"而制成的珊瑚鼻烟壶，以及用中国漆器和陶瓷精心制作的鼻烟壶，接着转而论述鼻烟自身的品质：

> 奇草绝异淡巴菰，
> 妙药亦非押不芦。[34]
> 乃是海外烟之殊，
> 中邦不产外国输。
> 论功与我通血脉，
> 鼻观栩栩神苏苏。[35]

在曹雪芹（1715？—1763年）的名著《石头记》中有这样一段情节，当主角贾宝玉试图帮他的一个丫鬟从感冒中恢复过来时，突显了鼻烟和鼻烟盒的异国情调："宝玉便命麝月：'取鼻烟来，给她嗅些，痛打几个喷嚏，就通了关窍。'麝月果真去取了一个金镶双扣金星玻璃的一个扁盒来，递与宝玉。宝玉便揭翻盒扇，里面有西洋珐琅的黄发赤身女子，两肋又有肉翅，里面盛着些真正汪恰洋烟。"[36] 故事仍在继续，生病的晴雯嗅入鼻烟，宝玉认为，一旦她开始用西洋药，不妨"越性尽用西洋药治一治"。他派麝月到一个邻居那儿要一些"那西洋贴头疼的膏子药"。

将鼻烟与欧洲人联系起来不止是一种文学手法，而是有一定的事实基础。在18世纪的大部分时间里，在宝玉（和作者曹雪芹）所属的上流圈子里传播的品质最高的鼻烟依然源自美洲种植的烟草,并在欧洲制造。其中大多数都是通过葡萄牙皇家烟草专卖公司(the Royal Portuguese Tobacco Monopoly)在果阿的办事机构——烟草审议会(the Junta do Tabaco)的代理,经由澳门进入中国。[37]葡萄牙人相信中国拥有巴西烟草的巨大市场,他们试图将烟草出口扩展至澳门,从1712年开始在广州销售。[38]当时烟草在中国已经成为一种被广泛接受的作物,所以葡萄牙人的计划没有取得多少成效,但有一个重要的例外:虽然进口旱烟完全没有市场,但对于优质鼻烟,尤其是葡萄牙制造的鼻烟,需求虽少但在不断增长。1716年澳门总督估计,巴西烟草在澳门的年度销售量仅为200磅,到1720年,该数额增长到2000磅左右,其中一半以上是葡式鼻烟。[39]虽然这些进口的数额不大,但利润却相当高。在澳门销售巴西鼻烟的收入被用于购买黄金,而黄金则反过来被用于在果阿购买高利润的商品(如胡椒),然后在里斯本出售。乔治·索萨(George Souza)指出,1720年从果阿出口到中国的巴西烟草是从里斯本运往果阿的烟草的十分之一或更少。尽管如此,但那一年在华销售鼻烟所产生的收入却是鼻烟在果阿收入的五分之一。[40]虽然葡式鼻烟的进口量非常少,但这种利益最大化也值得让葡萄牙人在18世纪继续将巴西烟草产品运往澳门。最初这样的运输极不规律,但从1758年开始,葡式鼻烟每年都运到澳门。葡萄牙对华进口巴西烟草一直延续到19世纪,但数量在1822—1823年巴西独立战争后大幅下滑。[41]

　　进口到澳门的巴西鼻烟被出售或赠送给广州的清朝官员,或者作为礼物赠送给皇帝。例如,1719年,澳门议事厅通过该渠道向康熙皇帝送出了48瓶葡式鼻烟。[42]1721年,议事厅向清廷发送鼻烟,其中包括顶级"飞烟"和次优级的"豆烟"。[43]根据《澳门纪略》,这种"豆烟""鸭头绿色",可能指的是巴西烟辫浅绿的色泽。澳门议事厅每年交地租时,也经常加入葡式鼻烟和其他礼物。最终这些礼物被视为理所应得的,因此每年澳门议事厅的长官都必须将烟草和鼻烟的年度配额发送给香山知县,再由他运送至北京。[44]

除了为皇室提供必要的鼻烟，葡萄牙人为了促进在广州的贸易，还向许多广东官员赠送葡式鼻烟。[45] 作为一种来自远方、价值高昂的物品，葡式鼻烟是达成此目的的绝佳商品。葡式鼻烟不仅轻盈、便携，而且新奇、罕见，可以送给官员，以便获得参加广州年度集市的贸易许可。在18世纪，官员个人转而将成瓶甚至成箱的进口巴西鼻烟作为私人贡品，呈送给康熙、雍正和乾隆皇帝。[46]

旱烟从地理和社会边缘向上、向内渗透，逐渐被各个社会群体广泛消费，而与之不同的是，鼻烟主要通过外交渠道进入中国，而且最初仅在与政治中心有联系的人中间传播。因此，鼻烟作为一种罕见的上流社会烟草消费模式，在清代保持了特殊的社会地位。虽然并没有禁奢法令将鼻烟消费限制于北京的统治精英或与皇室有关系的人，但它的稀少有效地使之成为一种受限商品，最初只被社会最高等级的人使用。然而，久而久之，嗅鼻烟的习俗和外国鼻烟的用途通过清代礼品经济，从北京扩散至江南和岭南地区的世界主义都市精英。在广州，清朝广元、公行商人和外国贸易商之间的接触，促使进口鼻烟脱离外交和朝贡关系的轨道，作为一种可以买卖的商品在整个精英社会更为广泛地传播。

向下渗透的鼻烟

皇帝接受了欧洲外交官、皇家造办处或在广东任职官员的鼻烟，转而将之纳入复杂的馈赠体制，赠送给皇亲国戚、高级官员、艺术和文学名家，以及外国使节，而这个馈赠体制则充当了中华帝国晚期科层化社会和政治关系的润滑剂。中国与邻国的关系以朝贡制度为特征，而一些鼻烟就作为朝贡制度的组成部分被重新分配给亚洲王室。[47] 在此我所关注的是，康熙皇帝在18世纪初巡游江南地区期间，开始将鼻烟赠送给众多汉族官员，这对鼻烟的向下社会传播更为重要。一次这样的馈赠就发生在康熙和他的老师高士奇（1645—1703年）之间。1703年高士奇退休时，康熙送给他两只鼻烟壶（其中一只是他自己的）和一罐外国鼻烟。[48] 同年康熙还将一只玻璃鼻烟壶和进口鼻烟赠送给了王浩（1703年进士），并在1705年巡游苏州时，送给宋荦两只洒金蓝玻璃鼻烟壶。[49] 这样的礼物馈赠在雍正皇帝统治下继续进行，并在乾隆时期大大扩张：1755年皇家造办处为乾隆提供了五百只鼻烟壶，用作乾隆皇帝旅居热河（承德）时的礼物（主要赠送给协助打击准格尔部的蒙古盟友）。[50]

高级官员又转而将进口鼻烟和制作精美的鼻烟壶送给他们的门客和友人。17世纪著名的艺术家石涛（1642—1707年）接受委托，为高士奇、王士祯和其他与朝廷有关联的名人画像，据说他有一个用人的头骨制成的鼻烟盒，可能是皇帝本人送给他的。[51] 其他社会地位较低的人也从皇室成员或者士大夫阶层的主顾那里收到作为礼物的鼻烟容器。1757年乾隆第二次南巡期间，据说他的母亲就向江苏淮安府的惠济祠赠送了一只鼻烟壶。[52] 朱履中（18世纪）是《淡巴菰百咏》的编纂者，提到他在京城获得不同类型的鼻烟壶，准备回家后送给两位不同社会背景的知己："郎瓶火齐妾玻璃"。[53] 因此，这种交换不仅是18世纪上流社会外交、宫廷和旗人生活的重要组成部分，同时也开启了鼻烟鉴赏从帝国中心到各个省份向外和向下传播的进程。

虽然上等鼻烟最初是作为礼品在清朝精英的上层流通，但随着时间的推移，它逐渐开始进入市场经济。这首先发生在广州。作为1760年以后所有欧美商品入境的港口，广州在接下来的十年不但成为国际贸易的重要节点，而且还成为包括鼻烟文化在内的学术和艺术的中心。吸鼻烟在那时已经被广泛视为一种比抽旱烟更为高雅的烟草消费模式，对渴望进入士大夫阶层的富裕行商颇具吸引力。不论是作为礼物还是通过买卖，他们能通过与外国人的交往获得高品质的鼻烟，转而再将这种稀有的商品送给清朝官员或当地的文化精英。正是这种商人、学者和官员的联系导致19世纪进口鼻烟在其他城市地区变得更加普及。

面对这种奢侈品在广州形成的狭小缝隙市场，葡萄牙皇家烟草专卖公司从众多的欧洲生产商中脱颖而出，成为了最大赢家。[54] 这在一定程度上是由于葡萄牙凭借其在澳门殖民地的近水之利，享有优于西班牙或法国皇家烟草垄断公司的有利条件。更为重要的是，中国消费者偏爱巴西烟辫浓烈的甜味，因此它无论在权力的殿堂还是在市场上都受到欢迎。事实上，葡萄牙在鼻烟贸易中最大的竞争对手不是其他的皇家垄断公司，而是创业型的"国家贸易商"，尤其是英国人，他们完全绕过了皇家垄断制度，并从印度的苏拉特港口将烟草走私到华南地区。[55] 巴西种植烟草的很大一部分（可能多达一半），都转入了蓬勃发展的非法贸易，其网络遍布全球经济，包括果阿、印度和广州。巴伊亚的种植者往往依赖英国或荷兰的中间商将他们的烟草运往亚洲，葡萄牙的商业对手非常乐意提供这项服务。[56]

进口到中国的巴西鼻烟，无论是合法的还是非法的，都不可避免地要通过广州和行商之手。作为 1760 年以后皇帝授权与欧洲人进行贸易的独家代理商，这些商人处于可以获得高价鼻烟的独特地位，要么用于他们自己消费，要么送给地方名流或转售。行商将大部分名贵的外国鼻烟，与构成"歌咏"贸易主体的钟、表和机械玩具一起送给皇帝。但和欧洲钟表及其他类似物品一样，至少其中一些最终还是流入市场，在见多识广的华南城市居民中间更为广泛地流传。[57]

鼻烟的商业化好像在 18 世纪的最后二十年就开始了。当 18 世纪中叶欧洲的国家贸易商刚开始大批在广州停靠时，精英的鼻烟消费行为大体上还是避开别人视线的。有些人推断"中国人"根本不用鼻烟。瑞典的随船牧师彼得·奥斯贝克（Pehr [Peter] Osbeck，1723—1805 年）从 1750 年 8 月至 1751 年 1 月曾身居广州，他在与商人打交道时没有遇到任何吸鼻烟的人。他据此大胆地推断："他们[中国人]不把烟草切碎，而是吸自然形态的烟叶。嗅鼻烟和嚼烟草在他们当中还不流行。"[58] 他的评论表明，鼻烟在广州的商业精英中尚未普及。

当马戛尔尼勋爵在 18 世纪末（1793—1794 年）前往广州和北京

时，他发现鼻烟在华南流传得更加广泛，但在他及其秘书乔治·斯当东（George Staunton）爵士的记述中，这仍是一种大体上仅限于士大夫的习惯。马戛尔尼在他的日志上写道："他们[中国人]几乎都吸烟，并认为让对方吸一口自己的烟袋是一种问候。他们也嗅鼻烟（主要是巴西鼻烟），但量很小，不像英格兰人甚至我们的一些贵妇人通常那样大量使用。"[59] 斯当东进而详细描述了官员使用鼻烟的情况："中国人也吸入粉末状的烟草。几乎每个官员都用一个装饰性的小玻璃瓶来装鼻烟，他偶尔会倒一定量的鼻烟，相当于一小撮，在左手背的拇指和食指之间，他把鼻子凑近，一天吸上几次。"[60]

与这些18世纪的记述相比，19世纪初的欧洲旅行者更为频繁提及广州商业精英吸鼻烟的情况。1813年被聘为英国东印度公司的职员（后来成为第二任香港总督）的德庇时（John Francis Davis，1795—1890年）指出，他很少遇到没有鼻烟壶的中国商人。[61] 克拉克·阿裨尔（Clarke Abel）随阿美士德使团从广州到北京，将巴西鼻烟作为礼物和赏金随意分发给他旅途中遇到的所有人：

> 要不是我侥幸发现各阶层中国人都非常喜爱鼻烟的话，我将会为选择适当的礼品替代剪刀而困扰不已。小斯当东爵士将中国人非常喜欢的几瓶巴西鼻烟送给了我，在每次外出考察时，我总是将许多鼻烟包作小包，我发现他们愿意接受这些鼻烟作为他们为我提供帮助的令人满意和值得感激的酬劳。每当看到刚刚得到一包鼻烟者遭到其他人围攻时那种急切的样子，我就感到非常开心。纸包立即被打开了，从四面八方伸过来的手指很快将包中的鼻烟一抢而光。[62]①

---

① 译文引自：（英）阿裨尔著，刘海岩译：《中国旅行记1816—1817年阿美士德使团医官笔下的清代中国》，上海：上海古籍出版社，2012年版，第132—133页。——译者注

这段轶事表明,当阿神尔周游中国时(1816—1817 年),普通中国人已经对外国鼻烟有一定程度的了解。在奥斯贝克与阿神尔来华之间的这段时间里,鼻烟似乎在广州被越来越广泛地使用,或者至少对外国游客来说更加明显可见。

18 世纪 80 年代初在广州做生意的外国人也许有些乐观地认为这座城市对该产品的需求有所增加,因此相应提高了进口量。[63] 葡萄牙人在这项事业中一马当先,但其他国家的贸易商也立即奋起直追。从澳门向广州进口的鼻烟在 1781 年以后急剧增加。这在一定程度上是因为当年来自果阿的巴西鼻烟的年度货运量比预期的多。更重要的是,1767 年葡萄牙烟草审议会抬高价格,以致中国行商根本不愿购买多少,自此以后,澳门仓库里存储的鼻烟越积越多。1784 年葡萄牙烟草审议会同意以较低的价格出售积存的鼻烟,一时间所有储存的烟草,以及当年从果阿运来的货物突然都可以在广州市场上销售了。1786 年法国观察家埃尔弗兰杰(Helfflinger)先生也许见证了这次鼻烟从澳门的突然涌入,他指出进口巴西烟草是葡萄牙殖民地的主要活动之一。他还进一步敦促法国人效仿葡萄牙的先例,因为伊比利亚半岛的居民推测这样的贸易"对他们非常有利"。[64]

在 18 世纪 80 年代(在此之后,太平洋西北海獭皮毛和土耳其鸦片贸易的利润极高,导致所有其他货物对投资者的吸引力减弱),对中国贸易还不熟悉的美国人在几次航行中,将切萨皮克鼻烟运到广州。小型的 85 吨单桅帆船"实验号"是第二艘从美国直接航行到广州的船,将四桶"最好的苏格兰鼻烟"与它主要货物花旗参一起运往广州。[65]"实验号"在 1786 年夏天抵达广州时,花旗参价格大幅下跌,认购者仅得到他们最初投资 8% 的利润(这与最初"中国皇后号"的认购者赚取 25% 到 30% 的利润形成鲜明对比)。购买"实验号"货物的行商陈祖官只花了 100 美元,就买到了全部 1078 磅鼻烟,而这些鼻烟花费了货主 305 美元,在广州销售一桶烟草只能卖到纽约价钱的一半。看来有可能在"实验号"卸载货物时,外国鼻烟市场已经饱和了,用切萨皮克烟草制成的苏格兰鼻烟没有给那些习惯于巴西产品的人留下深刻的印象；也可能陈祖官是一个拼命杀价的精明商人。不过，美国烟草和鼻烟继续包含在美国船只的货物中：1789年前往广州的"阿斯特蕾号"运载了一千多瓶鼻烟和552磅烟草制品。[66]美国人打算至少将其中一些鼻烟作为促进商业交易的礼物，送给他们在广东行商中的新伙伴。

行商可能是在士大夫以外最早参与清代鼻烟鉴赏文化的人群。像一个世纪以前的扬州盐商一样，行商名义上的社会地位低于岭南的学术精英，尽管如此，他们仍然充当了当地广东学者和艺术家的赞助人和主顾，与此同时，他们也力图使自己具备士大夫身份的外部特征。[67]吸鼻烟和交换鼻烟壶似乎是他们很容易挪用的士大夫生活方式的一个方面。19世纪初在港口工作的商业肖像艺术家描绘将鼻烟壶拿在手中的商人和"文人"。[68]虽然我们不能肯定这些绘画中描绘的男人实际上是否使用鼻烟，但我们可以推断，他们坐着画像时选择手持的鼻烟容器意在标志他们进入了文化精英的行列。

到19世纪中叶，因为商业供应大大增加，讲究时尚的广州消费者不再需要通过政治关系来获得进口鼻烟。1858年签署《天津条约》时，外国鼻烟是唯一在第二次鸦片战争期间（1856—1860年）确定特别关税税率的烟草制品，这表明其价值对于签署国（美国、法国和俄国）都非常重要，足以将之单独列出。[69]最终越来越多的外国商人涉足鼻烟业务，而商业鼻烟的供应量也随之增加。[70]当时任何手头有点钱的人都可以买到来自巴西、古巴、菲律宾或欧洲的多种多样的鼻烟。

尽管19世纪鼻烟向下渗透到普通消费者的程度尚不清楚，但是这一趋势已经成为时人议论的话题。《秋荫杂记》的作者沈豫（1779—1851年）曾有些夸张地指出："鼻烟壶起于本朝，其始止行八旗并士大夫。近日贩夫牧竖，无不握此。"[71]虽然"牧竖"似乎不太可能享用进口鼻烟，但许多零售商、小商人，以及低级官员却的确享用了。

关于19世纪鼻烟普及化更为具体的证据来自鼻烟容器自身的历史。

现存道光和嘉庆年间制作鼻烟壶的绝对数量表明，1800 年以后鼻烟的生产规模有所扩大。此外，自嘉庆时期以来，鼻烟壶开始用较为普遍和廉价的材料制作。18 世纪，皇家造办处生产精美的玻璃、玉石和彩绘鼻烟壶，而在 19 世纪，数量最多的是瓷瓶，尤其是大量生产、价格低廉的饰以青花白釉的瓷瓶。[72]

嘉庆和道光时期的绝大多数瓷器鼻烟壶都相当简单，这表明它们是为日常使用而制作的。[73] 这也表明了在 19 世纪初鼻烟的全盛期中国对粉末状烟草的广泛需求。诚然，吸鼻烟仍然主要局限于北京、广州和江南地区城市中的精英消费者，如果与其他地区消费模式的特征——对国产旱烟的更大需求相比，这些地区鼻烟的消费量也是微不足道的。古伯察（Evariste-Régis Huc）强调了烟草消费模式中的这一地区和社会差异，他指出："中国吸鼻烟的人少于吸旱烟的人；粉末状烟草……人们很少吸食它，仅限于满人、蒙古人和汉人士大夫使用。满人是真正的烟草行家，鼻烟对他们来说是必不可少的物件。相反地，对于汉人贵族来说，这只是一个奢侈品……北京仍然是鼻烟爱好者的圣地。"[74] 尽管如此，与 18 世纪的情况相比，吸鼻烟在 19 世纪初显然在整个帝国传播得更加广泛，并且进一步向社会下层普及。

清代出版史也印证了鼻烟的普及。关于鼻烟鉴赏的书籍在 19 世纪下半叶才开始出现。这类文本在形式上和内容上都类似于一个世纪以前出现的关于抽烟袋的手册，它的生产明确表明，外行对自己所了解的吸鼻烟的美学和方式没有十足的把握，于是他们想从这些商业化的指南中寻求建议。最早出版的是赵之谦关于鼻烟和鼻烟壶的权威综合专著《勇庐闲诘》。《勇庐闲诘》写于 1864 年至 1880 年间，最早于 1880 年出现在赵之谦的一本文集中。[75] 随后于 1889 年出版了周继煦的《勇庐闲诘评语》和几种类似的文本。[76]

像陆耀更早的旱烟目录一样，这些文章的主要目的在于形成一种习俗，使高雅的鼻烟消费区别于较为粗俗的形式。完成第一本此类指南之时，作者赵之谦（1829—1884年）本人刚获得士大夫阶层的地位不久。他来自一个浙江的商人家庭，于1859年考取了举人并进入帝国的官僚机构，在江西各地担任知县。[77] 赵之谦显然是一个鼻烟爱好者，鄙视那些不了解其精妙或历史却涉足鼻烟文化的人。在他的手册中，他不满于争论哪类玉石应该受到最高评价的"达官巨商"。[78] 赵之谦哀叹对此问题的研究付之阙如，并批判了19世纪对鼻烟壶设计的创新，抱怨当前爱好窄口瓶的风尚是"尽易前法，俗士寡闻。据以置辨，皆目论也"。[79]

对赵之谦而言，19世纪鼻烟文化的真正问题在于它吸引了少数精英士大夫以外更广泛的消费者。在他看来，真正的鉴赏在其本质上是精英主义的，因此超越了平民百姓的理解能力（或者财力）。在一段文字中，赵之谦赞美了一套非常昂贵的鼻烟壶的优良品质，并认为其主要优点在于普通消费者对之无法企及："京师有云十三太保者。每篚十三蜡，或方或三角，乃最佳者。同治辛未，偶见之。索值大昂，非婆人所敢过问也。"同样地，赵之谦解释说，商店里无法买到古董鼻烟壶中的真正珍品，反而可以在"故家巨族"的传家宝中看到它们。[80]

赵之谦的文本主要解释了什么是最上乘或最优质的鼻烟，以及什么样的鼻烟壶属于最珍贵的种类。在这方面，这本书凭借其精英主义的虚张声势，对于那些出身更低微，希望涉足鼻烟文化，但不一定了解最高雅做法的那些人而言，成为一本入门书。例如，对于那些可能被市场上众多档次的鼻烟弄糊涂的读者，赵之谦建议他们就像区分官职一样辨别"九品"："书中上而已止。出其下者，固实繁有徒也，姓名碌碌有难记。"[81]

这段文字论述了讲究时尚的消费者的焦虑，他们试图通过展示精美的物品，而不是通过学术成就来超越平庸，后者是19世纪许多地位较低的士绅的唯一选择。由于人口迅速增长而官员职位的数量不变，许多来自像赵之谦这样家庭的男性，虽然有钱也接受了教育，但由于没有功名，无法进入官员的行列。赵之谦手册的读者虽然可以买到他所推荐的昂贵鼻烟，但不一定拥有与传统使用鼻烟的那些人同样高的地位。因此，赵之谦的手册和类似的这种指南表明,吸鼻烟的范围扩大了,而且已向社会下层渗透。鼻烟现在是一种常见的日常奢侈品,任何有意愿并有能力购买的人都可以拥有。

到19世纪末,与旱烟一样,中国大城市里可以买到的进口鼻烟种类也千差万别。中国生产的廉价鼻烟满足了"最贫困阶级"的需要,而来自法国、奥地利、德国和意大利的鼻烟则处于中等价位。最昂贵的鼻烟继续由葡萄牙和西班牙贸易商进口,但当时这些产品来自古巴或菲律宾,而不是巴西。波斯贸易商在中国销售用波斯、阿拉伯和印度种植的烟草制成的鼻烟。英国公司也"大量地"销售鼻烟,但至少根据试图加入这项贸易的美国企业家的说法,美国制造的鼻烟"几乎被排斥在市场之外"。[82]

在赵之谦等中国鉴赏家的眼(或鼻)中,这些来自偏远地区的新品种根本达不到经典巴西产葡式鼻烟的标准。用轮船运输上好的鼻烟("又炭湿气之积"),还搭载诸如"出其布帛铅锡皮革,皆类羊臭"的物品,赵之谦为此感到不悦。"鼻烟无是也,"他哀叹道,"如往如复,而浮游乎清虚之表也"。19世纪一个受过良好教育的商人之子对往昔外国鼻烟的怀旧之情,不仅揭示了鸦片战争后对欧美商品与日俱增的敌对态度,而且突显了进口烟草对于18世纪精英的(和想要成为精英的)中国鼻烟消费者的价值和意义。这样的舶来品在数量上可能永远不会很大,但是它们在的小圈子里有限的流通,使之成为那些立志加入精英群体的人非常渴望得到的奢侈消费品。

虽然吸鼻烟的习惯在19世纪变得更为普遍,但在随同清王朝一起衰亡以前,它无论如何还是比较高档。19世纪的商人和下层士绅分享了鼻烟文化,但农民和劳工却没有。尽管如此,鼻烟在小市民和下层士绅中的普及却令江南和岭南的精英鉴赏家对之愈发不满。于是到19世纪末,吸鼻烟的习惯再次向北方和内地退缩。[83]鼻烟早在1894年就已经落伍了,正如一名外国观察者所指出的:"今天的社交聚会上很少供应鼻烟——它不再是时尚。如今每个吸鼻烟的人都会携带自己的个人用品,但在私人晚宴、男性聚会和使馆仪式上，依然能看到鼻烟的踪影。"[84]

到 20 世纪初，鼻烟消费不再是精英地位的标志，而是几乎完全与特定族群联系在一起，尤其是满人和蒙古人。[85] 若干鼻烟制造商（大约五六个）直到民国时期仍在北京经营。最有名的还是天蕙斋，每年生产 30 万至 40 万斤（40 万至 53 万磅）鼻烟。然而，其中只有 5% 在北京销售。大部分都运往内蒙古、西藏或青海。对于许多北京居民而言，鼻烟已经完全过时了，仅剩京剧演员、前清遗臣，以及"守旧的老人"在使用。[86] 到 20 世纪 30 年代，每年估计有 12 亿磅的烟草消费，其中只有 1% 是鼻烟，而 80% 的烟草消费延续了旱烟的形式。[87] 民国时期，中国社会、文化和政治精英中的烟草消费者完全拒绝了鼻烟，而是倾向于用一种新形式——进口品牌卷烟标志他们在生活中的优越地位。

乡绅的水烟袋

18 世纪和 19 世纪初，上流精英中兴起了吸食独特"水烟"的时尚潮流。水烟最初于 17 世纪从伊斯兰世界和印度洋地区进口到中国，后来主要在甘肃和福建西部生产（参见第二章）。与吸鼻烟一样，水烟消费也始于社会上层，只是逐渐向下渗透到更广泛的顾客群体。然而，鼻烟始终主要局限在少数城市，水烟则截然不同，在全国各地都广泛传播。一旦水烟成为时尚，不同品种和来源的昂贵水烟就在中国的大城市乃至在乡绅中间开始流传。通过水烟袋的管道吸入的特制烟草具有清凉、顺滑的烟气，对南方文人和上流妇女特别有吸引力，这在一定程度上是出于前章所述的医学理由。然而，地位和阶级也发挥了重要作用，因为水烟袋被认为比长烟袋更为高雅。事实上，在清代的最后一个世纪，水烟袋是乡绅悠闲生活的经典象征。最终，由于城市精英抛弃了鼻烟和旱烟，而青睐于机制卷烟，水烟袋几乎完全成为一种乡村特有的事物，直到 20 世纪还存在于中国的许多地区。

尽管中国人最初采用了来自印度或中东的水烟袋，但他们最终发展出一种独特的形式，比其他地方发现的水烟袋更小巧，而且更便于携带。[88] 最早的中国水烟袋可以追溯到乾隆时期，带有修长的烟柄，是合金（白银、青铜或黄铜）的整体（一体式）铸件。烟袋底部的水斗被铸造成锥形。一些烟袋用漆器或镶金的烟嘴装饰，或者在烟袋侧面附有小型烟草容器。[89] 18 世纪的烟袋如今极为罕见，这表明当时的使用相当有限。乾隆时期鲜有用廉价材料制成的水烟袋，这表明此类用具很可能只来自那些非常富裕或社会地位较高的人。

到 19 世纪初，使用水烟袋的人数明显增加。在嘉庆和道光时期，水烟（尤其是在兰州附近种植的水烟）成为世界主义都市精英的一种时尚。兰州烟草是由来自陕西中东部的同州府和朝邑县的商人专门经营的，他们在 19 世纪初就开始将"青条烟"作为一种防治流行病的药剂，向北京、天津和长江中游地区城市的顾客积极推销。[90] 在嘉庆和道光时期的政治精英，特别是住在避暑胜地承德的那些人当中，青条烟极受欢迎。1817 年，将水烟从甘肃带到承德的商人过多，以致嘉庆皇帝颁布了一道法令警告他们，如果他们想方设法在避暑胜地销售商品，就会被当作游民遭到逮捕。[91] 嘉庆皇帝还要求在甘肃任职的官员敦促那里的农民将烟田还耕为粮田。至少有一位官员梁章钜（1775—1849 年）报告说，虽然他试图"屡次申兰州水烟之禁"，但有些人却建议他不要这样做，他们认为这样做会减少农民的收益，因为在一个"土地硗瘠"的地方种粮食非常困难。[92]

人们对兰州烟草的狂热促进了水烟袋的创新，他们开始用各种材料（镍、锌、铜和竹）制作比较便宜的水烟袋。正是在这个时期，中国水烟袋演变成的手持物件，通常被视为经典的中国设计。与长柄的"旱"烟袋和鼻烟壶一样，水烟袋的生产时间、所用的制作材料和形式，都可靠地反映了其所有者的经济和社会地位。一些烟袋制作精美，精致地刻有书法，或饰以景泰蓝，抑或镶有象牙。此类用作礼物赠送或在家展示的烟袋，通常刻有委托制作烟袋的顾客和接受委托的工匠的名字。其他为广大市场生产的烟袋仅标有工匠的名字和标识，以及一份承诺，用于确保制造烟袋所用特殊金属类型的真实性。还有一些烟袋印有特定城市的名称，这种方式让人想起当代的纪念品。

中国水烟袋是珍贵的个人财产，但经常被集体分享。不太富裕的家庭通常拥有一个烟袋，家里所有的吸烟者共同使用，而较为富裕的消费者可能有供本人使用的烟袋，还有其他供客人使用的烟袋。用玉石、螺钿、犄角或琥珀制成的烟嘴可以拆卸下来，所以烟袋可以在家庭成员、亲戚、朋友、熟人或票友中间安全地传递。[93] 例如，19世纪初在扬州引领时尚的人士在街上走动时，会炫耀别在腰带上的时髦水烟袋和玉烟嘴。[94]

与长烟袋相比，水烟袋在外出时不太方便使用。虽然有可以装在袋中的袖珍烟袋，但其尺寸一般约为27厘米高，374克重。[95] 此外，水烟袋需要清凉洁净的水，这在旅途中不一定能找得到。由于水烟袋具有相对固定的特性，而且它们产生的烟气比较凉爽，因而受到特定人群的偏爱，尤其是上流妇女、南方文人，以及老年人。这些人更多地待在家里或书房，这时必要的行头都近在咫尺。尽管无法了解中国精英妇女喜爱水烟的程度，但大约在1800年以后，似乎她们通常都喜欢使用水烟袋。图像证据表明，无论高级妓女，还是体面的上流妇女，拥有并使用这种器具都被认为相当正常。例如，19世纪末的报纸印刷品就经常描绘手持水烟袋的妇女。[96] 19世纪下半叶，在为中国条约口岸的妇女拍摄的许多肖像摄影中，水烟袋（与茶杯和鲜花一起）通常被用作道具（参见图6）。[97]

水烟袋频繁出现在19世纪上流社会男性和女性的肖像照中，这无疑表明男人也使用水烟袋。事实上，维珍纳·蒂瑞丝详细分析了这些肖像，她认为纳入这些物品主要是为了彰显阶级和地位，而不是性别。根据蒂瑞丝的分析，中国沿海地区的肖像画家以非常相似的方式使用这种物件，并应客户的要求这样做。许多肖像画根据雇主的委托将水烟袋包含其中，这标志着主顾出身高贵，正如鼻烟壶对于前一代肖像模特的象征意义一样。

图 6:"中国淑女"。中国历史明信片项目(图像编号:cn00002);维珍纳·蒂瑞丝(Régine Thiriez),编辑主任。经允许使用

129　　水烟袋普遍出现在晚清时期的照片中,这表明水烟袋在 19 世纪逐渐成为更多社会阶层可以企及的物品。[98] 太平天国运动(1850—1864 年)以后,特别是从 1891 至 1921 年,兰州烟草业大幅扩张,以致出现了一个甘肃水烟名副其实的全国市场。只有顶尖精英以外的经济阶层的需求扩大,这种发展才会产生。从前,同州和朝邑的商人将青条烟运往华北的城市,并沿汉江运到汉口,现在他们将之运往全国各地。[99] 西安附近的泾阳县是"同朝帮"向江苏、浙江、湖广、广东和华北的乡镇和城市再分配

的批发中心。与前几个世纪的其他优质地方烟草一样，最重要的市场是长江下游地区的城市和乡镇。在清末民初时期，仅在上海就有9家专门经营兰州烟草的商号，南通也有5家，苏州则有4家。到19世纪末，兰州约八十家家族经营的烟草加工企业向全国，甚至海外主要的城市市场，运送了大约920万斤（六千多吨）兰州烟草。[100]

到20世纪初，当卷烟开始取代其他形式的烟草时，水烟在许多中国乡村和沿海城市依然被广泛消费。然而，在民国时期，城市居民开始将水烟作为落后和"封建"的标志加以排斥，而更喜欢"现代"的机制卷烟。然而，农村居民和那些生活在中小乡镇的人继续使用经典的"水烟"。这种消费模式在一些农村地区一直持续到20世纪50年代，但在土地改革、"大跃进"运动和"文化大革命"之后，这种习俗伴随旧地主阶级一起基本上消失了。

1750年至1900年的烟草消费史揭示了，存在于中国特定地区的部分人群中的一种烟草时尚消费的冲动。在葡萄牙使节和天主教传教士使社会和政治精英了解欧洲吸鼻烟的风尚之后，抽烟袋越来越被视为是粗俗的。而外国鼻烟却在北京统治精英、江南文人和广州的富裕行商中间成为时尚。在18世纪的大部分时间里，只有政界和商界的少数权贵可以获得产自巴西、并在葡萄牙加工的进口鼻烟，他们对这种稀有的粉末状烟草极为青睐。同样，19世纪初，加工更为精细，并且仅在中国特定地区种植的水烟也在精英中变得颇受欢迎。

18世纪末进口鼻烟在北京和广州开始商业化流通后，商人和小市民阶层的一些人也开始吸鼻烟。在19世纪，水烟也开始走向更广阔的市场，成为精英中国妇女和乡绅首选的烟草形式。正当这些比较陈旧的烟草消费模式变得越来越普遍，同时也在一些城市精英眼中变得越来越粗俗时，机制卷烟开始出现。卷烟不仅现代、时尚，还可以通过广告和大众营销，轻易地塑造成体现人们地位，分为不同等级的品牌。它在民国的新兴智识阶层和具有企业家精神的商业阶层中，成为"老式"水烟和鼻烟的完美替代品。

不是每个人都为卷烟着迷。1944 年，杰出的现代作家吴组缃（1908—1994 年）将水烟袋和水烟视为一种独特的中国吸烟形式。[101] 在第八章将要详细探讨的一篇关于这个主题的长文中，他称赞"古代"中国人用水烟袋吸烟的习俗是中国独特的集体主义精神的体现，与吸卷烟的"外国"文化所代表的物质主义和个人主义形成了鲜明对比。事实上，中国水烟、鼻烟，甚至烟丝的历史表明，这些消费模式是相对近期的创新，不是从中国独特的文化传统产生的，而是清帝国与外部世界的持续互动的结果。在 18 和 19 世纪中国市场上流通的最优质的鼻烟来自遥远的巴西巴伊亚地区。独特的中国水烟是中国在两条边界参与对外贸易的产物：沿海的海上贸易世界，以及沿着不断扩张的西部边界与中亚、印度的贸易。即便是从 17 世纪开始在中国许多地区生产、本土化程度最高的烟草形式——中国"旱"烟，也在国际上进行交易。当一些精英青睐从日本或朝鲜进口的烟草时，18 世纪中国商人也将中国烟草运往东南亚、蒙古和西伯利亚，然后在 19 世纪将之卖给欧洲人，转口到更广阔的全球市场。当外国制造的雪茄和香烟在 19 世纪 80 年代和 90 年代开始进口时，它们轻而易举地融入高度发达的本土吸烟文化，这种文化对于适应来自遥远地方的新产品已经习以为常。

第六章　中国卷烟工业的兴起（1880—1937 年）

当 19 世纪末机制卷烟首先开始在中国条约口岸占有一席之地时，烟草消费已经风靡全国。这些城市与正在全球化的工业经济直接联系起来，就像 19 世纪 80 年代和 90 年代在世界其他地区卷烟开始取代传统烟草形式一样。在某些方面，卷烟在清末民初的日益流行代表了中国消费者喜好的显著变化，在新成立的跨国烟草公司瞄准的其他市场也是如此。卷烟在中国的非凡成功标志着中国的吸烟文化告别了手工制造的"本土"烟丝和鼻烟，而转向由外国公司机械化和标准化生产，并利用现代广告销售的大量卷烟产品。作为一种品质统一的品牌产品，全球化的卷烟以各种价位被包装和出售，深层渗入中国社会和文化，而且卷烟最终成为中国许多地区最常见的烟草消费形式。

在其他方面，卷烟在中国的历史只是对以前烟草生产、销售和消费模式的扩展。卷烟的机械化生产在中国当然是新鲜事物，正如在美国和其他地方一样。然而，让卷烟制造商受益良多的是，许多中国人本来就习惯于吸烟。已在一些地区显而易见的烟草消费时尚体系也有利于卷烟融入中国当地的消费文化。事实上，卷烟被纳入普通中国人日常生活的过程与早先鼻烟和水烟经历的过程并非截然不同。这些其他的高档烟草产品最初是社会上被禁止的商品，顺着社会经济等级逐渐向下渗漏。奢侈的卷烟也是如此，首先在居住于沿海地区的城市精明人中产生影响，然后再向下传播到较低的阶层，并且向内传播给内地的人们。到 20 世纪 30 年代，卷烟已经普遍存在于一些沿海城市的所有阶层，并被许多内地社区的经济精英广泛接受。

将工业卷烟引进中国地方市场的最大推动力量无疑是庞大的英美烟草公司（BAT）。凭借强大的生产能力和可以将产品分销到中国许多地区村庄层面的销售系统，英美烟草公司在华销售卷烟的能力是无与伦比的。[1] 正如高家龙（Sherman Cochran）所指出的，中国商人、企业家和工业家通过充当英美烟草公司的销售代理，或者通过创立与之竞争的公司来迎合市场上外国公司未能完全满足的消费需求。如果没有注意到这些，现代卷烟在20世纪中国的历史就是不完整的。[2] 从1905年至20世纪30年代，中国的民族主义不断高涨，抵制洋货运动一再出现，在此背景下，以南洋兄弟烟草公司为代表的一些中国卷烟公司得以建立起消费者对其"国货"产品的忠诚度。华成烟草公司和利兴烟厂等其他公司，通过将其品牌定位于不同地区的特定社会群体，例如上海新兴的专业工薪阶层、小市民和工厂工人，或者长江沿岸的码头工人和船工，来巩固他们的消费基础。

1925年以后，出现了成千上万生产手工卷烟的小作坊。它们相比于现代工厂，更类似于清代加工烟草的工场。英美烟草公司、南洋兄弟烟草公司和规模较大的中国机械化卷烟企业全都面临来自这些独立创业者的竞争。这些本地经营者和他们以女性为主的劳动力创造的"名牌"卷烟，虽然是手工制造的，但都高度标准化，具有工厂机械生产的质量。这种在小城镇或城市以一种"传统"方式生产的卷烟，复制了一种通常与西方联系在一起的"现代"商品。因此，卷烟体现了20世纪中国消费文化的复杂性和矛盾性：既不是完全新的，也不是完全旧的；既不是纯粹的外国工业舶来品，也不是纯粹的本土手工制品，中国卷烟是全球化和地方化之间、延续的传统和重塑中国烟草消费文化的新兴现代性之间动态互动的产物。

中国工业卷烟的起源（1882—1902年）

不论中外，卷烟现在主要和伴随工业化出现的现代全球化消费文化联系在一起。19世纪后期，新的卷烟生产和销售技术的发展促进了跨国烟草公司的建立和成长。这些公司广泛寻找新市场，试图将机制卷烟推广到全世界。然而，在包括亚洲一些地方在内的许多社会中，卷烟本身并不是新生事物。吸食包裹在树皮或树叶中的少量烟草，这种习惯首先是由中美洲和南美洲的印第安人开始的。大约从 1660 年起，在印度洋东部、印度尼西亚群岛和马来半岛都发现了自制的卷烟和雪茄（被称作 bungkus、bidis 或 shuruttus、cheroots）。[3] 17 世纪的西班牙人在美洲或东南亚遇到了这种消费模式，随后他们也开始吸食"papelates"（或 papalettes）——一种包裹在上好纸张中的烟草。在 19 世纪 30 年代，这些卷在纸中的烟草传入法国，在那里重新命名为卷烟。[4] 不久后法式卷烟开始出现在各种文化背景中，例如，19 世纪 40 年代出现于俄国和英格兰，19 世纪 50 年代出现于埃及，而大约在美国内战时期出现于美国。[5]

在两项关键性的技术创新——烘烤和机械化生产开启现代大规模销售卷烟的时代以前，预先卷好的卷烟仍是昂贵的奢侈品，专为富有的消费者生产。直到 19 世纪中叶，全世界各地的农民普遍将烟草晾干或晒干。这些加工方法不太可靠，使烟叶的质量差别很大。在 19 世纪 40 年代，弗吉尼亚州皮埃蒙特地区和北卡罗来纳州的沙质土壤造就了一种被称为"烤烟"的品种。这些地方的美国生产者开始利用烟道管加工他们的作物，这些烟道管将炉子产生的热量传递到烤房。新方法有利于更好地控制质量，并生产出更易于吸入的烟草。美国内战结束之后，北方的烟草公司开始将烤烟和已经用于手工卷烟的土耳其烟草混合，从而以更低的成本制造顶级卷烟。

自卷烟机在 19 世纪 80 年代发明之后，卷烟才在世界范围普及。这类产品首次出现于 1881 年，由詹姆斯·彭萨克（James Bonsack）开发。两年后的 1883 年，一家位于布里斯托的英国公司——惠尔斯公司（W.D. and H.O.Wills）开始用彭萨克的机器生产卷烟，第二年，美国烟草公司（ATC）的负责人詹姆斯·杜克（James Duke）邀请彭萨克在位于北卡罗来纳州达勒姆的工厂装置他的发明。[6] 最熟练的手工卷户每天可以生产大约 3000

支卷烟，而彭萨克卷烟机每天可以生产大约 12 万支。只要高效运转，该装置可以每分钟生产 200 支卷烟。

用标准化的美国和土耳其混合烟草填充的机制卷烟，生产成本仅为手工卷烟的一小部分，由此生产规模得以大规模扩张。在 19 世纪 80 年代和 90 年代，包括惠尔斯公司和美国烟草公司在内的英美两国的烟草公司，通过廉价多销的方式，将大量产品销售给中低收入的英美消费者。[7] 后来这两家公司和几家其他公司用这种非常成功的方法向海外市场的消费者销售统一质量的卷烟，其中就包括清帝国。

早在 19 世纪 80 年代工业生产的卷烟开始出现以前，手工卷烟就已经在一些沿海中国市场上流通了。早期进口卷烟的来源之一是马尼拉。在 18 世纪末和 19 世纪初，西班牙殖民地政府建立了由菲律宾烟草专卖局（成立于 1781 年）管理的雪茄和卷烟制造厂，但这些产品主要在菲律宾群岛以内销售，或者转运到墨西哥。19 世纪 20 年代和 30 年代，英国和美国的商人在吕宋建立自己的商号后，菲律宾烟叶和手工烟草制品开始出口到澳大利亚、加利福尼亚、新加坡、中国香港和华南以及西班牙的市场。[8] 在 1881 年废除殖民地烟草专卖之前不久，华菲混血和华侨商人也参与进来，利用吕宋北部种植的烟草制造雪茄和卷烟。[9] 这些产品被称为"吕宋烟"，主要在菲律宾销售，但有一些出口到中国或东南亚地区。在 19 世纪 30 年代和 50 年代广东画家关廷高（1809—?）创作的描绘吸雪茄男人的画作中可以看出，雪茄在 19 世纪中叶的一些广东纨绔子弟当中似乎已经成为一种时尚。[10] 一位长老会的医学传教士师惟善（Frederick Porter Smith）在 19 世纪 70 年代初报告说，许多广东人吸菲律宾制造的雪茄和卷烟。[11] 一位天津的居民张焘在 1884 年注意到，在旅居天津行商的广东商人中间，"仿效西人"吸食卷在纸张里烟叶的习惯相当流行。[12] 在 19 世纪 80 年代，从菲律宾进口的雪茄也开始在上海销售。[13]

在 19 世纪 70 年代和 80 年代，一些中国条约口岸的居民已经了解了手工卷制的雪茄和卷烟，在 19 世纪 90 年代初，外国公司才开始大规模地将机制卷烟进口到中国沿海城市。杜克的美国烟草公司是第一批在上海销售卷烟的公司之一,在 1890 年左右通过它在当地的经销商老晋隆洋行(Mustard and Company)销售其颇受欢迎的品海牌卷烟。[14] 1891 年,老晋隆洋行经营的一家小型工厂开始在上海生产卷烟。[15] 19 世纪 90 年代,英国的惠尔斯公司在上海也很活跃,通过其代理公发洋行(Rex and Company)销售它的老刀牌和红锡包。[16] 位于上海的几家英国和美国的商号也在 1890 年至 1902 年之间建立了卷烟制造厂。[17]

早期的中国卷烟生意并不是完全由英美商人经营的。位于京都的村井兄弟烟草公司是当时东亚最大的卷烟制造商,在三井贸易公司的支持下,从 1897 年开始在上海销售它的孔雀牌卷烟。[18] 一些与印度有联系的土耳其商人 1898 年在上海建立了泰培烟厂。这家公司不仅生产机制卷烟,还生产小型卷烟机,并出售给初创的中国公司。[19] 老巴夺公司(A. Lopato and Sons)是由修建中东铁路的俄国工程师在 1898 年建立的,此后不久就在哈尔滨的各国侨民聚居地建造了卷烟制造设施。[20] 与此同时,马尼拉的中外商号继续从菲律宾向华南城市进口雪茄和卷烟。

中国企业家也在 19 世纪 90 年代进入了不断扩张的卷烟市场,尽管他们主要采取劳动密集型的生产方式,而不是机械化生产。第一家中国卷烟厂是 1898 年三名广东商人在湖北宜昌开办的。茂大卷叶烟制造所仅经营了两年,于 1900 年倒闭。[21] 1899 年前后,几家手工卷烟企业也在上海开办,其中一家是由一个名叫范善庆的人建立的。"范庆记"工厂雇佣了大约 50 个卷烟女工(其中一些人每天可以卷制 1500 至 2000 支卷烟),并使用从浙江、江西和福建等历史悠久的烟草种植区运到上海的烟草。范庆记的顾客主要是上海的工人阶级,但其运销网络延伸到江南腹地,以及福建、广东,乃至广西。[22] 相比于用较温和的弗吉尼亚或土耳其烟叶制造的卷烟,许多中国顾客实际上更喜欢用更常见的"本土"烟草制造的卷烟,因为这种卷烟的烟味更辛辣。这种将国内种植的烟草手工卷在粗糙纸张里的产品,可能因为价格低廉而受到中国顾客的青睐。

在华机制卷烟工业起源于1890至1902年之间，在彭萨克卷烟机发明仅十年之后，这一发明使惠尔斯公司和美国烟草公司等英美企业能够为美国和英国新兴的大众市场生产廉价的标准化卷烟。英美烟草公司在1902年以后几乎垄断了全球和中国市场，这常常掩盖了早期在华卷烟业的跨国性和高度竞争性。诚然，即便在19世纪90年代，中国卷烟生意的主要参与者是英美企业或美国侨民在上海经营的公司——美国香烟公司（ACC）、惠尔斯公司和美国烟草公司的日本子公司（1899年以后）村井兄弟烟草公司。来自土耳其、俄国和日本的外国人，以及中国手工卷烟作坊，都与资本雄厚的英美公司争夺市场份额。

这些新创办的小公司大多没能坚持很久。19世纪和20世纪交替之际，大型跨国烟草公司的时代已经到来，英美烟草公司凭借其全球影响力及其深入中国地方市场的能力占据优势。尽管如此，19世纪90年代仍是中国烟草销售和消费史上的一个重要转型时期。在卷烟制品最初进口和机械化卷烟厂及手工卷烟作坊最初建立时，许多中外代理商都参与其中。将卷烟引进中国不仅仅是将新的技术、商品和消费文化从工业化的英美社会单向转移到处于农业社会的中国，而是一个更加复杂的跨国、甚至多向的全球进程的一部分，涉及许多不同背景的商人和中国人自己。

英美烟草公司和中国卷烟市场的扩张（1902—1937年）

19世纪和20世纪之交，上海和其他几个条约口岸城市的许多消费者已经从烟袋或鼻烟转而消费工厂制造的卷烟。尽管外国商人可能将中国内地想象成一个无限的市场，但很少有卷烟公司冒险进入沿海地区以外的销售区域。[23] 然而，在1902年，杜克的美国烟草公司和英国的帝国烟草公司合并，随后建立了英美烟草公司，此后英美烟草公司和其他几家机械化卷烟企业开始在整个帝国更为广泛地销售卷烟。

在整个20世纪上半叶，英美烟草公司无疑是中国卷烟业的主要参与者。这家跨国公司的市场份额从未下滑至 55% 以下,而且在民国时期基本上都高于这一水平(在 60% 至 80% 之间)(参见表 1)。英美烟草公司在华销售卷烟取得非凡成功的原因是复杂多样的,高家龙和霍华德·考克斯(Howard Cox)已对此做了充分的分析。规模经济、资本密集型技术、生产和运销的纵向一体化、低廉的劳动成本、美国和英国的外交支持、高明的广告宣传、进取性的定价,加上不择手段削弱所有竞争对手的意愿,全都有助于英美烟草公司取得并保持其霸主地位。

表1:在华卷烟销量(1902—1941年)(各年英美烟草公司与其他公司)单位:5万支装箱

年份	英美烟草公司销量	(%)	其他公司销量	(%)	总计(5万支箱)	总计(10亿支)
1902	12,682	-	无	-		
1909	80,353	-	无	-		
1910	105,548	-	无	-		
1911	129,933	-	无	-		
1912	142,933	-	无	-		
1914	187,969	-	无	-		
1915	179,127	-	无	-		
1916	192,975	-	无	-		
1918	267,202	-	无	-		
1919	309,028	-	无	-		
1920	340,419	-	无	-		
1921	355,610	-	无	-		
1922	405,707	-	无	-		
1923	509,478	(79.3)	132,643	(20.7)	642,121	32.1
1924	634,624	(82.1)	138,704	(17.9)	773,328	38.7
1925	587,950	(77.1)	174,886	(22.9)	762,836	38.1
1926	580,413	(70.4)	244,032	(29.6)	824,445	41.2

续表

年份	英美烟草公司销量	(%)	其他公司销量	(%)	总计（5万支箱）	总计（10亿支）
1927	562,690	(67.7)	268,497	(32.3)	831,187	41.6
1928	516,419	(61.1)	328,439	(38.9)	884,858	42.2
1929	820,431	(68.4)	379,027	(31.6)	1,199,458	60.0
1930	877,905	(65.3)	466,813	(34.7)	1,344,718	67.2
1931	823,764	(60.1)	545,962	(39.9)	1,369,726	68.5
1932	797,146	(62.3)	482,811	(37.7)	1,279,957	64.0
1933	791,953	(59.9)	529,844	(40.1)	1,321,797	66.1
1934	708,162	(54.9)	581,212	(45.1)	1,289,374	64.5
1935	752,777	(56.9)	569,464	(43.1)	1,322,241	66.1
1936	877,376	(63.3)	509,558	(36.7)	1,386,934	69.3
1937	1,118,616	(67.2)	546,471	(32.8)	1,665,087	83.3
1938	901,939	(73.0)	333,819	(27.0)	1,235,758	61.8
1939	871,943	(64.1)	487,943	(35.9)	1,359,886	68.0
1940	885,518	(58.5)	627,005	(41.5)	1,512,523	75.6
1941	894,909	(59.8)	602,725	(40.2)	1,497,634	74.9

资料来源：上海社会科学院，1983年，第512，733页；考克斯，2000年，第157页。

说明：英美烟草公司销量中包括永泰和的销量；其他公司销量仅包含机制卷烟，不包括手工卷烟。

更重要的是，正如两位作者所证实的，英美烟草公司不仅将货物销往沿海大城市市场，而且还向内地的城市、城镇甚至村庄提供货物，它的巨大市场份额取决于其运销能力。[24]

在关注英美烟草公司及其销售业务的研究中，高家龙特别阐明，该公司成功打入中国地方市场的关键因素在于它严重依赖中国经销商和商人，他们在烟草行业有相当丰富的经验。[25] 英美烟草公司利用领取佣金的中国经销商负责在地方、区域乃至全国层面运销其产品,因此能够在既有的进口和"本土"烟草销售渠道的基础上建立广泛的销售网络。这些人来自商人家庭,并在各自的区域"数代"经营烟草生意,因此通过区域性的同乡组织,他们拥有极为广泛的社会关系,这一特点确保他们所销售的"外国"商品在地方层面能被接受。正如高家龙指出的,"一旦英美烟草公司的销售系统将货物运往区域市场的核心,总是由中国经销商和商人,而不是西方人,负责当地的运销。"[26]

英美烟草公司以及受雇于它的经销商利用了既有的运销网络。这无疑表明,该公司能够在中国所有区域销售卷烟。卷烟通过铁路和轮船运往内地,然后再经由陆路运往偏远的市场。从张家口和大同出发的骆驼商队越过长城,将卷烟运送到蒙古和新疆。[27] 骡队运送卷烟穿过云贵高原。[28] 借助马车、手推车和肩挑背扛,卷烟从东北铁路仓库运往俄罗斯边境沿线的聚居点。

在海外或上海工厂里制造的烟草制品如此广泛地运往"偏远"地区,这令人印象深刻。但当我们回想起在清帝国时常变动的疆域内,烟草长途运输具有悠久的历史,至少可以追溯到17世纪,或许机制卷烟产品的广泛销售就不那么令人意外了。在许多情况下,英美烟草公司的产品是沿着从前烟草贸易商经过的轨迹运输的。例如,来自同州府和朝邑县的山西①商人将烟草从兰州运往北京,他们所走的路线现在被用于以相反的方向运输卷烟(通常用骆驼运送)。[29] 将卷烟用骡子运往云南和贵州市场的商队路线,则在几个世纪以前就已经开始使用了。[30]

虽然它的运销网络或许不像通常所认为的那样具有创新性,但英美烟草公司确实采用了对之有利的新式大规模销售技术,以前所未有的强度和技术来推销其产品。无论在较长的英美烟草公司商业史中,还是专门论述

---

① 同州和朝邑都属于陕西,而非山西。——译者注

中国人在设计和实践英美烟草公司广告活动中作用的文章中,高家龙都以丰富的证据表明,英美烟草公司的商标(一只蝙蝠——中国人认为是吉祥的象征)、设计精美的月份牌,以及推销卷烟的海报遍布全国,从上海到其他城市,乃至小城镇和村庄。[31] 正如高家龙所指出的,英美烟草公司的广告宣传和它的运销系统一样,只有在该公司采纳中国职员提供的当地信息的情况下才能取得成功。该公司雇用中国画家设计广告,并派出"狙击手"的队伍在城镇和乡村到处张贴,传单和海报也是如此。[32] 民国时期许多外国人和中国人撰写的旅行记录证实了英美烟草公司传单的普遍性,即便在偏僻的小市镇也能看到这些传单。例如,澳大利亚妇女玛丽·冈特(Mary Gaunt)在 1913 年从北京前往承德,记录在沿途的山村看到英美烟草公司"鸡牌""孔雀牌"和"紫金山牌"卷烟的广告招贴画。[33] 据毛泽东所言,20 世纪 30 年代,在江西和广东边界山区附近的市镇上可以买到哈德门牌卷烟。[34] 一名中国记者在 1934 年写道:"许多村民不知道孙中山是何许人,但几乎没有地方不知道'大英牌'香烟的。"[35]

当然,说中国农民知道"大英牌"卷烟或者其他英美烟草公司的品牌并不代表他们实际上消费这些卷烟。1937 年抗日战争爆发前,在华经营的机械化卷烟公司中,英美烟草公司在大城市以外的卷烟销售最为成功。然而,英美烟草公司也未能在全国所有地区为工业卷烟开辟出超越阶级的大众市场。在 20 世纪前半叶,中国是一个相对贫困的国家,社会结构严重不平等。虽然英美烟草公司的产品在富裕的城市居民、城市专业人士、小市民、工厂工人和拥有土地的乡村士绅中间取得了巨大成功,但绝大多数的城市和农村穷人甚至连英美烟草公司最便宜的卷烟也买不起(参见第七章)。

诚然,通过英美烟草公司无孔不入的广告活动,所有收入水平的中国消费者都容易受到全球化卷烟视觉形象的影响。对这种商品的欲望可以说在考虑购买力以前就已经大众化了。由于精打细算的消费者对卷烟产品的需求增加,许多中小华资烟草公司崭露头角。通过使用国内种植的烟草,并采取节约成本的措施,例如将低档烟草手工卷入回收纸张,中国公司开拓了英美烟草公司忽视或力所不及的缝隙市场。随着时间的推移,在小型工厂或"传统"烟草加工作坊里生产的廉价国产替代品越来越多,这使卷烟在全国各地的许多市场更受欢迎。即便如此,它们在之后的一段时间仍没有完全替代烟丝。

中国卷烟公司的缝隙营销

从 1902 年直到 1941 年因第二次世界大战被迫关闭其在华工厂,英美烟草公司一直保持明显的销量优势。在整个民国时期,英美烟草公司主要的竞争对手是华资的南洋兄弟烟草公司。[36] 在不同时期,这家巨型跨国公司也必须与其他外国公司竞争,诸如美国的利吉特和梅尔烟草公司(Liggett and Myers)、英国的阿德斯烟草公司(Ardath International)和日本的东亚烟草株式会社。随着时间的推移,其他中国卷烟公司,特别是华成烟草公司,非常成功地与英美烟巨头竞争。[37] 像英美烟草公司一样,大多数国内的中国卷烟制造商将他们的总部和工厂设置在上海、天津、烟台或汉口等条约口岸城市。[38] 然而,与英美烟草公司不同的是,中国公司通常将目标受众缩小到特定的潜在顾客群体。有些像华成烟草公司一样将卷烟作为高端奢侈品销售给世界主义的城市居民,既包括那些拥有大量可支配收入的人,也包括那些虽然预算较少,但渴望向上流动的人。其他公司则侧重于那些处于社会经济底层的人群,为其提供极为廉价的卷烟,他们往往连大公司生产的最便宜的品牌也买不起。无论针对富人还是穷人,中国卷烟公司只有在他们成功地开拓出英美烟草公司力所不及的缝隙市场时才能生存下来。

从 1912 年中华民国成立至 1937 年抗日战争爆发,国货卷烟制造业急剧发展。[39] 罗斯基(Thomas Rawski)估计,在 1912 年和 1936 年之间,华资工厂的卷烟机和工人数量以每年 26% 至 30% 的速度增长,而同一时期卷烟产量以每年 20% 的速度增加。[40] 诚然，这种增长并不是连续的，而是遵循 1905 年至 1906 年间第一次抵制外国货运动期间确立的一种模式：在激烈的政治运动时期，许多中国卷烟公司得以建立，但当民族主义狂热的潮流消退时，这些公司只会遭遇英美烟草公司有力的竞争。因此，华资卷烟工厂的数量在 1905 年至 1908 年之间激增，当时成立了 20 多家机制卷烟公司。这些公司相比于英美烟草公司都很小，在抵制运动正在进行的时候能够扩张，而一旦抵制运动在 1906 年结束，英美烟草公司卷土重来，就迫使大多数华资公司都宣告破产。为了响应辛亥革命、1919 年的五四运动，特别是 1925 年的五卅运动，类似的高潮也出现在 20 世纪 10 年代和 20 年代。公共租界的警察在南京路上开枪打死了 11 名中国示威者，引发了反英游行和抵制运动，从而催生了一大批新的卷烟制造厂，特别是在上海：1924 年上海有 14 家华资卷烟公司；1925 年增加至 51 家；1926 年已有 105 家；到 1927 年，卷烟公司的数量已经达到 180 家。[41]

除了在 20 世纪 20 年代和 30 年代成长为仅次于南洋兄弟烟草公司的第二大华资卷烟公司——华成烟草公司，1912 年至 1927 年间成立的工厂都相对较小。大多数工厂只有 1 到 4 台卷烟机和不到 10 万元的资本基础。[42] 在某些情况下，小规模是它们的一种优势，它们因此没有受到英美烟草公司的关注。例如，德隆烟厂就是这种情况。德隆烟厂最初成立于 1905 年，当时被称为德伦烟厂，定价非常低廉，以英美烟品牌十分之一或五分之一的价格销售十支一包的卷烟。这令其产品受到上海工人和劳动者的欢迎。[43] 然而，在大多数情况下，华资公司资本不足，债务沉重，设备过时或超负荷使用。英美烟草公司能够通过培训山东和河南的中国农民种植美种烤烟，将烟草采购和卷烟生产天衣无缝地整合在一起。而与之不同的是，中国公司通常难以获取生产高品质卷烟所必须的淡香型烟草。例如，生产"黄包车牌"和"中国牌"卷烟的振胜烟厂发现，在第一次世界大战期间获取美国烤烟极为困难，因此转而使用中国烟草填充，这项商业决策导致了销量的下跌。[44] 面对生产中的困难和销售中的激烈竞争，大多数小型中国公司才经营几年就破产了。尽管如此，只要它们还存在，就会向中外大企业没有瞄准的社会群体和地方市场提供卷烟。因此，它们和英美烟草公司都是推动卷烟向下社会流动，向内空间扩散的重要因素，使其从条约口岸的都市精英普及到居住在其他小城镇的普通人。

利兴烟厂很好地说明了这一点。一个名为张竹卿的商人在1912至1913年间，最初以4万元资本在上海成立了利兴烟厂，这家烟厂仅以一台卷烟机起家。和他以前的雇主德隆烟厂一样，张竹卿专注于向低收入群体出售卷烟。该公司开发了一种无牌号的卷烟，这种卷烟将低档浙江烟草包裹在用旧报纸制造的粗劣纸张中，装在其他品牌的旧烟盒里。然后，这些货物被公司雇佣的船夫分销至长江沿岸的港口，这些廉价卷烟被卖给长江上游和下游城镇的码头工人和运输工人。[45]虽然这种仿冒（在这种情况下，仿冒的是名牌卷烟的包装）给大公司带来了真正的问题，但回收和使用廉价材料和当地种植的烟草，这促使卷烟的价格在条约口岸以外穷人能够企及的范围之内，从而有助于卷烟消费的大众化。

利兴和德隆这样的小公司试图与英美烟草公司最廉价的品牌竞争；更加成功的华成烟草公司专注于向上海的工薪阶层和中产阶级消费者出售中档和高端卷烟，长远来看这一策略取得了良好的成效。华成烟草公司实际上经历了两个阶段：最初作为一家股份有限公司成立于1917年，仅有一台卷烟机和4000元资本。[46]该公司在上海、浙江和山东一带有限的市场上销售三旗牌卷烟。1924年，这家小公司倒闭后，其资产被一批来自浙江宁波地区经验丰富的烟草商、经理和经销商收购。[47]新的管理团队添加了两台卷烟机，提高了资本额，并将员工人数增加至140名。该公司开发了新品牌，并在上海和整个长江下游地区大力推广，取得了巨大成功。华成烟草公司随后将其运销网络向外扩展到广州和位于长江中上游流域的城市。从1924年公司重组直到1937年日本入侵中国，华成烟草公司一直保持盈利：1924年以4000元资本起步，到1933年该公司的资产已经达到360万元。[48]

华成是少数几家成立于 20 世纪 20 年代，并实际盈利的华资卷烟公司之一。五卅运动之后成立的大多数机制卷烟公司没有存活到 20 世纪 30 年代。[49] 1927 年国民党在上海恢复相对政治稳定之后，中国卷烟公司的数量再次缩减。大多数公司无法与卷土重来的英美烟草公司展开竞争，而且国民党控制上海后对烟草和烟草制品征收 50% 的从价税，给许多公司都带来了不利影响。1928 年 1 月财政部将卷烟税减少至 27.5% 后，英美烟草公司再次成为中国首屈一指的卷烟公司。在国民党统治下的 20 世纪 20 年代的最后几年里，英美烟草公司创造了其在华销售量的最高纪录。[50] 相比之下，许多中国公司在 1928 至 1929 年完全停产。

即使是在 20 世纪 20 年代末遭受重大损失的南洋兄弟烟草公司，也在挣扎着想恢复昔日的荣光。[51] 内部管理不善导致 1927 年至 1930 年期间的亏空超过了 570 万元。在 20 世纪 30 年代初，南洋兄弟烟草公司不得不关闭上海的工厂，撤回香港，该公司在香港也是负债累累。南洋兄弟烟草公司最终在上海恢复生产，制造了比以往更多的卷烟。它依然是在华运营的第二大卷烟公司，仅次于英美烟草公司，但它从未重现 20 世纪 20 年代初取得的成功。相比之下，华成烟草公司的资本从 1933 年的 360 万元增加到 1936 年的 1240 万元。[52] 与此同时，日本的东亚烟草株式会社和几家独立的日本公司不仅向东北扩张，而且通过在北京、天津、青岛和上海建立工厂，进军华北和长江下游的市场。最终，东亚烟草株式会社取代了南洋兄弟烟草公司，成为英美烟草公司在中国的主要竞争对手。尽管政府税收和许可政策倾向于大公司，但较小的中国制造商一直继续为地方和区域市场生产卷烟。[53]

即使面对来自日本企业的新竞争，英美烟草公司依然继续蓬勃发展。英美烟草公司在 20 世纪 20 年代中叶吞并了主要的国际竞争对手（利吉特和梅尔烟草公司、阿德斯烟草公司），并且再也不用面对来自南洋兄弟烟草公司的激烈竞争，其销量从 1928 年的 260 亿支激增到 1929 年的 420 亿支。[54] 英美烟草公司的扩张在整个 20 世纪 30 年代仍在继续。尽管 1931

年日本入侵东北后,英美烟草公司在东北的市场份额日益受到东亚烟草株式会社的挑战,但英美烟草公司在伪满洲国依然能够以大约 75% 的市场份额维持优势地位,其销量在 1931 年至 1937 年期间实际上翻了一番。到 1937 年,英美烟草公司在全国销售了 550 亿支卷烟,创造了"该公司销售业务的最高纪录"。[55] 1937 年中日开战之后,英美烟草公司发现经营越来越困难,而且销量下降,特别是在长江中下游地区。1941 年 12 月美国加入战争,这使英美烟草公司在中国的运销在太平洋战争的四年间完全陷入停顿。该公司在 1945 年战争结束后再度崛起了一段时间,但在 1949 年共产党胜利之后走向衰落。1953 年,英美烟草公司将剩余的在华财产转让给中华人民共和国政府,并将其大大缩减的业务迁至香港。

手工卷烟业

20 世纪 30 年代初,在日本烟草公司开始侵占东北以外地区的市场以前,最让英美烟草公司恼火的竞争并非来自其他外国或中国的机制卷烟制造商,而是来自无数小作坊,它们在整个长江下游和安徽、河南和山东的烟草种植区生产手工卷烟。手工卷烟业在 20 世纪 20 年代就已经在上海消亡了,1925 年左右在较小的乡镇和城市再次出现,并在接下来的十年迅速发展。[56] 运用基本的手摇设备,这些制造商能够以远低于工厂的成本生产卷烟,甚至可以引发规模经济。手工卷烟作坊雇用报酬低廉的女工,通常位于烟草种植区以及江南区域、华中和华北的主要城市卷烟市场附近。生产者因此节约了劳动和运输成本,并且不用投资或维护昂贵的工业设备。[57] 这些卷烟使用从农村种植者那里直接购买的低档国产烤烟和少量晒烟,而不是更为昂贵的进口美国烟叶或者工业制造商所青睐的在山东种植的高级烤烟。此外,手工卷烟与机制卷烟的税率不同。这些公司经常模仿大公司的品牌名称,用类似的方式来标记或包装他们的产品,因此也节省了广告费用。

手工卷户的技术非常娴熟，所做的卷烟几乎与工厂生产的机制卷烟完全相同。[58] 许多作坊完全仿冒名牌卷烟，将品质低劣的烟草卷入伪造的纸张，或者从上海或香港走私到各省的印有流行外购品牌商标的卷烟纸。成品的售价甚至比最便宜的机制卷烟的价格还低得多。这些"传统"公司使用的手工生产技术和地缘销售网络更加类似于过去用于加工和销售优质区域烟丝的方式，它们创造了一种"现代"、高度标准化和"品牌化"的产品，与在达勒姆、布里斯托、上海或天津的机械化工厂里生产的"全球化"机制卷烟竞争，在某些情况下甚至比机制卷烟更畅销。一般消费者无法轻易区分仿冒手工卷烟和真正的机制卷烟。尽管许多消费者对"冒牌"保持警惕，但手工卷烟的销量依然飙升，特别是在20世纪30年代初。

1934年，手工卷烟业在中国卷烟市场占据了约25%的份额，严重削减了英美烟草公司的销量，尤其是在华北和长江下游地区。[59] 美国对华进口烟叶的数量从1934年至1935年下跌了约75%，部分原因是当时美国烤烟价格上涨，以及日本竞争日益加剧，而且还因为如此之多的中国消费者购买手工卷烟，而不是机制卷烟。[60]

英美烟草公司和英国公使向国民党政权施加了相当大的压力，要求关闭手工卷烟作坊。用差别很大的税率对不同类型的卷烟征税的政策是争论的焦点。1928年1月，南京政府引进了仅应用于机制卷烟的统税制度。[61] 不断被修订的统税制度在价格的基础上，对各个等级征收不同的税款，根据等级的不同，对各个等级的每箱（5万支装）按一个固定税率征税。在1930年至1934年间，对最低档机制卷烟征收的统税从每箱32元增加到80元。手工卷烟被认为是"本土"烟草贸易的一部分，最初根本不征税。在1930年，财政部对所有手工卷烟征收了每箱约10元的税。[62] 当局在征收该税时困难重重，然而，英美烟草公司的管理层依然认为这些税收政策不够公平并误入歧途，他们为此深感愤怒。[63]

财政部所面临的不仅是英美烟草公司和外国外交官的游说，还有卷烟仿冒造成的大量税收损失，因此最终实施了旨在控制和减少手工卷烟作坊的政策。[64] 1934 年，所有的手工卷户都必须登记，并且只能使用官方认可和未做标记的卷烟纸。为了便于征税，卷烟制造业被局限在那些已经建有卷烟工厂的城市，包括上海、天津、汉口和青岛。在这四个工业中心以外已经建立的任何卷烟厂都将在三年内关闭或搬迁。[65] 1936 年后，政府还试图采用依靠抽签的配额制度，分四次撤销执照，以此来减少手工卷户的产量。虽然这些措施可能在一定程度上阻碍了手工卷烟的生产，但许多当地生产者完全忽视新的规定。正如伯纳德·吉布斯（J. Barnard Gibbs）在 1938 年所指出的："数千家手工卷烟作坊没有登记，许多作坊继续使用走私的卷烟纸。"[66] 不遵守政府法规意味着仿冒者通过生产与名牌产品非常相似的廉价卷烟，继续抵抗大公司在广告和销售方面的努力。虽然这种仿冒对英美烟草公司和其他大公司而言，是一种持续的挑衅，甚至威胁，但非法生产的手工卷烟无疑受到许多消费者的欢迎，因为它们使那些连最便宜的机制卷烟也买不起的人，可以享用一种"标准化"和"现代"的手工产品。

卷烟是工业时代第一批大规模销售的产品之一，经常被认为是现代消费文化中同质化力量的典型代表。20 世纪 20 年代和 30 年代，品海、孔雀或红锡包在中国市场上无处不在，这证明了全球资本主义的力量和潜能，可以将"传统"中国消费者的日常生活变得更好或更坏。尤其是英美烟草公司取得了巨大成功，该公司向沿海条约口岸和内地的数百万中国顾客提供机制卷烟，似乎为中国如何融入全球化工业经济提供了一个重要的例证，而提倡新消费文化和习惯的西方跨国公司发挥了中介的作用。消费偏好从烟丝和鼻烟转变为卷烟，这被认为是"日常生活国际化"的一部分，是由 19 世纪末和 20 世纪初中国邂逅西式资本主义和现代欧美消费文化引起的。[67]

虽然机制卷烟无疑是作为一种舶来品进入了中国条约口岸，而且现代中国卷烟业的建立主要是由于从美国、英国和日本引进了外国直接投资、进口工业技术，以及新型广告和大规模营销方式，但全球卷烟在中国地方市场的成功建立在以前打下的基础之上。对于各种烟草制品，包括从国外进口的在内，中国已经存在一个成熟的跨区域市场，外国公司从中受益良多。早在英美卷烟公司将目光投向广阔的中国市场以前，外国和中国的商号已经开始向中国进口手工卷烟。英美烟草公司的卷烟经过长途运输，从上海运往内地，这给当时的观察者留下了深刻的印象。长期以来中国商人将种植在偏远边缘地区的优质区域烟草运往东部沿海的消费中心，卷烟运输的路线与之完全相同，只是方向相反。此外，英美烟草公司在向中国顾客销售卷烟方面取得了巨大成功，其关键在于依靠长期从事烟草买卖的中国经销商和商号。

许多中国消费者接受卷烟是相当迅速和直接的，至少部分是因为许多中国消费者已经熟悉其他进口烟草制品。诚然，中国对于装有美国或土耳其烤烟的高度标准化的机制卷烟并不熟悉，世界其他地方也是如此。许多中国烟草消费者很容易青睐于这种著名商品的新形式。一些早期的吸烟者，如19世纪80年代在天津做生意的广东商人，之所以为卷烟制品吸引，正是因为这些商品被认为代表西方，具有异域情调。其他人只有当卷烟"变成中国的"，才受到吸引。许多中国吸烟者喜欢有内置烟嘴的卷烟或者装有国产烟草的手工卷烟，这些"传统"产品的开发有助于这种中国化的过程。[68]

当中国企业家建立本地公司，与英美烟草公司和其他国际公司竞争时，卷烟业本身也在本土化。在19世纪90年代过渡的十年期间，许多民族和国家的企业家都争先恐后地进入新兴的中国卷烟市场。在菲律宾做生意的华侨和外国商人在竞争中一马当先，甚至在英美卷烟公司开始在华运营之前，就将用"吕宋烟"制造的手工雪茄和卷烟进口到南方的城市。1902年，帝国烟草公司和美国烟草公司合并为英美烟草公司，在此以后，这个巨大的企业集团几乎所向无敌。即便如此，富有创造性的缝隙营销使许多较小的华资企业活跃了一段时间。有些甚至得以蓬勃发展。

后来，诸如南洋兄弟烟草公司之类的华资企业将在国产卷烟称为"国货"，使用民族主义的语言宣称它确实是一种"中国"商品，而不是"西方"商品，即使原料、工业机器或技术全都是进口的。[69] 其他中国公司，包括最著名的华成烟草公司，强调他们卷烟的"外国"因素，以吸引城市居民，对他们而言，卷烟代表一种奢侈的都市生活方式，这显然受到西方影响。然而，即使当他们用新技术和大规模营销手段销售他们的新式"现代"产品时，较大的中外卷烟公司都发现，提高销量最有效的方法是依靠长期存在的、基于地缘关系的中国贸易公司。当小手工卷烟作坊的业主和他们的女工创造出工厂品质的卷烟时，历史悠久的技术也被用于生产标准化的"名牌"卷烟，这种卷烟既"现代"，又"传统"，既"异域"，又"本土"。

虽然1937年已经有数百万中国消费者吸卷烟，但中国众多人口中只有一小部分实际购买了在工厂里用机器制造的卷烟。诚然，正如高家龙所指出的，中外卷烟公司在1949年以前已经奠定了20世纪下半叶中国卷烟"大众化"的基础。[70] 由于英美烟草公司及其经销商的推动，加之它无孔不入的大规模销售活动，机制卷烟在空间上迅速从沿海扩散到内地，并从城市传播到乡村，这确保了大多数地方民众在20世纪30年代至少可以接触到这种新式烟草制品的形象，即使他们完全买不起。但是说英美烟草公司的工业卷烟得到了广泛的宣传，并不代表所有人都消费这些卷烟。跨国广告造成的欲望大众化最终促进了国内市场对卷烟的消费需求，以致当地企业家开始制造更多人买得起的廉价仿制品。在"现代"卷烟业的历史中，这些小公司和手工卷烟作坊的历史往往被忽视。然而，与英美烟草公司和较大的烟草公司相比，这些小企业向社会经济等级底层的广大消费者群体提供他们负担得起的卷烟，也是卷烟业发展的重要动因。

1890年至1937年中国卷烟产量的增加，无论是在机械化的工厂还是手工作坊，都相当引人注目。即便如此，晚清和民国时期工业卷烟的历史也提出了问题，即在1949年以前的几十年里，一种"大众"消费文化在多大程度上可以说已经存在于沿海条约口岸之外。随后的章节更详细地探讨了民国时期，特别是南京国民政府时期（1927—1937年），机制卷烟大众消费的经济、社会和文化限制。第七章和第八章强调了城市和农村贫民消费卷烟所面临的重大社会经济和文化阻碍，而这些阻碍是由于区域和阶级不平等，以及将卷烟作为一种独特的城市、现代和高端舶来品的社会建构共同造成的。最后一章探讨了新构建的反对女性吸烟的文化禁忌，这阻碍了许多女性消费卷烟。

无所不在的各种卷烟广告将之呈现为"西方的""现代的"和"男性气概的"，这标志着卷烟是一种专门为某类人准备的产品。新式知识分子、具有时尚意识的城市人、思想进步的技术官僚和与时俱进的商人拿起卷烟，强调他们作为一个新兴现代国家进步公民的身份。文化保守主义者和那些自认为或被其他人认为更"传统"的人继续吸典型的中式烟袋。新的社会心态认为女性吸烟有损名誉，受此约束，许多妇女完全摒弃了吸烟。无论是产自外资工厂还是当地手工卷烟作坊，卷烟都普遍存在于整个社会和民国时期的文化想象中。然而，出于经济和文化的原因，在1949年中国共产党执政以前，用烟袋吸食的烟丝，而不是卷烟，依然是绝大多数中国吸烟者最常见的烟草消费形式。

第七章 南京国民政府时期烟草消费的社会和空间差异

　　1927年南京国民政府成立时，中国的卷烟工业已经建立。虽然个别公司的命运有起有伏，但卷烟的消费需求却有增无减。中国卷烟市场在1900年至1937年间惊人地扩张，不管为之供货的是跨国烟草公司、华资企业，还是本土的手工卷烟作坊。卷烟在全国大多地区都唾手可得，这促使许多中国吸烟者放弃了鼻烟和烟袋，转而消费卷制的烟草产品。最终，在1949年中华人民共和国成立后，卷烟几乎完全取代了其他形式的烟草。然而，在短期内，至少在20世纪30年代，品牌卷烟的引进并没有立即改变烟草消费的社会分化模式，这种模式早在清代就已经显而易见。

　　由于卷烟和旱烟之间存在显著的价格差异，与此前几个世纪的类似的二元化烟草市场在中国许多地区继续存在。富有的烟草消费者，以前倾向于外国鼻烟、高档水烟丝，或者昂贵的优质区域烟草，如今首选进口卷烟。过去的小市民效仿有钱的精英，购买廉价的陶瓷鼻烟壶或黄铜水烟管，而如今则延续了社会模仿的传统，购买比较便宜的现成卷烟品牌。城市贫民用中国小厂制造的最便宜的卷烟勉强对付，或者像他们的祖辈那样抽烟袋。农民大体上继续吸食当地种植的烟草。在中国严重不公平的社会结构中，机制卷烟一般来说是昂贵的奢侈品，而不是日常大众消费品。虽然卷烟在乡村市场、城市和小城镇都广泛普及，但在20世纪的前三十年间，卷烟消费依然主要是城市和沿海地区的现象。

　　本章勾勒了南京国民政府时期，即1927年至1937年间的烟草消费的空间与社会经济轮廓。蒋介石（1887—1975年）领导的国民党宣布以南京为首都并统一全国，尽管还有几个省仍在地方军阀的控制之下，而且国民党还同时面临共产党人的内部挑战和日本军国主义的外部威胁，但是这一时期仍以相对稳定和政治统一而著称。因此，相比于接下来更加混乱的战争岁月（1937—1945年和1947—1949年），追踪这十年卷烟和旱烟消费的不同模式更为可行。

在概述20世纪30年代的全国吸烟趋势之后，本章特别探讨了三个不同地区的烟草消费：有工业的上海、无工业的北京和农村的定县（河北）。本章试图解决一系列互相关联的问题：在20世纪30年代，多少烟草正在被消费？谁吸什么烟？他们在哪里吸烟？总而言之，这三个个案研究揭示了民国时期卷烟消费水平显著的地区和阶层差异。上海是拥有相对庞大中产阶级的沿海条约口岸，而且是中国卷烟生产的中心，在这里，各种收入水平的人都吸卷烟。在北京，一些人接受了卷烟，但是依然存在一个庞大的旱烟市场，尤其是在广大城市贫民中间。烟草消费的双层模式也存在于定县——那些经济状况好一点的人购买卷烟，而绝大多数人继续抽烟袋。

卷烟是一种在价格和质量上差别很大的产品，是中国工厂生产的最便宜的商品之一。这个事实通常导致了这样的假设，即在20世纪初的几十年中，卷烟很快就变成了大众消费品，即便在农村地区也是如此。[1]事实上，来自上海、北京和定县的证据表明，在南京国民政府的十年中，无论在城县之间，还是贫富之间，卷烟消费模式都存在显著的社会经济差异。总体而言，每个地方都有大量的卷烟消费者。然而，如果以人均消费量来衡量，显然在工业发达的条约口岸以外，消费机制卷烟并没有在所有社会经济阶层都被轻易地接受。像上海那种包含社会各个阶层、规模庞大的卷烟市场，在北京和定县都不存在。如同在许多其他领域一样，上海和其他制造中心在这方面的经验不能被概括为"全中国"的代表。等到南京国民政府时期结束时，机制卷烟在中国一些地区显然已经成为一种大众消费品，但并非在所有地方。在整个20世纪30年代，大多数中国吸烟者依然通过长长的烟管吸烟，这种用具在全球化早期传入中国。

南京国民政府时期烟草消费的总体模式

在对这三个地区烟草消费的社会分化模式进行探讨之前,对当时中国普遍的经济状况有一个大体的了解将是非常有用的。历史学家一直在争论在共产主义革命之前的几十年里,社会经济不平等是否愈演愈烈,但几乎没有人质疑 20 世纪 30 年代中国经济在总体上非常贫穷。白洛伦(Loren Brandt)指出,20 世纪 40 年代中期的人均 GDP 为 60 元,兑换成现在的美元,只有 200 至 250 美元。[2] 中国 5 多亿人口大多居住在农村;中国将近三分之二的 GNP 来自农业,约四分之三的人口主要依靠农业谋生。大多数农民积极参与相对商业化的经济——多达 40% 至 45% 的农产品在市场上交易,而且他们自己也购买农产品和手工制品。舶来品和国内生产工业商品的消费量虽然在一些地区有所提高,但在大多数地区依然十分有限。[3]

虽然在沿海地区以外的市场上也可以买到非常便宜的机制卷烟,但一般来说,卷烟要比旱烟昂贵。因此,在全国大部分地区旱烟的销量要远远超过卷烟。1936 年,最流行品牌的一包卷烟批发价为每千支 1.25 元(相当于 1936 年的 37 美分)。高档卷烟的售价为每千支 6.07 元(相当于 1936 年的 1.81 美元)。最贵的进口卷烟批发价高达每千支 22 元(6.56 美元)。[4] 在 20 世纪 30 年代中期,中国(不包括东北)每年大约消费 12 亿磅烟草,其中将近 10 亿磅(80%)以旱烟的形式消费,只有 1.5 亿磅(15%)以机制卷烟的形式消费(另外 4% 作为雪茄消费,1% 作为鼻烟消费)。[5] 由于 1933 年人口约为 5 亿,因此旱烟的年消费量在人均 2 磅的范围内。在 1931 年至 1932 年,南京国民政府估计中国吸烟者每年人均消费 200 支卷烟,或者每人每天消费半支卷烟。[6] 相比之下,20 世纪 30 年代初的美国烟草消费量估计为每年人均 6.6 磅,1931 年美国卷烟消费量在一年内为每人每天大约 2.5 支卷烟。[7]

表2：1935年机制卷烟人均消费量

城市或省份	人口（百万）[a]	据各省年销售量估算[b]			一月销售数据[c]		
		消费量（十亿）	年人均消费量（估算）	日人均消费量（估算）	消费量（十亿）	月人均消费量	日人均消费量
上海	3				0.474	158	5.09
江苏（包括上海）	40	13	325	0.89	1.462	37	1.18
江苏（不包括上海）	37				0.988	27	0.86
浙江	22	8	364	1.00	0.712	32	1.04
湖北	27.3	8	293	0.8	0.374	14	0.44
河北[e]	34	8	235	0.64			
广东	34.8	8	230	0.63	0.708	20	0.66
安徽	24	4	167	0.46	0.374	16	0.50
山西	12.4	2[d]	161	0.44			
福建	13.1	2[d]	153	0.42			
江西	16.5	2[d]	121	0.33	0.152	9	0.30
湖南	33.4	2[d]	60	0.16			
河南	36.3	2[d]	55	0.15			
山东	40.3	2[d]	50	0.14			
四川	59.2	2[d]	33	0.09			

a 人口数据引自珀金斯，1969年，第212页。
b 1935年各省卷烟年均销售量的估算数据来自吉布斯，1938年，第31页。
c 1935年1月的销售数据引自《商业月报》，1935年，第2—3页。
d 吉布斯将七个省列为10—30亿的类别，此处采用了中间数20亿。显然任何一个省消费量的任何变化都会影响它在排序中的位置。这个列表只能提供一个概数，并不能反映各省的实际人均消费量。
e 概数，根据珀金斯提供的数据，1933年河北省的人口为3060万，但其中不包括天津、北京和热河。

当时，即便在美国，卷烟依然不是烟草消费的主要形式，但美国的人均卷烟消费量明显高于中国。[8]

可以肯定的是，在20世纪20年代和30年代，中国的卷烟消费量与日俱增，正如在美国的情况一样。中国卷烟消费总量在20世纪初约为3亿支，在20世纪10年代上升到约75亿支，20世纪20年代约225亿支，20世纪30年代约680亿支。[9] 在全球大萧条时期，销量记录依然稳定在约650亿支，但在1937年一跃超过了830亿支（参见表1）。这些数字无疑表明在整个民国时期，卷烟消费量急剧增长。此外，高家龙（Sherman Cochran）对英美烟草公司广泛销售网络的详细研究表明，从20世纪初开始，机制卷烟就被销售到所有中国经济大区中最底层的城市。[10] 然而，说明卷烟销量激增，或者卷烟在中国广泛销售，并不能解决实际上谁在购买卷烟或者谁在吸烟的问题。为此，我们需要按照社会、经济和地理特征分门别类的人均消费数据。遗憾的是，这样的统计数据并不容易获取。伯纳德·吉布斯（J. Barnard Gibbs）收集的1935年各省年销量的粗略估算表明，中国卷烟消费主要集中在拥有大城市的东部省份（江苏、浙江和广东），并且随着向内地推移逐渐减少。[11] 这些估计太粗略，无法由此获得准确的人均消费数据，但通过实业部收集的一些省份在1935年1月的销售数据，我们可以明确总体的消费模式。[12] 这些零碎的证据表明，居住在沿海主要都市地区的消费者比内地城市、小城镇或村庄中的消费者消费了更多工厂生产的卷烟（参见表2）。

在工业化程度较高的地区，卷烟消费量最高，这些地区是机制卷烟的实际生产地，而且相比于全国其他区域，这些地区日益增长的工业部门有助于提高生活水平。例如，在后来被日本人控制的东北地区，卷烟在1935年至1939年之间每年消费的8500万磅烟草中占有更高的比例（60%），只有40%，或约3400万磅烟草是以旱烟的形式消费的。由于人口估计为3300万，这使得东北烟草消费量达到了人均3.6磅，其中人均2.6磅是以卷烟的形式消费的。然而，东北的卷烟消费主要局限于城市。农村居民购买的卷烟只占卷烟销售总量的15%。[13]

在天津和广州等中国条约口岸的卷烟消费量也相对较高。天津有几个卷烟厂，而广州非常靠近英美烟草公司和南洋兄弟烟草公司在香港的工厂。[14] 英美烟草公司1931年的区域销售数据表明，广州的人均卷烟消费量可能达到了每人每天9支或10支。[15] 我们知道，在20世纪30年代，工业城市天津的工厂工人用一部分工资购买卷烟，尽管这是他们花钱买的少数非必需品之一（此外还有茶和酒）。[16] 这条粗略的信息似乎表明，机制卷烟消费的中心与早先优质区域烟草的市场一样，都坐落于以东海岸和长江为界的T型区域周边的大城市。然而，当时消费最多工业卷烟的港口城市是中国最大和最新的大都会——上海。

上海的大众卷烟市场

上海的几个特点促进了机制卷烟的大规模销售。首先，大量卷烟就在上海生产，这为居住在这个城市的吸烟者提供了普遍较低的价格。其次，大量的烟草企业在这个城市运营，包括使用低档国产烟草的中国公司，这为所有收入水平的吸烟者提供了广泛的选择和竞争性的定价。再者，上海广大的制造和商业部门供养了相对富裕的中产阶级和衣食无忧的下层中产阶级，以及大量工薪阶层的工厂工人。上海"小市民"通常识字并有一定的可支配收入，这个中产群体被认为买得起工业卷烟。[17] 最后，上海的商业地理包括邻里零售区和专业购物区，这为全市居民提供了获取机制卷烟的便利。

作为机制卷烟工业和支持它的广告业的中心，卷烟是上海的代名词。英美烟草公司当然在上海设立了总部，而且南洋兄弟烟草公司和华成烟草公司也在那里建有工厂。在20世纪30年代中期在华运营的56家华资卷烟公司中，有48家位于上海。[18] 1934年，中国生产的卷烟中大约60%是由上海的工厂生产的。1935年，前20名的国内制造商（包括南洋兄弟烟草公司和华成烟草公司）在一个月内就生产了超过 20 亿支卷烟。[19]

在上海制造的数十亿支卷烟中，很大一部分在上海本地和周边的江南地区（江苏省和浙江省）销售（参见表3）。广州及其腹地构成了上海制造卷烟的另一个强劲的市场，长江口岸汉口及其长江中游的腹地也是如此。在距离这些大城市更远的地区，销售逐渐减少。在 1931 年，英美烟草公司的卷烟在上海的销售情况不如它的合作伙伴永泰和烟草公司，以及与之竞争的华资卷烟公司。

表 3：上海生产卷烟分省销量表（1931 年 7 月—1932 年 6 月）

省份	售出卷烟（五万支箱）	占总数百分比
江苏	310312	36.1
浙江	172648	20.1
广东	107395	12.5
湖北	66503	7.7
安徽	54271	6.3
河北	36170	4.2
福建	31447	3.7
山东	29642	3.5
江西	25243	2.9
辽宁	12536	1.5
广西	3934	0.5
河南	3156	0.4
陕西	1967	0.2
湖南	1967	0.2
吉林	1083	0.1

续表

省份	售出卷烟（五万支箱）	占总数百分比
山西	428	<0.1
热河	375	<0.1
黑龙江	3	<0.1
总计	859077	

资料来源：杨国安，2000年，第489页。

表4：1931年四个城市的卷烟销量（5万支箱）

	英美烟	永泰和	竞争对手	销量	市场份额
上海	8591	51774	62591	122956	48
广州	6420	0	72005	78425	31
香港	10346	0	17481	27827	11
北京	14954	5100	5088	25142	10
合计	40311	56874	157165	254350	100

资料来源：考克斯，1997年，第56页。

但是，当年四个城市的卷烟销售数据显示，在上海销售的机制卷烟要多于香港、广州和北京（参见表4）。这一年，英美烟草公司、永泰和烟草股份有限公司与竞争对手的销售总量超过60亿支，使得上海人均消费量超过了每天5支卷烟。[20]

上海和中国其他地方一样，每天的卷烟消费量或许随个人收入而增加。位于上海的企业、贸易公司和工厂，主导了国民经济的工业、商业和金融部门，支付了较高的工资（比总体平均水平高10%，比所有其他地区的平均水平高18%）。[21] 这提高了上海居民对包括卷烟在内的各种工业制品的购买力。[22] 由于没有对高级官员、资本家或受过教育的专业人士的卷烟消费量做过调查,所以我们并不知道精英到底消费了多少支卷烟,但据说处于精英阶层下层的一些知识分子和都市专业人士一天消费的卷烟多达50至90支。[23]官员和商人经常礼节性地交换卷烟,以便交易顺利进行,他们消费的卷烟可能与作家和艺术家一样多,甚至更多。因此,一小群都市精英每天消费过量的卷烟,从而提高了上海的人均消费量。

虽然上流社会一支和接一支地吸烟促进了卷烟销售,但在上海销售的大部分卷烟实际上是中低档产品,主要由职员和经济状况较好的工厂雇员(店员、楼层主管等)购买,他们构成了上海相对庞大的中下阶层。这群"小市民"由办公室文员、秘书、售货员和小公务员,以及技术工人组成,在20世纪30年代中期约有30万人,他们的家庭占城市人口的40%以上。[24]他们一般都识字,因此成为那些畅销品牌的目标群体,这些品牌通常在《申报》《良友》等许多报纸和流行期刊上做广告。尽管小市民个人所吸的卷烟比该城市更富有的精英少,但作为一个群体,他们是卷烟销售的主要驱动力,这是因为其人数所占比例大,而且他们作为领薪雇员或者工薪阶层,相比于数量更多的非熟练工人、临时工和城市贫民,拥有更多的可支配收入。

卷烟是在小市民阶层之下的普通工人能够实际负担的产品之一。通过1927年11月至1928年12月期间收集的上海棉纺厂工人生活水平的调查数据,我们可以证实普通工人购买卷烟的这一事实,这个工人群体虽然按照中国总体标准来说经济状况较好,但不如普通办公室工作人员或店员富裕(参见表5)。在接受调查的230户家庭中,只有9户完全没有购买卷烟的支出。平均而言,其他221户家庭每年每户家庭消费185包十支装的卷烟,相当于每两天消费一包。

在1929年4月至1930年3月期间,对在该城市所有五个区居住的305个工人阶级家庭进行的一项更大规模的研究发现,所有接受调查的家庭中,有282户家庭(92.5%)购买了卷烟,只有10户家庭(3.3%)记录购买了旱烟(参见表6)。

表5：按收入组230户工薪阶层家庭年均卷烟开支
（1927年11月—1928年12月）

收支单位为中国元

	家庭数量	每户家庭平均收入	每户家庭平均开支	卷烟开支	卷烟开支在总收入中所占比例
240以下	42	200.16	244.80	6.60	3.3
240—360	90	301.18	311.52	7.32	2.4
360—480	46	417.24	393.84	7.92	1.9
480—600	34	535.32	496.92	7.20	1.3
600及以上	18	762.60	680.16	10.44	1.4
总数或平均数	230	390.72	382.56	7.56	1.9

资料来源：根据杨西孟和陶孟和的估算，1981年，ii-vii，第35页。

表6：按收入组305户上海工薪阶层家庭年均卷烟和酒类开支，
1929年4月—1930年3月（收支单位为中国元）

	家庭数量	每户家庭平均收入	每户家庭平均支出	卷烟/酒类支出	卷烟和酒类支出在总收入中所占比例
200—299.00	62	266.33	337.20	12.53	4.7
300—399.99	95	344.48	385.17	19.34	5.6
400—499.99	80	443.47	466.14	21.04	4.7
500—599.99	31	546.26	565.94	17.21	3.2
600—699.99	25	644.68	668.30	28.10	4.4
700及以上	12	773.14	795.79	24.30	3.1
总数或平均数	305	416.51	454.38	19.10	4.6

资料来源：社会局，1934年，第100、102、162页。

平均来说，282 户家庭每年每户家庭消费了 232 包十支装的卷烟，或每人每天消费 1.38 支。[25] 这些家庭为每包卷烟平均花费 0.044 元，年支出总额为 10.28 元。这约占他们年总收入的 2.47%（平均每户家庭 416.51 元）。每年家庭预算的 53% 花费在食物上，8.3% 用于租金，7.5% 用于衣物，6.4% 用于燃料和照明，还有 24.6% 用作杂费，其中包括香烟。[26] 进行这项调查的社会学家迅速指出，上海工人对卷烟和酒的花费（一年 19.10 元，占杂费的 17.1% 和年收入的 4.6%）远多于他们在教育、书籍或报纸上的花费（每年 1.45 元，占杂费总额的 1.3%）。[27] 之前对棉纺厂工人的调查也发现了类似的情况：230 户家庭对卷烟和葡萄酒的年平均支出为每家 12.57 元，卷烟平均为 7.56 元，占家庭总预算的将近 2%。[28]

在上海销售的一些卷烟品牌的价格很低，特别是由上海小型制造商生产的那些品牌，甚至连居住在城市外围棚户区、贫穷潦倒、干粗活儿的劳工都买得起。例如，苏北人是来自江苏省长江以北地区的农村移民，他们为贫困所迫，生活在相对脏乱不堪的环境中，做着上海最不赚钱和最不受欢迎的工作，但他们是大东烟草产品的主要消费者。[29] 大多数人力车夫来自苏北最贫困的县，平均月收入 9 元，不到工厂工人的一半。然而，他们中许多人可能偶尔会买廉价卷烟。[30]

上海之所以形成具有社会包容性的卷烟市场，至少在一定程度上是得益于上海卷烟业的多样性。上海居民不仅可以选择跨区域销售其产品的三家大公司（英美烟草公司、南洋兄弟烟草公司和华成烟草公司）制造的多种产品，而且还可以选择专门为上海市场生产的众多较小企业的产品。一些较小的华资公司（特别是那些经营廉价卷烟的公司），在市内及其直接连接的腹地销售产品方面，取得了相当大的成功。其他公司，如大东南公司，他们的大部分卷烟并不在上海本地销售，而是销往江苏和浙江的农村市场。[31] 然而，大多数较小的国内公司并未在长江三角洲以外进行贸易，因此能够获得廉价品牌的消费者在空间上局限于上海和附近区域。[32]

各公司对上海和长江下游市场的竞争导致了上海制造商中的品牌多元

化和市场划分。两家最大的公司——英美烟草公司的和南洋兄弟烟草公司拥有几十个商标，每一个都为迎合个体吸烟者的地位和身份而设计。[33] 英美烟草公司最受欢迎的产品是"红锡包"（Ruby Queen）①、"品海"（Pin Head）、"老刀"（Pirate）②、"前门"（Chienmen）和"哈德门"（Hatamen），而南洋兄弟烟草公司则提供最畅销的"金龙"（Golden Dragons）和"联珠"（Pearl）。到1936年，在两个旗舰品牌"金鼠"（The Rat）和"美丽"（My Dear）取得巨大成功的基础上，华成烟草公司已经超过了其他二十多家公司。[34] 较小的华资公司也推销它们自己的品牌，尽管许多公司模仿，甚至直接抄袭更知名产品的名称和标志。历史学家方宪堂估计，在20世纪30年代，超过一千种不同的卷烟产品在上海市场流通。[35]

在整个城市，无论是外滩和南京路沿线更加"现代"的商业区，还是大多数城市居民居住的里弄院子，在上海工厂生产的许多国内外品牌都唾手可得。随着百货公司和其他新式零售店的兴起，20世纪上海及其郊区出现了街坊"烟纸店"，在这种便利店里，居民可以论支或论包购买卷烟。[36] 这些商店通常在每个里弄院子的入口和电车或汽车站附近都可以找到。这些商店的营业时间很长——它们通常天黑后才关门，而且除了卷烟以外还备有各种各样的商品。[37] 顾客"从早到晚一个接一个地来"，经常和店主或其他主顾聊天，消磨时间。[38] 根据卢汉超的研究，烟纸店是全市增长最快的生意。在20世纪30年代初，约有1500家烟纸店分散在不同的街坊。1937年有3400家，1949年有8600家。[39] 小贩还直接携带卷烟进入里弄，以及报纸、大米、盐、针、线、火柴、玩具和许多其他商品。[40]

---

① Ruby Queen 在 1902 年英美烟草公司成立以前由英国惠尔斯（W.D & H.O. Wills），最初在中国销售时被称为"皇后牌"，在 1905 年的抵制美货风潮中被易名为"大英牌"，以强调其为英国产品，1925 年五卅惨案后的反英运动中再次被改名为"红锡包"，在北方又称"大粉包"。——译者注

② "Pirate 又称"强盗牌"。——译者注

上海的社会分层和品牌选择

尽管民国时期上海的卷烟消费是具有社会包容性的，但和之前在中国城市化的核心地区销售的高端地方烟草一样，根据所选择的品牌，机制烟草产品可以作为地位的象征。在中国市场销售的卷烟中，外国卷烟或者完全使用进口弗吉尼亚烟草在中国制造的卷烟只占总数的一小部分，但它们无疑是最负盛名的。对许多中国消费者而言，工业舶来品非常受欢迎，因为它们与西方和日本的财富和权力联系在一起。国货运动的积极分子试图抵制外国产品的诱惑，支持中国自己工业的发展。虽然这些努力在一定程度上减少了进口卷烟的销量，但从来没有成功扭转中国消费者重视外国品牌，而轻视国产卷烟的倾向。

外籍人士和居住在上海公共租界或法租界的中国经济、政治和文化精英往往购买最昂贵的舶来品，包括英国制造的"茄力克""999牌""555牌"。[41]法国品牌，如FOB，和美国品牌，包括"吉士""好彩""骆驼"，那些有钱人都可以买到。这些高级品牌非常昂贵：1938年"茄力克"的标价为每千支44元。[42]"555牌"在商界很受欢迎，这个品牌在东南亚半岛特别普遍，许多上海资本家在那里做生意。"999牌"比其他品牌的卷烟更长更细，被誉为上海上流社会太太们吸烟的首选。[43]其他稍微便宜一点的高档卷烟，包括英美烟草公司的"白锡包"①和"三炮台"，深受"大商人和失意军阀"的喜爱。[44]这两个品牌的包装都展现了"男子气概"的形象，这无疑符合"寓公"的喜好，他们经常光顾上海歌舞厅、妓院和赌场。[45]白锡包、三炮台和其他类似的本地生产的品牌在上海的许多赌场和高级妓院都是免费赠送的。

在20世纪30年代的中文著作中，进口英国卷烟被认为是高档奢侈品的代表。茅盾（1896—1981年）在他的小说《子夜》中几次提到"茄力克"

---

① Capstan又称"绞盘牌"。——译者注

卷烟，表示上层资产阶级上海生活方式的奢华和堕落。[46]诗人朱湘（1904—1933年）在一篇关于他个人吸烟史的文章中说道，"茄力克"是他吸过最好的卷烟。[47]在上海附近长大的台湾作家琦君（1918—2006年）回忆，她父亲是一个国民党高级官员，习惯把他的"茄力克"和"三九"（999）牌卷烟放在一个玻璃匣子里。当她第一次决定尝试吸烟时，她找她四叔教她。他坚持让她从父亲的藏品里给他拿来一支，而不是吸她二叔提供的红锡包。后来，当他问二叔为什么不吸她父亲喜欢的香味更浓郁的品牌时，他回答说："我们种田人那里抽得起这么好的洋烟，你爸爸是做大官的呀！"[48]

进口卷烟在"启蒙者"的上海亭子间与之在淫乱场所或权力中心同样普遍。许多以这座城市为家的叛逆文化精英和政治异见人士都是烟瘾很大的人。许多人喜欢外国品牌。最著名的是鲁迅（1881—1936年），他和以前的学生许广平（1898—1968年）于1927年在上海定居并一直住在那里。直到1936年因肺结核而去世，鲁迅几乎离不开卷烟。[49]在后来关于鲁迅喜爱吸烟的回忆录里，许广平回忆说，她对初见到鲁迅最鲜活的记忆就是他不停地吸烟，"一支完了又一支"。[50]他没有固定的品牌，通常喜欢可以大量购买（50支或100支一听）的卷烟。20世纪20年代生活在北京和广州的时候，他喜欢英美烟草公司的畅销卷烟（红锡包、老刀和品海）。在上海，"卷烟的选择更多"，鲁迅最喜欢的品牌装在印有一只黑猫图案的红色圆听子里，最可能是"Craven A"（卡雷拉斯有限公司），尽管许广平不记得它的名字。[51]由于这个进口品牌比他通常吸的贵一点，许广平只是偶尔把"黑猫牌"买回家，不过朋友们一次送了鲁迅十来听这个牌子的卷烟。

其他上海作家同样将他们喜爱的外国牌子永远铭记在他们的著作中。林语堂（1895—1976年）喜欢白锡包，他是包括《论语》和《人间世》在内、诸多主张"闲适文学"的上海文学杂志的编辑。[52]朱湘可能喜欢顶级"茄力克"，但他在吸烟生涯中尝试了许多其他牌子。他在美国留学期间开始吸美国烟草公司的"幸中"牌（Lucky Strike）卷烟，回国后就改吸华成烟草公司的美丽牌（My Dear）。"各种的烟卷我都抽到了，"他写道，"舶来品与国货，下号与'Grandeur''Navy cut'与'Straight cut'，橡皮头与非橡皮头，带纸咀的与不带纸咀的，'大炮台'与'大英牌'，纸包与'听'与方铁盒……"[53]

无论是著名的文学人物，还是无名的"亭子间文人"都追求波西米亚的生活方式，而吸食卷烟是其不可或缺的一部分。亭子间是很小的房间，建在弄堂或者许多小市民居住的石库门房子后方的厨房之上。[54]亭子间有自己的入口，并与房子其他的房间分开，通常由卢汉超称为"游民知识分子"的人分租。他们是来自各省的受过教育的单身青年，包括大学和高中学生、自由作家、商业艺术家、剧作家、音乐家等等。一个散文家这样回忆他狭小的住处："吃过晚饭，我的一些单身朋友们过来聊天。小房间里塞满了人——大家屁股挤在椅子上和我的小铁床上。我们抽着烟，高声谈笑，为一些小事争辩不休，轻松自在，无拘无束。"[55]

烟雾缭绕的亭子间也是激进青年和聚会地点和训练场所，他们最终离开上海，加入了中国共产主义运动。许多革命家，包括毛泽东、邓小平和陈毅，终身都是烟不离口的人，早在去延安之前，他们年轻时在上海就养成了这样的习惯。[56]这些胸怀大志的年轻知识分子和革命者可能吸在中国生产的中档卷烟，如美丽、金龙或红锡包。

这些畅销品牌都在上海工厂里生产，采用混合了国产烤烟的顶级进口弗吉尼亚烟草。它们在中档烟中价格偏高。廉价的中档产品，包括华成烟草公司的金鼠牌和南洋兄弟烟草公司的联珠牌，主要受到上海小市民的青睐。[57]这些品牌填充的是混合了国产烤烟的中档弗吉尼亚烟草。其他品牌，如英美烟草公司的前门和哈德门，完全使用的是国产烤烟，也受到中低收入群体的欢迎。[58]杰出散文家梁实秋（1902—1987年）回忆年轻时学吸烟，记得高档卷烟都是进口的，像他自己这样的"普通人"则吸国产品牌，如"联珠"和"前门"。[59]在琦君家里，她的二叔自称是一个普通的"种田人"，他吸"联珠""红锡包"和"长城牌"卷烟。[60]事实上，三大公司（英美烟草公司、南洋兄弟烟草公司和华成烟草公司）生产的中档品牌对大多数农民和劳工而言是遥不可及的，但是城市办公人员的中等阶层可以轻松地购得起这种卷烟。

对于 1931 年在上海生产的所有卷烟，南京政府将其中的 83% 以上都归类为"低档"卷烟（参见表 7）。这些数十亿的廉价卷烟，以无数富有想象力的品牌名称销售，不仅中下阶层唾手可得，甚至城市贫民也可以获取。这些品牌的数量如此之大，因而哪怕对它们的一小部分进行编目都做不到。每个品牌的包装都是独一无二的，尽管小公司经常抄袭畅销品牌的商标、品牌名称或包装，导致卷烟包装在主题、颜色和设计上有很多重复。[61]

最低档的卷烟，由质量低劣的中国烟草制成，用粗糙的纸张包裹，它们在上海比较贫困的外围地区的居民中找到了市场。例如，华成烟草公司的经理发现，在工业化程度较高的闸北区，大多数消费者喜欢华成的"仙女牌"和"花旗牌"①，胜过"金鼠牌"。[62] 几家专门生产极其廉价卷烟的华资公司，特别是鲁信烟草公司：它的"飞女牌"在闸北也很受欢迎，在上海市烟兑同业公会 1938 年发布的建议价格表中处于底端。[63]

民国上海的许多卷烟厂生产了数十亿支卷烟，包装成千变万化的各种品牌和产品类型。这些产品销往整个城市及其所有周边腹地，在小报亭和大百货商店都能买到。从消费者的角度来看，这种获取的便利性和品牌的多元化意味着在质量和价格方面存在广泛的选择。无论富裕还是贫穷，上流还是底层，上海人都吸卷烟。从某种意义上说，烟草消费在这个江苏城市得到了全方位的发展：上层和下层人民正在使用完全相同的尼古丁递送模式，正如文人和劳工在 17 世纪和 18 世纪早期都抽长烟管一样。

---

① "花旗牌"系花旗烟草公司（Tobacco Products Corporation）产品，该公司曾在 1925 年"五卅"惨案后为华成烟草公司代工"金鼠牌"。——译者注

当然，大财阀和成功的企业家不会和劳动阶级的贫民消费同样的卷烟产品。卷烟被排列在有序的品味等级中，将富人和穷人区分开来，就像清代旱烟"品牌"按等级分类一样。对卷烟消费超阶级性的任何潜在焦虑，都可以通过专属品牌、产品差异化和有针对性的市场划分等新的工业手段轻易消除。虽然清代商人将地区商标用于优质旱烟，以此吸引高端客户，但他们没有必要的资金和手段来包装或宣传他们的产品，令其品牌"在街上"立即被识别出来。

表 7：1931 年上海中外烟厂各档卷烟产量表

	华资烟厂产量（5万支箱）	%	外资烟厂产量（5万支箱）	%	中外产量合计	在1931年卷烟总产量中所占比例%
高档烟	120.8	3.70	3143	96.30	3263.8	0.4
中档烟	83767.5	59.49	57037.2	40.51	140804.7	16.1
低档烟	435266.9	59.53	295930.3	40.47	731197.2	83.5
合计	519155.2	59.31	356110.5	40.69	875265.7	100

资料来源：方宪堂，1989年，第115—116页。

卷烟公司不仅在包装盒上印上商标，而且把每支烟都卷在印有公司或品牌名称的纸张里。通过商业品牌化，精英和普通人都可以将卷烟作为他们首选的吸烟模式，因为各种品牌在品质上的差异可以辨别，这使富人即便在公共场合和穷人使用同样的商品，仍可以维持他们的尊严。此外，超过 300 万的城市人口导致人们彼此不明身份。在此背景下，对于向陌生人表露社会地位和个人身份，品牌偏好极为有用。

因此，依靠特定的品牌，在上海大规模生产的卷烟既是社会包容的标志，也是精英特权的象征。过去的其他烟草制品，尤其是旱烟，也是如此。但是，在清代全国范围内，旱烟在空间上是平等的，城市和乡村居民以同样的方式消费（虽然分不同的档次），但在 20 世纪 30 年代，卷烟依然被普遍视为一种城市、"西方"和"现代"生活方式的组成部分，尤其以上海及其独特的"海派"风格为代表。"现代"上海人,无论他们富有、中等收入还是贫穷,都普遍地消费工业卷烟,在他们眼中,这使他们区别于生活在中国其他地方、更加"传统"的同胞,其中还有许多人继续抽传统的"中国"烟袋。

北京的二元烟草市场[①]

20世纪20年代大规模推销的上海吸烟文化或许比其他任何中国城市更具有社会包容性。几乎每个吸烟的上海人都消费卷在纸张中的烟草,包括那些工薪阶层和贫穷的劳工。与在这座大城市生活同样严酷的是,来上海找工作的农村移民只能偶尔买来或者讨到一支卷烟。在天津、广州和其他沿海或沿江的条约口岸城市也是如此。

在条约口岸以外,大规模采用机制卷烟要慢得多。北京就是一个例子。卷烟引进北京的时间比上海晚一些,第一批进口品牌("孔雀""品海"和"自行车")直到1900年左右才得以销售。[64] 辛亥革命迎来了民国初年的"洋服热",此后北京的卷烟销量才有起色。[65] 卷烟和卡其布制服、西装、草帽和皮鞋一起,被许多上层居民视为新时代的象征。卷烟精品店在1911年后不久就开始出现在这座城市的新兴商业区,五年之内,据悉,多达三百家商店销售卷烟。[66] 到1913年,还有小贩在货摊上销售廉价的手工卷烟,这些货摊聚集在靠近城门的外城。[67] 然而,在1937年战争爆发之前,甚至战争爆发以后,这座城市对旱烟的需求依然相当大。

在上海,卷烟在1928年已经基本取代了其他形式的烟草,与之相比,北京烟草贸易依然维持了卷烟和"本土"旱烟的二元格局。这两种贸易各自都有类似但相互排斥的行业组织。[68] 当地烟业同业公会在1931年

---

① 1928年国民政府设立北平特别市,南京国民政府时期"北京"应作"北平"。但因原文使用"北京",加之叙述内容有时涉及1928年以前,所以文中统一译为"北京"。——译者注

一共有 60 家商号（晚清有 400 家）。另外还有约 50 家做旱烟和鼻烟生意的非会员商号在城里经营。北平纸烟业同业公会由 270 家商号组成，还有 150 家企业准备入会。在 20 世纪 30 年代，总共约有 530 家大小批发商号在北京销售烟草制品。

尽管卷烟业显然蒸蒸日上，但本土烟草贸易依然占据了北京市场相当大的份额。"本土"烟草商号每年处理约 150 万斤（75 万公斤）的旱烟，而北京卷烟公司每年销售约 10 亿支。[69] 假设每支卷烟包含约 0.75 克烟草，那么以卷烟形式消费的烟草数量（75 万公斤）与用烟袋消费的数量大致相等。由于城市人口在 150 万的范围内，[70] 烟叶和卷烟的年人均消费量大约为 1 斤（500 克，或略多于 1 磅）。卷烟的年人均消费量大约为 670 支，或每人每天 2 支，虽然是个不小的数字，但仍是同一时期上海每人每天消费卷烟数量的大约一半。

在 20 世纪 30 年代，北京的经济在几个重要的方面与上海有所不同，这些方面延缓了卷烟的大量消费。首先，北京本身不是卷烟的工业产地：两家早期企业——成立于 1905 年的北京爱国纸烟厂和成立于 1906 年的北京大象卷烟厂，都仅在经营几年后就倒闭了。[71] 北京有几家手工卷制廉价卷烟的工厂，而且这座城市充满活力的回收文化意味着，即便是烟头里残存的烟草也被再次出售。正如第六章所述，国民党在 1934 年以后将卷烟制造业限制在特定的几个城市，而北京并不在此之列。[72] 因此，北京没有机械化的卷烟工厂，直到 1940 年日本人建立了一个。[73] 所有在北京销售的卷烟（手工卷制的除外）必须从国外进口，或者在上海、天津或汉口生产。对北京的消费者而言，这显然提高了机制卷烟的价格。

其次，与上海相比，北京的居民总体上相当贫穷。在上海，领取薪水的"小市民"构成了一个相当庞大的中间阶层，他们拥有足够的可支配收入去购买中档卷烟，而在北京，将近四分之三的居民挣扎在贫困线上。工作收入低下的穷人约占居民的 47%，真正的弱势群体占 9%，赤贫人口占 17%。另外约 22% 的人口——小店老板、教师和职位较低的官员依然接近贫困的边缘,他们与上海小市民有些类似,只是不那么富裕。"有钱人"包括巨富(富裕的商人、银行家和高级官员)、城市专业阶层和文化精英——公务员、教授、大学生、作家和其他知识分子,他们只占人口的不到5%。[74] 1928年,在国民党迁都南京之后,构成北京社会富裕阶层的许多公务员都离开了这座城市。此后,北京的社会结构变得更加偏重底层。

由于这座城市缺乏工业,而且社会结构偏重底层,北京居民在整体上拥有较少的可支配收入,可以用于购买卷烟之类的非必需品。居民收入的很大一部分用于购买食物和必须从中国其他地区输入的机制纺织品。除了几乎每户家庭都使用的煤油和机织棉外,鲜有北京家庭拥有机制产品。[75] 相反,器皿和基本的家庭用品通常是当地生产的手工制品。尽管最穷的北京居民也购买烟草——这是低收入人群享用的少数日常奢侈品之一,不过许多人还是继续购买最便宜的旱烟,而不是从沿海地区引进的机制卷烟。

机制卷烟未能进入许多普通北京居民家里还有一个原因,与这座城市的商业空间布局有关。[76] 在上海,销售工业制品的零售商店几乎遍布所有的街区。与之不同的是,在北京,这样的商品只在王府井、西单和前门等高档购物区销售。这三个地方的百货公司、商铺和精品店是高端进口工业产品的主要供应商,它们位于"市中心"——靠近过去的内城,最富裕的居民仍居住在这里,而且离使馆区不远。不仅这些设施的位置对大多数不那么富裕的北京居民而言不够便利,而且它们高档而现代的外观令许多人望而却步。事实上,如果他们冒险进去,衣衫褴褛的人很快就会被扫地出门。大多数人喜欢离家近一点的地方购物,在本地的货摊或者附近的庙市,这些地方出售更常见、更便宜的当地手工制品,可以满足家庭的日常所需。

北京没有上海的那种街坊"烟纸店"。烟草零售由专门的卷烟店和长期存在的烟店分担。不销售卷烟的传统烟店,直到民国时期,在这座城市的许多地方都能找到，无论是在主要的街道旁，还是在四通八达的胡同里。[77] 专门的卷烟批发商和零售店从20世纪头十年开始就出现在这座城市里，但由于较大的烟草公司通常会和批发商签订独家合同，因此这些商店往往只销售一家公司的品牌。[78] 北京的零售店数量不多，这意味着北京消费者的选择通常要少得多。

　　北京销售的廉价品牌要比上海少得多，这也限制了消费者的选择。如上所述，这座城市没有本地投资和经营的中国卷烟厂。而英美烟草公司主导了销量，1931年在北京占据了59%的市场份额。[79] 20世纪30年代，南洋兄弟烟草公司的卷烟在北京的销量虽然不如英美烟草公司的品牌，但也卖得不错。[80] 东亚烟草株式会社则输入它在东北和天津的工厂生产的卷烟，一些较小的天津和上海的公司可能也是如此。永泰和烟草公司（英美烟草公司的中国子公司）在这座城市相当活跃，和在其他地方一样，红锡包在北京也是最畅销的品牌。[81] 其他流行的品牌包括（英美烟草公司）"品海""孔雀"、（东亚烟草株式会社）"云龙"和（南洋兄弟烟草公司）"长城"。[82] 英美烟草公司的中档品牌"双刀"和（大）"前门"都很常见。（大）"三炮台"和"茄力克"卷烟在北京是最贵的，和在上海的情况如出一辙。

　　虽然北京和上海的有钱人可以买到相同品牌的卷烟，但坐落于长江三角洲的小型华资工厂生产的廉价卷烟却不能提供给北京的底层消费者。诚然，许多小商小贩在大多城市居民喜爱的庙市上销售廉价卷烟。然而，这些卷烟并不是在工厂里生产的。有些可能是在城里或郊区的作坊里手工卷制的。[83] 天桥是众所周知的跳蚤市场和天坛附近受欢迎的娱乐区，那里有四家专卖廉价卷烟的商店，以及众多销售卷烟的摊位。[84] 天桥的商家以欺诈而著称，而且人们普遍认为在那里购买的名牌卷烟是冒牌货，这种看法或许没错。至少一些在天桥销售的卷烟是用从烟头里回收的烟草卷制的，而这些烟头则是从剧院的地板上清扫出来的。还有许多买家声称这些商人经常少找零钱，而且卷烟摊位从不给足顾客付钱购买的卷烟。[85]

在扩张性的全球资本主义的年代，北京作为一个非工业化城市所面临的特定经济现实是造成其二元化烟草市场的主要原因。北京一度是华北充满活力的长途贸易网络的关键节点，但到了 20 世纪 30 年代，北京已经是一个经济衰退的城市。大多数居民的生活极端贫困。尽管穷人也购买烟草，但许多人继续购买最便宜的旱烟，而不是从沿海制造业中心输入的卷烟。根据北京零售业的分布，舶来品和国内生产的工业产品往往只在有限地点的特定商店销售，对于北京的烟草消费者而言，机制卷烟不像在上海那样容易获取。大多数人在庙市购物，在那里做生意的烟贩被怀疑欺诈，而且他们的商品可能不像旱烟那样对消费者有吸引力，因为旱烟可以现场称重并立即评估质量。所有的这些因素都延缓了这座故都在 1949 年之前形成一个真正的大众卷烟市场。

北京烟草消费模式的社会分层

旱烟和卷烟在民国时期的北京都有销路，但这两类产品的消费者大体上具有不同的社会经济背景。虽然许多甚至大多数北京居民在 20 世纪 30 年代购买烟草，但名牌卷烟似乎主要还是由上层精英或城市专业人士购买的，他们分享了以"市中心"百货商场和专业零售店为中心的新兴工业消费文化。当然，许多穷人也吸廉价的手工卷烟，但更多人由于上一章陈述的理由而继续青睐旱烟。对于 20 世纪 30 年代的许多北京消费者来说，卷烟仍是一种为客人或特殊场合准备的奢侈品。

20 世纪 20 年代末和 30 年代初在北京进行的调查表明，尽管和预期的一样，大多数家庭购买烟草，但这项花费在总收入中所占的比例还是因收入群体而异。对于那些工资收入在较低档次的家庭而言，这项花费处于最低水平。许多北京家庭使用其总收入的 70% 以上购买食物，只有 3% 至 8% 被用于杂项，包括教育、卫生费用（肥皂、牙膏等）、礼品和其他交际费（婚礼和葬礼）、差饷和服务费（清理粪便、街道照明和清洁）、工具和交通，以及烟酒之类的日常奢侈品。[86] 在1926至1927年间进行的一项研究中，西德尼·甘博（Sidney Gamble）发现，77%的被调查家庭（283户家庭中的217户）购买某种烟草。那些每月收入为29元或更少的家庭，花费在烟草上的钱通常要少于中产阶级家庭。在那些每月收入超过100元的家庭和那些收入最低的家庭之间，差异尤其明显：收入较高家庭在烟草上的平均花费是收入较低家庭的8倍。高收入群体中的家庭要么买更多的烟草，要么买更贵的烟草制品（机制雪茄和卷烟）。他们很可能双管齐下（参见表8）。

表8：按月收入组283户北京家庭中217户年均烟草开支（1927—1937年）

单位：中国元

月收入*	平均烟草开支
5—29	2.37
30—99	7.19
100+	18.55

资料来源：甘博，1933年，第337页。
*135户家庭，或者48%的家庭月收入少于29元；39%的家庭月收入在30元至99元之间，13%的家庭月收入100元以上。甘博的调查并未表明在每个收入群体中有多少家庭购买烟草。

在北京进行这些调查的社会学家并不总是将卷烟从笼统的烟草中区分出来。他们也没有统一区分昂贵的水烟和比较便宜的旱烟。因此，很难仅根据这些研究来判断收入较高家庭在烟草上较多的支出是用来购买机制卷烟，还是其他形式的烟草。然而，1930年的政府税收数据表明，当时在这座城市销售的卷烟价值要远高于水烟：这一年卷烟的销售额为856789元，而水烟的销售额仅为4906.4元。[87] 此外，1930年输入这座城市的水烟总重量仅为67059斤（73920磅），而输入旱烟的重量为718602斤（792123

磅)。似乎卷烟取代水烟的速度要比取代旱烟快,水烟是精英的传统偏好,而旱烟是普通人通常消费的烟草类型。

这项统计数据所呈现的烟草消费的二元化社会经济模式,可以通过甘博调查中对单个家庭预算的描述得以印证。许多最贫穷的家庭将他们极为有限收入的一部分用于购买旱烟。例如,一个生活窘迫的七口之家,家长是一个 45 岁的黄包车夫,他要养活他的妻子、母亲、两儿两女,他每个月的收入为 19 元。这个人力车夫原本拥有自己的黄包车,但他病了两个月之后,不得不以 17 元的价格把车卖掉。这笔钱和他妻子通过洗衣服挣的其他收入都不足以弥补因他生病造成的损失,所以这家人卖了一个女儿(之前他们送走了另外两个孩子)。

这户家庭收入的 66% 都用于购买食物,其中一半以上是廉价的玉米面。另外 12% 用于购买染料和水,2.3% 用于服装,5.6% 用于付租金。即便如此,这个黄包车夫每月花 21 个铜板购买旱烟。[88]

那些经济状况稍好的家庭比极度贫困的家庭花费了更多的收入购买烟草制品,而且他们可能持续购买卷烟,而不是旱烟。例如,一对没有子女的年轻夫妇,男人 30 岁,女人 28 岁,他们唯一的收入来自于出租房子,平均月收入为 54 元。他们拥有自己的家,仅将年收入的 26% 用于食物。他们对肉类的支出非常高——占食物总预算的 24%。他们在服装上的花费比他们所在收入群体的平均水平高出 65%,而且他们用于消遣的花费多达 119.45 元(占其总预算的 17%)。其中烟草制品每月 2.35 元,赌博输钱 2 元,鸦片 25 元。[89]

我们不能肯定这个两口之家购买的机制卷烟比旱烟多,因为甘博在这个案例中没有区分旱烟和卷烟。我们的确知道几户家庭为婚礼、寿宴和葬礼之类的特殊场合购买卷烟,而不是旱烟。有些家庭在这样的场合向他们的客人提供旱烟,但卷烟显然更加昂贵,只有比较富裕的家庭才会购买。聚会和葬礼对旱烟的开支通常不到 1 元,而对卷烟的开支却一般在 7 元以上。此外,当庆祝活动在新式餐厅,而不是在通常为这些活动专门搭建的席棚里举行时，人们更有可能选择卷烟。选择哪种烟草产品招待婚礼来宾似乎主要取决于收入：穷人提供旱烟，而经济状况好一些的则花钱购买卷烟。[90]

当然，这并不是说较穷的北京居民完全不吸卷烟。有充分的证据表明，在民国时期的北京，就像中国许多其他地区一样，出现了底层的卷烟消费者。例如，范妮·威克斯（Fannie Wickes）在描述她在"北京最近的邻居们"——"多半是贫困阶层家庭"时，就提到一个人力车夫和他"烟不离口的邋遢妻子"。[91]街对面住着一个士兵的家庭，威克斯夫人将之描述为"真正的胡同精英"。士兵的母亲和年轻的妻子"穿着绸缎衣服，轮流吸着水烟，她们偶尔也吸卷烟"。在浦爱达（Ida Pruitt）关于一个底层妇女的经典传记中，主角宁老太太平时抽烟袋，但她也乐于偶尔享用浦爱达在采访时给她的卷烟。[92]许多照片记录了底层居民的卷烟消费，在甘博拍摄的一张照片上，一个显然贫困的男孩嘴里衔着一支粗糙的手工卷烟（参见图7）。

到20世纪30年代，城市贫民不必购买沿海地区输入的工业卷烟，就可以用很多方法模仿精英和中产阶级的吸烟文化。虽然北京没有卷烟厂，但它确实有几个手工卷烟作坊，制造更便宜的品牌：这些设施可能向城市居民提供了大量廉价卷烟。广泛的回收网络对这座城市的经济至关重要，非常贫穷的人还可以通过回收网络获取廉价卷烟。[93]城市剧院里的清洁工收集地板上的烟头，然后卖给天桥的卷烟摊重新卷制，以此赚钱。[94]收废纸的人在这座城市司空见惯，他们把垃圾中的卷烟盒挑选出来，可能装上冒牌手工卷烟再次销售。茶馆、旅店和商店都试图通过向路人分发免费卷烟来招揽顾客，这些地方成了穷人获取机制卷烟的另一个来源。有些人甚至可能会寻找城市街道上被丢弃的烟头，吸尽最后一口烟。

1937年日本军队入侵并占领这座城市之后，全市的机制卷烟消费量可能有所增加。[95]1940年，日本人在东部郊区建立了一家卷烟厂，每年可以生产75亿支卷烟。其中大部分被卖给日本士兵，但也有小部分进入

图7：西德尼·甘博:"施粥，抽烟的男孩和其他人"，北京，1917—1919年。西德尼·甘博摄；纪实艺术档案；杜克大学（222—1243号）。经允许使用

了这座城市的市场。1945年战争结束后，北京建立了几家小型卷烟厂，但即使在20世纪40年代末，北京总体的卷烟消费量依然很低。当共产党在1949年10月接管北京时，这座城市中机制卷烟厂的数量从8家增加到17家，而手工卷烟作坊的数量从2家增加至73家。

尽管如此，当年北京机制卷烟的销量约为12.5亿支，或每人每天仅为1.5支左右。到1959年，北京机制卷烟的销量增加到55亿支，或每人每天4支卷烟，略低于20世纪30年代上海的卷烟消费量。[96]

有一种观点认为，北京在中国从农耕的过去向工业化的未来发展的轨道上落后于上海，北京的人均卷烟消费水平低于上海体现了北京落后的程

度。在做出以上推测之前，我们应该记得这一时期华北卷烟生产和消费所涉及的复杂性。20 世纪 20 年代末和 30 年代，在北京周边地区和其他地方一样，手工卷烟的生产量和消费量都急剧上升。[97] 北京及其郊区的小手工业开始以行之有效的方式生产许多新式商品，卷烟就是其中之一。正如来自沿海地区的其他工业制品刺激消费并促进当地生产，工业卷烟的出现也促使当地建立了手工卷制廉价卷烟的作坊。

根据董玥（Madeleine Yue Dong）在分析民国时期北京其他消费品的生产设施时所使用的论证线索，我们应该注意到这些手工工场不仅是帝制时期的残余；卷烟的手工生产在 20 世纪 20 年代和 30 年代对这座城市而言是新生事物，针织毛巾和短袜之类其他廉价日用品的生产也是如此。[98] 在这种意义上，北京"在其融入新的全球经济方面，并不落后于其他沿海地区"。[99] 就像手工作坊里卷烟的混合生产，以及用"传统"方式生产的许多其他"现代"产品所表达的，新旧之间的动态关系在北京造成了生产和消费的新模式，在上海也是如此。在一个联系更加紧密的世界体系中，两座城市的消费者都受到全球资本主义工业生产的影响，尽管方式截然不同。

20世纪30年代河北定县的烟草消费模式

20 世纪 30 年代，在广大中国农村地区普遍可以买到机制卷烟。但就像在北京一样，旱烟的价格比工业生产的卷烟要低廉，因此对于农村贫困人口而言，旱烟更加实惠。因为有关民国时期小城镇和乡村社群实际消费行为的信息难以获取，所以主要城市之外的人均吸烟率也就不得而知。然而，得到充分研究的河北省定县的有限数据表明，20 世纪 30 年代农业家庭消费旱烟确实比机制卷烟更加普遍。定县是晏阳初（1893—1990 年）在1926 年至 1937 年开展平民教育运动并开办乡村建设学院的总部和中心，[100] 也是 20 世纪 20 年代末和 30 年代初几次广泛社会调查的地点，其中包括

1928 年至 1929 年进行的一次关于农业家庭预算的调查。在甘博的资助和李景汉（Franklin C. H. Lee）的领导下，调查人员收集了三个村庄 34 户家庭为期一年的每日收支账目。这个样本绝不是随机的：虽然没有一户家庭是雇佣劳动力的地主，但所有的家庭都拥有土地，较之于一般家庭，他们基本上都属于收入较高的群体。尽管如此，这些经济状况较好的农村家庭中只有 35%（34 户中的 12 户）购买卷烟。相比之下，76% 的家庭（34 户中的 26 户）每年平均购买 6.3 斤（6.8 磅）旱烟。[101]

虽然在这些调查结果的中文版本和后来甘博编纂的英文账目之间存在差异，但两者都发现在购买卷烟的 12 户家庭中，人均卷烟消费率相对较低。[102] 1933 年在中国发表的原始调查结果发现，在全年中，这 12 户家庭（平均每户家庭 6 口人，或者 72 名潜在吸烟者）平均每户仅购买 7.7 包十支装的卷烟。按人均基准计算，每人每年仅消费 12.83 支卷烟，或者每天 0.04 支卷烟。甘博更加细致地将同样的调查数据制作成了表格，在此基础上计算出的人均卷烟消费量更高：全年所有 12 户家庭共消费 262 包十支装卷烟（每年每户家庭 21.83 包）。据此，每人每年 36 支卷烟，但每人每天的消费量仍然少于一支（0.10）。当然，可能每户家庭实际上只有一两个成员消费卷烟——很可能是男性家长，所以每个吸烟者的日常消费量可能会高一点儿。这些家庭购买卷烟，也有可能主要是为了招待客人，而不是自己消费。

作为如此宽泛结论的基础，12 户家庭无疑是一个非常小的样本规模。然而，定县调查的其他信息同样表明，该县的人均卷烟消费率相对较低。经营定县所有卷烟输入（从沿海地区）的批发商报告说，全县的月消费量约为 500 万支卷烟。由于人口约为 40 万，该县人均卷烟消费量约为每人每年 150 支卷烟，或者每人每天少于一支卷烟。这些人均数据与 1930 年至 1931 年南京政府卷烟统税局估算的全国卷烟消费量一致（参见前文的讨论）。[103]

定县的卷烟消费水平低于上海,这不能以缺乏获取卷烟的机会来解释。无论是工业生产的卷烟,还是手工制作的卷烟,都很容易在定县买到:该县位于保定和石家庄之间的铁路沿线,距离北京几百公里,有两个卷烟经销商,以及三家烟店。这里还有一家雇佣了 6 名工人的卷烟作坊。[104] 在每月举办 12 次的集市上,11 个路边摊贩销售卷烟,在非集市日,6 家烟摊一直在核心市镇营业。在该县几个较小的集镇和该县的庙会上也有卷烟销售。在小鹿庄举办的参加者众多的年度集会上,14 个货摊出售各类食品,其中 3 个卖肉,3 个卖酒,3 个卖茶,有 11 个销售卷烟。[105]

在定县可以买到的品牌包括颐中烟草公司(英美烟草公司)的"哈德门""婴孩""雄鸡"和"双刀"。每盒十支装卷烟的价格在 3.5 分至 6 分之间。[106] 在 1930 年 7 月至 1934 年 6 月期间,一包十支装哈德门卷烟在定县的平均价格为 6.8 分。一包十支装婴孩牌卷烟的平均售价为 5.4 分,一包十支装雄鸡牌的平均价格为 4.3 分。[107] 在上海,哈德门属于价格较低的卷烟。而在定县,哈德门似乎已经属于售价较高的卷烟品牌。这表明定县的大多数卷烟消费者根本买不起上海销售的更加昂贵的卷烟。

定县的许多地方都提供名牌卷烟,但购买这些卷烟的居民似乎相对较少。而农村家庭一般都购买当地种植的烟草。对于那些确实购买烟草的家庭而言,旱烟当然比卷烟更加实惠。(在接受调查的 34 户家庭中)12 户购买卷烟的家庭为每包十支装的卷烟平均花费 5 分钱;在全年过程中,他们为总共 21.8 包十支装卷烟平均花费 1.09 元。假设每支卷烟含有 0.75 克烟草,那么每年支出 1 元可以购买 150 克烟草,或者三分之一磅烟草。相比之下,购买旱烟的 26 户家庭全年平均花费了 1.03 元。这项开销稍小,但购买的烟草却增加了 20 多倍(6.8 磅)。[108] 花钱购买烟酒的家庭很少,无论他们的收入高低。[109] 在接受调查的 34 户家庭的总收入中,这些支出仅占 1% 甚至更少(参见表 9)。

表9：按收入组34户定县家庭年均烟酒开支（1928—1929年）

收支单位为中国元

	家庭数量	每户家庭平均总收入	烟酒开支	烟酒开支在总收入中所占比例
100—199	8	166.75	0.95	0.6
200—299	9	262.65	1.19	0.5
300—399	14	345.00	3.51	1.0
400—500	3	454.65	2.88	0.6
总数或平均数	34	290.95	2.24	0.7

资料来源：甘博，1954年，第118、123页。

来自定县的证据表明，吸烟习惯的城乡差异是20世纪30年代存在于城乡之间的现实经济分化的一种表现。诚然，定县在许多方面都是一个非典型的农村社区。早在民国初年，正在进行现代化建设的国民政府就将其评为"模范"县，因为具有改革思想的地方官已经成功开展了反对缠足和民众宗教习俗的运动。[110]

随后该县努力在每个村庄建立了小学，并将传统书院改造成新式学校。由于定县离北京较近——乘火车大约六或七个小时，平民教育运动的实验项目促使30多个城市知识分子和专业研究人员及其家属来县城居住。在一个约有11500人的城镇，这200人必然引人注目。[111]此外，在20世纪30年代初，来自北京的游客——朋友、政治游客、记者和官员不断来到定县，观察该地区正在进行的社会和农业实验。[112]

定县像20世纪初的许多其他中国农业社区一样，直接加入了全球生产线。1931年至1932年的世界大萧条和日本侵略造成的不稳定开始破坏地方经济，在这之前，定县的织工就已经使用来自印度、澳大利亚和上海的棉纱来织布。定县出产的棉布直接输出到东北，并且通过天津和石家庄间接出口到国外市场。因此，在定县这样的地方销售的工业卷烟和更广阔的区域、全国和全球网络有直接的经济和文化联系,这也稀松平常。或许更令人惊讶的是,在20世纪20年代和30年代,即便在这样与外界关系密切的农村社区,人均卷烟消费水平依然相对较低。

当地民众接受机制卷烟的程度通常被作为衡量民国时期工业产品实际到达农村地区和社会经济底层程度的一个指标。在关于英美烟草公司商业史的杰出著作中,高家龙认为,英美烟草公司广泛的销售和配送网络,连同该公司灵活变通的定价策略,使它几乎从世纪初开始就能将其产品销售给内地贫穷的农民。他写道:"早在1911年,[卷烟消费]就已经渗透到社会下层,而且在穷人当中变得司空见惯,[一个观察者]注意到,干重活儿的轿夫、货运马车夫和其他运输工不是以里数,而是以途中抽烟的支数来估从起点到终点的距离"。[113] 高家龙关于贫穷农村吸烟者的大量事实证据表明,机制卷烟是民国时期中国各地,无论地点和阶级都普遍消费的少数工业制品之一,以上所举只是其中一个例子。高家龙本人对运用这一证据非常谨慎,他指出本土烟业具有显著的持久力,而且离通商口岸越远,出现的机制卷烟就越少。[114] 而其他的学者则没有那么明智,他们大胆地断言,到20世纪30年代,现成的卷烟已经成为一种大众消费品,不仅被现代市民,也被"贫穷的城市居民"和"传统农民"消费。[115]

虽然卷烟在民国时期的中国确实广泛存在,但我们不应该假设这几十年中消费的所有卷烟都是在机械化的工厂里生产的。与旱烟的类别相似,卷烟从来不是没有差别的,而是包括各种不同的产品,不仅有英美烟草公司和其他外国公司生产的,还有小型中国公司、手工卷户制造的,以及冒牌货。1911年以吸烟的支数来估算距离的"轿夫和货运马车夫"可能已经吸食了用"土"烟制造,并用回收报纸包裹的粗劣卷烟。衔着卷烟的北京人力车夫可能已经吸食了在天桥集市买的重新卷制的假冒"品牌"。

事实上,1925年以后突然出现了许多本土化的手工卷烟作坊,这导致"盗用"品牌名称的现象愈演愈烈,也意味着中国消费者在小城镇和村庄也可以买到廉价的"名牌"卷烟,就像在大城市一样。因此,在20世纪 20 年代和 30 年代，越来越多的乡村民众和城市贫民可能转而消费廉价卷烟。手工卷烟在 1934 年占据了 25% 的市场份额，这显然让人联想到这种底层和农村消费的扩张。手工卷烟在征税时被归入"土"烟类，但并未显示在民国时期关于卷烟生产或消费的统计信息里。由于这个原因，本章提供的人均卷烟消费数据并不包括手工卷烟。因此，几乎可以确定的是，消费粗劣卷烟的劳动者和贫苦农民要比这些不完整数据显示的多得多。然而，不应该忘记的是，底层吸烟者口中的廉价冒牌手工卷烟可能看起来与机制卷烟差不多，甚至一模一样。这个事实可能导致观察者推断，在遥远的中国或美国工厂里生产的卷烟，现实中可能来自附近的手工作坊或者非法商贩的城市窝点。

中国卷烟贸易的多面性——当地制造或仿冒的品牌与远方工厂制造的烟草产品在销售上的重叠，使"畅销"卷烟的故事及其在 20 世纪中国"现代"消费主义兴起过程中的作用变得更加复杂。有些研究认为工业卷烟在 20 世纪 30 年代已经拥有一个真正的全国性大众消费市场。与之不同的是，本研究发现烟草消费模式中显著的空间和社会经济差异在清代就显而易见，并且在 20 世纪仍持续存在。在此处考察的三个个案中，只有在上海，底层消费者才真正购买机制卷烟。在北京和定县，机制卷烟似乎主要只由经济更有保障的家庭购买。受到"现代"卷烟普遍的广告宣传和媒体形象的启发，许多农村居民和城市劳动者可能非常渴望吸食这种用机器巧妙卷制的新式烟草。许多人可能通过消费廉价手工卷烟或者回收产品来满足这种需求。然而，对于绝大多数中国消费者而言，"本土"烟草依然比"时髦"的工业卷烟便宜得多。

第八章　都市的卷烟和乡村的烟袋
民国时期吸烟的文学表达

上一章概述了吸烟习惯的社会分层和空间分化，这构成了中国日益加剧的城乡差别的一部分，这种差异到了20世纪30年代已经变得"显著而真实"。[1] 20世纪初，条约口岸的工业化加速了沿海地区的城市化。[2] 由于城市的生活水平相对高于农村地区，城市比乡村更适宜居住的观念已在清末传播开来，此时更是深入人心。数百万的农村移民迁居到城市，他们向往在工厂工作并期待过上更好的生活。定居多年的"市民"和新移民在举止和打扮上形成鲜明对比，这加剧了大都市对"土包子"及其传统习惯的鄙夷。[3] 此时，那些主要与农村有关的风俗习惯（如缠足、民间宗教和包办婚姻）在久居城市的人的眼中日益沦为农耕中国裹足不前的明证，与工业化的西方世界和现代化的中国城市格格不入。作为城乡连续体曾经广泛共享的一种文化习俗，抽烟袋同样被许多城市居民视为中国传统农村社会的旧式"残余"，在现代世界中没有容身之地。

20世纪上半叶，吸烟习惯出现了地域性差异，工业城市和农村之间生活水平的差距为之提供了物质基础。如上一章所述，在20世纪30年代，对机制卷烟具有社会包容性的大众市场只存在于上海和少数其他沿海条约口岸。在内地的非工业城市和小城镇，机制卷烟主要由相对富裕的少数人消费。对于绝大多数中国吸烟者来说，烟丝是更加经济的选择。烟草消费的这些社会和空间差异，主要起源于区域经济的不平等和贫富差距，并且通过民国时期媒体对不同吸烟习惯的诸多文化表达而得以加强。在电影、杂志、报纸和烟草广告中，卷烟一直被描绘成西方舶来品，主要吸引城市里紧跟时尚的世界公民。相形之下，烟袋被认为是一种乡下的遗迹，只有文化保守派才会使用，他们通常居住在时间似乎定格的落后地区。

"城市卷烟"和"乡村烟袋"的表述在大众文化和高雅文化中均普遍存在，这在民国时期的文献中尤其明显。作为中国邂逅工业化西方的典型象征，卷烟在许多20世纪作家的作品里占据显著地位，其中大多数作者都以某种方式论及乡土中国群体融入全球化资本主义经济的主题。一些立足于上海的作家，特别是那些"海派"风格的实践者，将卷烟奉为在中国新兴的现代性的象征。对他们而言，烟袋本身原本是一种舶来品，现在却被降格为地道中国的、但完全过时的农村形象。其他"京派"风格的作家，则哀叹卷烟取代烟袋所象征的变革，这些作家一直对外国帝国主义和城市化所造成的道德堕落而感到担忧，因此他们将"西方"卷烟塑造成堕落的并且腐蚀中国固有价值观的形象。长柄的"乡村烟袋"在此时被美化为中国文化的结晶，并被想象成存在于颓废城市之外、田园乡村之中民风淳朴的象征。

这种对烟草制品象征性的使用，将理想西方化的城市景观与正宗但静止的故乡区分开来，这并不是民国时期的中国所特有的。事实上，在受到外国占领威胁或已经被外国占领的其他国家，受过教育的精英也将"传统本土"的吸烟方式区别于"现代"的预先卷制好的香烟。[4] 跨国烟草广告和好莱坞电影突出吸卷烟的迷人演员，只是强调了这一信息。卷烟作为典型的现代商品，其全球化图景通过提示消费烟草的方式有进步（文明）和退步（不文明）之分，反过来塑造了地方的消费习惯。许多中国的吸烟者相信，为了变得摩登，他们现在不得不点燃包裹在进口纸张中的烟丝，而不是通过乡土的竹管来吸烟。

"现代"卷烟的社会结构

尽管机制卷烟外形标准，在工厂中生产，并且具有便携性，但它在本质上并不比其他类型的烟草制品更"现代"。而一些学者则认为卷烟的物理设计特别适合现代社会。[5] 诚然，卷烟的尺寸较小而且分量较轻，这意味着一个人可以容易地将之衔在嘴里，而与此同时腾出手做其他事情。这种特性使得卷烟受到在工厂或办公室工作的城市阶级的欢迎。事实上，有些人将卷烟视为现代工业生产力的一种必要改进，因为它的易用性和刺激性（只有温和而短暂的效果）使工人能在吸烟的同时集中精力完成手头的任务。人们通常认为其他抽烟的形式只有在长时间空闲的时候才能进行，因此更适合生活节奏较慢的农业社会。[6]

有人认为卷烟具有精炼表达"现代"特征的属性，这一观点忽视了一个事实，即吸食整洁地卷在纸张里的烟草并非工业时代的创新（参见第六章）。此外，造成了国际品味从鼻烟、嚼烟和烟丝向卷烟的转变的，最初并非是由西方工厂大规模生产的卷烟而是中东企业卷制的高端奢侈香烟。[7] 要想在享受烟草的同时完成多项任务，卷烟也不是唯一便利的方式。其他的抽烟形式——吸鼻烟和嚼烟草提供了类似的向身体输送尼古丁的快捷方式。嚼烟是美国历史上使用烟草最常见的形式，只需放在脸颊和牙龈之间就可以享用。鼻烟同样不需要任何准备，只要简单地靠近鼻子并吸入即可（虽然需要为不雅观的鼻水准备一条手帕）。用烟袋也可以便捷地抽烟。19世纪真正具有革命性、使吸烟者能够加快吸烟速度的产品不是卷烟本身而是火柴。在1844年安全火柴发明之前，世界各地的吸烟者使用取火盒来点燃木质或纸的捻子，然后再用它们来点燃烟草，这是一个相对缓慢和繁琐的过程，可能要花费几分钟。[8] 安全火柴在19世纪60年代首次进口到中国。不可否认的是，火柴使吸烟更加高效，并使吸烟者在任何地方都能以最便利的方式点着烟袋或卷烟。[9]

卷烟被认为在某种程度上独一无二地代表了现代性，这种看法的出现与其说是由于卷烟本身固有的特性而产生，不如说是萌生于卷烟在快速工业化和帝国主义蔓延的时代所建构起来的强大社会意义。虽然卷制烟草起源于美洲印第安人，并在工业革命之前被不同的文化多次改造，但是一旦卷烟在英美工厂内用机器制造,它就作为一种独特的西方商品在世界上取得了标志性的身份。卷烟公司发现,宣传其产品十分便利和"卫生"是有利的,因为这两种特性受到20世纪初消费者的重视。希望将自己塑造成进步和新式的吸烟者,无论在纽约还是上海,都很容易被这种旧产品重塑的新形式所吸引。受过良好教育的精英在很多社会都是先锋烟民,他们认为卷烟之所以在全球范围获得成功,是由于它独特的物理形态和性能满足了快速现代生活的特殊需求。社会学家和历史学家很快接受了这种看法。

卷烟在中国不是唯一的舶来品,即使当时的中国人也这样认为。如前所述,在中国流通的第一批卷烟是在马尼拉用吕宋烟草手工卷制,并由西班牙和拉丁美洲混血族群在菲律宾居住的华侨进口到大陆。1900年以后中国消费的绝大多数卷烟实际上是用国产烟草制成的低档廉价品牌。可以肯定的是,这些卷烟中的很大一部分是由英美烟草公司或它的中国合作者们制造的。然而,到了20世纪30年代,华资烟草公司和手工卷烟作坊控制了卷烟市场的很大份额。如前几章所述,中国吸烟者在20世纪30年代消费的卷烟至少有四分之一是用国产卷烟手工卷制的。尽管近代中国卷烟市场的实际状况十分复杂,但在民国时期的文化表达中,卷烟总是被想象成一种外国物品,只有那些受到特定西化生活方式影响的人才会消费。相比之下,烟袋被怀旧地渲染成一种过去年代的正宗中国物产。

上海城市想象中的卷烟

在中国现代主义文学中,特别是在与海派(或曰上海风格)相关的著作中,卷烟首先被视为现代城市景观。立足于上海的作家,尤其是那些为文学期刊或大众杂志撰写短篇白话文的作家,在20世纪20年代和30年代初经常选择卷烟作为主题。诸如林语堂的《论语》等期刊贡献了有关吸烟的诙谐见解。林语堂自己在1929年和1935年之间写了许多关于吸烟乐趣的文章，包括一篇论戒烟"不道德"的讽刺名文。[10] 在这篇文章中，林语堂指出，"偏离"吸烟的道路而屈服于戒烟的"诱惑"三个星期之后，他兴高采烈地派仆人出去买一包白锡包。

新月社的作家也开始注意卷烟，将之作为他们所崇尚的某些西方价值观和意识形态的象征。例如，接受英式教育的浪漫诗人徐志摩（1897—1931）在1926年写了一篇题为《吸烟与文化》的文章，发表在新月派杂志《晨报副刊》上。[11] 这篇文章颂扬牛津大学和剑桥大学烟雾缭绕的沙龙（徐志摩曾在剑桥大学学习了两年），培养了伟大的英国政治家、学者、诗人、艺术家和科学家的才能。徐志摩表示，中国的大学也可以利用一点儿他所谓的"抽烟主义"，他的意思是一边进行立场鲜明的争辩和讨论，一边连续不断的吸烟，来开阔学生的眼界并唤醒他们的自我意识，就像剑桥对他所做的那样。

在现代派和新感觉派的几位上海作家的作品中，香烟的意象也至关重要。这些作家以他们对上海都市环境的印象派描述而闻名，他们用名牌卷烟以及其他商品来凸显现代都市文化的物质性。其中最重要的是穆时英（1912—1940），他正如李欧梵所言，"体现了一个真正都市化作家的性情和精神"。[12] 穆时英把他作为一个国家化上海市民的生活方式，包括他对吸进口烟的嗜好写入了他的小说。各种卷烟品牌，包括骆驼、吉士、白锡包、金鼠、美丽和哈德门，以及他的最爱的黑猫牌香烟，都融入了他写的故事。正如史书美所指出的，穆时英在这方面效仿了日本新感觉派作家横光利一（1898—1947）。横光利一的小说《点着的卷烟》在1930年被译成中文版《点了火的纸烟》。在这个故事中，男性作家自省式地探讨他对女性读者的吸引力，连贯的叙述中不时插入外文的进口卷烟品牌。[13]

穆时英同样将卷烟作为小说中的关键道具。他最著名的小说之一就以英国卡雷拉斯公司生产的著名卷烟品牌 Craven "A"为标题。[14] 在首次发表于1933年的故事中，Craven "A"指的既是黑猫牌卷烟，又是舞女余慧娴，她是男主角袁野邨欲望的对象。[15] 史书美分析，余慧娴的身份与一种外国商品合而为一，这种写法使她成为一件没有生命的物品，其存在仅在诱发袁野邨被压抑的性渴望时才有意义。[16]袁野邨只用余慧娴消费的卷烟品牌称呼她，如果说这种做法抹杀了余慧娴的人性，那么出于同样的原因，外国卷烟也被作为迷恋的对象而赋予了人性。袁野邨第一次注意到余慧娴是由于Craven"A""纯正的郁味从爵士乐里边慢慢儿的飘过来"。他幻想着一个尚不知姓名的女人神秘而迷人的身体"地图"。在这段漫长的色情幻象中，他注意到她的嘴，像内核喷涌着火焰的"火山"，喷出Craven"A"的炙热的芬芳。

Craven"A"卷烟与性欲之间的关联贯穿了整个故事。在和袁野邨及其朋友一起坐下之后，余慧娴轻佻地让袁野邨到她的桌上拿Craven"A"卷烟。当他说："我有烟"时，她说："不，我要Craven'A'"。他问她为什么，她回答说："我爱它那淡淡的，浅灰色的烟味。"然后他们调情的话题转移到包装上的图像：他拿回了盖上蹲着只黑猫的红盒子并说道："我叫你Craven A，小姐"。她回应道："留心，黑猫是带着邪气的。"他回答说："黑猫也是幸福的象征。"她笑着说道："我叫你黑猫，好不好？"最终，袁野邨和余慧娴之间的关系只是短暂的，但袁野邨对Craven"A"卷烟的迷恋和忠诚却得以延续。在小说的最后一幕中，他坐下来独自抽着烟，在烟雾中他看到了一个疲倦的、寂寞的、半老的妇人的影子。

穆时英也用不同的卷烟品牌名称来表示角色的阶级和社会地位，他在早期关于落魄的无产阶级工人的小说《黑旋风》中就采用了这种表现方式。一个角色在与工厂弟兄的谈话中归纳了劳工和大学生的差异："他们(大学生)有钱，可以造洋房。风火墙，大铁门，不是现成的山海关吗？你有力气，有血性，只能造草棚，一把火，值什么的？……他们抽白锡包，汪大哥只能抽金鼠牌；……他们的头发擦司丹康，我们擦轧司林；他们读书，我们做工。"[17]这个故事毫无保留地揭示了上海卷烟品牌所标志的阶级差异。

《烟》是另一篇以阶级为主题的小说，主角是一位年轻的经济学学士，雄心勃勃地想要建立一家大公司，作者用不同的卷烟标志这位主角的成功或失败。[18] 故事开头，这位青年企业家拥有一副全新的烟具、新的派克钢笔以及其他的物质图腾，他用这些物品象征他进入了上海商务阶级。当他向他的大学同学们一再宣扬他的商业计划和致富蓝图时，他们一起抽吉士和骆驼。最终，他所有的宏图大志都化为泡影。当他发现自己已经完全破产而且一贫如洗，他把吉士牌的空包扔在地上，掏空口袋找零钱到纸烟店买烟，但他只有十六个铜子。当纸烟店的伙计问他："买什么？"他羞愧地回答："买一包哈德门。"当他拿了伙计抛到他面前的哈德门，他几乎要哭出来了，觉得自己和那包卷烟一样渺小而廉价。他打开包装，点燃一支烟，然后慢慢地走开了。

穆时英的故事虽然表明卷烟消费在上海普遍存在，但也凸显了上海都市吸烟文化的局限性。在穆时英想象的世界中，最优秀的品牌，诸如黑猫、吉士、骆驼和白锡包等，都是舶来品，或者是用顶级进口弗吉尼亚烟草制成的。用国产烤烟在上海制造的哈德门牌卷烟是低档和廉价的，配不上成功的现代企业家或老道的都市上流人士。在他看来，只有城市远郊工厂里粗鄙的工人才会抽金鼠或其他国货品牌。在他的故事中，上海的文化和知识先锋都强烈地希望拥有国际现代性的象征，其中就包括进口的名牌卷烟。一边崇尚只有富人才能享用的外国品牌，一边贬低普通人实际消费的本地产品，这样的小说表现方式将卷烟塑造成一种与独特的上海生活方式相关联的西式新产品，使卷烟的这种形象更加深入人心。卷烟一直和"西方"以及上海特定的都市环境联系在一起，与之并行不悖的是同时代的另一种表达，即用"传统"的烟袋象征乡村和北京这样"更古老"的城市。

在"老北京"抽烟袋的乡愁

在南京国民政府统治的十年间，烟袋在北京持续存在，主要是因为对那些购买力有限的人而言，这是最便宜的烟草类型。抽烟袋被作为传统中国文化的重要组成部分,这种文学表达方式将抽烟袋纳入日常行为,构成了故都生活不可或缺的一部分。上海被界定为一个高度西方化的现代城市,在那里一切都是新的。与之相比,北京是晚期中华帝国的权力中心,在 20 世纪 30 年代被普遍认为保留了文化传统和旧习俗。鄙视"陈旧"习俗的知识分子经常将此类"老北京"的形象强加给这座城市,但新传统主义者也乐于接受这种形象。面对高度商品化的上海文化所代表的全球化浪潮,他们在独特的本土习俗中保留了巨大价值。[19]

在 20 世纪 30 年代,关于"老北京"日常生活的历史掌故是一种广受欢迎的文学类型。[20] 很多人怀念一种恐怕正在迅速消失的生活方式,受此启发,金受申(1906—1968)等作家为报纸和杂志写专栏,记录北京的传统习俗。在这类作品中,抽烟袋通常和斗蛐蛐、灯会、养鸟、地方吃食和手艺,以及季节性的节日并置在一起,代表了独特而节奏缓慢的北京生活方式。金受申自己也记录了几家著名的"老式"烟店,他们销售的烟丝和烟草用具深受北京居民的青睐。普通百姓如何点燃他们独特的长烟筒并吸上几口,这样的描写在文中比比皆是。[21] 金受申描绘的所有人物都穿着中式的长袍马褂,这表明他将抽烟袋塑造成一种过去的遗迹。

对"传统"北京的这种呈现,在某种程度上是由北京的物质基础决定的,前章探讨过北京的经济不景气,同时这种呈现也反映了 1928 年国家政府迁往南京后,这座城市自我重塑的企图。正如董玥(Madeleine Yue Dong)所指出的,在 20 世纪 30 年代,寻求财政收入的城市规划者有意强化了北京作为古代传统保留地的形象。[22] 由于北京无法作为一个工业中心与条约口岸匹敌,也不再是首都,城市官员转而热衷于将之打造成一个旅游胜地。京剧、皇家建筑、历史遗迹和传统手工艺品都将成为吸引游客的亮点,而城市的古老不再只是陈旧的标志,而是成了一种资产。[23]

在 20 世纪 30 年代中国复杂的文化、政治和经济环境中,旱烟代表了更加悠闲的"生活艺术",与"传统"的北京联系在一起。就像在以上海为背景的作品中一样,在关于民国北京的小说叙事中,卷烟作为"现代"

的标志也占据了重要地位。然而，北京已被重塑为历史悠久的中国习俗仓库。在这种"古老"城市的背景中，许多京派知识分子都感受到全球化同质性力量所带来的危机，而卷烟就是其显著标志。当穆时英等上海作家利用名牌卷烟颂扬上海独特的现代性、商品化和国际主义时，在 20 世纪 30 年代描写北京的城市世界主义者往往消极地将卷烟等同于西方化、城市堕落，以及历史悠久的中国道德价值的沦丧。相形之下，这些作家怀旧地将烟袋与理想化的田园乡村联系在一起。

民国作家老舍（1899—1966 年）的名字几乎与北京这座城市密不可分，在他的小说和散文中就能找到这种对卷烟和烟袋的区别使用。[24] 在老舍描写 20 世纪 30 年代北京衰落和绝望的经典小说《骆驼祥子》中，卷烟就作为一种城市娱乐，诱惑并最终摧毁了主人公祥子。祥子年轻时从乡下来到北京。最初他不吸烟，那时他强壮、勤奋，并且决心为自己创造一个更美好的未来，他把拉黄包车的一些收入存下来，希望有一天能买自己的车。[25] 为了达成这个目标，他必须放弃享乐，不能像院子里其他黄包车夫那样喝酒、赌博和吸烟，他偶尔对他的牺牲感到后悔，但并未放弃。[26] 三年之后，他终于买了自己的黄包车，但随后他被军阀士兵绑架，很快就失去了他的黄包车。此后，祥子不断努力摆脱贫困，但由于接二连三的不幸，他辛苦赚来的钱都损失殆尽。祥子一步步堕落，一开始沉迷于酒色，然后就染上了烟瘾。[27] 虎妞是第一个勾引他的女人，她假装怀上了他的孩子，骗他结婚。她后来真的怀孕了，但却死于难产。办完她的丧事之后，祥子开始拼命地抽烟喝酒，即便他并不是真正地享受："越想越恨，泪被怒火截住，他狠狠的吸那支烟，越不爱吸越偏要吸。把烟吸完，手捧着头，口中与心中都发辣。"[28]

在后来的叙述中，祥子的绝望变成了逆来顺受，但他还是继续吸烟："烟卷可是已吸上了瘾。一坐在车上，他的大手便向脚垫下面摸去。点着了支烟，他极缓慢的吸吐，眼随着烟圈儿向上看，呆呆的看着，然后点点头，仿佛看出点意思来似的"。[29] 虽然之前他不喜欢乱哄哄地喝酒赌钱，现在他却完全参与，经常把他的烟卷盒儿绕着圈儿递给大家，要是烟抽完了，他主动再买。[30] 最后，当他得知他爱上的一个妓女自杀了，他堕落到底了："烟酒又成了他的朋友。不吸烟怎能思索呢？不喝醉怎能停止住思索呢？"[31] 祥子，一个正直的年轻农民，已经被城市折磨得自暴自弃、自怨自艾。最后，他慢慢往前蹭，低头瞧着地上，看有没有烟头可以捡起来。[32] 他染上吸烟的习惯，标志着他从骄傲的禁欲和正直沦为堕落与绝望。

老舍将卷烟作为象征，表现祥子从乡村移居到北京带来的道德沦丧，而他在小说中对烟袋的描写与之形成了鲜明对比。在思念家乡的时候，祥子回忆"老人们在冬日或秋月下，叼着竹管烟袋一声不响的坐着，他虽年岁还小，不能学这些老人，可是他爱看他们这样静静的坐着，必是——他揣摩着——有点什么滋味。现在，他虽是在城里，可是曹宅的清净足以让他想起乡间来，他真愿抽上个烟袋，哑摸着一点什么滋味"。[33] 对于祥子而言，或许对老舍也是如此，回忆中老年农民悠闲地抽着传统烟袋的形象，是他在废都中找到的逃避严酷生活的避难所。老舍笔下的黄包车夫，和上海的苏北车夫一样，都成了吸食卷烟的城市居民。由于习惯的改变而变成现代的上海人，上海的人力车夫可能会为此感到自豪，但在老舍看来，北京在20世纪30年代正经历经济衰退和混乱，而卷烟则象征着在此背景下西式城市化现代性的潜在危机。

由于毫无优势地被卷入了商品化的全球经济，北京正在发生变化。老舍的许多短篇小说都用卷烟来表达作者对此的矛盾心理。在《老字号》中，新掌柜向所有顾客派发免费卷烟，哪怕哪些"买半尺白布"的人也不例外，这种做法惹恼了一名有尊严的老伙计，他认为这无异于妓女在街头拉客。[34] 店铺里弥漫着愈发低档的顾客（"大兵，清道夫，女招待"）烧的卷烟，但这样做生意把这家"老字号"跟对门的竞争者拉到了一个档次，那家店铺的掌柜"踏拉着鞋，叼着烟卷，镶着金门牙"。粗俗的西式销售技巧、烟雾缭绕的房间，以及向所有顾客派发免费卷烟的愚蠢做法玷污了一家老字号绸缎庄的声誉。

老舍对卷烟的矛盾心理在20世纪30年代、40年代创作的几篇散文中也很明显。老舍自己也承认,他对卷烟上瘾,在20岁(大约1919年)就养成了吸烟的习惯。[35] 在1934年为林语堂的《人间世》杂志写的一篇散文中,老舍提到吸烟是他每个清醒时刻的一部分:无论读什么,看什么,听什么,都忠实地吸着烟。他的习惯决定了他去哪儿以及他见谁:例如,他不去图书馆,因为那里不准吸烟。书里告诉他吸烟有害他的健康,他也在某一瞬间想过戒烟,可是甚至还没等他想完,他就已经又点上了一支烟。

在另一篇1942年写于重庆的散文中,老舍描述了他的朋友何容(1903—1990年)戒烟的经过。[36] 战争中他俩一起从武汉逃往重庆,途中住在一个房间。在武汉,他们作为全国文艺界抗敌协会的领袖非常活跃。在那儿他们喜欢抽英美烟草公司的"大前门"和"使馆"牌卷烟,因为"大英"牌不够味儿。等他们到了重庆,他们喜欢的牌子要么买不到,要么太贵,他们发现"大英"牌越来越够味儿了。渐渐地,英美公司低档的"老刀"牌与"哈德门""又变成我们的朋友"。但当他们逐渐适应相对廉价和大众品牌的口味时,何容由于吸烟的开支太大决定彻底戒烟。他的意志力只坚持了一天——这对他们两人都是一段痛苦的经历,因为何容在屋里时,老舍也不敢点烟。第二天何容带了一些廉价的土产卷烟回来。"你尝尝这个",他让老舍。"才一个铜板一枝!"但是,他们谁也受不了土产卷烟刺鼻的烟味。

何容第二次戒烟,只能坚持半天。到了下午,他买来了烟斗和烟叶。"几毛钱的烟叶,够吃三四天的,何必一定戒烟呢?"他说。但吸了几天的烟斗后,老舍的室友抱怨烟斗不便携带。后来他戒了烟斗,又吸上机制卷烟了,尽管卷烟非常昂贵。

最终,战时重庆的通货膨胀使卷烟变得非常昂贵,以致于老舍也试图戒烟。在写于1944年的一篇散文中,老舍谈到他面临着戒除令他愉快的烟瘾。[37] 根据他的叙述,战时经济带来的通货膨胀促使平时廉价的"长刀"

牌也涨到了一百多元一包。当他只剩下一支"华丽"时，老舍提到这个牌子卷烟的价格每天涨十块。在这种条件下，他认为除了戒烟别无选择。但他很快发现"没有烟，我写不出文章来"。六天后他开始想，除非有人确保每天送一包"骆驼"直到抗战胜利为止，他才能完成他的小说。这显然是不可能的，因此他决定他必须坚持下去，不向他的烟瘾屈服。

老舍在 20 世纪 40 年代的流行杂志和报纸上发表的关于吸烟的文字，较之于他在小说中用卷烟象征城市堕落和道德腐化的表述，多少轻松一些。但是，名牌卷烟作为世界性的欲望对象出现在这些文章中，代表了一个特殊的城市环境：现代工业城市。老舍提及他与何荣在武汉喜好的英美烟草公司品牌时写明了名称，但仅将何荣在重庆买的本地廉价烟描述为他无法忍受的"土产卷烟"。何荣试图用传统的中式烟斗抽廉价烟叶，但发现这样既麻烦又不令人满意。"始作烟卷者，其无后乎！"他说。他可能一语中地表达了无法逆转的社会转变，他相信这是由工业化自身造成的。

老舍将卷烟作为"堕落、现代、外国"的标志，而将烟袋作为"道德、传统、中国"的标志，这种对比的用法令人想起许多文化历史学家在京派文学中发现的乡土中国情感。老舍本人并没有被笼统地归入京派群体，但他的"北京形象和北京心态是建立在与京派作家类似的文化结构上的"。[38] 文化历史学家张英进发现了几个将老舍的作品与其他"京派"，包括吴组缃（1908—1994 年）和沈从文（1902—1988 年）联系在一起的关键特征。这些特点包括对普通百姓日常生活的心态和物质文化的民族志兴趣，给文字赋予了强烈的平民主义和地方色彩；赞扬人性的善良并将童年理想化，造成怀旧的氛围；以及对自然之美和亲近自然之人的由衷欣赏，这催生了"独特的对乡村的赞美风格和对城市的讽刺风格"。[39] 老舍实际上在北方城市长大，并不像本章后面讨论的两位地方主义作家那样，直接跟他小说和短文中的农村打过交道，这在"京派"作家当中很少见。尽管他的小说中不断提到城市的卷烟，而乡村的烟袋只是偶尔出现——就像前文引述的《骆驼祥子》的章节。然而，这种工业化生产并且极为诱人的消费品不仅对"老北京"的文化城市,还将对想象中农业腹地的田园村庄将产生社会和文化影响,他在小说和散文中隐喻性地使用卷烟表明了对此的担忧。

20世纪30年代地方文学中的卷烟和烟袋

在"京派"地方主义作家吴组湘和沈从文的作品中,明显地用卷烟来标志资本主义、现代和城市的价值观在理想化农业中国的不幸崛起。他们两位都以描写乡村生活而闻名。吴组缃在安徽南部的小镇长大,他的小说几乎都是描写那里的;沈从文将他的故事设定在他自己童年时期的湘西汉苗交界地区。他们都移居到了城市:吴组缃在1925年十七岁时就永远离开了他在农村的故土,到多个城市居住(主要是上海,然后是北京、南京、重庆,再回到北京),而沈从文在1922年二十岁时离开家乡前往北京。然而,他们通过创造性的写作多次在想象中重返乡土。一方是更加简单和自然的乡村景观,一方是现代消费导向的城市生活造成的极端物质主义,他们的许多故事都有意将两者进行对比。跟老舍一样,他们都将烟袋作为正宗中国生活方式的象征,而机制卷烟所代表的西方物质文化正在迅速腐蚀这种生活方式。

吴组缃的短篇小说通常设定在非常类似于他家乡茂林的小镇。茂林地处长江以南的安徽西南地区,距离海岸约350英里,在最近的长江口岸芜湖上游,位于丘陵地区。吴组缃童年时期,经由陆路从茂林前往芜湖大约需要三天,但从那儿可以通过较为快捷的水路前往下游一百英里开外的南京。[40] 长期以来,来自徽州和其他商业枢纽的商人将茂林及其周边乡村与长江下游充满活力的贸易网络联系起来,而且他们的本地投资也有助于整个地区的相对繁荣。

由于茂林联系着以上海为中心的更为广阔的长江下游经济,从沿海进口的卷烟在20世纪10年代就已经在那里销售。吴组缃与同一时代的其他作家一样，年轻时就开始吸烟，最初是通过可收集的香烟卡片认识卷烟的（对于中国的年轻人来说，这并不是一种罕见的对卷烟上瘾的途径）。吴组缃本人喜好完全用弗吉尼亚烟草制造的卷烟。[41]他的几篇短篇小说都提到英美烟草公司和南洋兄弟烟草公司生产的卷烟，而且有可能他在1925年前往上海和其他城市以前，就在茂林吸过这些品牌的卷烟。例如，在《樊家铺》中，主角是一个年轻的农村妇女，她经营一家路边摊，过去将"仙岛"牌和"老刀"牌卷烟和茶水一起卖给过往旅客。[42]吴组缃通过描写20世纪30年代妇女的库存中短缺这些商品，来表现全球经济危机给安徽南部乡村社群带来的艰难时世。

虽然在吴组缃小时候，卷烟已经成为茂林乡村生活的组成部分，甚至他自己也吸"外国"卷烟，但是吴组缃在他的小说中运用卷烟来强调城乡之间的显著差异。在1932年2月首次发表的小说《金小姐与雪姑娘》中，这一特征尤为明显。[43]这篇小说运用人们熟悉的比喻将城市的堕落和乡村的纯洁进行对比：以一个吸卷烟的荡妇来象征城市的现代诱惑，同时用一个朴素而善良的村姑来表现乡村的旧式魅力。故事的叙述者是一个刚毕业的大学生，在北京的高中教书，偶然遇见了来自故乡的旧情人。他的前女友雪在城市过着快节奏的生活。由于她行为放浪，除了叙述者之外，所有人都对她避之不及。她邀请他共进晚餐，他答应了，他们再续前缘致使他的未婚妻，一个姓金的农村姑娘取消了和他的婚约。姓金的村姑谦逊而端庄；而都市化的雪小姐冲动、激情而放纵。[44]与她的生活一样，她的房间杂乱无章，乱糟糟地将衣服、袜子、毛巾和丢弃的烟盒堆放在一起。尽管吴组缃设定这个故事放生在北京，但雪和她的女仆却用上海方言的表达方式对话，正如魏纶（Philip Williams）指出的，这种写作手法的作用在于"提示读者，他们（角色）受到上海的影响。上海这个随心所欲却充满不公的条约口岸，在1931年被我们主张社会向善论的作者指责为'全国传染病的中心'"。[45]"传染病"当然是指西式工业资本主义对乡村中国社会秩序的不良影响，这尤其表现在行为放荡的女人燃尽卷烟后，就随手将烟盒扔在一边。

在另一篇写于1932年的小说《官官的补品》中，吴组缃也突出了乡土中国与世界经济联系导致的负面后果，特别是在全球经济萧条的年代。[46]作者将卷烟（这次是英美烟草公司的"大英"牌和"老刀"牌）融入到小说中，将之作为表现外国制造业取代本土手工业如何危害中国的例证。叙述者官官娇生惯养、自我中心，是一个富裕地主家的儿子。官官在上海追求享乐主义的生活方式，遭遇了一场车祸。官官家一个穷困潦倒的佃农必须在外国医院卖血才能交上租，幸亏他给官官输了血，官官才在这场事故后活了下来。官官回到乡下调养，在那儿吃包括新鲜人奶在内的补品，而挤人奶的不是别人，正是捐血者的妻子。这个村妇不顾羞耻，公然挤奶，为官官提供日常补品。最终，奉官官的大叔——当地团防局团董的命令，佃农作为土匪含冤被捕并被砍头。

在官官的大叔和朋友们，以及官官的堂兄——一个来自城市的生意人在团练局讨论农村贫穷根源的场景中，卷烟在这个故事中登场。一个老团勇认为，命运正在恶性循环，不仅在中国，而且在日本和美国也有数百万的人失业。远方堂兄不赞同，他认为不是命数，而是外国人和他们的消费品入侵导致了中国的经济问题。堂兄还注意到各种物品，包括中国人"自己制了自己用"的土布、豆油、旱烟，这样"钱是流来流去在自己人手里"。从前，"打火石点了纸捻吸旱烟；几曾看见人划了火柴吸大英牌、小刀牌的纸烟？"[47] 吴组缃笔下的角色在继续这场争论时，将20世纪30年代分裂而贫穷的乡村与他认为前工业时代蓬勃繁荣的农村经济进行对比。在他看来，机制卷烟、工厂制造的纺织品，以及精炼煤油终结了村民从前平静而富足的日子。

怀念逝去的乡村生活方式是吴组缃在1944年写的一篇散文《烟》的核心主题。[48]这篇文章写于物价飞涨的战时陪都重庆，吴组缃描写了他在孩子挨饿时的痛苦，他评论说他每天抽一包烟和一斤肉的价钱一样。尽管当他得知这种情况时也想下决心戒烟，但他以往戒烟的经历证明他肯定坚持不了十天。然而，他削减了每天抽烟的数量，并且像何荣一样转而去买更加廉价的本地品牌。但当他吸了一口"劣等烟卷"之后，他不停地咳呛。看到他如此不适，他的妻子买回了一个竹子做的水烟袋和一些上等水烟丝。吴组缃小时候这类烟草陪他一起长大，就像归来的"老朋友"。

　　妻子的礼物让吴组缃突然陷入了对童年的沉思，这反过来又使他重新审视在与西方文明接触的过程中丢失的中国文化要素。通过反思，吴组缃注意到水烟"是我们中国文化的结晶"。抽中国水烟的复杂仪式——在烟杯子里放入适量的烟丝和水，用纸捻点燃，在朋友和家人之间来回传递——象征着从前乡村士绅闲逸、群居、温情的生活方式。他仔细玩味昔日传统家长的奢侈：一个男人只要愿意，就可以终日一边抽着烟袋，一边在家读书或休闲，让他的孩子或家里的女人为他准备烟具并把烟装好。吴组缃随后将这种一起吸烟的方式与通常独自享用的"洋派"卷烟进行对比。即便与朋友们一起吸烟，也没有可以参与的仪式，能像传递烟筒一样表示那种亲密的分享。一个人所能做的只是打开一包烟，将一支批量生产的卷烟递给别人。"你吸你的，他吸他的……显见出心的距离，精神的隔阂。"

　　带着这样的想法，吴组缃断定烟袋与卷烟完全不同。水烟体现了中华文明的"精神"并尊奉所有瑕瑜俱现的"古老农业民族生活文化的特质"，既包括家族先祖的强大权威和严格的宗族制度，也包括在悠然乡村享受的闲逸生活。相形之下，卷烟在"西方工业文化"的背景中是物质进步、个人主义和社会异化的产物。在吴组缃看来，卷烟消费快速、毫无特色，而且缺乏各种类型的社会互动。这样的隔阂在欣赏社会团结的乡村社群中是不可想象的。

　　在文章的结尾，尽管吴组缃感到莫大的悲哀，但他依然意识到他根本不能吸水烟，因为他已经是一个切断了乡村根源的现代都市人。悠闲地共享烟袋所必要的条件已经不复存在。他并不是一个大家族的家长，而是一个简单小家庭的共同家长。他的妻子十分现代，需要外出工作，她既不会也无心俯首帖耳地服侍他。他的孩子平日在学校读书，没空为他准备水烟和相关用具。他本人也要努力工作谋生,而在读书看报、伏案写字、外出散步时托着水烟袋都非常不便。吴组缃总结说:"总而言之,我还是得抽烟卷儿。"一方面,吴组缃的文章可以视为对旧式男性精英特权地位的讽刺。另一方面,这篇文章也由衷地悲叹工业化、现代性和都市生活方式侵蚀了一种理想化、田园牧歌似的、更为正宗的中国往昔。

　　沈从文是另一位 20 世纪 30 年代伟大的乡土作家,他也利用烟草产品来表现他认为存在于城乡之间、今昔之间、中西之间的深远差异。沈从文是一位成熟和多产的作家,直到取消一切文学必须遵循社会主义现实主义的形式和内容的命令之后,他的虚构作品在 20 世纪 80 年代才得到广泛的认可。[49] 沈从文生于一个相对富裕的军人家庭,在湖南西北边境的偏远地区长大。这样的背景使他在著名的五四时代的知识分子中与众不同,他们大多数都和吴组缃一样,来自居住于更加繁华地区的士绅或商人家庭。沈从文没有受过多少正规教育。在当地行伍短暂停留之后,沈从文在 20 世纪 20 年代前往北京寻求更广泛的发展机会。由于没有小学毕业文凭,他被正规大学拒之门外,与北京先锋派中的丁玲(1904—1986 年)和她的情人胡也频(1904—1931 年)等人一拍即合。[50] 他从 1924 年开始认真写作。从那时起到 1948 年他写完最后一部虚构作品,沈从文创作了大量作品,有人认为这是"20 世纪中国最卓越的中短篇小说的集合"。[51]

　　沈从文的许多短篇和中篇小说,尤其是那些写于 20 世纪 20 年代晚期和 30 年代早期的作品,都关注城乡分裂的主题,在歌颂田园的同时也并未掩盖农民生活的严酷现实。例如,王德威(David Der-wei Wang)就认为沈从文的作品并非对乡村环境的理想化,而是"抒情的现实主义"。[52] 然而,他的许多短篇小说,特别是他在 1933 至 1934 年重返故乡的幻灭之旅以前写的几篇,乐观地认为乡村保存了不朽的和人道的价值观。他认为,这使中国文化即便面临城市的腐朽和堕落,依然得以维系。与这一时期大多数的中国小说不同,沈从文没有把"乡下人"刻板地描绘成贫穷和被压迫的大众,被动地等待都市精英的向导。湘西的村民虽然并不完美,但基本上都正直和善良，因为他们亲近自然而居，在土地上劳作。虽然受到他们无法控制的外部力量的侵袭，包括全球资本主义、政府官僚主义、军阀部队，以及城里人陌生的风俗习惯，边界地区谦卑的人们依然坚持简单朴素的生活方式，保持了他们的尊严、诚实和自主。而衰败的当地精英却深受影响，可怕的商业主义和都市物质主义从上海和其他西方化工业中心进入乡村，使他们堕落。[53]

不同类型的烟草产品出现在沈从文的小说里，非常明显地象征了这种二元化的道德图景。卷烟被表现为人造商品，西方化的城市将这种形象将强加于卷烟，而与此同时烟丝则被描绘成自然馈赠的一部分。在对童年和早期教育的回忆中，沈从文将烟草与其他天然山货相提并论，比如苗族酋长带到当地市场上的虎皮。[54] 此外，沈从文还理想化地将烟丝描述为当地农业和手工业生产的支柱，通过诚实劳动和辛勤工作生产出来，是简单易货经济的组成部分。[55] 而实际上，正如沈从文本人在自传中所指出的，湘西的烟草贸易长期被来自福建的旅居商人控制，这表明早在全球资本主义入侵引进机制卷烟以前，他的故乡已经被纳入了以沿海为中心的长途区域贸易网络。[56]

在沈从文的小说中，烟袋经常出现，抽烟袋的总是在贫穷却可敬的壮汉，他们在河上或地里劳作。实际上，在沈从文的小说中烟袋几乎总是象征美德。在小说《柏子》中，在河上工作的水手全是"飞毛腿英雄"，因为他们在必要时能够不知疲倦地爬上桅杆，解开绳索。在这篇小说中，与其他小说一样，沈从文甚至将乡村美德的适用范围延展到四处漂泊的搬运工人身上，这是一种大胆的挑战，因为传统观点认为这些居无定所的人都是危险的流浪汉。[57] 当他们靠岸，这些善良、城市、勤劳的人站在甲板上，吸着长长的旱烟杆，穿着土布的短汗裤，热切地期盼着他们将在码头边妓院里受到的欢迎。[58] 水手将烟、酒和因他们的出现而高兴的女人算作他们充满艰苦的人生中难得的愉悦。[59]

卷烟很少出现在沈从文的小说中。当卷烟出现时，吸卷烟的通常是城里人。例如，在小说《大小阮》中，小阮是一个理想主义的共产党员，从合肥（安徽）到北京上学，他就是一个吸卷烟者。[60] 在《菜园》中，一个来自北京的旗人在1911年辛亥革命前夕把家迁到了一个县城。父亲在清朝的官僚机构中担任官职，但在清朝覆灭的前几年就去世了。他的儿子最终在20世纪20年代末被国民党被作为左派激进分子处决，他回忆他的父亲是一个"手持'京八寸'（卷烟）的人物"。沈从文富有同情心地将这个背井离乡的满族人家庭描写成他们无法控制的政治势力的牺牲品。与此同时，他也利用工业制造的卷烟来凸显城市性及其外国方式被移植到内地乡村时所带来的改变。叙述者评论道："那时吸纸烟真有格，到如今，连做工的人也买'美丽牌'，不用火镰同烟杆了。"[61] 沈从文与许多同时代的人一样，包括老舍和吴组缃，似乎认为卷烟象征了20世纪中国社会秩序所经历的替代和中断。然而，对于沈从文而言，并不仅仅是与外国事物的具体遭遇，而是总体上城市生活的堕落和复杂彻底侵扰了乡村田园。

　　沈从文写于1930年的小说《丈夫》可能最为清晰地描绘了乡村烟袋和城市卷烟之间的差异。[62] 这个故事发生在一个码头附近的小镇（和《柏子》里描述的类似），由于在穷乡僻壤只靠种地不能糊口，所以从乡下来的女人在河边的船上做妓女。男主角是一个有些天真的农民，到水上妓院来探望他的妻子，沈从文将这一行为描述得稀松平常。在这种情况下，这个丈夫低声下气地接受了妻子一次又一次与喝醉的水手和商人通奸，当他的妻子在主舱做生意时懦弱地爬到后舱。然而，最终，他压抑的愤怒和羞耻浮现出来，他不知怎么地有勇气把他妻子带回了家，从而放弃了她通过性工作赚取的亟需的额外收入，但却重新获得了他的自尊和人格。

　　沈从文显然将名牌卷烟作为"传统"烟袋所代表的乡村价值观被城市侵蚀的象征。当他准备步行十英里进县城探望他的妻子时，丈夫会"换了一身浆洗干净的衣服，腰带上挂了那个工作时常不离口的烟袋……像访远亲一样"。然而，刚一到，他便惊讶于妻子城市化的容貌，"大而油光的发髻，用小钳子由人工扯成的细细眉毛，脸上的白粉同绯红胭脂，以及那城里人派头城市里人的衣服,都一定使从乡下来的丈夫感到极大的惊讶,有点手足无措"。他第二次的惊讶是他拿出烟管和火镰吸烟时。她从他手中夺取这些土气的物件,"即刻在那粗而厚大的掌握里,塞了一枝哈德门香烟"。最初的惊讶过后,丈夫"吃过晚饭仍然在吸那些有新鲜趣味的香烟",在他探亲期间,每当他的妻子接客,他都在吸"哈德门"。然而,最后一幕中,农民恢复了抵制此类城市堕落风俗的勇气,他拿起他的烟管和烟袋,带着他的妻子一起回家。

在民国时期的文学话语中,卷烟一直被描述成现代的、都市的和异域的,而烟袋则被描绘为传统的、乡村的和中国的。但当某个作家在帝国主义地缘政治和经济的背景下将中国的文化关系与工业化的日本和西方沟通时,此类二元化形象的含义显然根据他所采取的特殊策略而变化。抽烟袋无论在中国的城市还是乡村,而且不仅在小镇或古都,都是一种长期践行的普遍习俗。在一些中国作家,尤其是那些活跃于北京文坛的作家的语境中,将抽烟袋与乡村以及诸如北京的"老"城紧密地联系在一起,可以视为在"西方文明"的普遍主张面前,重申本土习俗的正当性。在全球大量销售的卷烟虽然高度便利,但是缺乏修养。在卷烟商品化的背景下,通过将抽烟袋重新定义为高雅中国人享受的悠然"日常生活艺术"的组成部分,吴组缃强调社群主义和社会团结的普遍价值超越了他所体会到的西方极端个人主义和孤独。同样,通过将农民的烟袋等同于诚实、正直和道德纯净,而将工业卷烟等同于堕落、物欲和贪婪,老舍和沈从文明确表达了另一条以乡村为基础,通往现代性的道路。

对于许多民国时期的知识分子,特别是与基于北京的京派群体结交的那些文人而言,卷烟象征着现代、资本主义、西方价值观对中国的入侵,而烟袋则代表了正宗而宝贵的地方传统的延续,这些传统可以作为构建一个崭新的、更为公平的社会之基础。作为都市的世界主义者,老舍、吴组缃和沈从文都将乡村的烟袋浪漫化地描绘成遥远过去的遗迹,他们认为，如今只有在远离工业化城市的地方才能找到。在他们眼中，抽烟袋和其他正宗的中国习俗，只有在故乡或乡村等不受时间影响的地方空间、较小的内地城市，或许在"老"城的小巷中才得以延续。当他们努力缔造一个新的中华民族时，许多人试图防止这些地方遭受以英美烟草公司等跨国企业为代表的商品化和大众营销带来的有害影响。红锡包、老刀牌或者哈德门牌卷烟在一个地方社区的出现意味着那里已经陷入了全球资本主义的罗网，而且诸如抽烟袋这样更加本土的文化习俗却正在受到侵蚀。吸烟自身本来就是一种舶来品，而且在中国地方市场销售的优质烟叶均来自遥远的地方，并由周边地区以外的客商经营，这一事实完全被忽视了。同样被忽略的事实是，许多在地方销售的卷烟，甚至有些看上去好像是进口的卷烟实际上是在作坊里由手工卷制的，这些作坊并不在上海或天津，而就在当地。

  卷烟与城市、烟袋与乡村的持续联系具有物质世界的基础。正如第七章中所指出的，上层和中层市民消费的机制卷烟远远多于农村居民或城市贫民。然而，吸烟习惯的城乡差异并不是全新的：第五章概述的清代烟草消费模式表明，早在20世纪以前，中国烟草消费的重大社会经济差异就已经出现。农民和工人，无论居住在城市还是乡村，绝大多数都消费当地生产的廉价旱烟。而都市和乡村的士绅则消费通常从远方省份输入的更加昂贵的旱烟，或者沉迷于生长在闽西或遥远甘肃山区的特色水烟。社会顶层人士消费从美洲进口的鼻烟，或者从朝鲜或日本输入的上好旱烟。在中国经济大区的城市等级中的地位，对于消费者可以消费什么类型的烟草产品显然非常重要：华北、岭南，以及长江中下游地区经济中心的居民要比其他地方拥有更多选择。但只有富人，无论他们住在城市还是乡村，可以买得起最具异国风情的产品。从这层意义上来说，在晚期中华帝国，对于决定消费何种特定的产品，阶层比地理位置更为重要。

  在20世纪初，消费选择，不单是吸食烟草的种类，而且包括消费模式（卷烟或烟袋），在很大程度上依然取决于收入水平。在迅速工业化的世界中，民国时期的中国是一个相对贫穷的农业国家，其经济状况有效制约了包括机制卷烟在内的工业产品的大规模消费。在大多数地区，吸烟习惯因阶层而不同，与清代的情况并无二致。在条约口岸以外，财富继续将卷烟消费者与较为贫穷的旱烟消费者区分开来，就像吸鼻烟和吸水烟使上一代的精英消费者区别于社会地位较低的阶层。然而，在20世纪20年代和30年代，大众文化和精英文化都从根本上认为是地点，而不是阶层决定了物质现实。"都市卷烟"用于象征所有现代和西方的事物，而"乡村烟袋"则代表"传统乡土中国"。20世纪文学作品中城乡文化差异的显著地位表明，尽管较之于人们感知到的城乡文化鸿沟，社会经济不平等更能有效解释吸烟行为的差异，但当时人们认为，吸卷烟的人和抽烟袋的人之间的主要分歧在于城乡之间，而不是贫富之间。

在中国经过重塑但依然一分为二的吸烟文化中，老舍、吴组缃和沈从文等作家强调在空间上界定的文化差异，以此反映一种将乡村和城市贫民与主要居住在城市的中上阶层区分开来的经济现实。尽管中国知识分子已经认识到全球经济发展使穷人身陷混乱、背井离乡，但他们通常尚未充分认识到吸烟行为的这些差异主要植根于他们自身从中获益的社会经济和区域不平等。他们也许为他们故乡正在经历的转变而悲痛，将之作为中国遭遇全球资本主义的结果，但当他们自己伸手吸烟时，他们照旧拿起一包英国、美国或上海制造的卷烟。当地制造的"土产"卷烟或者过时的乡村烟袋——"中国文化的结晶"不适合他们这样主张进步和高瞻远瞩的人。

诚然，烟袋与乡下人的文学联系在20世纪并不是全新的。在19世纪晚期的小说《儿女英雄传》中，抽烟袋被描绘成一种主要受到乡下人喜爱的粗俗习惯。然而，在文康的叙述中，村夫和村妇吸烟在社会上都是可以接受的。[63] 相形之下，吴组缃和沈从文笔下抽烟袋的乡下人和老舍笔下吸卷烟的城里人始终是男性。迄今讨论过的出现在民国时期小说中仅有的女性吸烟者是生活在西方化的城市上海，或者受到其不利影响的危险而淫乱的荡妇。吸烟女性形象的巨大改变反映了 20 世纪初中国吸烟文化正在经历一次意义深远，并且高度社会性别化的转变。女性精英过去是这种文化的完全参与者，在 1900 到 1949 年之间与她们的丈夫一样，放弃了她们的烟袋。然而，与男人们不同的是，这些女人一般都没有拿起卷烟，因为吸烟虽然曾经是许多女人日常生活的组成部分，但对女性而言却变得越来越不体面。在 20 世纪，吸卷烟不适合正派女性的观念逐步占据社会主流。因此，中国不仅分成吸卷烟的市民和抽烟袋的农民，而且还分为吸烟的男性和不吸烟的女性。

第九章 新女性、摩登女郎和女性吸烟的式微（1900—1976年）

从17世纪直到至少19世纪末，许多各个社会阶层的中国女性都和男性一样消费烟草。诚然，消费的场所有性别差异：中国男性可以在公共场所吸烟，但行为端庄的女性通常在公众视野之外的场所私下吸烟。正如第三章详细阐述的，清代女性烟草消费的历史和文学表达通常是农妇使用粗制的烟袋，或者上流主妇享用更加高雅和精致的水烟。此类表达极为常见，以致不存在任何其他的解释。在1900年以前，中国女性，无论"体面"与否都吸烟。

而在20世纪，许多女性都不再吸烟。或者，更确切地说，首先由于开始吸烟的女性越来越少，吸烟在女性中逐渐销声匿迹。无疑在1949年中华人民共和国成立以前，女性吸烟就已经式微。[1] 1950年以后，开始吸烟的年轻女性的数量持续减少：在1940年以前出生的所有城市女性中，25岁之前开始吸烟的比例为10%，而在1950年至1964年之间出生的城市女性中，这一比例仅为1%。在1940年以前出生的农村女性中，仅有4%在25岁之前开始吸烟，在1950年至1964年之间出生的农村女性中，这一比例仅为2%。[2] 而更年轻女性，特别是出生于1965年之后的女性，则完全不吸卷烟。至1996年，吸烟女性的比例还不及所有女性的3%。[3]

从一个许多女性吸食烟草的社会到一个没有女性吸烟的社会，相比于同一时期英国和美国的吸烟性别模式，这种行为的转变尤其引人关注。[4] 在这些国家，18世纪对于女性而言可以接受的吸烟（或者嗅鼻烟）行为，工业革命时期在中上层女性中被污名化，而且直到维多利亚和爱德华七世时期依然如此。一些 19 世纪的英美女性继续在私下吸烟。但只有在第一次世界大战以后，当卷烟消费象征英美女性在 20 世纪早期获得迁徙、接受教育和选择职业等新的自由权利时，在公共场合消费卷烟才重新出现。尽管在 1914 年以前，一些大胆的女性不顾社会传统开始公然吸卷烟，但只有到 20 世纪 20 年代和 30 年代，这种行为在英国和美国才再次变得足够正当，使大量女性可以公开吸烟。

20 世纪初的几十年里，中国的都市女性同样试图抓住新的机遇。正如程为坤（Weikun Cheng）所言，这个时代的女性正在"公之于世"，她们进入新式女校、加入萌芽时期的产业工人、在茶馆和剧院休闲娱乐，甚至到国外旅行。[5] 受过教育的女性更多地参与了新政时期（1900—1911 年）引人注目的政治运动和社会改革活动。农村女性进入城市在新的工厂里工作，而女性小贩在公共道路上自由往来。对一些大胆的"新女性"而言，公开吸卷烟成为年轻叛逆和个人解放的标志，与在西方的情况一样。对其他人而言，在家里安静地吸卷烟只是个人品味的问题。然而，儒家的社会规范依然要求"好"女孩待在视线以外。因此，在 1911 年至 1912 年的辛亥革命以前，大部分吸卷烟的正派女性依然隐藏在视线之外。

清王朝的覆灭和儒教权威的持续丧失为设定社会秩序提供了基础，这使中国女性在城市的街道上和中国都市蓬勃发展的印刷文化中更加引人注目。1912 年初中华民国的建立为女性进入公共生活赋予了正当性。事实上，从理论上讲，不仅对有社会意识和政治自觉的"新女性"，而且对新共和国的所有女性公民，"公之于世"都变得势在必行。如今人们期待女性为了建设国家，放足、上学、走出家庭去工作。[6] 因此，来自体面家庭的女孩开始享受更多活动的自由。许多女孩对当时流行的西式服装和行为方式感兴趣。这包括当众吸卷烟的习惯，最初由名妓使这种习俗风靡于上海。

在美国和英国，第一次世界大战前后几年女性吸烟者的可见度越来越高，最终促使人们对这种社会习俗更加宽容。但与之形成鲜明对比的是，中国辛亥革命后女性吸卷烟更加引人注目。这意味着一旦女性当众吸烟，女性私下吸烟长期确立的正当性就会让位于对女性吸烟越来越多的社会批评。这些矫正过的社会风俗，被总结成广为传颂的箴言"好女孩不吸烟"，最终变得根深蒂固，或许会存在几百年。

与传统观点相反，只有"坏"女人才吸卷烟的中国观念并非久远儒家传统的残余，而主要是晚清和民国时期的产物。正是那时，跨国反烟草运动随传播福音的新教传教士一起环绕地球，中国精英在与之对话中开始建构一套高度批判吸烟女性的话语。这种批判的精英话语最初局限于传教士群体、节制协会和报纸主笔，逐渐通过印刷广告、电影和收音节目等各种媒体进入通俗白话。在 20 世纪 30 年代以前，人们通常认为只有"某种"女性才会吸烟草。更具体而言，已经与上海快节奏的都市生活方式联系在一起的卷烟，在南京国民政府时期被普遍认为与一类被污名化的"新女性"——"摩登女郎"（又称摩登女子或摩登小姐）相关。摩登女郎是典型的"坏女孩"，蔑视社会传统并违反正派女性的标准，在大众媒体和精英话语中被描绘成艳丽、超级性感，并对政治不感兴趣。从文化保守主义者、改革派和革命派的角度来看，她们完全忽视了中国的现代困境，只关注时尚和美丽的"琐事"，却不顾民族复兴的大业。一旦卷烟在 20 世纪 30 年代成为摩登女郎缺乏美德和爱国心的象征，任何吸卷烟的中国女性都可能被怀疑。那些追求名誉的女性，特别在 1949 年中国共产党执政以后，大部分都选择不再吸烟。

进入视野：上海妓女与"新女性"公然吸烟（1900—1915年）

当 19 世纪 90 年代机制卷烟刚开始出现于中国沿海城市时，对所有社会阶层的女性而言，私下抽烟袋依然是一种声誉良好的习俗。然而，在英国和美国，女性在文化上被禁止消费烟草，即使她们蛰居在自己家中也不能吸烟，中国的问题并不在于良家妇女是否消费烟草，她们显然吸烟，而在于陌生人是否看见她们公开吸烟。

诚然，如果我们相信旅华外国游客的记述，那么我们会发现，许多中国女性，尤其那些来自较穷阶层的女性，普遍无视对女性当众吸烟的文化禁令。欧美的来华旅行者，预先受到东方主义情感的影响，容易注意到这种与他们自身经验的不同之处，因此他们来到中国后观察到的女性吸烟习惯不断地引起他们的关注。伊莎贝拉·伯德（Isabella Bird）1897 年在一个三代家庭的驳船上沿长江航行，她注意到妻子是"一个标致、健康、宽肩膀、小脚的女人，整天劳作和吸烟，她有办法一边驾船一边弯腰做饭或洗衣"。[7] 类似地，摄影师约翰·汤姆森（John Thomson）在 1870 年至 1871 年游历福建以及长江沿岸的旅途中，注意到中国帆船上的女人总是和她们的丈夫一样大量吸烟。1871 年的台湾之行期间，汤姆森发现闽南女人不仅全都"不停地使劲儿"抽着她们的竹烟管，而且她们都如饥似渴地大口吸着他给她们的雪茄。[8] 然而，在记述中国精英女性的吸烟习惯时，汤姆森不得不依靠传教士妻子向他提供的信息，她们与这些女性有更多直接的接触。[9] 有教养的女性似乎将她们的吸烟行为隐藏在公众视线之外。

台湾抽烟袋的农村妇女欣然接受了汤姆森赠送的雪茄，这表明卷烟刚开始出现在中国市场时，许多中国女性对吸烟已经习以为常了。中国女性开始私下吸卷烟的准确时间尚无定论。只有在辛亥革命前后女性吸卷烟变得更加公开可见时，报人才开始频繁地对这种现象发表评论。徐珂（1869—1928 年）根据他阅读晚清报纸的笔记指出，卷烟实际上在新政时期就受到女性的欢迎。[10] 根据天津《大公报》，甚至慈禧太后（1853—1908 年）和她宫廷中的女性都在此时开始吸卷烟。[11] 凯瑟琳·卡尔（Katherine A. Carl）是一位美国艺术家，受命为 1904 年圣路易斯世界博览会绘制慈禧肖像。她看到慈禧在 1903 年吸进口卷烟，而且她注意到慈禧太后"在使用卷烟和水烟时都极为优雅"。[12] 慈禧据说特别喜欢孔雀牌卷烟，这个品牌最初由日本村井兄弟烟草公司生产，1904 年由英美烟草公司接手。在 1905 年中国人抵制英美烟草公司产品的运动中，至少《大公报》

报道称，慈禧将八箱孔雀牌卷烟扔进了湖中。在抵货运动期间，她还禁止宫廷中的女性及其他人在紫禁城里吸卷烟。

　　在清王朝日渐衰微的岁月里，卷烟在上海和其他条约口岸变得更加现成可得。与此同时，吸卷烟的女性也比以前更多地出现在人们的视野中。因为当女性更频繁地在公开场合活动，卷烟更常见，她们开始用卷烟代替水烟。而且，女性吸烟者的视觉形象在迅速发展的印刷媒体，尤其是报纸漫画、画报和卷烟广告中变得更加显著。在20世纪的前二十年中，卷烟并非完全象征后来被认为是摩登女郎的那一类颓废女性，因此普通女性没有理由担心在家安静地吸卷烟时会遭到责难。然而，即使在这些早期年代，一些女性认识到视觉的力量，用以表现她们重塑为"新女性"的身份：被"看见"在街上吸卷烟——一种象征都市世界主义和进步政治的商品，就是将自己定义为典型的现代女性。

　　上海妓女可以说是中国最早的摩登女郎，率先公然吸卷烟，正如她们率先尝试晚清时期从国外引进的许多其他新时尚和时髦事物一样。如前所述，烟草长期以来一直是妓院寻欢作乐不可或缺的一部分，而且一间配备齐全的妓女房间总少不了一只金制或银制的水烟筒。尽管在此前的几个世纪，妓女和士绅的妻子一样在隐蔽的地方吸烟，但到了19世纪末，上海的"职业女性"并不只在她们的闺房里吸烟。当妓女在城市里四处走动，游走于一家又一家的娱乐场所，已经随身携带袖珍水烟和火柴。对这些到处走动的女性而言，特别便携的卷烟罐很可能是一种受欢迎的发明，对她们的客人也是如此。

　　虽然当众使用烟袋很少引起议论，但女性公开吸"西式"雪茄或卷烟却很新奇，因此具有新闻价值。19世纪末20世纪初，对妓女吸卷制烟草产品的报道开始出现在报纸上。例如，一则1897年《游戏报》的报道描述了一位变装"美人"的外貌和公开行为："前晚九点钟时，有某校书改装男子，身着熟罗接衫、铁线纱半臂镶鞋套裤，手执全牙扇，口吸吕宋烟，徜徉于四马路一带，东张西望，笑容可掬。"[13]

图 8：《美人坐车失坤鞋》，刘见，1999 年，第 541 页

这件轶事之所以引起轰动并非因为妓女吸烟，而是因为她穿着男人的衣服，非常公开地在一条主干道上吸一种在 19 世纪末通常与外国男人相关的产品（雪茄）。这条小道消息发表在一份迎合小市民喜好的小报上，表明在 19 世纪下半叶，人们对妓女及其活动的兴趣越来越浓厚。到 1900 年，上海妓女已经成为高度可见的公众人物，她们的行为和生活方式都在广大民众的注目之下。[14] 这种名人的身份是由新创立的流行报刊煽动形成的，并且凭借 19 世纪下半叶引进条约口岸的平版印刷和摄影等新技术而成为可能。通过这些新媒体，吸卷烟妓女的图片可以广泛传播给全国的读者。她们的视觉榜样接着引诱其他都市女性，在陌生人的众目睽睽之下，当街公然吸卷制的烟草产品。

大约在 1900 年以后，妓女吸卷烟的图片开始出现在视觉媒体上。一个例子是包捷（Lucie Olivovà）发现的杨柳青年画，题为《美人坐车失坤鞋》（见图 8）。[15] 在这张图上，一个坐在黄包车上的妓女拿着一支卷烟。这位

"吸烟的美人"坐在一辆黄包车上,这种交通工具于19世纪60年代在日本发明,在19世纪70年代只传入了上海的外国租界,[16]不仅如此,她还掉了一只鞋,于是她的缠足被暴露在众人面前,这会被那些看见的人视为一种放肆甚至非常色情的情形。[17]男性行人正在用他们的手杖找鞋,一个骑在自行车上的年轻绅士正在帮助妓女指挥他们。

画中展现了这个女人正在吸烟,这个事实并不起眼:女性和客人及家庭成员一起抽烟袋,或者独自在闺房里吸烟的图像在19世纪的木版印刷品中已经十分常见。[18]《失坤鞋》之所以独特,是因为妓女在这里被描绘成在一个非常公开的场所吸烟。叶凯蒂(Catherine Yeh)认为,此类妓女公开四处走动的形象经常发表于晚清时期的流行期刊,有助于将上海妓女从早期隐蔽、有教养的美人转化为中国最早的女性公众人物。[19]此前妓女的肖像,就像第三章中所讨论的那幅,通常的背景都是室内场所或者私人花园。[20]相形之下,《失坤鞋》表现的是一位在独特的上海都市环境中活动的美女。妓女对特定西式产品的消费,此处表现为"现代"卷烟,以及她富有挑逗性的当众行为和服饰(她暴露的一只脚),预示了20世纪20年代和30年代的摩登女郎现象。最重要的是,这一图像将晚清妓女表现为上海的标志性现代女性:她能够外出走动,乘坐黄包车,自由往返,大胆地和街上的男性互动,一直高举着点燃的卷烟,将一串烟雾甩在身后。

据说,最初在辛亥革命前后,都市精英"体面"的妻子和女儿开始模仿时髦的上海妓女公开吸卷烟。《申报》上一篇发表于1912年的文章这样说道:

> 迩来妓界出现一种新流行品曰纸烟。樱桃小口横插一根,呼吸吞吐,烟熏火灼,妙舌香喉,不怕燥裂耶。
>
> 吾尝见有西装妓女坐马车,手纸烟,沿途喷吸不已……妓女一副举动每为良家妇女所仿效,今兹吸纸烟之恶习若不革除,恐不数月而良家妇女口中皆纸烟矣。[21]

在 1923 年对地方风俗的调查中，胡朴安（1878—1947 年）也将上层中国女性吸卷烟追溯到上海妓女做出的榜样。[22] 胡朴安注意到这种始于上海艺人的趋势，"几蔓延全国……大家妇女争试焉，咸以此为时髦。一烟之微，必盛以金盒，配以金斗，兰房粉阁间，几以吸烟为正课。在昔闺中韵事，曰焚香读书，曰然脂写韵，今则悉以吸烟代之……十之七比以纸烟实其樱唇，恣吸若狂。而昔人指所谓口脂香者，悉变为烟臭矣。"确实，辛亥革命之前几个月的报纸报道，可以看到"良家女子"走在街上，她们的天足穿着皮鞋，身着露出小腿的裙子，吸着卷烟或雪茄。[23]

辛亥革命刚结束时，倾向外国风俗还是一个人献身于新国家的象征。对某些舆论制造者而言，一个女性公开吸卷烟不仅是可以接受的，甚至是受到赞赏的。例如，1912 年，一篇刊登于日资《盛京时报》上的文章就将两种类型的美女进行了令人印象深刻的对比：

> 昔之美人嫋娜，今之美人活泼。昔之美人双脚惟恐不小，今之美人两足惟恐不大。昔之美人学绣，今之美人读书。昔之美人含豆蔻，今之美人吸雪茄……昔之美人三从四德，今之美人平等自由……昔之美人佞佛佞神，今之美人爱家爱国。[24]

在这里，将吸雪茄和现代美女的爱国情怀相提并论很重要，因为卷制的烟草制品已经与西方联系在一起（参见第八章）。然而，民国初年，一个女人仍然可以吸卷烟或雪茄，而不会被指责对国家不够忠诚。

事实上，真诚而爱国的"新女性"吸着卷烟的积极形象很快就开始出现在报纸报道和商业艺术中。一幅很有可能在新年前后创作的年画，展现了一个缠足、戴西式草帽的女学生，一边骑着自行车一边吸着卷烟（参见图 9）。[25] 这幅图像没有准确的日期，但以 1900 年左右首次出现的"改良年画"风格创作，并与新政时期拥护女子教育的图像一致。[26] 这一图像可能始于 20 世纪 10 年代初，那时女性吸卷烟刚开始在中国社会变得更加公

图9:《自行车上吸卷烟的女人》,湖北美术出版社,民间美术:湖北木板年画,剪纸,皮影(武汉:湖北美术出版社,1999),第49页

开可见。[27]

对照同一时期描绘女学生和女校的类似改良印刷品,我们会发现,这幅图像将吸卷烟和骑自行车表现为自然会吸引现代女性的两项活动,像军事训练一样。[28]

女性吸烟袋的传统存在已久。尽管在整个社会中还不多见,但女性公开吸卷烟的习俗在一些地方也已经被接受。这促使商业广告使用良家妇女的形象,而事实上她们都拿着或吸着卷烟。中国接受这种肖像的时间要早于英国(20世纪20年代初)和美国(1926年以后)。英美烟草公司是首先在卷烟广告中使用吸烟女性形象的先驱之一。在1908年发行的一系列

第九章 新女性、摩登女郎和女性吸烟的式微（1900—1976 年） | 223

图 10："派律德"卷烟①的香烟卡片，1908 年。陈超南、冯懿有：《老广告与大众文化：招贴画、月份牌和卷烟（1900—1950 年）》(Chaonan Chen and Yiyou Feng, *Old Advertisements and Popular Culture: Posters, Calendars, and Cigarettes, 1900–1950*, San Francisco: Long River Press, 2004.)，第 62 页。经允许使用

题为"妇孺同乐"的香烟卡片上，英美烟草公司描绘了吸着卷烟的母亲和她们的孩子。卡片上展现的许多女性都拿着卷烟，而且至少有一张卡片描绘了一个母亲一边抱着孩子，一边正在让一个女孩点烟（参见图 10）。另外两个女人坐着，其中一个坐在亭子里的长凳上，而另一个和她的两个孩子一起坐在斜坡上，她们一边吸着卷烟一边看着孩子玩耍。

辛亥革命之后的几年里，一些中国的烟草公司，特别是南洋兄弟烟草公司及其他，努力将爱国的"新"女性吸烟者重新描绘成只吸中国生产的民族品牌的形象。正如前几章所述，这种策略是更为广阔的国货运动的组成部分，这场运动试图重新引导消费者购买本国华资公司所制造的产品。一批民国初期的南洋兄弟烟草公司广告草图中，就有许多"新女性"吸卷烟的形象。[29] 虽然这些女性在外貌上显然很"现代"，但她们全部被描绘为正直而可敬的。

她们在画面中通常与孩子、丈夫或其他家庭成员在一起。有些在户外行走时吸烟；其他的在商店里吸烟；还有的置身于借鉴传统"美人"肖像画的经典室内场景中，这些形象后来成为 20 世纪 20 年代末和 30 年代主流卷烟广告的前身。

---

① 香烟卡片上的文字将 Pirate 音译为"派律德"，该品牌又作"老刀牌"或"强盗牌"。——译者注

图 11：西德尼·甘博：《妇女和卷烟》(1924—1927 年)，西德尼·甘博摄；纪实艺术档案，杜克大学，第 462—2663 号。经允许使用

晚清民初的许多女性都吸卷烟而不是抽烟袋，这一行为已经变得平淡无奇。就像 19 世纪 70 年代的台湾农村妇女迫不及待地接受约翰·汤姆森赠送的雪茄一样，例如，20 世纪 20 年代，浦爱达（Ida Pruitt）的采访对象——宁老太太出身于劳动阶级，她在他们的谈话中很轻易地使用浦爱达给的卷烟代替了烟袋。[30] 西德尼·甘博（Sidney Gamble）拍摄了一名中年妇女和一名年轻女子，若无其事地将卷烟拿在手上，旁边是一名更年长的妇女，手中握着烟袋（参见图 11）。20 世纪 30 年代，烟草广告和一般而言的大众文化开始广泛使用高度色情化的女性吸卷烟的图像。在此以前，

尽管卷烟显然适合一些自封的"新女性",但卷烟并不一定象征一种特定的生活方式或个人身份。对于那些已经习惯通过抽烟袋吸入烟草的女性,吸卷烟也是一种享受烟草乐趣的方式,既新颖又熟悉。

诚然,卷烟从一开始就在主流政治话语中被认作一种外国商品,而且甚至在商业广告和大众文化将卷烟塑造成"现代的"之前,卷烟的工业生产就已经给它打上了"现代"的烙印。高曝光度的上海妓女在晚清时期将卷烟打造成女性时尚,辛亥革命将之进一步合法化,而新的礼仪规范使卷烟在模仿西式穿着和行为的女性看来,成为得体的,甚至受欢迎的商品。女性逐渐进入公共领域,她们上学并且工作,这给她们提供了与欧美女性相当的机会,抛弃过去,抵制既定的性别规范。当被"看见"吸"西方的"卷烟,而不是"传统的"烟袋,可以成为一种新女性身份的显著标志,即致力于社会转变、政治改革或个人解放的现代女性。晚清民初时期,一些女性放弃了"老式的"烟袋而开始公开吸"现代的"卷烟,正如她们进步的丈夫们所做的那样。而更多的女性只是将之作为个人品味的问题,默默地接受了卷烟,没有丝毫炫耀。对她们而言,卷制烟草产品无非是一种便捷的方式,使她们享受早在卷烟出现以前就形成的吸烟习惯。

针对女性吸烟的精英批判话语的出现(1900—1915年)

当我们意识到女性私人使用烟草已经相当普遍时,就不难理解为什么开风气之先的妓女、时髦的妃嫔,或者进步的"新女性"在晚清民初由烟袋改用卷烟。但另一种尼古丁递送形式——卷烟的引进,必然受到许多女性的欢迎,就像受到男性的欢迎一样也。本研究的挑战在于,需要解释为何当卷烟开始引起许多男性的兴趣时,中国女性吸烟却似乎减少了。

20世纪中国烟草消费的性别史是复杂的,许多因素无疑会抑制女性开始使用卷烟。首先,许多女性只是没有充足的收入或者无法支配家庭收入来为自己购买卷烟。在上述20世纪初期的几十年中,都市女性明显的

211 变化并非在全国各地都同样引人注目。正如第七章所述，机制卷烟，即使是用国产烟草制成，并在中国工厂中生产的最便宜的品牌，也比旱烟烟丝贵。20 世纪 50 年代，中国共产党将烟草工业国有化并开始大规模生产卷烟。在此之前，人均消费比例比美国和英国低得多。卷烟在华销售和消费的绝对数值令人惊讶（20 世纪 30 年代售出的卷烟接近 700 亿支），而且主要集中在沿海省份和较大的城市。尽管居住在条约口岸的男性和女性都可以获取工业生产的卷烟，但在农村地区和内陆城市，在那些具有足够的可自由支配收入来购买卷烟的家庭中，可能主要由男性家长消费机制卷烟。

除了这些经济因素，在 20 世纪初女性吸烟的体面越来越受到质疑。政治忠诚和道德高尚的女性应该避免吸烟，哪怕在家中也是如此，这种观念于 1911 年左右在中国具有改革思想并受过良好教育的精英中间确立下来。民初知识分子尤其担心女性吸食烟草在优生学方面的影响，他们从源自英国和美国的国际禁吸卷烟运动挪用了三种紧密纠缠的观念：第一，东方主义的观点认为任何有大量女性消费烟草的社会都是"落后的"和"野蛮的"；第二，认为只有性方面不检点的女性才吸卷烟；第三，认为烟草是一种育龄女性"永远"不应消费的"民族毒药"。既有的儒家观念认为女性当众吸烟有失体统，同样长期存在的中医观念认为烟草妨害女性生育，这些观念也与舶来的概念结合起来。对女性和烟草的外国和本土思考混合在一起，因而出现了一种针对所有女性吸烟，无论年龄和地点的精英批判话语。

吸烟、东方主义和不守规矩的女性情欲

尽管女性烟草消费在包括南欧和东欧在内的许多文化群体中都很普遍，但 19 世纪来华的英美旅行者——主要是传教士、商人、殖民地官员和来自新兴中产阶级的冒险家，经常议论这种他们认为充满异域风情而且是"东方"特有的现象。中国女性普遍抽烟袋，这被视为中国未能超越

一定文明水平的最佳例证。例如，19世纪40年代居住在广东的亨利·查理·瑟尔（Henry Charles Sirr）评论："吸烟的范围非常广泛，就连五岁的小女孩也被允许沾染这种恶心而且有害的习惯；从很小的时候一直到老年，绣花的烟袋都是女性服饰的必要附属品"。[31] 一位在19世纪50年代来华游历的英国女性茱莉亚·康纳（Julia Corner）也有同感："每位中国女士都有装饰华丽的烟袋，若不是涉及如此不适合女性的嗜好，烟袋确实会是一件高雅的附属品。"[32]

在19世纪首次遇到中国不分性别的吸烟文化的外国商人和传教士中，这种东方主义的指责相当普遍。实际上，当时反对女性吸烟的英美社会习俗还比较新奇。工业化之前的英国和北美与清代中国一样，虽然对女性可以吸烟的地点和方式有文化限制，但没有证据表明烟草消费因为性别而遭到禁止。[33] 随着维多利亚时代的到来，至少对中产阶级的女性而言，这些限制演变成了绝对禁止。在英国和美国，吸烟的男性化在19世纪30年代基本完成，导致在这些社会中看不见女性的烟草消费，除非在妓院或歌舞厅之类的色情场所。女演员、妓女和"堕落"的女人才会吸烟，而名誉清白的女士肯定不会。为了保护体面女性脆弱的情感，男性从不在女性的陪同下吸烟，而是退避到另一个房间或者只有男性的俱乐部。

伴随着社会习俗的这些变化，女性吸烟越来越多地被认为与男女滥交有关。女性吸烟的色情特征最初与妓女和"放纵"的女人联系在一起，在世纪末逐渐被用于非欧洲女性。多萝西·米切尔（Dolores Mitchell）对19世纪末烟草艺术的分析表明，"异国情调"的女人正在吸烟的性感图像广泛流行于维多利亚晚期的英国和进步时代的北美。[34] 雪茄商标和早期的卷烟广告中经常出现诱人的土耳其、西班牙（包括吉普赛人）、美洲原住民和非洲女人的肖像。到19世纪末，殖民地女人吸烟的色情明信片在美国和英格兰都很受欢迎。在两个国家街边的烟草店里都能看到，那些展现衣着暴露或裸体的某个种族的女人拿着水烟袋或卷烟的图像。正如佩妮·廷克勒（Penny Tinkler）所言，在第一次世界大战爆发之前的英美两国，吸烟和不守规矩的女性情欲之间已经建立了一种视觉联系。[35]

在 20 世纪开始的几十年中，给女性吸烟者贴上堕落女子标签的英美话语依然引人注目。当时在中国生活的外国人，包括许多新教传教士，他们过去指责抽烟袋的女性，他们现在用同样的道德视角来看待中国女性中吸卷烟的新风尚。然而，现在他们鄙夷"趾高气昂、男性化、主张女性权利"的"新女性"，在他们眼中，"新女性"不适当地吸收了西方文化所有的糟粕，却没有汲取丝毫基督教的美德。[36] 据一位观察者说，"初步的女权主义"影响着中国城市中的年轻女性，让她们迅速转换到"散漫的个人主义"，正如"年轻男性和女性一起筹划联欢会、吸卷烟、乘火车旅行"所证实的。[37] 1913 年在西安供职的一位传教士用下述轶事来强调，中国女性在 1911 年的重大事件之后误入歧途：

> 她们要求自由和教育……要求权力和政治权利，尽管如此，唉，即便在中上阶层妇女中，绝大多数都没有受过训练，因而无法行使权力……西安的一位漂亮、富有的年轻女士认为，好几个小时站在她丈夫家门前的大街上吸纸烟是在证明她的解放。她衣着花哨，身穿浅蓝色的丝质长袍，举止过于随意，彻底震惊了路过的所有体面的中国人。这位可怜的女士真心相信她在恰当地扮演"新女性"的角色，并在按照西方礼仪行事。[38]

比中国女性模仿英美女权主义者更糟的是，西方女士实际上可能如同一位作家所言，正向"她们的远东姐妹"学习这种有害的习惯。在他看来，"占人类三分之一的女人"的吸烟行为"既不迷人，也不美妙"。[39]

作为"民族毒药"的烟草

外国人指责道，中国女性吸烟、哪怕在私下吸烟的习惯使中国沦为一个"半开化"的国家。这些批评使经常看到这种言论的中国知识分子感到沮丧。其他人担心,即便是声誉清白的女子,如果被外国人看到在街上吸烟,会被当作一般的妓女。然而,使晚清民初反对烟草的中国人产生最强烈共鸣的观点是,尼古丁和鸦片一样会摧毁中华民族。烟草是一种"民族毒药"的观念最初由基督教节制会的传教士传播。到世纪之交,这种观念受到社会达尔文主义"科学"的支持。维多利亚时代的观念认为,吸烟的女人是放荡和"野蛮"的,而英美人认为,烟草是"民族堕落"和"身体衰退"的根源。这些观念在随后的几十年里,得到了具有改革思想的中国知识分子和民族主义政治家的响应。

利用"民族堕落"和"身体衰退"的语言来反对烟草消费,这种争论最早于19世纪50年代出现在英美节制会的小册子和医学期刊上。[40] 在19世纪80年代和90年代,创新的大规模营销实践导致了卷烟消费的增加,但也催生了新一代的反烟草活动家,他们重新提出了关于烟草和民族堕落的口号。在19世纪最后二十年"新帝国主义"特征的背景下,受到优生学和社会达尔文主义新思潮的影响,19世纪末禁吸卷烟的言论集中于吸烟所代表的对民族的危害,而不是仅仅对个人健康和道德的危害。新成立的禁吸卷烟联盟集中力量杜绝青少年和女性吸烟,因为人们普遍相信,这两个群体的"身体衰退"将使国家总体的健康处于最危险的境地。

维多利亚晚期和进步主义时期主张节制的文献反复提及男孩,特别是较低阶层的男孩,消费卷烟的数量出现惊人的增长,而且许多人认为这种"肮脏的习惯"阻碍了他们的身体成长,并且导致他们认知能力的退化。[41] 吸烟对新兵的健康可能产生的影响,在不列颠群岛和美国都是最受关注的问题。一支衰弱的军队无法在前线保卫国家,更别提海外的领土了,男孩吸卷烟加剧了这种担忧。对非洲、亚洲、太平洋和中东地区殖民地的争夺加剧了国际竞争。在这种情况下,吸卷烟被视为民族堕落的根源,尤其在1898年美西战争和第二次布尔战争(1899—1902年)之后,游说禁烟立法的活动家不仅在英格兰和美国,而且在全世界的范围内,都将这种观念作为一个强大的平台加以利用。[42]

禁烟组织最初将他们的工作重点放在青少年吸烟上,但随着20世纪早期英国和美国女性卷烟消费者的数量增加,活动家越来越关注烟草消费、母性和种族潜在退化的问题。反对女性吸烟的新兴运动不仅注入了优生学的观念,而且反映了维多利亚时期各个领域意识形态的要素。据此,女人是家庭道德的监护人,她们同样也是国家的守护者。约翰·哈维·凯洛格(John Harvey Kellogg)是一个狂热的禁烟改革者(他也是凯洛格谷物公司创始人的兄弟),他坚信卷烟会在优生学上给女性带来灾难性的影响。作为种族改良基金会的创始会员,凯洛格是第一批将烟草称为民族毒药的著名美国人之一。他认为吸卷烟会导致"生殖腺提前衰退",从而使女性"失去性别特征"。他还指出,在法国许多妇女大量吸烟,"女性长胡子""明显变得更常见了"。最后,他预言白人妇女吸烟习惯的增加将导致"种族退化",因此到2000年根本"不会有[白种]婴儿出生"。[43]

世界基督教妇女节制会及其在华禁烟运动

男孩和他们的母亲吸卷烟会导致亡国灭种,这种危险最早是在东亚由供职于世界基督教妇女节制会(WWCTU)的美国女传教士提出的。作为全国基督教妇女节制会的衍生物,世界基督教妇女节制会于1884年在美国成立,在主张节制的活动家当中促进了女性之间的联系。在具有领袖风范的第二任会长维丽德(Frances E. Willard)提出的"竭尽全力"政策下,该组织的全球工作包括妇女选举、劳工问题、援救妓女、反对鸦片等毒品,以及酒精和烟草。[44] 正如伊恩·泰瑞尔(Ian Tyrrell)和小川真和子(Manako Ogawa)所言,世界基督教妇女节制会完全接受了19世纪帝国主义的意识形态和表现为东方主义的种族歧视。[45] 世界基督教妇女节制会"与帝国主义体制携手"在海外扩张,将推动19世纪末殖民扩张的假定的文化、宗教和种族等级融入其组织架构。[46]

妇女和儿童吸烟会导致民族退化的想法,加上维多利亚时代认为"文明"和贞洁的妇女不吸烟的东方主义观念,向世界基督教妇女节制会的活动家提供了一个全球禁烟的目标。从推动该组织的国际主义视角来看,在国内反对卷烟消费是不够的;禁烟运动必须推行到日本和中国这样的"落后"国家,那里的儿童和妇女还不能避免烟草导致的衰退作用。国外妇女的地位和待遇是维丽德和她的使者判断特定国家"文明"程度的主要标准之一。当然,英美维多利亚时代的资产阶级文化习俗成为衡量每个非西方社会的尺度。日本和中国妇女吸烟,在斯文而体面的中产阶级英美人群中闻所未闻,因此与一夫多妻制、缠足和禁锢一起,被用于表明东亚妇女遭受蹂躏,所以迫切需要世界基督教妇女节制会的帮助。

对于世界基督教妇女节制会的传教士和其他节制倡导者而言,吸鸦片比烟草消费更甚,标志着"古代"中国文明已经沉沦。此类见解植根于一个对上瘾的种族化观念,认为中国人对吸鸦片有一种特殊的喜好,这标志他们是一个走向灭种的低等民族。[47]吸烟广泛流行,尤其在妇女当中,这被作为中国逐渐湮没的另一个证据。在当时的禁烟文学中,女性烟草消费与文化落后之间的联系相当明确。例如,约翰·哈维·凯洛格写道:"在文明国家中,妇女永远不会和男人一样消费烟草"。[48]阿丽霞·海伦·乃娃·立德(Alicia Helen Neva Little,1845—1926年,也被称为阿绮波德·立德夫人,Mrs. Archibald Little)是一个多产的旅行作家,并且是反对缠足运动的热切推动者,她认为女性吸烟(烟草和鸦片)是中国缺乏经济生产力的根源之一:

> 只有穷得叮当响的人家,女人才下地干活、挑水。而在一般家庭里,女人不过喂喂孩子,纳纳鞋底。但在通商口岸,不少女人去新建的工厂上班。她们喜欢抽大烟,散流言,开派对,还常去远处的庙里烧香……女士们常应尼姑之邀,跑到庙里去抽烟、喝酒、玩

牌；在中国西部，抽烟一般包括吸鸦片。[49]

这些外国批评透露的信息很明确：要拯救中国，中国妇女不但需要放足，接受教育，以及成为生产力，还必须放弃烟草和鸦片枪。这样，妻子和母亲将成为她们丈夫和孩子的强大道德榜样，使他们远离威胁中华文明基础的"民族毒药"。

19世纪末，欧洲人和美国人对日本妇女也进行类似的批评，她们中有不少人也抽烟袋。然而，在1911年，日本禁烟活动家与国外的世界基督教妇女节制会合作，说服日本帝国议会通过禁止青少年吸烟的法案。在英国议会通过《儿童法》的八年前，这项法案被外国人广泛认为是基本跻身世界"文明"国家行列的标志。相比之下，许多人依然轻视清代中国，因为在他们心目中，中国政府对禁止各种瘾品，尤其是鸦片和烟草漠不关心。光绪皇帝在1906年颁布了禁止鸦片的诏书，但根据当时写成的西方禁止鸦片的小册子，中国政府无法执行这些法令，即便它想要这样做，因为中国人"道德观念薄弱""被动"，而且"受制于环境"，他们天生就容易染上烟瘾。[50] 同样，当光绪皇帝在1907年禁止向儿童销售卷烟，并接着在1908年颁布禁止未成年人吸烟的法令时，人们普遍认为这些法规不会有什么效果。[51]

鉴于当时清王朝已然衰弱，对帝国政府执行这些法规能力的怀疑可能并非过度悲观。在华禁吸卷烟的活动家并不催促政府改变政策，而是致力于改革中国妇女的习惯和日常实践，期望她们会为子女奠定正确的道德基调。在为女孩建立的教会学校中，严禁吸烟。[52] 在辛亥革命之前的几年里，北京、天津和上海的几所教会学校建立了主张妇女禁吸卷烟的协会。[53] 在北京的一所学校里，1910年成为中华基督教妇女节制会会长的轲慕慈（Sarah Boardman Clapp Goodrich，1855—1923年）成立了妇女戒吸纸烟社。[54]

事实上，世界基督教妇女节制会的中国妇女和外国妇女，在推进一个新的按照性别分类的在华禁烟计划方面，都位于时代前列。世界基督教妇女节制会的早期成员名单中有一些中国最重要和最有影响力的社会女权主义者，其中包括刘王立明（1897—1970年），她在20世纪20年代和30年代担任中华基督教妇女节制会的会长。[55] 在很多方面，刘王立明代表了热衷政治的"新中国女性"，她们在20世纪初的几十年里变得越来越引人注目。[56] 刘王立明出生于1897年，从十岁开始上小学，并考取了她所在地区接收女学生的少数中学之一。刘王立明的母亲是最早的基督教妇女节制会驻华分会之一的会长，并且是节制会的热诚支持者，所以她以维丽德的名字为刘王立明命名。因此，刘王立明在英语圈被称为弗朗西斯·维丽德·王（Frances Willard Wang）。刘王立明是她所在地区第一批拒绝缠足的女孩之一，她最终赢得了去基督教妇女节制会总部——美国西北大学的奖学金。1920年刘王立明刚回到上海，就成为妇女选举权运动、节育协会和基督教妇女节制会的积极分子。她在1934年出版了《中国妇女运动》，这本书探讨了妇女政治和经济独立的重要性，改革中国家庭制度和婚姻习俗的必要性，以及妇女在中国民族救亡中将发挥的核心作用。[57] 正是在这种情况下，她追随维丽德强烈反对使用一切烟草、鸦片和酒精。和维丽德一样，刘王立明也认为妻子和母亲首先需要成为家人以及社会上其他人戒烟的向导。因此，无论是在公共场所，还是在家里与家人在一起时，甚至独处时，她们都不应该吸烟。

民初中国的禁吸卷烟运动

晚清民初时期，世界基督教妇女节制会的妇女并不是唯一担心卷烟对妇女危害的社会改革者。在1900年至第一次世界大战之间，有影响力的中国官员和关心中国未来的改革派男性知识分子将反对卷烟的舶来观点，诸如世界基督教妇女节制会传播的那些观念，与原有的本土观念选择性地结合在一起，形成一种新的、混合的批判性精英话语，旨在反对女性吸烟。强调烟草对女性、儿童和青少年有害影响的文章和社论在中国报纸上激增,特别是在辛亥革命前后几年。追随在华外国传教士和海外进步主义改革者的脚步,一些中国活动家组织了他们自己的禁吸卷烟协会。在所有情况下,现代中国评论家反对烟草消费所采取的最有说服力的论点都是它对国家总体实力的有害影响。

西方人指责中国是一个"不文明"的社会,在那里,如此之多的妇女依然吸食烟草,男人在女士面前吸烟,而且儿童不受禁止青少年吸烟法的约束,依然被允许吸烟。这显然刺痛了中国知识分子。作为回应,一些人敦促他们的同胞完全戒烟。最受关注的一个领域是儿童吸烟。例如,记者安蹇呼吁中国"学习进步国家",立法禁止青少年吸烟。[58] 丁福保(1874—1952年)是受过正统教育的学者,作为西方医学书籍的译者而扬名,他也运用当时国外的节制倡导者所青睐的文明话语,谴责年轻人吸烟。在1911年发表于《大公报》的一篇演讲中,丁福保传递了当他看到大多不到十岁的男女学生吸卷烟时的震惊,这件事发生于1903年至1905年的北京。当时,丁福保在新成立的京师大学堂教算学和生理卫生学:

> 因此知京师各学堂尚未设禁烟之律,为父兄师长者亦未知纸烟之有碍卫生故,一任无知少年恣意吸食。京师为首善之区,而有此不文明之现象,诚非意料所及。岁乙巳南还,见少年之吸纸烟者,其数又过于京师。[59]

在辛亥革命之前的几年中,当社会上吸卷烟的妇女变得更加公开可见,报纸主笔越来越关注女性吸卷烟的"问题"以及青少年吸烟的危险。与这种针对女性吸烟者的话语竞争的是,由诱导妇女购买他们产品的烟草广告商和将女性公开吸烟视为性别平等标志的社会评论家共同构建的话语。然而,在许多著名的舆论制造者眼中,女性卷烟消费构成了"不当行为",类似于赌博、玩麻将、浓妆艳抹或者穿着性感,以及与男性一起走

第九章　新女性、摩登女郎和女性吸烟的式微（1900—1976年）　｜　235

图12：《一位小姐平日喜欢吃绿锡包香烟》，《申报》1912年6月24日，第3页

在街上。长期以来，女性吸烟在家里是可以接受的，但在家庭范围之外是极具挑逗性的。因此，公开吸烟的妇女相当令人震惊，并且在许多观察者看来是令人不安的"妇女行为不端"的典型。[60]

保罗·贝莱（Paul Bailey）指出，民国早期的报纸过度关注包括当众吸卷烟在内的妇女违规行为，表露了在不确定的时代对社会和文化变革的速度和方向所产生的深切忧虑。[61] 然而，对女性吸烟表达的特别忧虑在许多方面都与世界基督教妇女节制会及其他跨国禁吸卷烟组织的宣传类似。对女性吸烟的反对通常取决于女性采取新的、极不稳定的性别认同而引起的问题。中国记者苦恼的是妇女正在变得像男人一样，而吸卷烟则是这种性别偏移趋势的显著标志，他们的语言令人想起约翰·哈维·凯洛格有关"女性长胡子"的文字。例如，《北京日报》的一篇文章哀叹"女人如今各个方面模仿男人，无论是衣服、帽子、鞋子、发型、眼镜，还是吸卷烟……男人变得更女性化，而女人变得更男性化"。[62]

在不稳定的性别等级中，女人像男人一样行事，因而不能生孩子。对此的恐惧并非总是用优生学的概念明确地表达，但用白话表达引起了对民族灭绝的担忧。在辛亥革命后出现的关于妇女和吸烟的报刊文章中，卷烟对妇女生育健康强壮的公民—士兵的影响,即便没有完全阐明,也是显而易见的。1912年《申报》上刊登的一组漫画,虽然采取了幽默的方式,但暗示了吸卷烟可能对女性生殖健康造成的不良影响。第一幅漫画的标题为《一位小姐平日喜欢吃绿锡包香烟》,描绘了一个正在抽烟的年轻女子(参见图12)。第二幅漫画展现了一个医生正在为她检查,寻找肚子痛的原因。她斜倚在卧榻上,依旧抽着烟。在第三幅漫画上,医生从她的腹部摸出了一包绿锡包。而同时期的另一幅漫画展现了一个母亲一边给她的孩子喂奶一边吸烟,烟灰落到孩子的脸上。此处的信息是明确的:一个珍爱儿子的母亲是不会吸烟的。[63]

与国外同时代的人类似,对于女性吸卷烟所代表的行为不检,许多中国报纸专栏作家也表示焦虑。[64]例如,徐珂观察到西方人嘲笑中国妇女,她们像妓女一样吸烟。[65]女学生公然吸烟似乎让人想起街头妖艳而主动拉客的妓女,正如在1912年的一组《申报》漫画中遭到讽刺的那位(参见图13)。这组漫画题为《妓女吸卷烟》。在第一幅漫画中(最右边),女人站在街角,当一个客人靠近时,喷出了巨大的烟雾。解说词标明:"耐看我吃香烟,阿要时髦。"在第二幅漫画上,她的客人充满激情地搂着她,亲吻她的嘴唇,而与此同时,她的手在背后依然拿着点燃的卷烟。在最后一幅漫画上,他正匆忙离开,说卷烟可怕的烟味实在受不了。许多外国人用一种色情化的东方主义视角看待女性吸烟者,而欧美的道德家将女人吸烟的社会批判为"不文明的",这种认识使人更加感觉到吸卷烟是粗俗的。

中国的男性知识分子不仅用言语,而且用行动反对女性吸烟,他们建立了自己的禁吸卷烟协会。参与这项事业的是一位清代名人、官员兼政治家伍廷芳(1842—1922年)。伍廷芳在英国学习法律,是在香港从业的第一位华人律师,还在1896年至1902年间,以及1907年至1909年间,被清政府任命为公使,出使美国、墨西哥、秘鲁和古巴。1910年春从美国回到上海后,伍廷芳谢绝了另外的政府工作,而把注意力转向社会问题,尽管这些问题也带有政治色彩。伍廷芳成为晚清剪辫运动的领袖,这场运动

第九章 新女性、摩登女郎和女性吸烟的式微（1900—1976 年） | 237

图 13：《妓女吸卷烟》，《申报》1912 年 6 月 20 日，第 3 页

在中国各大城市得到了广泛支持，他还在 1913 年至 1916 年担任了中华国货维持会会长。在这些年，他还成立并领导了上海劝戒纸烟会和卫生会。[66]

虽然上海在 1908 年已经成立了一个小型的中国人领导的禁吸卷烟协会，但伍廷芳在 1910 年回到中国后试图重振这个团体。上海劝戒纸烟会在 1911 年春重组时，领袖包括在上海政界和商界最有影响力的人物：上海总商会会长陈润夫、著名买办沈敦和、上海自治公所总董和上海商团公会会长李平书，他们都担任了上海劝戒纸烟会副会长。[67]

上海劝戒纸烟会有两百到三百名成员，是当时中国最大的反烟草组织，超过了上海外国传教士领导的基督教妇女节制会。伍廷芳自己承认，他的禁吸卷烟组织直接受到美国优生学和节制运动，特别是约翰·哈维·凯洛格和玛丽·富特·亨德森（Mary Foote Henderson，1841—1931 年）事业的启发。[68] 劝戒纸烟会宣称的目标是将吸食卷烟的危险，特别是对妇女和青年人的危险公之于众。在该会成立之初的一次会议上，陈润夫谈到了吸烟对妇女和儿童的伤害，《申报》刊载了这次会议的记录。[69] 劝戒纸烟会在 1911 年 6 月 27 日组织了一次反对吸烟的集会，吸引了 1000 名支持者；一星期后上海西南地区的一场类似的游行大约 600 人参与。[70]

或许有人认为，中华基督教妇女节制会和上海劝戒纸烟会之类的组织反烟草的努力在历史上是微不足道的。[71] 当然，就像第七章所讨论的，在华销售的卷烟数量在清朝覆灭后才继续呈上升趋势。然而，必须承认这些组织的历史影响及其依据的意识形态是彻底性别分化的。虽然反对男性吸烟的观点基本上不被理睬，但那些反对女性吸烟的观点却通过各种大众媒体进入了流行的白话。20世纪初认为烟草是"民族毒药"的观念，结合了一种在全球范围传播、继续将吸烟女性色情化的视觉文化，以及中国人对当众吸烟女性贞洁问题挥之不去的怀疑，使精英随后在此基础上为女性吸烟建构起广为流传的污名。在南京国民政府统治的十年中，这种关键的禁烟话语最终针对的是一种特定类型的女性——吸卷烟的"摩登女郎"。

卷烟与"摩登女郎"（1927—1937年）

在广告和其他视觉媒体中，所有类型的十几岁和二十岁出头的妇女都可以表现为正在吸卷烟，而大约在1927年以后，吸卷烟妇女的形象越来越多地表现为一种特定类型的年轻女性，她们新潮而时髦，被称为摩登女郎。摩登女郎不受任何性别和意识形态立场的政治活动家的尊重，在整个20世纪30年代都是批评和讽刺的对象。漫画讽刺她们，广播戏弄她们，中国故事片也塑造了她们的刻板印象。通过这些媒体，女性吸烟者作为不道德和不爱国女人的标志形象，已经在民初的报纸社论和漫画中显而易见，这种形象超越了中国政界精英的言论范围，渗透进了大众文化。多少有些讽刺的是，即便是假借色情化的摩登女郎描绘中国新女性形象的烟草广告，也起到了诋毁女性吸烟声誉的作用。在整个南京国民政府的十年中，这种美学在许多形式的商业广告中占据主流。吸烟，对所有女性而言，曾是一种普通的、涵盖各个社会阶层、并且声誉良好的习俗，但在20世纪30年代却越来越多地被描绘成摩登女郎的一种异国情调、独享排他、败坏风俗的习惯。

虽然大众文化有助于形塑吸烟与中国摩登女郎之间的联系，但这种形象至少在一定程度上是由真实的摩登女郎自己塑造的。在 20 世纪 20 年代，许多年轻的中国城市女性将卷烟作为年轻叛逆和社会解放的象征，就像她们的同类在美国和欧洲所做的一样。实际中的中国摩登女郎在第一次世界大战以后，通过剪短头发、穿着露出胳膊和双腿的暴露而时尚的短裙，使自己区别于其他女人。她沉溺于享乐和情色，而且公然蔑视传统，特别是拒绝在婚姻和生育范围内的家庭生活和性行为，这些特点将她与其他"新女性"区分开来。[72] 她与国外志趣相投的人一样——英美的"轻佻女郎"、日本的"摩登女"、法国的"假小子"、德国的"新女性"，也将吸卷烟作为叛逆的公开标志。

在公共场合吸烟引起人们对摩登女郎的关注。在中国，女性私下吸烟一直是一种可以接受的习俗，而在美国和英国，这种行为在任何环境中都是绝对的禁忌，与在中国相比或许更像是一种戏剧姿态。然而，如前所述，无论在中国传统中，还是如今从好莱坞，以及从总部设在纽约、伦敦和东京的广告代理商那儿进口的商业化图像中，当众吸烟已经承载了性的意涵。在这个全球化的背景下，一个拿着卷烟的年轻女性在中国日益被理解为在表明她的性能力，还不是宣称她的政治权利。当然，对于打破旧习的中国摩登女郎，反抗性别的双重标准才是关键。摩登女郎穿着撩人，在某些与快速而喧闹的都市生活方式相关的场所——夜总会、舞厅、餐馆和跑马场公然吸着卷烟，导致女性吸烟伤风败俗。她也坦然面对当时表达民意的各种新式大众媒体对她的批评、责难和讽刺。

在整个 20 世纪 20 年代末和 30 年代，吸卷烟的摩登女郎是流行期刊上刊登的评论漫画最喜爱的主题。大批量发现的报纸和杂志上的漫画将吸烟的女性描绘成一种独特的都市人，年轻而任性。这些漫画有时只是幽默，但在其他时候也相当尖锐。例如，1928 年出现在《妇女杂志》上的一副漫画，题为《新时代的主妇》，讽刺惧内的丈夫，受制于他十分"摩登"的妻子（参见图 14）。画面描绘了她正悠闲地吸着卷烟，而她的丈夫已经花完了妻子给他每月买卷烟的钱，只得当她吸烟时，吸些烟气。性别

图 14：《新时代的主妇》，《妇女杂志》第 1 卷第 13 期，1928 年 1 月，第 25—26 页

角色逆转是 1933 年《玲珑》杂志上另一组漫画的主题（参见图 15）。[73] 第一幅漫画展现了一个抽烟袋的肥胖绅士和两个女性"玩偶"，一个拴在他的腰带上，而另一个绑在他的烟管上；下一幅漫画展现了一个吸卷烟的妇女，亲吻她的一个男性"玩偶"，而另一个摔到了地上。这幅漫画表明，摩登女郎完全采纳了包括卷烟在内的男性恶习，以致替代了衰微的古代儒家一夫多妻制。

吸卷烟的摩登女郎在电台新媒体中也占据了显著地位。卡尔顿·本顿（Carlton Benton）指出，在南京国民政府时期上海无线电广播的历史上，一些最流行的"开篇"——引入弹词所讲述故事的短篇唱词，将摩登女郎过度消费行为串联在一起。[74] 这些唱词嘲讽超前消费的摩登女郎，她的烫发、涂过口红的嘴唇、擦粉的脸颊、丝袜、高跟鞋和外国卷烟总是必要的道具。吸卷烟的女性被认为是不道德的人，她们的"特征是不遵循高尚情感或爱国主义的消费"，开篇从听觉上巩固了这种形象。[75] 企业家通过鼓励这种消费而获利，他们也利用开篇宣传自己的产品，并且常常修改唱词，例如"上海小姐"和"上海少奶奶"（20 世纪 30 年代最流行的

第九章 新女性、摩登女郎和女性吸烟的式微（1900—1976 年） | 241

图 15：《时代不同之玩偶》，《玲珑》第 95 期，1933 年，第 681 页。东亚图书馆，哥伦比亚大学。经允许使用

两首开篇），将吸烟女士塑造成一位闲适的高雅女士，而不是贪婪的荒诞人物。

根据卡尔顿·本顿的研究，广播听众，其中许多是妇女，抗拒这些比较和谐的表演，而更喜欢那些讽刺地描述摩登女郎极度自私和自我放纵的版本。

中国新兴的电影产业同样一直采用寻欢作乐的女性吸烟者形象来表现摩登女郎。当上海的电影制作人希望表现一个女人品德有问题时，他们只需在她手中放上一支卷烟。对此，他们遵循了已被广泛接受的好莱坞传统，从蒂妲·芭拉（Theda Bara）在《卡门》（1915 年）中第一次拿着卷烟出现开始，好莱坞电影就将女性吸烟与邪恶联系起来。[76] 十五年后，英美妇女无论在银幕上，还是现实生活中点上卷烟，都变得更加司空见惯。在20世纪30年代的电影中，诸如玛琳·黛德丽（Marlene Dietrich）、贝蒂·戴维斯（Bette Davis）和葛丽泰·嘉宝（Greta Garbo）之类的性感女演员全都大大方方地抽烟。虽然这些女主角扮演的角色不一定是"邪恶"的女人，但她们显然有过性经验。正如佩妮·廷克勒（Penny Tinkler）所说，她们的卷烟"发送了淫荡和老练的烟雾信号，无疑是一种诱惑"。[77] 在上海以及上映这些电影的其他中国城市，影迷杂志和妇女期刊上刊登的凯瑟琳·赫本（Katherine Hepburn）和卡洛尔·隆巴德（Carole Lombard）等电影明星撩人地将卷烟拿在唇边的宣传照，巩固了卷烟与女性情欲之间的联系。[78]

上海电影制作人在拍摄他们自己的现代主义电影时，偷师好莱坞关于性和卷烟的全球化语言。诸如《野草闲花》、《三个摩登女性》和《新女性》之类电影中的女演员在银幕上全都吸烟。然而，她们却在中国面临贫困、政治动乱和帝国主义威胁的特定背景下这样做。正如米莲姆·汉森（Miriam Hansen）所指出的，上海电影与好莱坞电影之间的关系并非完全模仿，而是对关于现代性含义的外国和本土话语的重构。[79] 在中国背景中，银幕上一个女人手中的卷烟不仅表示她的危险性欲，而且还象征性地表现了西方城市化对人们通常设想的农业中国基本价值观的冲击（参见第八章）。保罗·匹科威茨（Paul Pickowicz）观察到，20世纪30年代的许多中国电影，像上一章所讨论的文学作品一样，坚持善与恶、都市与乡村、传统中国价值与堕落外国影响的两极分化，所有这些都在银幕上体现为不吸烟的贞洁女人和吸烟的"放荡"女人。[80]

诚然，中国的女主角和她们的外国同行一样，很少以十足夸张的风格扮演这些角色，而且她们的表演方式通常有细微差别，给早期好莱坞电影中"纯洁无辜"和"阴狠毒辣"的二元对立增加了许多道德模糊性。[81] 但是，在上海，一个拿着卷烟的女演员总是意味着丰富的性经验，无论她扮演的是一个诱人的美女，还是诡计多端的情妇，或是心地善良的妓女，这与在好莱坞并无二致。在整个 20 世纪 30 年代，中国电影中一直将女性吸烟者描绘成性经验丰富的女人，这加强了吸烟和滥交之间的联系。与此同时，将女性吸烟者描绘为获得政治和社会自由的女性，通过卷烟消费表明她与男性平等，这种竞争性的修辞却逐渐从电影的大众媒介中消失了。

商业广告也正在发生类似的转变。中国的烟草公司利用吸卷烟摩登女郎的全球化形象，努力增加对中国顾客的销量，毫不逊色于英国和美国的卷烟制造商。20 世纪 20 年代和 30 年代在上海工作的商业艺术家形成了他们自己对中国摩登女郎的独特眼光，将她描绘成一个时尚和魅惑的美女，让人联想到大约同一时期装饰日本、欧洲和美国烟草广告的模特，但又与之相当不同。中国现代都市美女的标志性人物，广泛转载于报纸广告、杂志和香烟卡片，以月份牌上的最为著名，旨在吸引男女消费者，销售包括蚊香、电池和卷烟在内的各种产品。[82] 艺术家在这些广告中塑造了许多不同的女性典型：古代美女、女学生、端庄的妻子、充满活力的运动员、轻佻的交际花，以及奢华的城市居民。然而，即使在卷烟广告中，女性也极少表现为正在吸烟。有些广告确实展现了拿着点燃卷烟的女人，就像弗兰（Francesca Dal Lago）所分析的交叉双腿和暴露腋下的人物一样，这些广告通常被色情化了，暗示卷烟如同吸烟的女人自身，是为了满足男人的偷窥欲而存在的。[83]

在整个南京国民政府时期，以女性吸烟者为特色的烟草广告通常在多种摩登女郎的形象中选取一种。有些展示了放纵的年轻女子在家懒洋洋地吸烟。蔡维屏（Weipin Tsai）认为，这样的表达在 20 世纪 20 年代和 30 年代非常丰富，象征着都市中产阶级妇女的一种新意识，即她们现在可以自由追求一种基于个人品味和自主选择的生活方式。[84] 蔡维屏将 20 世纪 20 年代女性烟草消费错误地描述为历史上前所未有的（显然并非如此），除此之外，她提出了一个合理的观点，认为这些图像动摇了传统儒家对节俭主妇的看法，将女性休闲和奢侈合法化。然而，正如第三章所述，描绘女性在室内空间独自吸烟并不是新鲜事：一个独居的女人在她的客厅里做梦

图 16：美丽牌卷烟广告，谢之光作。益斌：《老上海广告》，上海：上海画报出版社，1995 年，第 54—55 页

般地吸着烟，这样的肖像可以追溯到 19 世纪初的"吸烟美女"图。事实上，这些广告的说明文字通常是以传统闺怨风格书写的。例如，蔡维屏分析的一则"宝塔牌"卷烟广告随附的文字写道："有美一人，巧笑倩兮，美目盼兮，金闺无俚，吸香烟兮，藉以消遣兮。"[85] 虽然这则广告庆幸女人摆脱了家务的劳苦和婆婆的责骂，但其中自体性欲的弦外之音也很明显。

20 世纪 30 年代的许多广告甚至更加色情。

谢之光（1900—1976 年）是一位商业艺术家，绘制了大量美丽牌卷烟的广告画，以描绘曲线动人的裸体和性感的现代美女而著称。[86] 谢之光笔下吸卷烟的女人全都性感诱人。[87]有一幅美丽牌卷烟的广告画非常著名，经久不衰，展现了一个世故的女人直视画面以外，一只指甲修剪整齐的手放在胸前，嘴唇上叼着一只卷烟（参见图16）。在20世纪30年代流行的女性吸烟者的全球化肖像画中，一个衔着卷烟的迷人女性总是以这种方式暗示发生性关系的可能。[88]

其他艺术家对过于性感的图像进行了调整，倾向于描绘精心打扮的女人与男性密友分享卷烟。特别是20世纪30年代末，许多图像都展现了男人和女人聚在一起吸烟，共度休闲时光。[89]虽然这些广告都围绕着男女平等和友爱的现代理想的主题，但总是暗示性亲密。而且这样的图像通常描绘在情妇的香闺中，而不是忠诚妻子的卧室里获得的快乐。总体而言，这些图像有助于构建一种吸食卷烟的新内涵，将之作为一种不适合老式"贤妻良母"或者"正宗"新女性的行为，因为"正宗"新女性试图在优生健康、现代风格的婚姻范围内，与她的男性伴侣建立一种浪漫却专一的关系。

在南京国民政府时期将近结束时，还有另一种消费卷烟的摩登女郎频繁出现在烟草广告中。跟随跨国卷烟营销的显著潮流，这些广告描绘了精心打扮、穿着入时的女人与女性朋友一起吸烟（参见图17）。在诸如美国和英国的市场中，这样的图像标志着卷烟消费在聪明而时尚的中产阶级家庭主妇当中重新确立了声誉，但在中国，这些图像更多地令人想起一种特定类型的女性，她们普遍被女性主义和改良主义的知识分子贬低为肤浅的太太。太太在字面上译为"夫人"，指精英官员或富裕商人的妻子，她们的丈夫负担得起上流社会的舒适生活。太太们被自称"正宗"新女性的那些人所鄙视，因为她们尽管受过教育，但没有自己的工作或社会地位，而是依靠丈夫的经济支持。[90]人们普遍相信，这些悠闲的女士有钱雇保姆和佣人，除了交际之外无事可做。

大约在1927年以后，大多数描绘女性吸卷烟的插图和广告画几乎专注于现代都市美女，她们的形象和生活方式在漫画、广播和电影中普遍遭到诋毁。尽管吸烟摩登女郎的各个类型有所不同，但都以某种方式表现了

图 17：展现女性朋友一起吸烟的白金龙卷烟广告。《良友》第 164 期，1940 年 1 月，第 7 页

女性美德的缺失。

漂亮模特吸卷烟的插图可能吸引许多妇女，但许多这些广告的色情性质会冒犯其他人，无论他们是保守还是进步。还有一些人会认为广告中描绘的奢侈和特权生活应该受到谴责，特别是在许多中国普通百姓经历非同寻常的经济困难时。1931 年九一八事变之后，日本势不可挡地侵占了东北的领土，并对华北和华东的城市发动了一系列侵略军事行动。由于中日战争在所难免，骄奢淫逸的情妇焦躁地等待着她们的情人，或是随心所欲的名流在奢华的环境中吸烟闲聊、消磨时光，这样的图像无论在哪个政治阵营都必然招致民族主义者的怨恨。性感诱人的美女，迷人的都市成熟女

性，或是养尊处优的资产阶级名流，这些身份或许会吸引一些女性，就像晚清时期妓女喜爱的"上海时尚"吸引了一些城市妇女一样。然而，对许多妇女而言，卷烟如今有效代表了一种西化和纵欲的女性特质，并不适合她们。

作为 20 世纪政治运动攻击目标的卷烟和"摩登女郎"（1934—1976 年）

与民国早期女性吸烟的图像不同，20 世纪 30 年代吸烟女性的图像显然被色情化了。在 20 世纪 10 年代和 20 年代，可以看到一个女人公开举着一支卷烟，象征她刚刚获得的自由权利以及她对进步社会改革的支持。到了 20 世纪 30 年代，卷烟已经成为颓废都市摩登女郎的典型特征。女性吸烟者的形象从母亲、妻子、"新女性"以及爱国者等普通妇女，转变为异国情调的迷人美女，这种转变确实表明了全球大众文化的影响，以及社会对公然展现女性性欲更多的包容，但也不止如此。更重要的是，这种表现策略的转变反映了反对吸烟的批判性精英话语在 20 世纪早期的通俗语境中占据优势，这种话语给女性卷烟消费贴上了纵欲、庸俗和危害优生的标签。从忠实的中国民族主义者的立场来看，无论是左派还是右派，女人手中的卷烟，当时通常被认为是政治信念缺失和性道德沦丧的标志，只能表明这样的女人对民族救亡的要务构成了威胁。

诚然，在 20 世纪 30 年代的女性杂志和其他受女性欢迎的期刊中，围绕女性卷烟消费显然还有相当大的歧义。例如，《玲珑》杂志对女性吸烟的呈现显然并不一致。一方面，在杂志的电影副刊中，朱秋痕和梁赛珍等中国女演员快活地拿着卷烟摆造型，在时尚栏目中，身着时尚的旗袍的女模特端着长烟嘴。[91] 另一方面，杂志的编辑显然不赞成女性吸烟。这本女性杂志出版多年以来，刊登了大量关于卷烟对健康和道德危害的文章，包括卷烟对女性身体和生育能力，以及幼童的有害影响。[92] 编辑警告妇女，卷烟是"有毒的"，并将诱导她们沾染其他恶习，包括酗酒、赌博和卖淫。[93]

在较晚的一期中，迷人的封面女郎徐玲包裹在一条白色的狐皮披肩中，在她优雅的戴着黑色手套的手中拿着一支点燃的卷烟。同一期中，一篇文章建议母亲不要吸烟，以免给孩子树立一个坏榜样（参见图 18）。[94]

在 20 世纪 30 年代诸如《玲珑》之类的出版物中，许多关于卷烟的图像和文字呈现了明显混杂的信息：吸烟的女性既被描绘成魅力四射的成熟女性，又被描绘成性感的荡妇。人们一方面把卷烟作为个人选择和自主性的象征，另一方面将其作为女性盲目屈从于时尚或帝国主义的标志。女性手中的卷烟有时被描绘成高贵典雅的极致，有时又被描绘成女性缺乏美德和判断力的证据。[95] 中国关于女性吸烟含义的讨论和争辩，与包括美国和英国在内其他国家正在进行的争论并无二致。即使当战争在即，以及随后于 1937 年在东北亚爆发时，争论仍在继续。1949 年以后，在毛泽东主义革命美学看来，女性卷烟消费是资产阶级和完全腐朽的，政治品质良好的妇女完全不能接受这种行为。直到这时，有关女性吸烟含义的争论才结束。

这种批判性的话语认为，消除女性烟草消费是建设人种优良之现代国家的重要因素。在 20 世纪 30 年代国民党新生活运动期间，这种话语首次付诸形式具体的公共政策。新生活运动主要试图动员民众改善个人卫生，从而使国家强大。该运动的意识形态基础将儒家元素与清教徒禁欲主义的新教观念选择性地混合在一起，并且把法西斯主义关于国家权威的观念与对军事化训练和秩序的重视融合在一起。然而，其核心是 20 世纪初提出的社会达尔文主义观念，认为中国人物质和精神的"退化"是中国当代民族危机的根本原因。[96]

对新生活方案的主要设计者蒋介石而言，日本侵占中国东北和共产党在江西农村建立苏维埃政权是中国在 20 世纪 30 年代初面临的直接威胁，表现了中国在全球文明体系中的衰落。

这些危险是由于中国人自身的缺陷而导致的。蒋介石认为，中国的政治弱点根本上在于人民对卫生基本标准和公共道德漠不关心。只有对所

第九章 新女性、摩登女郎和女性吸烟的式微（1900—1976年） | 249

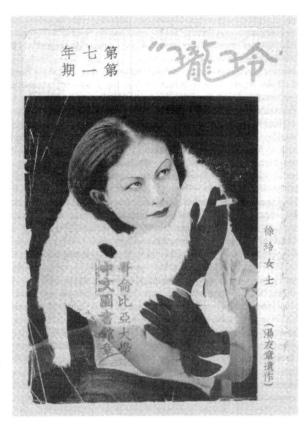

图 18：封面女郎徐玲。《玲珑》第 268 期，1937 年。哥伦比亚大学东亚图书馆藏。经允许使用

有中国风俗和卫生习惯进行一场彻底的改革，才能使中国免受日本侵略或共产党占领的威胁。[97] 个人的外表和举止——无论他们的行为方式以欧美的标准衡量"文明"与否——不仅仅是装点门面，而是中国民族存亡的关键。

卷烟消费从一开始就是新生活运动针对的目标。虽然蒋介石的妻子、受过美国教育的宋美龄（1897—2003 年）是一个终身吸烟者，但蒋介石本人既不吸烟也不喝酒。[98] 他显然将吸烟视为象征中国人道德和精神堕落的诸多恶习之一。在 1934 年 2 月 19 日发动新生活运动的演讲中，蒋介石解释了几天前的一件事如何让他重下决心发动一场"新生活运动"。蒋介石说,看到一个男孩在南昌街上吸卷烟后,他认为这个男孩长大后就会吸鸦片。[99] 当时,他的车开得太快,没有停下来训斥那个孩子。他接着回忆起此前还见过一个十岁的孩子在福建建瓯的街上吸烟。经询问这个孩子的父母怎么会允许这种行为,他了解到在这个地区青少年吸烟依然相当普遍。蒋介石的话语令人想起晚清民初的禁吸卷烟运动,他哀叹年轻人的这种行为是中国无力抵御外国侵略的主要原因之一。

在蒋介石看来,一个人当众吸烟,不仅会被看作"不清洁、不整齐";还和随地小便和乱吐痰等行为一样,破坏了政府的民族复兴伟业。[100] 因此,禁吸卷烟成了与《新生活运动纲要》一起发布的《新生活运动须知》中罗列的 96 项具体规定之一。[101] 在整个 20 世纪 30 年代,至少在名义上,吸烟在许多工作场所都受到限制,人们被禁止在街上吸烟,而且公共场所都禁止吸烟。在一些社区,士兵或者学生在街上巡逻,坚持让那些在公共场所吸烟的人把他们的卷烟熄灭。[102]

虽然男人也不得不接受训练,改正吐痰和吸烟等坏习惯,但体现"新生活"精神和民族复兴的重担却主要落到了女人的肩上。[103] 摩登女郎的身体成为新生活运动针对的主要目标,因为她被认为具有一切"导致道德沦丧并阻碍中国民族救亡的现代性恶习"。[104] 除了禁止在公共场所吸烟之外,还通过了对"奇装异服"的禁令,并颁布了管理女性衣着和发型的规定。烫发、穿高跟鞋和使用化妆品都遭到了劝阻,穿着洋派的服装也是如此。这些着装要求通常由当地警察强制执行。在某些情况下,所谓的"摩登破坏团"恶意攻击身着"摩登"服饰或公然吸烟的女性。许多妇女再也不敢在公共场所随身携带卷烟了。

有一个女人在公共场所吸烟的习惯受到新生活运动的影响,她就是蒋介石自己的妻子。宋美龄的父亲是一个白手起家的中国富商,她在北卡罗来纳长大,并且于 1913 年至 1917 年在威尔斯利学院接受教育,那时在美国越来越多的年轻女性将卷烟作为她们自身解放的标志。虽然在一个喝酒、玩牌和跳舞一律禁止的卫理公会派教徒家庭长大，宋美龄至少从1921年开始，直到她105岁去世前几年，一直吸薄荷烟。虽然她憎恶新女性的标签，觉得还是较为中立的"归国学生"更可取，但宋美龄是一个典型的五四时代的女性主义者。她坚定不移地致力于重建中国的事业，于1927年与蒋介石结婚，在此之前的将近十年，她住在上海的家中，作为一个上流社会、特权家庭的单身女儿，忙于当时的各种社会问题和政治运动。虽然她没有上街游行，或直接参与1919年五四运动之类的政治行动，她有一段时间自愿参加了有改革意愿的上海基督教女青年会，并且担任了上海公共租界工部局童工委员会的成员。

宋美龄从一开始就是新生活运动背后的驱动力，她很可能是这场运动的设计者之一。虽然她在官方只领导了新生活运动的妇女指导委员会，但在1936年以后，她和国民党运动中更美国化和基督教导向的一群人一起成为该运动的负责人。[105] 按照维丽德和刘王立明的传统，宋美龄号召中国妇女从她们作为母亲和妻子的传统角色做起，担负起她们真正的使命，成为公共道德守护者。这包括消灭吸烟之类的"坏"习惯。宋美龄认为，"真正"的中国现代女性不仅会自己戒烟，还会努力确保别人不吸烟。宋美龄在1936年的一篇文章中写道，妇女尤其有责任来努力消除这种恶习："我国的女同胞，应当觉悟到，她们的思想和行动，大半还不曾合乎规矩，应当立刻革除愚昧怠惰的恶习，至少要把家庭处理得清清楚楚，把家庭生活调整得井然有序，绝对摒除烟酒赌博等等一切浪费腐败的习惯。"[106]

虽然这样的言论使宋美龄向公众视野隐藏她自己吸卷烟的习惯，但这种政治修辞巩固了已经在卷烟广告、电影及其他大众媒体中广泛传播的吸烟摩登女郎肤浅和自私的形象，并为这种形象提出了更强有力的证据。意思很明确：只有"坏"女孩才公开吸烟；像她们祖母和曾祖母这样的体面妇女必然更加谨慎。如果她们吸烟，她们应该在私下这样做。但她们最好应该完全戒除有害的烟草，让井井有条家庭成为可以建设一个有序国家的基础。

在 1949 年春夏，中国共产党军队的推进迫使蒋介石和国民党撤退到台湾。当时在纽约的宋美龄很快与她的丈夫在台湾重聚。虽然中国共产党和国民党依然是剑拔弩张的军事和政治敌人，但它们都继续推动女性戒烟，将之作为爱国妇女的标志。在大陆，众所周知的是中共的男性领导人，从毛泽东到邓小平，都吸卷烟，但女性党员和许多受过教育的城市妇女当时都不吸烟，至少不公开吸烟。到 20 世纪 50 年代，女性卷烟消费即使在私下也不再受到尊重；事实上，在一些领域里，女性吸烟甚至被认为是卖国。

在整个毛泽东时代（1949—1976 年），吸烟的妇女被明确认为是违背革命路线的资产阶级或堕落之徒。在文学作品和电影中，她们通常被描绘成诱人的外国间谍或放荡的妓女。这样的具有讽刺性的描绘，使得已经在不断减少的女性吸烟者数量进一步下降。"根正苗红"（1949 年以后）的女孩清楚地记得她们第一次看见女人吸烟，以及她们对这种行为感到有多震撼。[107] 虽然许多年轻男性，特别是在"文化大革命"期间（1966—1976 年）"下放"到农村的那些，学会了吸烟，但在同样境遇下的年轻女性吸烟却被直接关联到滥交。一个在 1968 年"下放"到国营农场的年轻女人回忆："那时在国营农场有条不成文的规矩。不许吸烟，不许谈恋爱。每次开会，不管是大会还是小会，领导都提醒我们这些规矩并且警告我们。"[108] 另一个在"文化大革命"期间长大的妇女钟雪萍回忆了她刚在一家酒店餐厅做服务员时，对一个被安排做她师傅的老妇人的最初印象："刘师傅做的每件事都加深了我对她的坏印象，包括吸烟。在我看过的电影里，只有戏子、国民党特务和间谍，还有妓女才吸烟。虽然我父亲每天都吸一包烟，但我从来没怀疑过他，或者把他的吸烟习惯和负面形象联系在一起。对女人却相反，刘师傅吸烟的习惯让我怀疑她是否可以信任，以及她能否当好我的师傅。"[109]

事实上，"文化大革命"最初几个月中的红卫兵行动与新生活运动禁吸卷烟风潮遥相呼应。毛泽东和江青鼓励红卫兵破除中国社会中的"四旧"——旧思想、旧文化、旧风俗、旧习惯,红卫兵从而发动了反对公开吸烟的运动,使人联想到20世纪30年代针对摩登女郎的那些运动。[110]

在"文化大革命"期间,对女性"阶级敌人"的谴责通常包括在此前新生活运动中引人注目的控诉,即只有性堕落和不爱国的女性才吸卷烟、穿高跟鞋、用外国香水,或者烫发,包括对"四人帮"的舆论批判。讽刺的是,虽然吸烟摩登女郎的形象至少在某种程度上是由刘王立明、宋美龄等坚定而坦率的女性建构起来的,但叛逆的吸烟摩登女郎却被1949年以后的革命美学转变成一个有力的象征符号,被用来颠覆中国革命时代最强大的、参与政治的"新女性"。

只有道德败坏或对国不忠的女人才吸卷烟,这种观点是在20世纪被慢慢建构起来的。在20世纪头十年中,当时中国还处于清政府的统治下,体面的妇女只在家中吸卷烟或烟袋。当时,作为中国第一批女明星和时尚潮流的引领者,上海妓女开始在到处走动时,公开吸卷烟。清朝皇帝退位后,"新女性"、女学生和女性活动家也开始外出活动,并且大胆地在公共场所吸卷烟。在民国初年,卷烟与天足或短发一样,象征一个女人认同共和理想和新的政治秩序。卷烟制造商在他们的广告中利用了这种情感,在20世纪20年代将吸烟的女性欣然描绘成爱国的女儿、贤惠的妻子和明智的母亲。

当然,在1900年之前,女性吸烟者在中国也遭到了反对。一个女人在她自己的家庭范围以外吸烟被普遍认为是不雅的,甚或是淫荡的。当中国知识分子了解到将女性烟草消费和妓女联系起来的维多利亚时代的欧美话语,在公开吸烟和滥交之间长期存在关联就被巩固了。当时,英国和美国的反烟草活动家采纳了东方主义的观点,认为日本和中国这样允许女性自由吸烟(哪怕只在家中吸烟)的社会,不如美国或英国这样没有女性吸烟(甚至在私下吸烟)的国家"文明"。另外,一种植根于新教节制传统,并在爱德华七世时代和进步主义时代的全球禁吸卷烟运动中重获新生的观念坚信,包括烟草在内的某些"民族毒药"会导致东欧、非洲、亚洲和中东"低等"民族的进一步退化。这种观念印证了上述的东方主义观点。

烟草作为一种类似于酒精和鸦片的瘾品,当被青少年或育龄妇女消费时,会导致种族灭绝。这种谴责在能言善辩而有影响力的中国知识分子中间引起了强烈的共鸣。烟草和"民族退化"之间的关联引起了人们的担忧,在这种 20 世纪初所特有的显著国际氛围中,吸卷烟的女性开始被视作自私自利、贪图享乐、自我放纵的消费者,消费一种破坏她们生殖能力、并损害她们在中国家庭中道德权威的"外国"产品。惊愕于英美对中国吸烟妇女的指责,并且担心在街上吸烟的体面妇女被当作妓女,改良派的知识分子创造了的他们自己的禁烟话语,批判敢于公开吸烟的女性吸烟者。

随着时间的推移,这种禁止女性吸烟的精英言论在城市知识分子和政治领袖中得以普及。特别在 1919 年五四运动之后,文化和政治民族主义在中国城市中勃兴。受此影响,女性吸烟威胁民族健康与安乐的观念开始在 20 世纪 20 年代和 30 年代增加,而当时中国妇女和世界各地有思想的女性一样,正把自己重新塑造成得到解放的"新"女性。作为在一个父权社会争取女性权利的女性主义者,以及努力终结中国民族屈辱和帝国主义压迫的民族主义者,进步的中国女性并没有像欧美的女性那样,将卷烟作为性别平等的象征。相反,由于这种"外国"商品通常在精英政治话语和大众白话中被解读为对国家的威胁,或者被视作缺乏政治觉悟,而且性生活混乱的"摩登女郎"的无聊嗜好,许多声称"爱国"和"真正""新女性"的中国女性主义者都选择不吸卷烟。当国民党开始批判现代女性的身体和卷烟消费,并将之作为更广阔新生活运动的组成部分时,要在成为爱国女性现代典范的同时吞云吐雾,更是难上加难。

跨国烟草公司和民族烟草公司的广告宣传无意中强调了在道德上和政治上反对女性吸烟的信息。虽然在 20 世纪早期,烟草公司已经能够利用存在已久的文化表达方式,展现上流社会妇女在家中享用烟草,创造体面女性吸烟者的新形象,但到了20世纪30年代,描绘女性吸卷烟的广告几乎展现的全都是各种扮相的摩登女郎。这样的广告反映了当时和如今在美国和欧洲用于吸引女性吸烟者的主题:卷烟被描绘成高贵、浪漫、性感、友善、解放、女性化和叛逆的。正因为如此,它们无疑对某些女性有吸引力。然而,在20世纪30年代和40年代中国民族主义兴起和革命热情高涨的背景下,这样的图像对大多数中国女性而言,也许不像制造商所期待的那样有诱惑力。对许多中国人来说,摩登女郎手中的一支卷烟代表的并不是成熟或魅力,而是道德沦丧、崇洋堕落、资产阶级奢侈,以及对国家不够忠诚。这种关联也延续到了1949年以后的革命时代,当时"体面"的妇女和"好"女孩不吸烟。因为这样做不仅是挑逗的,而且可能具有煽动性。面对这些强大的社会和政治禁忌,毛泽东时代的大多数中国女性都选择完全不吸烟。

结语　中华人民共和国的烟草（1949—2010年）

烟草在中国长达数百年的历程揭示了许多主题：中国物质文化的历史、中国对跨地区和国际贸易的长期参与、不断转变的大众和精英消费模式，以及性别和消费不断变化的交集。将目光放长远，正如我在此前的章节所做的那样，不仅有助于与其他社会1550年以来的烟草消费文化的转变进行比较；而且便于分析帝国晚期和现代的分水岭前后中国消费行为的延续和变化。前面几章描述了从明末到20世纪中叶中国不断变化的烟草消费文化。但仍需通过考察1949年中华人民共和国成立以来中国烟草消费所发生的最重大的变化，来沟通过去与现在。

在过去的六十年中，中国特定的吸烟文化大部分都有所改变。最显著的是，机制卷烟取得了胜利。而在20世纪30年代，烟草消费总量中只有15%是卷烟的形式，而过滤嘴卷烟现在占国内市场的95%。[1] 手工卷烟、长柄烟袋和水烟袋仅在某些地区残存，特别是在东北和西南。鼻烟基本上已经完全丧失了青睐，但近年来风味无烟烟草在紧跟时尚的年轻城市居民中又卷土重来。[2]

烟草仍是中国经济的重要组成部分；事实上，它的重要性随着时间推移有增无减。中华人民共和国现在是世界上最大的烟草生产国和消费国。中国种植了世界上三分之一的烟草作物，而中国的国营烟草业每年生产了超过2.2万亿支卷烟。无论是作为烟农、卷烟业员工，还是卷烟零售商，估计有400万中国家庭依靠烟草生存。目前有3亿中国男性和2000万中国女性吸烟，占全世界吸烟者的三分之一。[3] 中国也是吸烟相关死亡人数最多的国家——每年有100万人，相当于全球此类死亡的四分之一。烟草的经济消费非常高（2000年大约为50亿美元），而且随着人口增长，新吸烟者的数量预计还会增加。[4]

吸烟曾经对于中国女性和男性都是一种体面的习俗，但后来几乎完全变成了一种男性的嗜好。男性吸烟的可能性比女性高出15倍：所有15岁以上的中国男性中有大约60%都吸烟，但只有不到3%的女性吸烟。男性吸食卷烟的现象存在于各种收入和职业群体，而且吸烟在许多商人、白领职工和城市专业人员，以及农民和工厂工人中依然普遍存在。例如，2004年中国男医生的吸烟率已经超过40%。[5]男性也首当其冲地成为吸烟相关疾病的受害者：到20世纪90年代初，八分之一的男性死亡是由烟草造成的，但对于中国女性而言，该比例仅有三十三分之一。[6]然而，每年都有许多妇女由于被动吸烟而死亡。[7]

民国时期，工厂制造的卷烟比较昂贵，大多数农村和低收入的消费者依然无法企及。在今天的中国，农村吸烟率（32%）高于城市地区的吸烟率（25%）。[8]农村家庭现在消费的卷烟比城市家庭多，但农村吸烟者每包烟花费的平均价格要低于城市居民。62%的城市居民报告每天至少吸十支卷烟，而每天吸十支以上卷烟的农村吸烟者比例为70%。[9]吸烟的经济消费在农村地区特别高。不仅农村吸烟者的卷烟消费占总收入的比例高于城市吸烟者，而且在患上吸烟相关疾病时，许多农民无力支付医疗费用。[10]

卷烟消费曾经是世界主义都市精英的标志，但越来越无产阶级化。贫困人口（每年收入低于5000元）和低收入家庭（年收入在5000至9999元）的吸烟率最高，年收入在1万元以上的人吸烟率较低。[11]受过高等教育的男性吸烟往往少于那些只有中等学历的人，而上班族吸烟少于体力劳动者或工厂工人。[12]1996年，70%教育程度低下或没有受过教育的男性吸烟，而只有54%的大学毕业生吸烟。到2002年，受过大学教育的男性吸烟率下降至45%，而教育程度较低的男性吸烟率却居高不下。[13]

教育水平也使女性吸烟者的烟草消费产生了差异：1996年仅有1%受过高等教育的妇女吸烟，但大约8%受教育水平低下的妇女吸烟。[14]从农村到城市的女性移民吸烟的几率要高于一般妇女。2002 年进行的一项研究发现，女性移民的吸烟量是同年龄段普通女性的 10 倍。[15]

机制卷烟作为大众消费品在农村以及低收入城市吸烟者中占据优势，主要是由于 1949 年以后政府采取的经济政策和发展战略。诚然，中国烟草消费的传统，以及晚清民国时期向中国消费者供应卷烟的许多大大小小的中外烟草公司，早已为工业卷烟真正的大众化和乡村化奠定了基础。然而，中华人民共和国成立后，政府大大扩展了中国烟草业，为"群众"提供了比以往更多而且更便宜的卷烟。以下部分简要概述了两个时段促成当代"卷烟文化"的主要进展，第一个时段为从 1949 年至 1976 年，第二个时段为从 1978 年至 2009 年。最后，我将探讨在应对中国吸烟相关疾病的迅速蔓延时历史视角的重要性，以此作为结尾。

发展与趋势（1949—1976年）

自 1949 年以来，中国烟草业进行了许多结构性改革。毛泽东时代（1949—1976 年）实行自给自足政策，这明显与 1978 年邓小平及后来进行的市场改革和国际化截然不同。然而，从 1949 年到现在的总体趋势一直是机制卷烟的生产、销售和消费与日俱增。尽管年均波动较大，而且在 20 世纪 60 年代较长的时期里生产停滞或下降，但卷烟的年均生产量还是从 1949 年的 800 亿支增加到 1958 年的 2380 亿支，1970 年为 3920 亿，1980 年为 8520 亿，1990 年为 1.6 万亿，2000 年为 1.7 万亿，2009 年为 2.2 万亿支。[16] 每人每天（吸烟者）消费机制卷烟的平均数量从 1952 年的 1 支稳步上升到 1972 年的 4 支，而在 1992 年则是 10 支。自 1995 年以来，每个吸烟者每天吸烟的平均数量一直保持在 15 支左右。[17]

中国烟草业或新兴的卷烟消费文化的发展在毛泽东时代没有中断过。诚然，1978 年以后才出现卷烟销售的空前繁荣，但在 1949 至 1976 年间推行的某些政策也为后毛泽东时代卷烟消费量的激增做好了准备。因为卷烟被认为比其他形式的烟草更为现代,而且由于烟草种植和卷烟生产维持了农民的生计,创造了工厂的就业机会,并产生了税收,所以烟草得以发展。即使在1949年以前,解放区经营卷烟制造厂,作为满足士兵需求的手段。[18] 在20世纪50年代将所有烟草公司国有化并驱逐外国生产者之后,政府通过鼓励地方生产烤烟,并在内地新建工厂,提高了卷烟的总体供应量。在20世纪50年代,至少从1949至1958年,实现了大幅增长,在此期间,卷烟产量的年增长率约为每年11%。[19] 20世纪50年代廉价卷烟更加易于获取,这促使许多吸烟者转而使用卷烟产品。在北京等1949年以前人均卷烟消费量仍然相对较低的城市,人均消费量上升至每天大约5支。[20] 一些农村地区的卷烟消费量也有所增加:例如,1949—1957年期间对山西省95个合作社进行的一项调查发现,尽管猪肉和食用油的消费量下降了,但同一时期的人均卷烟消费量却是原来的三倍。[21]

卷烟生产在"大跃进"运动(1958—1960年)后放缓,而卷烟在随后的三年困难时期(1959—1961年)供应不足。然而,20世纪60年代初(1961—1965年)的新经济政策确保了该行业的进一步重组。政府试图全面紧缩,旨在整顿工业生产和建立可行的城市经济,作为其组成部分,政府于1963年建立了烟草工业公司,并实施了一些提高效率和削减成本的措施。随后生产力提高了35%,因此中国城市里的许多消费者再次可以买到廉价的低档卷烟了。[22] 20世纪60年代的旅行者记述和自传文学作品回溯性地证明了整个"文革"时期,卷烟在城市地区无所不在。[23] 事实上,卷烟是许多城市居民在那些动荡岁月中能享受到的少数乐趣之一。

像当时的许多其他消费品一样,从20世纪60年代至70年代,卷烟也受中国配给制度的控制。名为香烟票的专用票证会按月发给每个城市家庭。凭票供应制度并不能阻止吸烟者在公开市场上购买散装烟草,而且在整个毛泽东时期,并非所有卷烟都需要配给。[24] 然而,优质卷烟很难获得,这主要是因为这些卷烟是特供的。只有在重要节日前,用于购买这些卷烟的专用票证才会发给普通民众。然而,如果低档卷烟有货,就可以随时在国营商店里购买。具有讽刺意味的是，由于卷烟的凭票供应制度提供了定期和平均享用一种有限商品的机会，因而产生了鼓励许多非烟民开始吸烟的效果，其中包括一些妇女。[25] 然而，在大多数家庭中，只有男性家长才能消费卷烟。[26]

票证仅限于 16 岁以上的人使用，但年轻人经常通过窃取他们父母藏匿的票证获取卷烟。[27] 在 1966 年至 1969 年间最混乱的年份，青少年基本上没有成年人监管，这样做就更加容易。在 20 世纪 60 年代和 70 年代初，达到法定年龄的许多年轻人都清楚地记得他们青少年时最早如何学会吸烟。[28] 和现在一样，年轻人主要经同伴的介绍开始吸烟。在"文化大革命"的高潮，由于生产工作和学校教育被政治运动中断，除了闲坐着一起抽烟之外，许多人无所事事。[29] 当年轻的城市男性下乡时，他们继续吸烟。虽然干部对被抓住吸烟的年轻妇女非常严厉，但他们很少禁止下乡男青年吸烟。[30]

尽管产量有所提高，但在整个毛泽东时期，特别在农村，工厂生产的卷烟依然供不应求。在 1952 年至 1982 年期间，农民被允许在国家计划之外种植和出售晾晒烟，因此，旱烟仍是农村地区价格最实惠的烟草产品，与之在民国时期并无二致。[31] 即使在 1980 年代初，卷烟对大多数农民来说依然太贵了，而在许多村庄里，只有干部才吸卷烟。[32]

延续自 1949 年以前的文化心态也继续阻碍许多农民吸卷烟。20 世纪 30 年代非常显著的"乡村烟袋"和"都市卷烟"的对比也被融入了社会主义的政治文化。进入 20 世纪 70 年代，卷烟继续被视为仅适用于城里人的世界主义商品。在"文革"时期的电影和宣传画中，卷烟一般仅出现在城市工人、人民解放军士兵或男性官员手中。妇女从来不会拿着烟袋或卷烟出现，但老实而勤劳的男性农民抽着他的长烟袋却是一再出现的标志性形象。[33]

在 20 世纪 60 年代和 70 年代，吸烟习惯的城乡差距依然很大，以致吸烟的文化政治有些令人担忧。男性吸烟依然是一种被普遍接受的习俗，但吸烟的干部必须仔细挑选烟草产品。吸进口品牌或阿尔巴尼亚卷烟可能招致奢侈或腐败的指责。[34] 有许多明明可以享用卷烟的人却有意选择抽烟袋，以表明他们没有凌驾于"群众"之上。"文革"期间，一篇批判一位农村官员的大字报声称，他将优质卷烟的烟草冒充当地烟叶塞进他的烟锅里。在红卫兵的搜查中，如果发现藏匿外国卷烟可能会招致反革命活动的严重指控。[35] 然而，总体而言，吸烟是资产阶级或堕落腐化的指控主要是针对吸烟妇女。对于男人，吸烟是困难时期建立社会和政治联系的一种平常、甚至是必要的方式。

  一个男人取出一包卷烟，给所有其他在场的男性都发一支，这种发烟的做法在1949年以后的男性群体当中变得更加引人注目。[36] 虽然让人联想到清代学者和官员一起抽烟袋时建立起的情谊，而且与民国时期朋友之间社交性的吸烟没有什么不同，但分享卷烟在"文革"期间对于建立关系变得更加重要。[37] 优质卷烟和高档酒成为受人欢迎的礼物，那些寻求获得有限物品或服务的人将之送给官员。不论是减轻刑罚还是批准经济交易，卷烟的交换对于办成事情至关重要，这样的例子在关于"文革"的回忆录中比比皆是。[38] 即便在最恶劣的情况下，男性交换卷烟的仪式也得以延续：被指控有反革命倾向的政治犯彼此分享监狱看守扔掉的烟头。甚至那些"受批斗"的人在遭受折磨时偶尔也会得到政治激进分子给的卷烟。[39]

  也许对于当代的吸烟行为模式而言，毛泽东时代最持久的遗产是吸烟男性化程度的加剧。由于第九章所述的原因，许多妇女已经开始避免吸烟，因此吸烟是"适合男性"的观念变得更加显著。毛泽东时代的中国没有商业广告，但是卷烟包装在1949年以后呈现出一种独特的革命、民族主义和男子气概的特色。[40] 宣传画将吸烟描绘成一种特别展现男性魅力的行为。最重要的是，中华人民共和国的公民一再看到中国最强大的领袖，特别是毛泽东本人拿着卷烟或吸烟的形象。蒋介石对烟草的厌恶在新生活运动中被奉为国家政策。与他不同的是，毛泽东终生都是一个烟不离口的人，他从不试图向公众隐瞒他的吸烟习惯。事实上，他在会见外国客人和政要时点烟,以及他在这些场合开的玩笑,经常让人注意到他是一个吸烟者。[41] 其他图像则展现了毛泽东与"群众"一起吸烟。[42]

在 1949 年至 1978 年期间,交换卷烟并一起吸烟成为男性在危险的政治时期建立和维持同性之间社会关系的最重要的方式之一。

在此期间,利用卷烟"走后门"来达成协议在城市地区也变得非常普遍。那些年,干部、高级医生和其他拥有权力和影响力的人吸烟率偏高,这并非偶然。[43]

随着生活水平不断提高,对于有钱人而言,即便优质卷烟也变得更加易于获取。因此,在 20 世纪 80 年代和 90 年代,卷烟作为象征性交换商品的价值减弱了。但卷烟在当代中国的礼品经济中仍然占有特殊的地位。像过去一样,中国男性吸烟首先仍是一种高度仪式化的友谊表现方式,以及一种与他人社交互动的重要模式。卷烟对于形成和维持男性社交网络一直非常重要,这是今天中国男性吸烟依然如此普遍的根本原因。

发展与趋势(1978—2010年)

1978 年以后邓小平开启的改革引起了卷烟生产和消费的大幅扩张。与 1952 年至 1970 年间实现的平均每年 5.1% 的增长率相比,卷烟生产在 1980 年至 1990 年间以平均每年 12.3% 的速度增长。[44] 由于收入的提高使城市吸烟者有能力购买更贵的品牌,外加大量农村吸烟者由旱烟或手工卷烟改吸机制卷烟,卷烟的消费需求激增。15 岁及以上的人均消费率在 1965 年至 1990 年间增长了一倍多,由每天 2.4 支上升至每天 5.4 支,2000 年略微下降至每天 4.9 支。[45]

在 20 世纪 80 年代至 90 年代初,中国烟草业出现了天文数字般的增长,而这仅在某种程度上是由于市场改革释放了被压抑的需求。对于促进卷烟生产和消费,特别是在农村,国家税收政策的改变也发挥了重要作用。[46] 特别是 1980 年实施的财政包干制,作为改革方案的组成部分,为地方政府在其辖区发展烟草业提供了强大的动力。根据中央政府和地方之间新的财政收入分配协议,省市政府被允许保留比以前更多的税收。烟草是一种获利特别丰厚的政府财政来源,因为烟叶被征收了特殊的农业税,而且卷烟的销售税也被规定得很高。在烟草潜在税收的诱惑下,地方政府鼓励烟草种植,而且许多地区都迫不及待地建立新的卷烟厂。

虽然政府意图通过在1983年建立国家烟草专卖局(STMA)及其管理部门——中国烟草总公司(CNTC)维持对烟草工业的集中控制,但实际上中国的国家烟草专卖权在20世纪80年代和90年代已经高度分散了。到1990年左右,西藏以外的所有省级地区都有卷烟厂,许多县市也是如此。[47]除了省或市政府建立的卷烟厂,20世纪80年代也出现了许多由乡镇建立、未经授权的计划外工厂。像在民国时期与英美烟草公司及其他大公司竞争的手工卷烟作坊一样,这些小工厂就通过向低收入的吸烟者提供极其便宜的卷烟,迅速赢得了蓬勃发展的农村市场的重大份额。随着农村消费者开始购买卷烟,而不是旱烟,卷烟销售量大幅增长:在1980年至1992年间,卷烟消费支出的总额翻了两番。

权力下放促进了国产卷烟的生产和消费在全国范围的大幅扩张,但却削弱了中国民族卷烟工业的整体竞争力。在20世纪80年代,中央的国家烟草专卖局和中国烟草总公司都无法减少计划外生产的规模,到1987年,低档卷烟供应量的增加已经到了导致国家财政收入下滑的地步。[48]小型乡镇企业不仅制造了过多的廉价卷烟,而且抽走了大型国营工厂所需的原材料。随着中国经济日益国际化,这在20世纪90年代成为一个严重的问题。中国所期望的加入世界贸易组织必然会带来跨国烟草公司的激烈竞争,其中大多数都迫切希望进入中国广大的烟草市场。[49]虽然中国现在是世界上最大的卷烟生产国,但国家烟草专卖及其成员企业并没有经济资源或生产力,与菲利普·莫里斯国际公司、英美烟草公司或日本烟草公司正面竞争。[50]事实上,来自整个中国烟草业的年度收入和利润都低于菲利普·莫里斯。[51]没有一个中国品牌目前在国内市场占据主导地位:顶尖中国品牌的领导者——红塔山拥有的国内市场集中度仅有 2% 至 3%，而万宝路在美国有 39%，在世界范围达 61%。[52] 此外，中国生产的大多数卷烟是低档的高焦油产品，在出口市场销路不佳。

自 20 世纪 90 年代以来，中国烟草业正在进行基础性结构改革，旨在提高其全球竞争力。在 2011 年中国加入世贸组织的准备阶段，国家烟草专卖局开始鼓励中国烟草总公司的省级公司之间开展合作。该行业相对薄弱的省份被要求关闭工厂，而企业最能盈利的省份则被允许通过兼并和收购来发展该行业。通过 20 世纪 80 年代持续的权力下放，以及随后从 1998 年至今的区域间集聚，一些中国最贫困的地区已经成为卷烟制造的重镇。云南现在是全国最卓越的烟草产地，也是全国主要的卷烟生产者之一。[53] 2006 年，云南玉溪红塔集团是中国首屈一指的卷烟制造商，拥有全国市场份额的 6.4%。[54] 另外一大部分的总部位于湖南省。20 世纪上半叶的卷烟生产中心——上海仍是该行业的一个关键角色：上海烟草集团现在管理着北京、天津和上海的工厂，2006 年拥有 5.8% 的市场份额。[55] 未来，国家烟草专卖局计划将这三个区域中心建设成更大和更具全球竞争力的烟草集团。

近年来，国家烟草专卖局致力于提高产品质量和创新能力。在长久以来民间相信烟草具有医疗特性的基础上，中国制造商现在销售添加了中药的卷烟。[56] 这些"新混合型"卷烟在中国和广大东南地区都变得越来越受欢迎，尽管它们对健康的益处并没有事实依据。中国过滤嘴卷烟的焦油含量也在逐步减少，使之符合国际标准并在国外更有销路。[57] 2009 年，在生产的 2.25 万亿支卷烟中，"只有"5350 亿支属于低档。国家烟草专卖局还将国产品牌数量从 2000 年的 1181 种减少至 2008 年的 154 种。目标在于最终创造十大品牌，在国际上与骆驼或万宝路具有同等的品牌知名度。

合并、产品改进和质量控制已经开始以出口增长的形式取得成效。2008 年，中国烟草业的出口额长了 22%。[58] 例如，上海烟草集团最近将其金鹿牌推广至台湾省和菲律宾。玉溪红塔将其产品出口到香港和澳门地区、东南亚、欧洲、非洲、澳大利亚和美洲。中国各个烟草公司也开始在其他国家建立合资企业：例如，2008年8月，玉溪红塔在老挝－中国财富烟草公司中取得了61%的股份。

虽然国家烟草专卖局一直专注于开发高端、中档和"新混合型"卷烟，但低收入和农村消费者所青睐的廉价品牌依然在国内销售量中占支配地位。2007年，低价卷烟占中国市场的86%。[59] 此外，许多不受国家烟草专卖局控制、未经授权或非法的工厂继续生产廉价卷烟。在城市和乡村地区，非法卷烟（国外和国内品牌）的批发和零售点都完全公开经营。国家烟草专卖局估计，现在中国市场流通的1000亿支卷烟是走私品或伪造品。[60] 因为中国如此之多的卷烟被非法生产和销售，所以销售和消费数字无疑要高于官方统计中所记录的。

拥有超过13亿人口和大约3.5亿吸烟者的中国成为跨国烟草公司争相追逐的目标。在外国公司被中国市场拒之门外近半个世纪以后，它们在20世纪80年代末回来了，并与中国工厂组成合资公司，制造著名的国际品牌。关于"外国"卷烟的矛盾心理在20世纪30年代的现代文学作品中如此明显，现在早已不存在。卷烟如今完全是日常生活的组成部分，它们基本上已经摆脱了所有与"西方"的关联。然而，某些国际品牌，特别是在中国传承已久的品牌，在某些人群中依然享有盛誉。例如，英美烟草公司的555牌再次受到商人的欢迎。[61] 万宝路、骆驼、希尔顿和柔和七星等其他品牌，即使事实上在中国很少有人消费，但仍享有广泛的品牌知名度。[62] 随着中国经济发展及收入提高，对外国品牌的需求也在不断增长，特别是年轻的城市男性。

虽然外国卷烟的销量不断增加，但跨国烟草公司在中国立足的条件仍受到国家烟草专卖局的严格把控。在中国加入世贸组织七年以后，进口品牌的市场份额仍然很小，从2004年的1%上升到2008年的1.6%。[63] 然而，面对这样一个巨大的市场，即便是微小份额的前景也令外国烟草公司的管理层着迷。正如罗斯曼国际公司的公共事务经理所言："猜想中国的吸烟统计数据就像试图思索空间的极限。"[64] 国际市场销售人士特别感兴趣的是中国女性非常低的吸烟率（2008 年 15 岁以上女性的吸烟率为 2.6%）。[65]他们推测女性吸烟只会随着中国工业的进一步开放而增加。如果卷烟制造商能鼓励足够的女性吸烟，使女性吸烟率达到西欧水平的 20%，那么就会涌现出 6500 万的新烟民。[66]

烟草公司正在努力实现这一目标，以成熟、美丽、魅力，以及年轻反叛和女性独立等主题瞄准了年轻的中国女性。[67] 自从 1992 年中国首次禁止表现吸烟人士的广告以来，政府法规不断完善，最终于 2011 年全面禁止所有烟草广告，制造商多少因此受到束缚。当然，营销人士已经找到许多方法来规避这些限制。对时装秀、情景喜剧或电影中的产品植入式广告等间接营销手段，现代中国女性是否会做出回应还有待观察。2006 年夏，在以 16 至 19 岁北京高中女生为主体的焦点小组中，吸烟者和非吸烟者都知道出现在电视节目中的卷烟标志，而且他们能够识别各种体育赛事的赞助商。[68]虽然此前的研究发现，几乎没有高中学生因为"相信吸烟令人看上去很高雅"而开始吸烟，但 2006 年接受调查的高中女生都清楚她们最喜欢的演员和歌手是吸烟者，而且她们认为这些名人吸烟时更有魅力。[69] 如果中国年轻女性普遍赞同这种观点，那么我们可以预见女性吸烟率会大幅攀升。

吸烟在妇女和女孩中间再次成为一种正常和体面的行为，女性吸烟率也随之上升，这种可能性确实存在。与此同时，中国未来的吸烟模式也不一定遵循在过去的"卷烟世纪"中出现于美国或西欧的相同历史轨迹。中国"摩登女郎"的特殊意识形态和政治话语的出现导致了 20 世纪中国女性吸烟的减少而不是增加，这表明女性吸烟行为在任何特定社会的正当性，都是根据具体的历史、政治、社会和经济条件构建的。20 世纪中叶在美国和英国的背景下塑造的广告形象都赋予女性吸烟者体面的地位，而与之非常类似的广告形象却在军事上遭到围困而经济上动荡不安的中国产生了截然相反的效果。显然，与跨国烟草公司首次试图利用从英美广告借鉴的图像诱惑中国妇女从旱烟改吸卷烟时的情况相比，当代中国的情况已经截然不同。但我们不应该推测,现在比以往任何时候都更为全球化的销售,在每个社会都会以完全相同的方式被接受。旨在抵制这种推销的控烟策略要想变得最为奏效,就需要关注全球性烟草在特定地方的历史。

对中国当代吸烟相关疾病蔓延的历史看法

本书主要聚焦于中国烟草消费从明末至今的延续和变化,以便在近代早期和现代全球化的背景下阐明中国变动不居的地方消费文化。然而,不应该忘记烟草是致命的。目前,吸烟在中国要对全部成年男性死亡数的14%和全部成年女性死亡数的3%负有责任。[70] 2002年,不仅主动吸烟导致了近100万中国人的死亡,还有10万中国人由于接触二手烟而死亡。在接下来的二十年中,如果吸烟人数仍以目前的速度增长,那么在中国由吸烟导致的死亡人数预计会增长至每年200万以上。[71] 过去烟草的广泛使用也可能造成了大量的疾病和死亡,但我们无法获悉具体数量。虽然在缺少定量数据的情况下,我们无法了解20世纪50年代以前,烟草对中国发病率或死亡率的确切影响,但在过去的四个半世纪,吸烟在中国造成的人口损耗一直很高。

至少自17世纪以来,中国医生就非常了解烟草对健康的不利影响,有些人甚至用符合现代成瘾观念的方式对之进行描述。然而,烟草在中国历史上也被认为对健康有益,或者至少没有特别的危害。普通民众现在都知道烟草的危害:在20世纪90年代中叶接受调查的中国吸烟者中,有88%的人说他们知道对自己有害。[72] 但烟草可以有益于健康的观念还继续存在。20世纪90年代进行的一项调查发现,许多人认为每天抽一两支卷烟可以预防疟疾或湿、寒引起的疾病。[73] 吸上一支卷烟被认为可以缓解胃胀气、治疗食物中毒,并解决紧张或焦虑引起的消化问题。烟草在许多农村地区继续被用作一种有效的杀虫剂:在夏天吸烟据说会减少面前乱飞昆虫的数量,人们依然用烟草汁液洗头来杀死虱子,烟管里的油则被用于治疗蛇毒。

今天在中国，政府卫生机构、中国医生和禁烟活动家领导了一场振奋人心、具有医学根据的控烟运动。从 20 世纪 90 年代初开始进行的这种努力，现在由卫生部的国家控烟办公室牵头。2005 年，中国签署了世界卫生组织的烟草控制框架公约（FCTC）。国营媒体现在广泛传播关于烟草危害的信息，而且所有卷烟包装都必须印有健康警示语。2008 年北京成功举办了"无烟"奥运会，而上海则拒绝了对 2010 年世博会的大量烟草赞助。2009 年 6 月，财政部提高了对烟草产品的征税，其主要目的在于增加财政收入，但某种程度上也是为了劝阻吸烟。[74] 事实上，过去十年来，吸烟率有所下降，已有近 1000 万中国烟民戒烟。[75]

虽然已经取得了一些减少吸烟的进展，但中国许多禁烟法律在执行和遵守方面依然很薄弱。吸烟者经常忽视"禁止吸烟"的标志，甚至在禁止吸烟的公共场所吸烟。[76] 政府对电视上和广播里直接卷烟广告的管制相当有效，但是对广告牌或互联网广告却没有明确的限制，对烟草公司赞助的限制也很少。例如，在上海的一级方程式汽车大奖赛是由烟草制造商赞助的，其标志出现在赛车手的制服和赛车上。烟草公司还赞助重大比赛中的个人运动员。控烟专家也谴责说，国家烟草专卖局未能确保其下属公司严格遵守世界卫生组织框架公约的指导原则。例如，卷烟包装上的健康警示语理应占包装面积的 30% 以上，但这些警示语要么太小以致很难看到，要么以许多吸烟者不懂的英文出现。[77]

卫生研究者敏锐地指出，在中国有效控烟的主要障碍仍是高利润的烟草业所掌握的巨大经济影响力。各级政府依然从烟草种植和卷烟生产中直接受益。在某些地区，特别是西南地区，对烟叶生产征收的农业税仍是政府财政的重要组成部分。烟草业带来的经济利益与人民福祉之间的冲突，如今依然让中国的政策制定者进退两难，这与乾隆时期的治国大臣在 18 世纪初所面临的困局并无二致。

也许控烟在中国最大的障碍是，吸烟在当代中国生活中继续发挥的重要社会作用，尤其在男性中间。医学人类学家高迈德（Matthew Kohrman）

在最近对中国吸烟者进行的民族志访谈中发现,大多数人都很清楚他们的日常习惯所带来的健康风险。即便如此,他们还是不愿意放弃卷烟交换的仪式,这种仪式维持了他们对男子气概的认同,并维系着他们与同事和朋友的关系。[78] 许多向他提供信息的人清醒地意识到西方的吸烟率正在下降,他们表现了强烈的戒烟意愿,并表达了对自己的"软弱"和"缺乏意志力"的失望。根据高迈德的研究,中国的控烟运动越来越多地将卷烟塑造为不仅"不健康",而且"不文明"。这种语言很容易让人想起此前在20世纪被用于劝阻妇女吸烟的语言。历史上类似的用语将吸烟作为个人道德沦丧的标志,而将戒烟作为爱国责任的象征,可能劝阻了许多男性吸烟。但是,与此类信息相伴、针对个人弱点的言论,会让个体吸烟者在心理上付出巨大的代价。更为重要的是,它使政府和中外企业实体摆脱了因中国当前吸烟相关疾病和死亡的蔓延而遭受的谴责,它们依然从这种高度成瘾的物质中获利。[79]

这本书所作的此类历史研究,关注不断变化的吸烟行为出现的社会背景,并通过揭示鼓励或阻碍个人吸烟行为的广泛社会文化进程,为制定控烟政策提供帮助。从1550年至今历史悠久却变动不居的中国烟草消费史表明,吸烟在中国人日常生活的社会结构中根深蒂固。例如,我们意识到,目前普遍的发烟习俗是同性交际和男性友谊古老仪式的现代形式,可以追溯到几百年前。这突显了中国男性在试图避免成为烟民,或一旦开始吸烟再试图戒烟时,他们所面临的巨大障碍。与此同时,通过了解中国吸烟行为在过去的许多变化,包括占人口半数的女性在相对较近的时期放弃了烟草,这表明男性的态度和行为在未来也有可能发生转变。许多人希望根除这种产品,因为它不仅在中国,而且在全世界,给数百万人的健康和寿命都造成了不利的影响。本研究将吸烟在当代中国的盛行置于更长时段的历史背景中进行考察,从而为中国人持续不断的禁烟努力做出贡献。

注　释

导　论

[1] Dobson, 1946: 18.
[2] Gonghuan Yang, "Prevalence of Smoking in China,"（《中国的吸烟率》）in T. Hu, 2008: 18.
[3] Norton, 2008: 45–49.
[4] Norton, 2008: 102–3.
[5] George B. Souza, "Philippines,"（《菲律宾》）in Goodman, 2005 2:410–13; Reid, 1985; Gokale 1974; Sihn and Seo, 2001; Barnabas T. Suzuki, "Tobacco Culture in Japan,"（《日本烟草文化》）in Gilman and Zhou, 2004: 76–83.
[6] Chen Cong [1805], 1995 (1/5b): vol. 1117, p. 416.
[7] A. Brandt, 2007.
[8] 有关晚明江南的消费史，参见柯律格（Clunas, 1991）和卜正民（Brook, 1998）；有关清代精英的消费，参见何炳棣（P. Ho, 1954）、徐澄淇（Hsü, 2001）、安东篱（Finnane, 2003）。许多研究也涉及了清末民初上海的消费文化。下列著作明确地将现代大众消费文化的起源追溯至上海：叶文心（W. Yeh, 1997）和李欧梵（L. Lee, 1999）。
[9] 具体案例可参见戴慧思（Davis, 2000）和克罗尔（Croll, 2006）。
[10] 对该研究路径的批判，参见柯律格（Clunas, 1999）。
[11] Brewer and Trentmann, 2006: 5.
[12] Grehan, 2006: 1354.
[13] Schudson, 2001: 489–494.
[14] Poland, et al. 2006. 反过来，这些深刻的见解可以追溯至那些博大精深的学术研究，它们通常强调，为更好理解消费实践，其背后的社会语境具有重要意义。经典之作为西敏司（Mintz 1985:152—58）。
[15] 有关烟草作为"瘾品"的论述，参见西敏司（Mintz, 1985:180）。
[16] Pomeranz, 2000: 117–124; Mazumdar, 1998: 13–59; Gardella, 1994: 21–33.
[17] 有关"精神刺激革命"，参见考特莱特（Courtwright, 2001: 1–5）。有关中国鸦片史，参见郑扬文（Zheng Yangwen, 2005）。
[18] Dikötter, Laamann, and Zhou, 2004: 32–36.
[19] Foreman, 1906: 289, 301.
[20] 考特莱特（2001:3）指出，近代早期的"精神刺激革命"并不包含许多在部分地区广泛

种植的毒品，例如槟榔果、卡瓦胡椒、佩奥特。这个事实进一步说明，仅凭消耗品的成瘾性不足以解释其跨文化传播的现象。

[21] 何炳棣 1959: 183–184.
[22] Leslie Iversen, "Why Do We Smoke? The Physiology of Smoking,"（《我们为何会吸烟？吸烟的生理学》） in Gilman and Zhou, 2004: 318–24.
[23] 卜正民, 2002a: 2.
[24] Norton, 2008: 52–60; Grehan, 2006: 1361–1362.
[25] 淡巴菰是西班牙语烟草（el tabaco）的音译，该词源于泰诺语（Taíno），这种语言为大安德列斯群岛上的阿拉瓦克印第安人所使用（Norton, 2008: 86）。
[26] Yao Lü [1611], 1995 (10/46a): vol. 1132, p. 704; Goodrich, 1938: 649.
[27] Benedict, 2011.
[28] Dunstan, 1996: 204–205; Rowe, 2001: 130, 161–162.
[29] Stewart, 1967.
[30] 有关近代早期的"社交革命"，参见贝利（Bayly, 2002:54）。
[31] D. Wang, 2008: 5–8. 有关英国和中东的咖啡馆，参见 Cowen, 2005; Grehan, 2007: 135–146; and Matthee, 2005: 165–72.
[32] Goodman, 1993: 93–94.
[33] Shapiro, Jacobs, and Tun, 2000.
[34] Edds, 2003: A3.
[35] 文化"周期"的概念源于董玥（M. Dong, 2003:11）。
[36] Chew, 2003.
[37] H. Lee, 1934: 37; Cox, 2000: 157.
[38] David Strand, "New Chinese Cities,"（《中国新型城市》） in Esherick, 2000: 219.
[39] Appadurai, 1986.
[40] Shechter, 2006: 68; Starks, 2006: 57.
[41] Noah Isenberg, "Cinematic Smoke: From Weimar to Hollywood,"（《银幕里的吞云吐雾：从魏玛共和国到好莱坞》） in Gilman and Zhou, 2004: 248–55.
[42] Shechter, 2006: 122–126.
[43] Gerth, 2003: 56.
[44] Tate, 1999: 93–94.
[45] Waldron et al. 1988.

第一章　近代早期全球化与中国烟草的起源（1550—1650 年）

[1] Norton 2008: 156–161.
[2] Ptak 2004: 157–191.
[3] Sihn and Seo 2001: 23–59.

257 [4] Laufer 1924; 吴晗，1961 年，第 17 页；王文裕，2002 年，第 7—13 页；Timothy Brook, "Smokingin Imperial China,"（《中华帝国的吸烟文化》）in Gilman and Zhou, 2004: 84–91.

[5] 一些中国考古学家相信，在广西合浦的明代窑址中所见，制造于 1549 年的烟袋，是用来吸烟草的（郑超雄，1986 年）。对于反对该观点者，参见（王文裕，2002 年，第 10 页）。

[6] Suzuki, 1991.

[7] 方济各会修士成为了新旧大陆间重要的传播媒介，将美洲印第安土著的某些行为，诸如吸烟，传播给了来自欧洲的殖民定居者（Norton, 2008: 88–89）。有关马尼拉的方济各会教士，参见卡明斯（Cummins, 1986: 76, 82）。

[8] Lin Renchuan, "Fukien's Private Sea Trade in the, 16th and, 17th Centuries,"（《16 至 17 世纪的福建私人海上贸易》）in Vermeer, 1990: 163–215.

[9] 姚旅：《露书》，《四库全书存目丛书》，济南，齐鲁书社，[1611]1995 年，第 1132 册，第 739 下页（原注误作 704 页——译者注）。另见万历《漳州府志》，第 27 卷，明万历四十一年（1613 年）刻本，第 25 上页。17 世纪初，漳泉商人也运输烟草到台湾（Ng Chin-keong, 1983: 109；吴晗，1961 年，第 18 页）。

[10] Eduard B. Vermeer, "The Decline of Hsing-Hua Prefecture,"（《兴化府的衰落》）in Vermeer, 1990: 115.

[11] 康熙《漳浦县志》，卷之四《土产志下》，康熙三十九年（1700 年）刻本，第 32 下页；光绪《漳州府志》，卷之三十九《物产》，光绪三年（1877 年）刻本，第 3 上—3 下页；康熙《平和县志》，卷之十《风土》，清光绪十五年（1889 年）杨卓廉刻本，据康熙五十八年（1719 年）刻本刻，第 7、23 页；乾隆《龙溪县志》，卷之十九《物产》，乾隆二十七年（1762 年）刻本，第 22 上页；嘉庆《云霄厅志》，卷之六《物产》，民国二十四年铅印本，第 3 上页（作者引用版本为：1816: 6/3a——译者注）。

[12] 刘翠溶，1978 年，第 141 页。

[13] 18 世纪的烟草爱好者陈琮指出："烟草到处有之，而福建海舶来者为多……或遇东南风，楼船什百，悉至江浙为市。"（陈琮：《烟草谱》，卷二《谱》，第 1117 册，[1805] 1995 第 425 页）。

[14] 叶梦珠：《阅世编》，卷七《种植》，[1935] 1981 年，第 167 页。

[15] 王逋，[1799] 1968，第 720 页。

[16] 曾羽王，1982 年，第 5 页。

[17] 范毅军，1992 年，第 140 页。

[18] Jing Su and Luo Lun, 1978: 84.

[19] 曲振明：《三百年烟店话沧桑》，《中国烟草工作》编辑部 1993 年，第 415–417 页。

[20] 卜正民（2008:121）指出，烟草出现于一份 1596 年创作的文本（参见沈榜，1980 年，第 134、146 页）。但其实难以确定该文本是否指的是烟草，因为它所使用的词语是烟子，而不是更为常见的淡巴菰或者烟草。

[21] 申涵光：《迟山堂凫史》，卷一，未注明出版日期，第 11 页，杨国安，2002 年，第 3 页。

[22] 卜正民，"Smoking in Imperial China,"（《中华帝国的吸烟文化》）in Gilman and Zhou,

2004: 85.

[23] 杨士聪：《玉堂荟记》，《小说笔记大观》，第 18 编，第 5 册，台北：新兴书局有限公司，1977 年，第 3219 页（作者引用版本为：1977: 1:182–183——译者注）。欲知更多有关杨士聪对待明代晚期北京吸烟的态度，参见卜正民（Brook, 2008: 119–123）。

[24] 杨士聪：《玉堂荟记》，《小说笔记大观》，第 18 编，第 5 册，台北：新兴书局有限公司，1977 年，第 3219 页（作者引用版本为：1977: 1:182–183——译者注）。

[25] 申涵光：《迟山堂凫史》，卷一，未注明出版日期，第 11 页，杨国安，2002 年，第 3 页。

[26] 梁四宝、张新龙，2007 年，第 44 页。

[27] 康熙《延绥镇志》，卷二之四《烟税》，1673 年，第 22 下—23 下页。

[28] 叶梦珠：《阅世编》，卷七《种植》，[1935] 1981 年，第 167 页。

[29] Fuchs, 1940: 86.

[30] 1609 年荷兰人登陆日本时，长崎的吸烟风气已经相当盛行。Barnabus T. Suzuki, "Tobacco Culture in Japan,"（《日本烟草文化》）in Gilman and Zhou, 2004: 77.

[31] 吴晗：《朝鲜李朝实录中的中国史料》，第 9 册，北京：中华书局，1980 年，第 3636 页至 3627 页。

[32] 有关 17 世纪初的日朝贸易关系，参见 S. Kim, 2006: 216–221。1684 年到 1710 年，对马岛大名代理商曾向釜山出口碎烟叶和日本烟袋（Tashiro Kazui, 1976: 94）。但这项日朝烟草贸易何时开始尚不明确。

[33] 吴晗：《朝鲜李朝实录中的中国史料》，第 9 册，北京：中华书局，1980 年，第 3636 页至 3627 页；Sihn and Seo, 2001: 25–32。

[34] Serruys, 1975: 117–121.

[35] Roth Li, 2002: 23.

[36] Kanda Nobuo, 1955–63; 1:93 (Tianming, 3/4/16).

[37] 李澍云，2001 年，第 56–62 页。

[38] Kanda Nobuo, 1955–63: 5:465–69 (Tiancong [TC] 5/1/16–5/1/29); 502–4 (TC5/4/12); 511–17 (TC, 5/4/25–5/6/11); 607–11 (TC, 5/12/5–5/12/14); and, 744 (TC, 6/4/14).

[39] A. Burton, 1997: 508–509.

[40] A. Burton, 1997: 502.

[41] A. Burton, 1997: 405–412.

[42] 康熙《延绥镇志》，卷二之四《烟税》，1673 年，第 22 下—23 下页。

[43] 方以智：《物理小识》，《景印文渊阁四库全书》，第 867 册，台北：台湾商务印书馆，1986 年，第 939 页（作者将出版年份误作 1983 年——译者注）。

[44] 王逋，[1799] 1968，第 720 页。

[45] Roth Li, 2002: 41.

[46] Di Cosmo, 2008: 14–15.

[47] Kanda Nobuo, 1955–63: 5:473 (TC, 5/2/01).

[48] 国立中央研究院历史语言研究所编：《明清史料：乙编》，第 3 本，商务印书馆，1936 年，

第 227 页。

[49] 1633 年五月，效忠清政府的汉族将军孙得功在给皇太极的一份奏折中提到，辽东地区正在种植烟草（潘喆、孙方明、李鸿彬编：《清入关前史料选辑》，第二卷，北京：中国人民大学出版社，1989 年，第 60 页）。

[50] 潘喆、孙方明、李鸿彬编：《清入关前史料选辑》，第二卷，北京：中国人民大学出版社，1989 年，第 41—43 页

[51] 《沈阳状启》，《开国史料》第 3 卷第 7 册，《清史资料》第三辑，台北：台联国风出版社，1970 年，第 73 页。

[52] Benedict, 2011.

[53] 1646 年，朝鲜皇室曾把烟草赠与多尔衮，因为世人皆知他嗜烟如命（吴晗：《朝鲜李朝实录中的中国史料》，第 9 册，北京：中华书局，1980 年，第 3755 页）。

[54] 叶梦珠：《阅世编》，卷七《种植》，[1935] 1981 年，第 167 页；Martini, 1654: 34.

[55] 郭声波，1993 年，第 210 页。

[56] 有关明末烟草不符法纪的问题，参见叶梦珠：《阅世编》，卷七《种植》，[1935] 1981 年，第 167 页；申涵光：《迟山堂凫史》，卷一，未注明出版日期，第 11 页，杨国安，2002 年，第 3 页；黎士宏：《仁恕堂笔记》，《昭代丛书》，卷二十五，上海：上海古籍出版社，1990 年，第 1365 页。

[57] 叶梦珠：《阅世编》，卷七《种植》，[1935] 1981 年，第 167 页；《海盐县续图经》，卷一之八《方域篇·县风土记》，1748 年，第 5 上—5 下页。

[58] Jing Su and Luo Lun, 1978: 84.

[59] Le Comte, 1697: 1:168.

[60] Rudi Matthee, "Tobacco in Iran,"（《伊朗烟草》）in Gilman and Zhou, 2004: 58–60.

[61] Garnier, 1993: 13–83; I. Johnson and Brooke, 1977: 62–67; T. Nakano, 1984.

[62] 17 世纪晚期，在暹罗可以经常见到模仿印度水烟的水烟袋 (Höllmann, 2000: 310)。

[63] 陆耀提到，很早以前，福建人会先含一口水再把烟吸进去。陆耀，《续修四库全书》，第 1117 册，[1833] 1995，第 483 页。

[64] Newitt, 2005: 114–16; Venkatachalapathy, 2006: 33.

[65] Höllmann, 2000: 308.

[66] Gokhale, 1974: 485.

[67] B. Yang, 2004: 293.

[68] L. Sun, 2000: 23; B. Yang, 2004: 293.

[69] Lieberman, 2003: 145.

[70] L. Sun, 2000: 120.

[71] 乾隆年间（1790 年）《腾越州志》记载，腾越州的烟草种植始于明万历年间（《云南省烟草志》，1993 年，第 23 页）。而晚清本的州志则提及，云南西部少数民族聚居地区都从很早开始种植烟草（《腾越州志》，卷三《土产》，《中国地方志集成·云南府县志辑》，第 39 册，南京：凤凰出版社，2009 年，第 43 页）(作者引用版本为：1897: 3/29a——

译者注)。
- [72] 何炳棣, 1955: 194.
- [73] 18 世纪 50 年代，清朝治下的塔里木盆地地区更名为新疆（Millward, 1998: 20）。
- [74] Lipman, 1997: 14, 18–23.
- [75] 清初的医生沈廷对写过一篇文章，讨论兰州水烟的药用价值，收录于赵学敏，[1765] 1998 年，第 31 页。
- [76] Wakeman, 1985: 824.
- [77] A. Burton, 1997: 502.
- [78] 例如，尤里·克里扎尼奇（Iurii Krizhanich）记述过，17 世纪 60 年代，在额尔齐斯河畔，卡尔梅克蒙古人用牲畜，奴隶和中国烟草来交易俄罗斯的商品。
- [79] Adam Brand, "A Journal of the Embassy from Moscow into China, Overland,"（《俄罗斯陆路访华使团日记》）in Collins, 2000: 46, 67, 70.
- [80] Steven Sarson, "Chesapeake Region,"（《切萨皮克地区》）in Goodman, 2005: 1:119.
- [81] 郭起元是在乾隆年间写作的一位经世致用的官员，他认为福建水烟源自"西北边外"。他可能指的是由西往东传入中国，福建人种植的黄花烟草（郭起元：《论闽省务本节用书》，贺长龄，第 731 册，[1862]1972 年，第 1305—1306 页）。王訢同样提到，水烟源于西北，向东传播至中国本土。
- [82] Matthee, 2005: 127–128.
- [83] Steensgaard, 1999: 61.
- [84] Matthee, 2005: 119–20. 到 17 世纪末，大夏（今阿富汗北部）和布哈拉（今乌兹别克斯坦）已经开始种植烟草（McChesney, 1996: 42–43）。
- [85] Henderson and Hume, 1873: 329.
- [86] Millward, 1998: 138–149.
- [87] Romaniello, 2007: 914–937.
- [88] Kotilaine, 2005: 444.
- [89] Kotilaine, 2005: 413, 419.
- [90] A. Burton, 1997: 478.
- [91] 1657 年 9 月，沙皇阿列克谢·米哈伊洛维奇（Aleskei Mikhailovich）曾派遣布哈拉人色特库尔·阿布林（Seitkul Ablin）率领一个商贸使团来到中国。根据沙皇的指示，阿布林沿途赠送给卡尔梅克蒙古人 126 磅的烟草。1675 年，一位摩尔达维亚贵族率领一个类似的使团前往准噶尔蒙古人部落，他们赠送给噶尔丹的礼物中包括 720 磅烟草 (Dmytryshyn, 1985: 338, 399)。
- [92] Games, 2008: 81.

第二章　中国卷烟生产、消费和贸易的扩张（1600—1750 年）

- [1] 范毅军（1992）的明代市场经济研究表明，直到 18 世纪，包括烟草在内的许多农产品都在广阔的 T 字形地理区域内进行交易。该范围以北京至广州一线为南北轴,以长江一线为东西轴。两轴沿线的长途贸易将六个区域勾连起来,这些区域附属于施坚雅主张的九个经济大区。(华北地区、赣江流域、长江中下游、东南沿海和岭南地区)。

[2] Goodrich, 1938: 648–657.
[3] E. Rawski, 1972: 67–77.
[4] Shepherd, 1993: 86, 96; Averill, 1983: 84–126;曹树基,1985 年,第 32 页;曹树基,1986 年,第 12—37 页。
[5] 《石首县志》,卷之三《同治丙寅年民政志》,清同治五年(1866 年)刻本,第 61 页。
[6] 《续修曲沃县志》,卷之二十《方产》,清光绪六年(1880 年)刻本,第 4 下页。
[7] Brokaw, 2007: 207–211;郭声波,1993 年,第 210 页。
[8] 福建省地方志编纂委员会,1995 年,第 2、391 页。
[9] Averill, 1983: 85; Osborne, 1989: 142.
[10] Osborne, 1989: 143–144.
[11] Leong, 1997; Entenmann, 1980: 35–54; Lee, 1982: 711–746.
[12] 参见施坚雅为梁肇庭撰写的导论 (Leong, 1997: 8–9)。
[13] Leong, 1997: 46–47.
[14] 17 世纪初,福建内陆地区的客家农民开始种植烟草(康熙《宁洋县志》,卷之二《舆地志》,清康熙三十一年(1692 年)刻本,第 11 下—12 上页;康熙《龙岩县志》,卷二,清康熙二十八年(1689 年)刻本,第 26 下—27 上页)。
[15] 康熙《宁化县志》,卷之二《土产》,清康熙二十三年(1684 年)刻本,第 104 页;清道光《永定县志》,卷之一,清道光十年(1830)刻本,第 16 页。
[16] 黎士宏,第 25 卷,[1833]1990 年,第 1365 页。
[17] Brokaw, 2007: 43;陈支平、郑振满,1988 年,第 105–106 页。
[18] 王廷抡:《临汀考言》,卷六《详议》,《四库未收书辑刊》,第 8 辑,第 21 册,北京:北京出版社,2000 年,第 198 下页。(作者使用版本为:[1699] 1997: 6/9b——译者注)
[19] 17 世纪 30 年代,江西石城县开始种植烟草。石城县正与福建宁化县相邻,穿越山区隘口即可到达(乾隆《石城县志》,卷一《舆地志》,清乾隆四十六年(1781 年)刻本,第 49—50 页)。在明末的数十年间,瑞金县的福建移民开始种植烟草(康熙《瑞金县志》,卷之二《舆地志》,清康熙二十二年(1683 年)刻本,第 27 下—28 下页;康熙《续修瑞金县志》,卷之四《食货志》,清康熙四十九年(1710 年)刻本,第 62 页上;同治《赣县志》,卷之九《物产》,清同治十一年(1782 年)刻本,第 6 下页)。(原注为 1872:33/1a,作者疑将 1782 年误写作 1872 年,而且卷三十三第 1 上页并无相关内容,卷九《物产》第 6 下页则有记载:"蔫烟草也种出日本明末始入中国闽人以其叶制烟赣与闽接坏故种者亦多"——译者注)
[20] 正值明朝末年,兴国县爆发了以烟农为主力的农民起义,这意味着当时烟草已经在赣南地区广泛种植(Leong, 1997: 139–40)。
[21] 嘉庆《直隶南雄州志》,卷九《舆地略·物产》,清嘉庆二十四年(1819 年)修,清道

光四年（1824 年）重刻，第 35 上页。有关烟草种植通过西江水系从广东传播到西南地区的论述，参见陶卫宁（2002:100–101）。

[22] Marks, 1998: 311.
[23] 刘翠溶，1978 年，第 141 页。
[24] Perdue, 1987: 28–31.
[25] 例如，桂东县的烟草被运送到衡阳和湘潭进行加工（同治《桂东县志》，卷之八《物产志》，清同治五年 [1866 年] 刻本，第 5 下页）。
[26] 黄本骥，[1848] 1985，第 41 页；同治《衡阳县志》，卷第十一《货殖第十》，清同治十三年（1874 年）刻本，第 1 上—7 下页；乾隆《清泉县志》，卷之六《食货志一·物产》，清乾隆、嘉庆间（1736 年至 1820 年）刻本，第 4 页。
[27] 清初，广东客家人在江西修水和湖南醴陵种植烟草（曹树基，1986 年，第 23 页）。（此处有两误，其一，拼音应为 Liling (Hunan)，对应曹文提及的湖南醴陵；其二，曹文并未提及清初客家人于醴陵种植烟草一事，而是嘉庆年间醴陵成为苎麻种植中心——译者注）
[28] 1723 年，一个来自闽西上杭的潦倒烟农——温上贵，率领其他棚民烟农在万载和新昌地区起义。参见台北故宫博物院编辑：《宫中档雍正朝奏折》，第 1 辑，清雍正元年四月二十一日，台北故宫博物院，1977 年，第 198—199 页。
[29] Perdue, 1987: 97.
[30] 同治《桂东县志》，卷之八《物产志》，清同治五年（1866 年）刻本，第 5 下页；道光《永州府志》，卷七上《食货志·物产》，清道光八年（1828）刻本，第 42 上页。
[31] 光绪《续修浦城县志》，卷之七《物产》，清光绪二十六年（1900 年）刻本，第 3 上页；民国《南平县志》，卷六《物产志第十》，民国八年（1919 年）修，民国十七年（1928 年）铅印本，第 5 下页（作者引用版本为：1828: 6/5b——译者注）；乾隆《广信府志》，卷之二《地理·物产》，清乾隆四十八年（1783 年）刻本，第 68 下页；道光《玉山县志》，卷十一《风俗志》，清道光三年（1823 年）刻本，第 2 上—2 下页。
[32] E. Rawski, 1972: 61–64; Chia, 2002: 20–21.
[33] Chia, 2002: 152–53, 257.
[34] E. Rawski, 1972: 95–96.
[35] Chia, 2002: 152.
[36] 光绪《续修浦城县志》，卷之七《物产》，清光绪二十六年（1900 年）刻本，第 3 上页。
[37] 乾隆《广信府志》，卷之二《地理·物产》，清乾隆四十八年（1783 年）刻本，第 68 下页；道光《玉山县志》，卷十一《风俗志》，清道光三年（1823 年）刻本，第 2 上 -2 下页。
[38] 曹树基，1986 年，第 31 页。
[39] 乾隆《广信府志》，卷之二《地理·物产》，清乾隆四十八年（1783 年）刻本，第 68 下页
[40] 王訢《青烟录》，卷八《食烟考》，《四库未收书辑刊》，第 10 辑第 12 册，北京：北京出版社，2000 年，第 533 页（作者引用版本为：1805: 8/204b——译者注）。
[41] 道光《玉山县志》，卷十一《风俗志》，清道光三年（1823 年）刻本，第 2 上—2 下页；同治《江西新城县志》，卷之一《地理志·风俗》，同治九年（1870 年）修纂，同治十

年（1871年）刊刻本，第17上—18下页。

[42] Leong, 1997: 154.

[43] 嘉庆《宁国府志》，卷之十八《食货志·物产》，嘉庆二十年（1815年）补修本，第7上页（作者引用版本为：1810: 18/7a——译者注）；民国《宿松县志》，卷之十七《实业志·农业》，民国十年至十二年（1921年至1923年）活字本，第3上—4上页。

[44] E. Rawski, 1975: 63–81; Vermeer, 1991: 300–329.

[45] 岳震川：《府志食货论》，贺长龄，第731册，[1862]1972年，第1306—1307页。

[46] 刘翠溶，1980年，第58—68页；王文裕，2002年，第46—48页。

[47] 康熙《延绥镇志》，卷二之四《烟税》，1673年，第22下—23下页。

[48] 例如，产于华州的烟草，仅在40英里半径内售卖。(Kaplan Murray, 1985: 76, 80)

[49] Entenmann, 1980: 35–54; Lee, 1982: 711–46.

[50] 同治《郫县志》，卷四十《物产》，清同治九年（1870年）刻本，第38上—38下页。

[51] 彭遵泗，嘉庆《四川通志》，卷之七十五《食货》，《中国地方志集成·省志辑·四川》，第2册，南京：凤凰出版社，2011年，第244上—244下页。（作者引用版本为：1816: 75/17b–18a——译者注）

[52] 嘉庆《纳溪县志》，卷之三《疆域志》，清嘉庆十八年（1813）刻本，第18页；彭遵泗，嘉庆《四川通志》，卷之七十五《食货》，《中国地方志集成·省志辑·四川》，第244上—244下页。（作者引用版本为：1816: 75/17b–18a——译者注）

[53] 吴大勋：《滇南闻见录》，下卷《物部》，方国瑜主编：《云南史料丛刊》，第12卷，昆明：云南大学出版社，[1790]1998年，第42页。

[54] 刘翠溶，1980年，第60页。

[55] Perdue, 1987: 247.

[56] 例如，20世纪20年代，通过农业调查，卜凯（John Buck, 1982:230）发现，山东地区种植每公顷烟草需要两百到一千个劳动力。在评估清代劳动力投入时，这些调查结论必须谨慎使用，因为20世纪山东烟农出于别的目的（机制卷烟），种植的是另一种类型的烟草（美种烤烟），而不是当时清朝烟农普遍种植的品种。这些烟草也需要烘烤，比风干和晒干等方法更耗费人力。

[57] Jing Su and Luo Lun, 1978: 83.

[58] 包世臣：《安吴四种》，卷二十六《齐民四术卷第二》，《近代中国史料丛刊》正编，第13辑，第294种第3册，台北：文海出版社，[1872]1968年，第1764页。

[59] 例如，19世纪初，根据有关江西新城烟草种植的文字记载，烟草生产主要依赖家庭成员而非雇佣工人（同治《江西新城县志》，卷之一《地理志·风俗》，同治十年（1871年）刊刻本，第17上—18下页）（作者引用版本为：《新城县志》，1870: 1/17a–18b——译者注）。在客家人为主的新城地区，男女都下地到烟田干活（傅衣凌，1977年，第110–111页）。

[60] Gibbs, 1938: 17.

[61] 谢重拔，康熙《续修瑞金县志》，卷之八《纪言志》，清康熙四十九年（1710年）刻本，第250—252页。

[62] 福建省地方志编纂委员会，1995年，第2页。
[63] 谢重拔，康熙《续修瑞金县志》，卷之八《纪言志》，清康熙四十九年（1710年）刻本，第250—252页。
[64] 格雷（Gray, 1878: 147–48）描述了中国烟草的加工方法。
[65] 严如熤：《三省边防备览》，卷之九《民食》，[1829] 1991年，第12下页。
[66] Jing Su and Luo Lun, 1978: 83.
[67] 包世臣：《安吴四种》，卷二十六《齐民四术卷第二》，《近代中国史料丛刊》正编，第十三辑，第294种第3册，台北：文海出版社，[1872]1968年，第1764页。
[68] 许涤新、吴承明，2000年，第151页。
[69] World Health Organization, 2004: 139–149.
[70] Osborne, 1989: 167–168.
[71] 嘉庆《直隶南雄州志》，卷九《舆地略·物产》，清嘉庆二十四年（1819年）修，清道光四年重刻，第35上页。
[72] 例如，1689年，《龙岩（福建）县志》的作者建议，山坡地区的烟农应该更仔细地在田间灌溉、除草和施肥，以便提高"数倍"的产量（康熙《龙岩县志》，卷二，清康熙二十八年（1689年）刻本，第26下—27上页。
[73] 杨国安，1985年，第206页。
[74] 许涤新、吴承明，2000年，第123—129页。
[75] 乔治·索萨（George B. Souza, 2007: 48–51）指出，从1675年左右至少到1720年，中国烟草已经出口到了整个东南亚地区。正如第一章所示，在17世纪，中国烟草也出口到了蒙古和西伯利亚南部地区。
[76] 有关民国初年的烟草生产数据，参见吉布斯（Gibbs, 1938: 19.）。
[77] 许涤新、吴承明，2000年，第127页。
[78] 吉布斯（Gibbs, 1938: 19）记录1934年至1936年间每英亩的平均烟草产量为1028磅。卜凯（Buck, 1964: 225）则得到了相似的平均产量数据：1929年至1933年间，平均每英亩的烟草产量为989磅。
[79] Goodman, 1993: 197–198.
[80] 人口数据取自彭慕兰（Pomeranz, 2000: 121）。如果我们使用彭慕兰提供的更高的人口数，即1850年3亿8千万人，那么平均每年人均烟草消费量则会下降到每年1.75磅的水准，但是这一数量在前工业时代的经济中仍然相当可观。
[81] 用石奇和方卓芬数值更高的产量数据，即每英亩产量1184磅，但保持土地面积和人口不变，会推导出更高的人均消费量，即每年每人4至5磅烟草。
[82] 1620年至1799年，进口到英格兰和威尔士的烟草平均为每年每人2磅（Shammas, 1993: 179–180）。
[83] 一份20世纪50年代的美国政府报告指出，1918年至1940年，美国成年人烟草消费量从人均1.7磅增长至5.16磅（Milmore and Conover, 1956:107）。到1950年，美国成年人人均烟草消费增长至7.5磅，其中72%以卷烟的形式消费（Goodman, 1993: 94）。

[84] Pomeranz, 2000: 117–118, 125.
[85] Pomeranz, 2000: 123.
[86] Hamilton and Lai, 1989: 253–279.
[87] Gibbs, 1938: 6–8.
[88] Buck, 1982: 167–176.
[89] 福建省地方志编纂委员会，1995 年，第 23 页。
[90] 王掞监修，王原祁、王奕清等撰：《万寿盛典初集》（一），卷之四十一，《景印文渊阁四库全书》，台北：商务印书馆，1986 年，第 653 册，第 466、481、488、491、497、524 页。
[91] 例如，乾隆年间浙江《海盐县志》曾记载，海盐烟草"抑且比闽广智所产矣"。乾隆《海盐县续图经》，卷一之八《方域篇·县风土记》，第 5 上—5 下页。清同治九年本四川《郫县志》的作者曾夸耀，郫县的烟草可以与漳州烟草匹敌（同治《郫县志》，卷四十《物产》，清同治九年（1870 年）刻本，第 38 上—38 下页。）
[92] 陈琮：《烟草谱》，第 1117 册，[1805] 1995 年，第 416—419 页；汪师韩：《金丝录》，汪篟辑：《丛睦汪氏遗书》，清光绪十二年（1886 年）重刻本，第 5 上—5 下页。
[93] 倪朱谟：《本草汇言》，卷之五《烟草》，《续修四库全书》，第 992 册，上海：上海古籍出版社，2002 年，第 193 下页（作者引用版本为：[1624] 1694: 5/25b——译者注）。
[94] 陆耀：《烟谱》，《续修四库全书》，第 1117 册，[1833] 1995 年，第 483 页；王訢：《青烟录》，卷八《食烟考》，《四库未收书辑刊》，第 10 辑第 12 册，北京：北京出版社，2000 年，第 533 上页。（作者引用版本为：1805: 8/204b——译者注）
[95] 福建省地方志编纂委员会，1995 年，第 26 页。
[96] 福建省地方志编纂委员会，1995 年，第 185 页。
[97] 道光《玉山县志》，卷十一《风俗志》，清道光三年（1823 年）刻本，第 2 上—2 下页。
[98] 道光《怀宁县志》，卷之七《物产》，清道光五年（1825 年）刻本，第 3 上—3 下页。
[99] 乾隆《清泉县志》，卷之六《食货志一·物产》，清乾隆、嘉庆间（1736 年—1820 年）刻本，第 4 页；田培栋，1995 年，第 97—101 页；张海瀛、张正明 1995 年，第 41—42、46 页。
[100] 黄本骥，[1848] 1985 年，第 41 页；同治《衡阳县志》，卷第十一《货殖第十》，清同治十三年（1874 年）刻本，第 1 上—7 下页。
[101] 乾隆《清泉县志》，卷之六《食货志一·物产》，清乾隆、嘉庆间（1736 年—1820 年）刻本，第 4 页。有关这些烟草商号在广东的商业活动，参见《衡阳县志》。(清同治《衡阳县志》，卷第十一《货殖第十》，同治十三年（1874 年）刻本，第 1 上—7 下页)
[102] Naquin, 2000: 77. 也可参见河东烟行的相关碑刻，当中记录了其在 1770 年到 1779 年的活动，重印于彭泽益（1997 年，第 49—50 页）。
[103] 杨国安，2002 年，第 212 页。
[104] Rowe, 1984: 228.
[105] 许檀、乔南，2007 年，第 80 页。
[106] Kōsaka Masanori, 1991: 39, 43–50.

[107] 台北故宫博物院编辑：《宫中档乾隆朝奏折》，第 3 辑，清乾隆十七年八月初一日，台北："故宫博物院"，1982 年，第 518—519 页。

[108] 范毅军，1992 年，第 171 页。

[109] 台北故宫博物院编辑：《宫中档乾隆朝奏折》，第 24 辑，清乾隆三十年四月十三日，第 585—586 页。

[110] 许梦闳：《北新关志》，卷十三《税则》，清雍正九年（1731 年）刻本，第 27 上—27 下页。

[111] 王掞监修，王原祁、王奕清等撰：《万寿盛典初集》（一），卷之四十一，第 466、481、488、491、497、524 页。

[112] 顾阿朝，1995 年，第 271—272 页。

[113] 曲振明：《三百年烟店话沧桑》，《中国烟草工作》编辑部 1993 年，第 415—417 页。

[114] 周俊旗，2002 年，第 133—134 页。

[115] 有关苏州的城市画卷（1770 年）中的"蒲城"烟草招牌，参见徐扬（1999 年，第 1、18、24 页）。然而，这些图像无法告诉我们，"蒲城"烟草是否确实在苏州售卖。徐扬将这些招牌置于画作中，表明"蒲城"烟草已经在康熙朝的文人群体中享有一定声誉。

[116] L. Johnson, 1995: 161.

[117] Rowe, 1984: 69.

[118] 吴英对广西烟店规模与数量的估算保存下来，是因为这些数据出现在一本他所撰写的禁烟宣传册中，后来广西巡抚姚成烈视之为大逆不道。该作品重印于吴英。（原北平故宫博物院文献馆编：《清代文字狱档》，《清代历史资料丛刊》，第 2 册，上海：上海书店，1986 年，第 493—501 页）

[119] 方苞，1991 年，第 263 页。

[120] 王文裕，2002 年，第 16 页。

[121] 例如，福建漳州平和县种植的烟草，显然是为了输出 "省外"而种植（康熙《平和县志》，卷之十《风土》，康熙五十八年（1719 年）刻本，第 7 上页）（作者引用版本为：[1719] 1889: 10/7a——译者注）这个 60% 的数据来自于福建省地方志编纂委员会。（1995 年，第 168 页）

[122] 福建省地方志编纂委员会，1995 年，第 2、391 页。

[123] 例如，在 18 世纪 30 年代至 40 年代，南洋贸易中大获成功的漳州商人陈怡老，发现他可以通过向巴达维亚的华人售卖漳州烟草，赚取大量的利润。（Ng Chin-keong, "The Case of Ch'en I-lao: Maritime Trade and Overseas Chinese in Ch'ing Policies, 1717–1754," [《陈怡老为例：清代政策下的海洋贸易与海外华人（1717—1754）》] in Ptak and Rothermund, 1991: 373）

第三章　学会以中国风格吸烟（1644—1750 年）

[1]《天香》，厉鹗：《樊榭山房全集》续集，卷二，《近代中国史料丛刊续辑》，第六十一辑，第 601 册，台北：文海出版社，[1884]1978 年，第 400—401 页。

[2] Rowe, 2002: 544.

[3] 黎士宏，第 25 卷，[1833]1990 年，第 1365 页。

[4] 姚旅，[1611]1995 年，第 1132 册，第 704 页。

[5] 杨士聪：《玉堂荟记》，《小说笔记大观》，第 18 编，第,5 册，台北：新兴书局有限公司，1977 年，第 3219 页（作者引用版本为：1977: 1:182–83——译者注）。

[6] 熊人霖：《地纬》，陈琮：《烟草谱》，卷一《谱》，第 1117 册，[1805] 1995 年，第 415 页。

[7] 郭柏苍辑：《闽产录异》，卷四《草属》，清光绪十年(1884 年)新印本，第 36 下—37 上页(作者引用版本为：1886: 4/36b–37a——译者注)。

[8] 《天香》，厉鹗：《樊榭山房全集》续集，卷二，《近代中国史料丛刊续辑》，第 602 册，[1884]1978 年，第 400—401 页。

[9] 申涵光：《迟山堂凫史》，卷一，未注明出版日期，第 11 页，杨国安，2002 年，第 3 页；Goodrich, 1938: 650。

[10] 董含：《蓴乡赘笔》，卷三，[1705] 1980 年，第 11 上页。

[11] 王士禛，《香祖笔记》，卷三，[1702] 1982 年，第 45 页。

[12] 柯律格, 1991: 5; 卜正民, 1998: 153–237。

[13] 叶梦珠：《阅世编》，卷七《种植》，1981 年，第 167 页。

[14] 曾羽王，1982 年，第 5 页。

[15] 施闰章，[1833] 1990 年，第 990 页。施闰章，安徽宣城人，1649 年考取进士。1661 年至 1667 年，他任职于赣西北，当地正在种植烟草（Hummel, 1943: 651）。

[16] 陈琮：《烟草谱》，卷五《五律》，第 1117 册，[1805] 1995 年，第 455 页。陈元龙，出身于浙江海宁著名的陈氏家族。1685 年，他通过殿试，从 1729 年至 1733 年供职于内阁（Hummel, 1943: 97）。

[17] 柯律格, 1991: 160–165; 卜正民, 1998: 139–140。

[18] 柯律格, 1991: 141–173; 卜正民, 1998: 222–237。

[19] 柯律格, 1998: 257。

[20] 何炳棣, 1954: 130–68; Hsü, 2001: 17–27; Finnane, 2003: 62–68。

[21] Hsü, 2001: 62–63。

[22] Naquin, 2000: 623–632。

[23] Nieuhof, [1669] 1673: 254。

[24] 徐珂：《清碑类钞》，第 4 册，北京：新华书店北京发行所，1984 年，第 1554—1555 页。陈元龙的生平前文已作讨论。关于史贻直生平事迹，参见恒慕义著作（Hummel, 1943: 650）。

[25] 陈琮：《烟草谱》，卷五《五律》，第 1117 册，[1805] 1995 年，第 455 页。

[26] 王士禛：《香祖笔记》，卷三，上海：上海古籍出版社，1982 年，第 41 页（原注为：[1709] 1997: 2/30——译者注）。韩菼，江苏常州人，清代官员与学者。他在 1673 年的会试和殿试中拔得头筹，于 1697 年出任翰林院掌院学士。1704 年，据传韩菼醉酒身亡（Hummel, 1943: 275）。（韩菼出任时间为 1695 年——译者注）

[27] 张介宾,[1636] 1994 年,第 639 页。
[28] 陈琮:《烟草谱》,卷五《五律》,第 1117 册,[1805] 1995 年,第 455 页。
[29] 倪朱谟:《本草汇言》,卷之五《烟草》,《续修四库全书》,第 992 册,上海:上海古籍出版社,2002 年,第 193 页下(作者引用版本为:[1624] 1694: 5/25b——译者注)。
[30] 董含:《蓴乡赘笔》,卷三,[1705] 1980 年,第 11 上页。
[31] Meyer-Fong, 2003: 4–5.
[32] 王士禛撰,湛之点校:《香祖笔记》,卷三,第 45 页。
[33] Meyer-Fong, 2003: 28–29.
[34] 尤侗:《董文友〈有美人吃烟诗〉》,杨国安,1999 年,第 54—55 页。"董文友"是董以宁的表字。他是江苏武进人。有关董以宁和王士禛两者的关系,参见梅尔清(Meyer-Fong, 1999: 49, n. 1.)。
[35] 有关雍正朝土地开荒政策的精彩论述,参见马克斯(Marks, 1998: 292–308)。
[36] 台北故宫博物院编辑:《宫中档雍正朝奏折》,第 6 辑,清雍正四年六月十日,台北故宫博物院,1978 年,第 137—138 页。法海,1694 年进士,1726 年至 1727 年任兵部尚书(Hummel, 1943: 795)。
[37] 1724 年,韩良辅是首批响应雍正土地开荒政策提案的官员(Marks, 1998: 292)。他曾上奏投诉广东地区种植经济作物,福建巡抚常赉在《宫中档雍正朝奏折》中引述了这番话,见台北故宫博物院编辑:《宫中档雍正朝奏折》,第 8 辑,清雍正五年四月十三日,1978 年,第 25—26 页。
[38] Rowe, 2001: 161.
[39] 《大清历朝实录》编辑部编:《大清世宗宪皇帝(雍正)实录》,第 2 册,卷之五十九,雍正五年丁未秋七月乙卯朔,台北:华文书局,1964 年,第 920—923 页。
[40] Rowe, 2001: 161–162, 215; Dunstan, 1996: 205, 241.
[41] 方苞,1991 年,262–263 页。
[42] Dunstan, 1996: 243.
[43] 沈德潜:《沈德潜归愚》,陈琮:《烟草谱》,卷五《五律》,第 1117 册,[1805] 1995 年,第 455 页。其生平事迹参见恒慕义(Hummel, 1943: 645–646)。
[44] Hsü, 2001: 29.
[45] 有关清代烟草诗文总集,重印于杨国安(1999 年,第 3—147 页)。
[46] 《天香》,厉鹗:《樊榭山房全集》续集,卷二,《近代中国史料丛刊续辑》,第 602 册,[1884]1978 年,第 400—401 页。
[47] 厉鹗具体何时撰写该词尚不明确。它首次出现于汪师韩编纂的烟草文选中,其序言的日期为 1737 年。(汪师韩,[1737] 1886 年,第 1 页)
[48] 《厉樊榭墓碣铭》,詹海云:《全祖望〈鲒埼亭集〉校注》,第 2 册,台北:鼎文书局,[1804]2003 年,第 464—465 页。1720 年,16 岁的全祖望到杭州参加乡试。尽管他落榜了,但是在那里引起了查慎行(1650—1727)的注意。这位前翰林院编修曾撰文反对烟草(杨国安,1999 年,第 34 页)。两年之后,他回到杭州,在那里碰到了厉鹗。

1729 年之后，全祖望开始定期拜访扬州马氏兄弟。从 1737 年到 1748 年间，全祖望几乎每年都会拜访马氏兄弟的居所，并参与邗江吟社的活动。(Hummel, 1943: 203–205; Hsü, 2001: 48–49)

[49] Hsü, 2001: 47–48.
[50] 陈章：《授衣》，陈琮：《烟草谱》，卷八《词》，第 1117 册，[1805] 1995 年，第 471 页。陈章是马氏兄弟别馆的常驻诗人，并从 18 世纪 30 年到 18 世纪 50 年代，居住在他们的园林超过 20 年。
[51] 《淡巴菰赋》，詹海云：《全祖望〈鲒埼亭集〉校注》，第二册，[1804]2003 年，第 76—78 页。
[52] 卜正民，"Smoking in Imperial China,"（《中华帝国的吸烟文化》）in Gilman and Zhou, 2004: 88.
[53] 蔡家琬：《烟谱》，《拜梅山房几上书》，中国：未刊，第 5 下页（原注为：1826: 5b——译者注）。
[54] 陈琮：《烟草谱》，卷末《题词》，第 1117 册，[1805] 1995 年，第 480 页。卜正民，2002b: 5–6.
[55] 卜正民，"Smoking in Imperial China,"（《中华帝国的吸烟文化》）in Gilman and Zhou, 2004: 87.
[56] 厉鹗：《烟草倡和诗序》，《樊榭山房全集》，《近代中国史料丛刊续辑》，第 603 册，[1884]1978 年，第 871—872 页。
[57] 汪师韩：《金丝录》，[1737] 1886 年，第 1 上页。
[58] 陆耀：《烟谱》，《续修四库全书》，第 1117 册，[1833] 1995 年，第 484 页；卜正民，"Smoking in Imperial China,"（《中华帝国的吸烟文化》）in Gilman and Zhou, 2004: 88–89.
[59] 陆耀事实上何时写这篇文章尚不明确，但该文有 1774 年杨复吉撰写的注释。据卜正民（2002a: 14）所述，该文本也许是在 1833 年之后才印刷出版。杨复吉，江苏震泽（今吴江）人，乾隆朝进士（杨国安，1999 年，第 15 页）。
[60] 卜正民，2002b: 5.
[61] Buck, 1982: 413.
[62] 根据杨国安的估算，清中期开垦土地大概有 500 万亩（833,333 英亩），每英亩产量大概为 800 磅，人口估计为 1.7 亿至 2.25 亿（参见第二章）。
[63] Thévenot, 1696: 26–27.
[64] Bell [1763] 1965: 167–168.
[65] Anderson, 1795: 187–188.
[66] Alexander and Mason [1805], 1988: 196. 第 67 幅版画（LXVII [p. 141]）和第 75 幅版画（LXXV [p. 157]）展现了手持烟袋的儿童。
[67] 包世臣：《安吴四种》，卷二十六《齐民四术卷第二》，[1872]1968 年，第 1764 页。
[68] 方行，1996 年，第 91—98 页。
[69] 几乎没有女性撰写她们自己吸食烟草的经历。而且出身于名门的妇女通常只在家中抽烟，所以她们吸烟的习惯被外人很少注意到。因此，有关清初的妇女吸烟的史料相对

较少。不可避免的是，与前章对精英男性吸烟的讨论相比，对清代女性吸烟的讨论更多考虑历时性变化，其中包括 1644 年至 1911 年整个清代的史料，而不仅仅局限于清朝统治之初的一百年。

[70] 王士禛撰，湛之点校：《香祖笔记》，卷三，第 45 页。

[71] 沈赤然:《寒夜丛谈》，卷三，清嘉庆十四年（1809 年）刻，光绪十一年（1885 年）重印本，第 1 下—2 上页。

[72] 沈赤然:《寒夜丛谈》，卷三，清嘉庆十四年（1809 年）刻，光绪十一年（1885 年）重印本，第 1 下—2 上页。

[73] 申涵光:《迟山堂凫史》，卷一，未注明出版日期，第 11 页，杨国安，2002 年，第 3 页；朱中楣：《美人唊烟图》，杨国安，1999 年，第 46 页。有关朱中楣传记，参见胡文楷（1985 年，第 274 页）。

[74] 陈琮：《烟草谱》，卷二《谱》，第 1117 册，[1805] 1995 年，第 430 页。此条目记载，吸烟首先在男性中流行，而后传播到内闱。

[75] Ko, 1994: 266–74, 259.

[76] Hershatter, 1997: 92; Henriot, 2001: 34; Yeh, 2006: 25, fg. 1.3.

[77] Finnane, 2004: 221.

[78] Meyer-Fong, 2003: 20–24.

[79] Meyer-Fong, 2003: 56; Finnane, 2004: 176–78.

[80] Meyer-Fong, 2003: 45–46; Finnane, 2004: 259.

[81] Paul Ropp, "Ambiguous Images of Courtesan Culture," （《名妓文化的朦胧图景》）in Widmer and Chang, 1997: 19.

[82] Meyer-Fong, 2003: 56.

[83] 有关英格兰的吸烟与性，参见廷克勒（Tinkler, 2006: 105–31）。

[84] Wu Hung, "Beyond Stereotypes: The Twelve Beauties in Qing Court Art and the 'Dream of the Red Chamber,'" （《陈规再造：清宫十二钗与〈红楼梦〉》）in Widmer and Chang, 1997: 322–38.

[85] 巫鸿，"Beyond Stereotypes,"（《陈规再造》）in Widmer and Change, 1997: 327.

[86] 第一个例子源于清初黎遂球的美人谱录"花底拾遗"，见引于巫鸿著作《陈规再造：清宫十二钗与〈红楼梦〉》(Wu Hung, "Beyond Stereotypes," in Widmer and Chang, 1997: 327)。第二个例子源于董以宁的诗。

[87] 尤侗：《董文友〈有美人吃烟诗〉》，杨国安，1999 年，第 54—55 页。

[88] 根据文学传统，多情的巫山神女向楚襄王求爱，许诺"旦暮"为云雨。因而"云雨"成为了性行为常见的委婉说辞。

[89] 箫是明显的色情符号。(Yeh, 2003: 420)

[90] 此处参考了六朝志怪小说中，吴国公主紫玉"烟然"的著名故事。

[91] 有关 17 世纪晚期文人歌颂明代名妓文化的论述，参见罗溥洛《名妓文化的朦胧图景》(Widmer and Chang, 1997: 19)。

[92] Mann, 1997: 129–30.

[93] Ropp, "Ambiguous Images," (《名妓文化的朦胧图景》) in Widmer and Chang, 1997: 35–41.

[94] Ropp, "Ambiguous Images," (《名妓文化的朦胧图景》) in Widmer and Chang, 1997: 39.

[95] Laing, 1996: 68–91.

[96] 杨国安，1999 年，第 46 页。

[97] Zheng Yangwen, 2005: 10–24.

[98] Finnane, 2004: 221; McMahon, 2000: 160–69.

[99] Dikötter, Laamann, and Zhou, 2004: 88.

[100] Mann, 1997: 21–22.

[101]《长烟筒诗》，陈琮：《烟草谱》，卷三《谱》，第 1117 册，[1805] 1995 年，第 435 页。（Chang yanguan shi 注音有误，应为 Chang yantong shi——译者注）

[102] 金学诗：《闺房吸烟》），陈琮：《烟草谱》，卷三《谱》，第 1117 册，[1805] 1995 年，第 433 页。

[103] 文康：《儿女英雄传》，第 30 回，[1878] 1991 年,，第 379 页。

[104] 同上。

[105] Teiss, 1998: 263.

[106] Mann, 1997: 49, 53; Bray, 1997: 146.

[107] Bray, 1997: 65–67, 146.

[108] 文康：《儿女英雄传》，第 30 回，[1878] 1991 年，第 379 页。

[109] Hunter, 1885: 226.

[110] Olivovà, 2005: 232. 有关骆绮兰的生平事迹，参见胡文楷（Hu Wenkai, 1985: 761–62）。

[111]《归懋仪》：《归懋仪佩珊》，陈琮：《烟草谱》，卷六《七律》，第 1117 册，[1805] 1995 年，第 466 页。高彦颐（Ko, 1994: 126）提供了归懋仪的生平简介。

[112]《沈彩虹屏》（此处"虹屏"为沈彩的表字，而英文注释误将其理解为"画着彩虹的屏风"——译者注），陈琮：《烟草谱》，卷七《绝句》，第 1117 册，[1805] 1995 年，第 468 页。沈彩来自浙江蒲城县，是《春雨楼集》的作者，书中序言的日期为 1782 年（胡文楷，1985 年，第 365 页）。

[113] Theiss, 2004: 156–157, 167–168.

[114] Paderni, 2002: 48.

[115] Olivovà, 2005: 240–241.

[116] Paderni, 2002: 62.

[117] 董含：《莼乡赘笔》，卷三，[1705] 1980 年，第 11 上页。

[118] Rowe, 2001: 162.

[119] Bray, 1997: 243.

[120] Bray, 1997: 131.

[121] Pruitt [1945], 1967: 30–31.

[122] McMahon, 2002: 155–62.

[123] McMahon, 2002: 159.

第四章 明清医药文化中的烟草

[1] 《烟草倡和诗序》，厉鹗：《樊榭山房全集》，《近代中国史料丛刊续辑》，第 603 册，[1884]1978 年，第 871—872 页。

[2] 将不能简化为解剖学结构或体液的中医术语的翻译以大写字母书写，已经是公认的惯例。我在此也采取这种做法。

[3] 大约从公元前 2 世纪到公元 2 世纪，"天人合一"成为中医的核心概念。这种观点与当时占据主导地位的儒家意识形态有关，认为自然万物与社会万物理应处于和谐之中。儒家学者有意识地试图将自然宇宙、国家与个人身体系统地关联起来（Unschuld, 1985: 51–100）。

[4] Stewart, 1967: 228–268.

[5] 江苏新医学院，[1912] 1977 年，第 1913 页。

[6] Leung, 2003a: 389–396.

[7] Hanson, 1997: 100–110.

[8] Hanson, 1997: 39–42.

[9] Hanson, 2006: 115–116.

[10] Norton, 2000: 371.

[11] Stewart, 1967: 244–247.

[12] 其他四个分别是肺、心、肝和肾。五脏功能系统并不是生物医学中解剖学的器官，尽管它们用了这样的名称。人们根据它们的功能而非它们本身是什么，将之概念化，它们并不存在于某些特定的体腔内，而是用来储备特定的身体活力并完成重要的任务。关于这一点，参见罗芙芸（Rogaski, 2004: 33）。

[13] 叶梦珠：《阅世编》，卷七《种植》，[1935] 1981 年，第 67 页；方以智：《物理小识》，《景印文渊阁四库全书》，第 867 册，1986 年，第 939 页（作者将出版年份误作 1983 年——译者注）。

[14] 杨士聪：《玉堂荟记》，《小说笔记大观》，第 18 编，第 5 册，台北：新兴书局有限公司，1977 年，第 3219 页（作者引用版本为：1977:1:182–83——译者注）。

[15] 黎士宏，第 25 卷，[1833]1990 年，第 1365 页；王逋，[1799] 1968 年，第 720 页；曾羽王，1982 年，第 5 页；叶梦珠：《阅世编》，卷七《种植》，[1935] 1981 年，第 167 页。

[16] 《烟草倡和诗序》，厉鹗：《樊榭山房全集》，《近代中国史料丛刊续辑》，第 603 册，[1884]1978 年，第 871—872 页。

[17] Furth, 1999: 21.

[18] Farquhar, 1994: 32–36.

[19] 当气的正常表现形式在"六气"（六种气候类型）（风、寒、暑、湿、燥和火）的环境

中,变得不合时宜或在适宜的时节出现过度,"六淫"(六种外部过度现象)就会产生。这些气候类型有时被称之为"外邪"(外部疾病)和"外病因"(外部致病因素),并被认为会从外部,通常穿过毛孔,攻击身体。明末接连暴发瘟疫之后,吴有性(1582—1652年)引进了一种理念,即外邪也可以通过嘴和鼻腔进入体内。从清初开始,这个观念逐步得以确立(Hanson, 1997: 58, 141)。

[20] 方以智:《物理小识》,《景印文渊阁四库全书》,第 867 册,1986 年,第 939 页(作者将出版年份误作 1983 年——译者注)。

[21] 施闰章,[1833] 1990 年,第 990 页。

[22] 疟和瘴(间歇性发烧)的疾病类型包括疟疾但并不等同于疟疾。因此,我将瘴气翻译为"有害的蒸气",而不是"疟疾"。

[23] Obringer, 2001: 200–202.

[24] 姚旅,[1611]1995 年,第 1132 册,第 704 页。尼古丁具有强大的杀虫功效,在历史上被广泛用作杀虫剂。美洲印第安人将烟叶碾碎,制成膏状物,以去除身体上的扁虱和虱子(Wilbert, 1993: 152)。尼古拉斯·卡尔佩珀(Nicholas Culpeper, 1616–1654)([1652]1770: 326) 也指出,烟草能够杀死头虱。烟草汁液混合水按照传统喷洒在植物上,可以起到驱虫的效果。关于中国和欧洲使用烟草作为有机杀虫剂,参见李约瑟、黄兴宗、鲁桂珍(Needham, Huang, and Lu, 1984: 316–17)。科学研究证实,由尼古丁水提取物制成的熏剂具有杀虫效果,可以杀死包括软体的、带刺吸式口器的,或者发出刺耳声响的等多种类型害虫。

[25] 蛊这个词渊源古老,下蛊的方法很多,从食物中下毒到诅咒之术等。在明代蛊渐渐和南方少数民族联系在一起,尤其是在 17 世纪与西南的苗族(Hanson 1997: 75–84)。致病的魔鬼力量(鬼邪)的概念为明清时期的许多儒医所接受,帝国晚期的许多医学文本概述了多种驱除鬼邪的方法(Unschuld, 1985: 215–223)。

[26] 张介宾,[1636] 1994 年,第 639 页。

[27] 张介宾,[1636] 1994 年,639 页。

[28] Reid, 1985: 529–547.

[29] Pickwell, Schimelpfening, and Palinkas, 1994: 329.

[30] Rooney, 1993: 25–29.

[31] Reid, 1985: 535.

[32] Zheng Yangwen, 2005: 42.

[33] 姚旅书中关于当地槟榔果的条目,紧随在烟草条目([1611]1995[10/46a])之后。爪哇的槟榔果是 17 世纪初漳州的主要进口商品(Stephen Tseng-Hsin Chang, "Commodities Imported to the Chang-chou Region of Fukien during the Late Ming Period. A Preliminary Analysis of the Tax Lists Found in the Tung-hsi-yan k'ao,"(《晚明时期的福建漳州地区的进口商品:《东西洋考》中所见税单的初步分析》) in Ptak and Rothermund, 1991: 159–94)。

[34] 伤寒学说形成了经典中医传统的主流之一。它可以追溯至东汉时期(公元 25—220)和张机(他也以表字张仲景为世人熟知)的《伤寒杂病论》。该作品大约于公元 206 年编

纂完成，但直到 11 世纪晚期才得到广泛传播。有关张机的专著和伤寒学说在北宋时期（960—1127）复兴的更多内容，参见郭志松（Goldschmidt, 2005: 53–90）。

[35] 根据生物医学，伤寒病症也许可以对应从普通感冒到伤寒的各种病症。

[36] S. Kim, 2006: 35–38.

[37] Furth, 1999: 238.

[38] 姚旅（[1611] 1995 年）使用"淡巴菰"一词；方以智（第 867 册，[1664]1986 年）（作者将出版年份误作 1983 年——译者注）既使用"淡巴菰烟草"，也使用"淡肉果"。全祖望（第 2 册，[1804] 2003 年，第 464–465 页）则使用"淡巴菰"。

[39] Kanda Nobuo, 1955–1963: 5:465–469 (Tiancong, 5/1/16–5/1/29), 5:502–504 (TC, 5/4/12).5:511–517 (TC, 5/4/25–5/6/11). 有关日本的术语，参见铃木（Suzuki, 1991: 2–3）。

[40] 最初从国外进口到中国的药材通常保留直译的名称。其他案例，参见文树德（Unschuld, 1986: 219）。

[41] 对烟草感到新奇的评论出现在许多文献中。例如，参见张介宾（[1636] 1994 年，第 639 页）和全祖望（第 2 册，[1804] 2003 年，第 76–78 页）。

[42] 另外两个是刘完素（1120?–1200）和张从政（1156–1228）。

[43] Unschuld, 1985: 178–79.

[44] Furth, 2006: 429–34.

[45] Unschuld, 1985: 198.

[46] 汪机在祁门县生活和工作，此地位于安徽徽州府南部（Grant, 2003）。

[47] Furth, 1999: 237–244

[48] Furth, 1999: 214.

[49] Furth, 1999: 238.

[50] Furth, 1999: 187–188.

[51] Grant, 2003: 158–159.

[52] Leung, 2009: 45–47.

[53] Grant, 2003: 79–81.

[54] Furth, 1999: 25–48.

[55] Grant, 2003: 116–140.

[56] 参见恒慕义书中对其生平的记述（Hummel, 1943: 26–27）。

[57] Unschuld, 1985: 199.

[58] 郝近大，1987 年，第 227 页。

[59] Unschuld, 1985: 199.

[60] 虽然通常翻译为"霍乱"，但中文的"霍乱"也指许多其他的疾病，它们的初期症状表现为持续不断的重度腹泻。

[61] "瘀结"是一种泛称，描述"气"在身体某处纠结，阻碍了体内循环。它表现为肿块、结节和肿胀感（Sivin, 1987: 162）。

[62] Terajima Ryōan [1713], 1906: 1410–1411.

[63] 《天香》,厉鹗:《樊榭山房全集》续集,卷二,《近代中国史料丛刊续辑》,第 602 册,[1884]1978 年,第 400—401 页。

[64] 郝近大,1987 年,第 227 页。

[65] Leung, 2003b: 130–152.

[66] Widmer, 1996: 110.

[67] 汪昂,[1683] 1998 年,第 119–120 页。

[68] 吴仪洛,[1757] 1960 年,第 88 页。

[69] Unschuld, 1986: 173–174.

[70] 例如,参见陆耀《烟谱》卷一中有关烟草药用价值的条目,其内容几乎与吴仪洛的文本一致(陆耀:《烟谱》,《续修四库全书》,第 1117 册,[1833] 1995 年,第 484 页)。

[71] Furth, 1999: 134–54.

[72] 江苏新医学院,[1912] 1977 年,第 1913 页。

[73] 倪朱谟:《本草汇言》,卷之五《烟草》,《续修四库全书》,第 992 册,上海:上海古籍出版社,2002 年,第 193 页下(作者引用版本为:[1624] 1694: 5/25b——译者注)。

[74] Unschuld, 1986: 169–170.

[75] "疳积"是儿科病,表现为肚子肿胀。如今人们了解到,这是由营养不良引起的病症(熊秉真,1999 年,第 63–103 页)。

[76] Furth, 1999: 79–81.

[77] Schonebaum, 2004: 199–227.

[78] Schonebaum, 2004: 225.

[79] Hanson, 1998: 517–518.

[80] Hanson, 2006: 151–154.

[81] Hanson, 2006: 163.

[82] Furth, 1999: 151.

[83] 张璐,[1715] 1996 年,第 2–3 页。

[84] 有关 17 世纪苏州医生的社会关系网络和张璐在其中的地位,参见晁元玲(Chao, 2009: 112–117)。

[85] 赵学敏和赵学楷居住在杭州,父亲是清代食盐专卖的盐政官员。除了他书写的诸多医学文本,我们对赵学楷所知甚少。赵学敏相对更有名气,撰写了《本草纲目拾遗》。这部作品的序言日期为 1765 年,旨在修正李时珍《本草纲目》中的错误。除了烟草之外,赵学敏还记录了许多新近进口的外国药材,包括可点燃吸食的鸦片(Unschuld, 1986: 167)。

[86] 赵学敏,[1765] 1998 年,第 24 页。

[87] 李刚,1997 年,第 363–364 页。

[88] 陈琮:《烟草谱》,卷一《谱》,第 1117 册,[1805] 1995 年,第 420 页。

[89] 郝近大,1987 年,第 227–228 页。

[90] 叶天士，1963 年，第 43 页。
[91] 赵学敏，[1765] 1998 年，第 27–29 页。
[92] "脚气"被追溯性地确诊为脚气病，这是一种由于缺乏硫胺素（维生素 B1）引起的病症（Furth, 1999: 82–83）。"血崩症"是一种妇科疾病，症状表现为持续大量的出血。
[93] 《天香》，厉鹗：《樊榭山房全集》续集，卷二，《近代中国史料丛刊续辑》，第 602 册，[1884] 1978 年，第 400—401 页。
[94] 陆耀：《烟谱》，《续修四库全书》，第 1117 册，[1833] 1995 年，第 484 页。

第五章　烟草的时尚消费（1750—1900 年）

[1] 陆耀：《烟谱》，《续修四库全书》，第 1117 册，[1833] 1995 年，第 484 页。有关中国烟袋的诸多种类的描述，参见拉帕波尔（Rapaport, 1977: 78–87）。
[2] 卜正民，"Smoking in Imperial China,"（《中华帝国的吸烟文化》）in Gilman and Zhou, 2004: 88; 卜正民，2002b: 5; Olivovà, 2005: 245.
[3] McMahon, 2002: 158–59.
[4] 文康，[1878] 1991，第 37 回，第 501 页。
[5] 文康，[1878] 1991，第 15 回，第 159、162 页。
[6] Spence, 1975: 155.
[7] Norton, 2008: 184.
[8] Marsh, 1988: 25.
[9] 许多学者误以为 1581 年利玛窦将鼻烟传入中国（例如，参见 Dikötter, Laamann, and Zhou, 2004: 25）。利玛窦直到 1582 年 8 月才抵达澳门，而且他在 1598 年才第一次去北京。这条错误的信息很有可能来源于赵之谦的《勇庐闲诘》，其中记载，利玛窦于 1581 年将鼻烟呈献给万历皇帝（Zhao Zhiqian [1880] 1937: 1）。林恩（Lynn, 1991: 5–26）准确传神地翻译了《勇庐闲诘》。在与原文对照之后，我通常保留林恩的翻译。
[10] 张临生，1980 年，第 6 章。
[11] *Arquivos de Macau*（《澳门档案》），3ª Série, 5, no. 6 (June, 1966): 305–306.
[12] Souza, 2005: 20.
[13] 有关巴西烟草的全球贸易网络，参见维默尔（Wimmer, 1996: 4）。
[14] Barickman, 1998: 178.
[15] Wimmer, 1996: 81–82.
[16] 张临生，1980 年，第 7 页。根据劳费尔（Laufer, 1924: 88–89）的说法，早在 1685 年，一份广州的关税表中就列有进口鼻烟。
[17] 雍正《广东通志》，卷之五十八《外番志》，清雍正九年（1731 年）刻本，第 13 下—14 上页；Curtis, 1991: 8.
[18] Biker et al. 1879: 27–28, 108.
[19] Van BraamHouckgeest, 1798: 377–79.

[20] Legarda, 1999: 34.
[21] 鸢尾花充当了北京鼻烟经销商的商标 (Huc, 1855: 204; Laufer, 1924: 88)。
[22] Huc, 1855: 204.
[23] Laufer, 1924: 89.
[24] 王士禛撰，湛之点校：《香祖笔记》，卷三第 41 页。
[25] 杨伯达，1996 年，第 66 页。
[26] Moss, Graham, and Tsang, 1993: 1:296.
[27] 李调元：《南越笔记》，卷五之《鼻烟》，《丛书集成初编》，第 3126 册，上海：商务印书馆，民国二十五年（1936 年），第 83 页（作者引用版本为：[1778] 1969: 5/18a——译者注）。李调元，四川人，1763 年考中进士。1774 年，他第一次去广东，直到 1780 年或 1781 年才离开那里（Hummel, 1943: 486–488）。
[28] Huc, 1855: 204.
[29] Libert, 1986: 8–9; Goodman, 1993: 74.
[30] Millward, 2001: 4.
[31] Moss, Graham, and Tsang, 1993.
[32] Kleiner, 1994, fgs. 3 and, 4.
[33] Moss, Graham, and Tsang, 1993: 2:437.
[34] 押不芦是原产于中亚的植物。中医用它来加速外伤的愈合 (Lynn, 1991: 26n108)。
[35] 赵之谦，[1880] 1937 年，第 11 页。
[36] 曹雪芹、高鹗著，霍克思、闵福德译：《石头记》，第二卷《蟹花宴》，上海：上海外语出版社，1977 年，第 536—537 页。
[37] Lugar, 1977: 35; C. Hansen, 1982: 149–151.
[38] Souza, 1986: 181.
[39] Souza, 2005: 24.
[40] Souza, 2005: 24.
[41] Lugar, 1977: 52–53.
[42] Ljungstedt, 1836: 76–77.
[43] 张汝霖：《澳门纪略》，《中国公共图书馆古籍文献珍本汇刊》史部，《澳门问题史料集》，第一册，北京：中华全国图书馆文献缩微复制中心，1998，第 259 页。
[44] Lapa, 1968: 294; Curtis, 1991: 8.
[45] Souza, 1986: 195–196.
[46] 现存于北京明清档案的《宫中进单》记载，从康熙朝一直到 18 世纪末，粤海关监督和其他广东官员例行公事地将外国鼻烟作为贡品进献给朝廷（杨伯达，1987 年，第 40–50 页）。
[47] 有关中国外交事务行为中的鼻烟和鼻烟壶的使用，参见赵之谦（[1880] 1937 年，第 1–2 页）。
[48] 高士奇：《蓬山密记》，《古学汇刊》，上海：国粹学报社，民国元年至二年（1912 年

至 1913 年）铅印本，第 3 卷，第 4 下页。高士奇曾是康熙的老师（Hummel, 1943: 413–415）。

[49] 赵之谦，[1880] 1937 年，第 3 页。关于康熙赠送礼物给 1705 年任江苏巡抚的宋荦，参见杨伯达（1987 年，第 26、62 页）。

[50] E. Rawski, 1998: 176. 有关乾隆在承德赠送礼物给卫特拉蒙古部落首领，参见于仁秋（R. Yu, 2004: 87）。

[51] Hay, 2001: 3. 根据乔迅（Hay p. 18）的说法，1689 年，居住在扬州的石涛曾受到康熙皇帝的短暂接见。

[52] 赵之谦，[1880] 1937 年，第 1 页。

[53] 朱履中：《淡巴菰百咏》，1797 年，杨国安，1999 年，第 39 页。朱履中的生平不详：我们只知道他是浙江海盐人，表字是一飞（杨国安，1999 年，第 119 页，注释 6）。

[54] Antonil [1711] 1968: 133.

[55] 巴西档案文件表明，许多葡萄牙人担心与在华英国人就巴西鼻烟贸易展开竞争。我没有获得这些史料，但是拉帕（Lapa1968: 296）在讨论 18 世纪末葡萄牙出口中国的烟草问题时，大量使用了这些史料。关于作为印度洋烟草贸易中心的苏拉特，参见戈卡莱（Gokhale, 1974: 484–92）。

[56] C. Hansen, 1982: 149.

[57] 有关 18 世纪中国正在壮大的精英消费阶层对于进口钟表不断增长的需求，参见帕格尼（Pagani, 2001: 121–22）。安东篱（Finnane2003: 409）注意到，在 19 世纪早期，扬州精英阶层对于外国钟表的需求稳步增长。

[58] Osbeck, 1771: 237.

[59] Macartney, 1963: 225.

[60] Staunton, 1797: 2:354.

[61] Davis, 1836: 328.

[62] Abel [1818] 1971: 140–141.

[63] *Arquivos de Macau*（《澳门档案》）3a Série, 9, no. 1 (January, 1968): 42.

[64] Dermigny, 1964, 3:1254n3.

[65] Fontenoy, 1995: 292.

[66] Dulles, 1930: 44–45.

[67] Miles, 2006: 63–74.

[68] 关作霖（或作史贝霖）的这幅著名画作（公元1805年）现收藏于迪美博物馆（Peabody-Essex Museum）。这幅画描绘了一位手持陶瓷鼻烟壶的丝绸商人义盛（Crossman, 1972: 16–23）。

[69] 严伟（音译）：《漫话旧中国的烟税》，《中国烟草工作》编辑部，1993 年，第 65—71 页。

[70] Pond, 1894: 510.

[71] 赵之谦，[1880] 1937 年，第 7 页。

[72] Kleiner, 1994: 10, 35.

[73] Kleiner, 1994: 29.

[74] Huc, 1855: 204.

[75] Lynn, 1991: 6.

[76] 刘声木，[1903] 1929 年。

[77] 生平事迹参见恒慕义（Hummel, 1943: 70）。

[78] 赵之谦，[1880] 1937 年，第 7 页。

[79] 赵之谦，[1880] 1937 年，第 8 页。

[80] 赵之谦，[1880] 1937 年，第 6 页。

[81] 同上。

[82] Pond, 1894: 510.

[83] Gibbs, 1938: 35.

[84] Pond, 1894: 510.

[85] Lee, 1934: 11.

[86] 顾阿朝，1995 年，第 122 页。

[87] Gibbs, 1938: 28.

[88] Garnier, 1993: 9; I. Johnson and Brooke, 1977: 62–67.

[89] Laufer, 1924: 13; Rapaport, 1997: 83–84.

[90] 岳震川：《府志食货论》，贺长龄，第 731 册，[1862]1972 年，第 1306—1307 页。19 世纪 20 年代中国爆发了流行性霍乱，这也许能够解释对这种产品突如其来的浓厚兴趣（MacPherson, 1998: 487–519）。

[91] 《大清历朝实录》编辑部编：《大清仁宗睿皇帝（嘉庆）实录》，卷之三百三十六，嘉庆二十二年十一月，台北：华文书局，1964 年，第 8 册，第 4957—4958 页。

[92] 梁章钜：《退庵随笔》，《近代中国史料丛刊正编》，第 44 辑，第 438 册，台北：文海出版社，1969 年，第 420—421 页。

[93] I. Johnson and Brooke, 1977: 67.

[94] Finnane, 2003: 412.

[95] I. Johnson and Brooke, 1977: 67.

[96] 吴嘉猷，2001 年，第 672–673、684–685、712–713、740–741、742–743 页。

[97] Tiriez, 1999: 83, fg. 5.

[98] 例如，梁章钜（第 438 册，[1875] 1969 年，第 420—421 页）。注意到，在 19 世纪早期，"吃水烟者遍天下，其利甚厚"。

[99] 李刚，1997 年，第 98、356 页。

[100] 李刚，1997 年，第 358、356 页。

[101] 吴组缃，1988 年，第 178–184 页。

第六章　中国卷烟工业的兴起（1880—1937 年）

注 释 | 295

[1] Cochran, 1980, 2000; Cox, 1997, 2000.
[2] 尽管已有许多中文的相关研究，但用英文书写的中国国内烟草工业的翔实历史尚且付之阙如。最全面仍是方宪堂的研究（方宪堂，1989 年）。
[3] Reid, 1985: 536.
[4] Goodman, 1993: 97.
[5] Goodman, 1993: 97–98; Shechter, 2003: 53.
[6] Cox, 2000: 27.
[7] Cox, 2000: 49, 57.
[8] Legarda, 1999: 89, 101, 103, 115–134.
[9] Wickberg [1965] 2000: 98–99.
[10] Crossman, 1972: 113.
[11] Smith, 1871: 220.
[12] 张焘撰，丁绵孙、王黎雅点校：《津门杂记》，卷下《衣兜烟卷》，来新夏主编：《天津风土丛书》，天津：天津古籍出版社，第 137 页。
[13] Wickberg [1965] 2000: 84.
[14] 方宪堂，1989 年，第 7 页。
[15] 曲振明：《老晋隆洋行卷烟厂》，《中国烟草工作》编辑部，1993 年，第 402–404 页。
[16] 上海社会科学院，1983 年，第 2 卷，第 424 页。
[17] 长期居住在上海的勤努·霍格（E. Jenner Hogg）创办了美国纸烟公司（ACC），并于 1890 年在上海浦东建立第一家卷烟厂。经营美国制造的肥皂等其他进口商品的茂生洋行（The American Trading Company），于 1892 年开办了一家上海卷烟厂。大约在 1893 年，美国烟草公司（Mercantile Tobacco Company）开始在上海营业（方宪堂，1989 年，第 7—10 页）。
[18] 杨国安，2002 年，第 65、462 页。
[19] 泰培烟厂将美国、印度和中国的烟叶混合在它生产的卷烟中。1902 年后，它竞争不过英美烟草公司，于是在 1907 年，它将工厂搬迁至印度。（方宪堂，1989 年，第 10 页）。
[20] 有关哈尔滨老巴夺烟草公司（A. Lopato and Sons Company）的历史，参见米大伟：《黑龙江省卷烟行业的早期历史》，《中国烟草工作》编辑部，1993 年，第 144—148 页。
[21] 杨国安，2002 年，第 67 页。
[22] 方宪堂，1989 年，第 11–12 页。
[23] 例如，在美国纸烟公司的上海工厂生产的卷烟中，55% 在上海本地出售，40% 在华北地区出售，10% 在长江沿岸众多市场出售。泰培烟草公司的大部分产品在上海和烟台销售，少量出口到印度（方宪堂，1989 年，第 10 页）。
[24] Cochran, 1980: 33–35; Cox, 1997: 55.
[25] Cochran, 1980: 27–32; Cochran, 2000: 60.
[26] Cochran, 1980: 32.
[27] 杨国安，2002 年，第 401 页；Cochran, 1980: 19, 85.

[28] Cochran, 1980: 19.
[29] 1924年，英美烟草公司的"边疆"区在张家口、丰镇、宜化、西包头、归化镇、喇嘛庙、大同、禹州和库伦设有仓库（杨国安，2002年，第59页）。尽管比英美烟草公司设立货栈的其他地区距离沿海城市更远，但是这些城市和村镇都位于交通便利、连通山西与北京的贸易路线上。在18和19世纪，山西烟草商人曾使用过这些路线。
[30] 有关19世纪的云贵商队的贸易路线，参见杨斌（B. Yang, 2004: 292）。
[31] Cochran, 1980: 19–22, 134; Cochran, 1999: 37–58.
[32] Cochran, 1999: 50.
[33] Gaunt, 1914: 233. 尽管冈特笔下的这些山村位置偏远，但它们确实位于北京和承德之间的商旅频繁的路线上。
[34] 毛泽东，1990年，第69页。
[35] Cochran, 1999: 57.
[36] Cochran, 1980: 54–77.
[37] 有关华成烟草公司的历史，参见方宪堂（1989年，第105—108、127—130页）与弗雷泽（Fraser, 1999: 99–150）。
[38] 有关其他在上海设有工厂的外国公司与中外合资企业，参见方宪堂（1989年，第290页）；也可参考杨国安（2002年，第462–463页）。
[39] T. Rawski, 1989: 71.
[40] T. Rawski, 1989: 355.
[41] 杨国安，2002年，第69页。
[42] 方宪堂，1989年，第26–31页。
[43] 方宪堂，1989年，第14页。
[44] Cochran, 2000: 64–68. 有关振胜烟厂，参见杨国安（2002年，第466页）。
[45] 方宪堂，1989年，第27页。
[46] 方宪堂，1989年，第23页。
[47] 方宪堂，1989年，第24页。
[48] 娄德兴，1996年，第218页；方宪堂，1989年，第129页。
[49] 1928年以后，华资企业的数量从1927年的182家下降到1928年的94家。在1929年，只有79家；1930年有65家；1931年有64家；1932年仅剩60家（杨国安，2002年，第69页）。
[50] Cochran, 1980: 171, 193.
[51] Cochran, 1980: 190–197.
[52] 方宪堂，1989年，第129页。
[53] Cochran, 1980: 199.
[54] Cox, 2000: 11.
[55] Cox, 2000: 149, 195.
[56] Gibbs, 1938: 34.

[57] 当然，英美烟草公司通过雇佣女工在它的工厂里工作来降低劳动力成本。但是外资企业不得不经常面临罢工问题，而这个问题并不会困扰小作坊（Perry, 1993: 135–166）。
[58] Gibbs, 1938: 35.
[59] Cox, 2000: 187.
[60] Institute of Pacific Relations（太平洋国际学会）1936: 25–27.
[61] Chi, 1935: 636–37.
[62] Institute of Pacific Relations（太平洋国际学会）1936: 26.
[63] Cox, 2000: 187.
[64] 有关财政部对手工卷烟作坊的管理，参见杨国安（2002年，第792—821页）。
[65] Chi, 1935: 631.
[66] Gibbs, 1938: 35.
[67] "日常生活国际化"的说法来自周锡瑞（Esherick, 2000: 1）。
[68] 例如，在19世纪80年代，总部位于旧金山的约翰·博尔曼公司（John Bollman Company），开始将附带内置烟嘴的俄式卷烟进口到上海。这些卷烟在日本和华北地区特别流行（Cox, 2000: 67）。
[69] 将民族认同归因于在全球化经济体系中所制造的商品，关于此类谬论，参见葛凯（Gerth, 2003: 19–24.）
[70] Cochran, 2006: 166–167.

第七章　南京国民政府时期烟草消费的社会和空间差异

[1] Zhou Xun, "Smoking in Modern China,"（《近代中国的吸烟文化》）in Gilman and Zhou, 2004: 167.
[2] L. Brandt, 2000: 28.
[3] Buck, 1964: 459–60; Horesh, 2009: 64.
[4] Gibbs, 1938: 34. 1929年，杭州最低档的旱烟丝批发价格为每斤0.2元（一斤等于17.5盎司或者500克）；中档为每斤0.4元；最高档为每斤0.6元（《浙江的烟草作物》，1929年，第806–810页）。假设一支卷烟包含0.75克烟叶，如果按重量出售，文中卷烟的售价在每斤0.83元至14.6元之间。
[5] Gibbs, 1938: 28.
[6] Lee, 1934: 37.
[7] Gibbs, 1938: 28; Centers for Disease Control（疾病控制与预防中心）2009; U.S. Bureau of the Census, Population Division（美国人口普查局人口司）2000.
[8] 只有在1941年，香烟占据了美国烟草总消费的50%（Goodman, 1993: 93–94）。
[9] 有关1910年和1920年的数据，参见李贤伟（音译）（Lee, 1934: 37）。有关1930年数据，参见表1。
[10] Cochran, 1980: 27–35.

[11] Gibbs, 1938: 31.

[12] 《商业月报》，1935 年，第 2—3 页。

[13] Gibbs, 1940: 17.

[14] 和几家小规模的希腊公司和华资的公司一样，英美烟草公司与东亚烟草株式会社也在天津设有工厂（Lee, 1934: 30）。有关英美烟草公司与南洋兄弟烟草公司在香港的工厂，参见高家龙（Cochran, 1980: 108–111, 198）。

[15] 1931 年，共有 78,425 箱（50,000 支装）在广州地区销售（Cox, 1997: 56）。根据 1932 年的一项市区人口普查，广州拥有 1,122,583 人口（Tsin, 1999: 122）。这意味着当年广州的人均消费可能为每天平均 9 到 10 支卷烟。

[16] 在 1919 年 9 月至 1930 年 10 月期间，一项针对 87 名棉纺织工人的家庭调查显示，天津工人的烟酒支出占年度支出的 2.46%。（食物占年度支出的 63.79%，租金占 7.06%，衣服占 6.74%，燃料和照明占 9.68% 和包括烟酒的杂项占 12.73%）。烟酒两项高居"杂项"开支的首位，所占比例将近 20%（Fong, 1932: 140–141）。

[17] 有关上海的"小市民"，参见卢汉超（H. Lu, 1999: 61–64）。

[18] 方宪堂，1989 年，第 57–58 页。

[19] Gibbs, 1938: 32；方宪堂，1989 年，第 117—118 页。

[20] 包括外国租界的大上海，在 20 世纪 30 年代拥有三百万人口（H. Lu, 1999: 55）。1935 年 1 月份版的《商业月报》（1935 年，第 2–3 页）收集了月销售额数据，这证实了每人每天大约 5 支卷烟的比率。（参见表 2）

[21] T. Rawski, 1989: 81.

[22] 上海市政府社会局，1934 年，第 148 页。

[23] 诗人朱湘(1904—1933)说他一天 90 多支烟。据说鲁迅(1881—1936)一天抽 50 多支烟(朱湘, 1998 年，第 215 页；许广平，1945 年，第 18 页)。

[24] H. Lu, 1999: 62–63, 167.

[25] 每户家庭成员消费的平均数（上述 305 户）为 4.62 包。购买卷烟的 282 户家庭平均消费了 232 包十支装卷烟，也就是说，每户家庭每年消费 2,320 支卷烟，或者说每年消费卷烟的总数为 654240 支。假设这 282 户家庭都是普通规模，这就可以转化为每人每年消费 502.2 支卷烟，即每人每天消费 1.38 支卷烟（上海市政府社会局，1934 年，第 159 页）。

[26] 上海市社会局，1934 年，第 165 页。

[27] 上海市社会局，1934 年，第 168 页。

[28] Yang and Tao, 1931: 70–71.

[29] 方宪堂，1989 年，第 109 页。

[30] H. Lu, 1999: 75–76。卢汉超（p. 96）注意到，许多人力车夫购买了廉价鸦片。他们很可能也会购买廉价卷烟。

[31] 《商业月报》，1935 年，第 2—3 页。

[32] 方宪堂，1989 年，第 118—119 页。

[33] 洪林、裘雷声，2001 年，第 6—39、368—469 页。

[34] Fraser, 1999: 123.
[35] 方宪堂，1989 年，第 123 页。
[36] 陈亮，1940 年，第 14—15 页。
[37] H. Lu, 1999: 250–252.
[38] 陆星儿：《烟纸店》，杨国安，1999 年，第 378 页。
[39] H. Lu, 1999: 251.
[40] H. Lu, 1999: 209.
[41] 这两个"洲际特快"品牌最初属于阿德斯烟草公司（Ardath International Company），它是英美烟草公司在一战结束初期的主要竞争对手。1926 年，英国的帝国烟草公司（Imperial Tobacco Company）和英美烟草公司收购了阿德斯公司（Cox, 2000: 268）。
[42] 杨国安，2002 年，第 936 页。
[43] 邓云乡，1996 年，第 29—39 页。
[44] 华成烟草公司的市场调查显示"三炮台"与"大商人和失意军阀"存在联系（Fraser, 1999: 127）。
[45] Wakeman, 1995: 21.
[46] 茅盾，[1939] 1957 年，第 42、70 页。
[47] 朱湘，1998 年，第 212—218 页。
[48] 琦君，1981 年，第 83—88 页。
[49] 鲁迅在日本时开始吸烟。尽管许广平最初觉得鲁迅吸烟的习惯很有魅力，但是到了 1926 年，出于健康的考虑，她开始敦促他戒烟。鲁迅最终患上了手颤，他认为这是大量吸烟造成的。到 1929 年，许广平已经放弃劝说鲁迅戒烟（McDougall, 2002: 20, 156）
[50] 许广平，1945 年，第 18 页。
[51] Craven "A" 牌卷烟的中文名为"黑猫"，通常装在印有黑猫标志的红色圆听中（洪林、裴雷声，2001 年，第 472 页）。
[52] 林语堂，[1932] 1995 年，第 616—620 页。
[53] 朱湘，1998 年，第 215 页。
[54] H. Lu, 1999: 170.
[55] H. Lu, 1999: 171.
[56] 有关毛泽东，陈毅，邓小平的吸烟习惯，参见成高（1995 年，第 120—124 页）。
[57] Fraser, 1999: 147—148.
[58] 邓云乡，1996 年。
[59] 梁实秋，1999 年，第 87—90 页。
[60] 琦君，1981 年，第 85 页。
[61] 就像清代的鼻烟壶一样，"老"上海的卷烟包装是不拘一格的袖珍艺术品。很显然，因为它们被设计为一次性，非收藏类型的用品，所以它们的制作原料往往很低廉（纸、硬纸板、镀锌铁皮或者塑料胶木）。但是其中不少在设计上仍然十分精巧，就像现存的同一时期的装饰派艺术的卷烟广告海报。洪林，裴雷声（2001）提供了一份极好的目录。

[62] Fraser, 1999: 127.
[63] 杨国安，2002 年，第 936 页。
[64] 顾阿朝，1995 年，第 120 页。
[65] Harrison, 2000: 49–60.
[66] 顾阿朝，1995 年，第 272 页。
[67] Gaunt, 1914: 33–34.
[68] 杨国安，2002 年，第 1138–1139 页。
[69] 杨国安，2002 年，第 1139 页。1931 年，各大烟草公司在北京共销售 25,142 箱（每箱 50,000 支）（Cox, 2000: 56）。
[70] M. Dong, 2003: 322n3.
[71] 顾阿朝，1995 年，第 3–4、69 页。
[72] Gibbs, 1938: 32.
[73] 顾阿朝，1995 年，第 123 页。
[74] 1917 年的警方调查表明，12% 的北京人口难以糊口（M. Dong, 2003: 214）。在一份发表于 1928 年，对 60 个北京家庭预算的分析中，陶孟和引用了北平警察局在 1926 年 12 月所做的一个类似的调查。该调查发现，将近 17% 的人口穷困潦倒，没有生活来源；9% 的雇工生活极端贫困，如果缺少慈善救济与政府干预，他们将无法维持生活（L.K. Tao, 1928: 18–19）。
[75] M. Dong, 2003: 157.
[76] M. Dong, 2003: 142–171.
[77] 顾阿朝，1995 年，第 271 页。
[78] Cochran, 1980: 33.
[79] Cox, 1997: 56.
[80] 杨国安，2002 年，第 1138 页。
[81] 1931 年，英美烟草公司占北京销量的 59%，永泰和烟草公司占 20%，而其他竞争品牌则占 20%（Cox, 1997: 56）。
[82] 金受申，1989 年，第 222—223 页。
[83] M. Dong, 2003: 184; 顾阿朝，1995 年，第 70 页。
[84] M. Dong, 2003: 174.
[85] Goldstein, 2007: 70; M. Dong, 2003: 184.
[86] 陶孟和（L. K. Tao, 1928: 55）发现，年平均收入为 200 元及以下的家庭，将 70% 以上的工资用于食物。西德尼·甘博（1933: 290, 301）观察到，在 1926 年至 1927 年，283 个家庭（每月收入从每月 8 元至 550 元不等）中的 45% 在食物上的支出超过预算的 50%，其中一些超过 80%。陶孟和所研究的家庭将略多于 3% 的收入用于"杂项"，其中包括烟草。在甘博更具代表性的样本中，杂项指出占家庭总预算的比例，在最低收入档次（每月 59 元）的 8% 至最高收入档次（每月 300 及以上）的 55% 之间。
[87] 杨国安，2002 年，第 1139 页。

[88] Gamble, 1933: 251–253.
[89] Gamble, 1933: 266–267.
[90] Gamble, 1933: 207, 220, 223–228.
[91] Gamble, 1921: 332.
[92] Pruitt, [1945] 1967: 2.
[93] 有关北京的回收网络，参见董玥（M. Dong, 2003: 172–207）。
[94] Goldstein, 2007: 70.
[95] 顾阿朝，1995 年，第 123 页。
[96] 顾阿朝，1995 年，第 70、123 页。
[97] Gibbs, 1938: 35.
[98] M. Dong, 2003: 135.
[99] M. Dong, 2003: 140.
[100] Hayford, 1990.
[101] Gamble, 1954: 115.
[102] 李景汉，[1933] 1992 年，第 319 页；Gamble, 1954: 115.
[103] Gamble, 1954: 341; Lee, 1934: 37.
[104] Gamble, 1954: 283, 316.
[105] Gamble, 1954: 286, 413.
[106] 中国银元一元等于一百分（Gamble, 1954: 341）。
[107] 李景汉，1934 年，第 242—245 页。
[108] 李景汉，[1933] 1992 年，第 320 页。
[109] Gamble, 1954: 123.
[110] Hayford, 1990: 86–88.
[111] Hayford, 1990: 103; 李景汉，[1933] 1992 年，第 122 页。
[112] Hayford, 1990: 143.
[113] Cochran, 1980: 27–28.
[114] Cochran, 1980: 34–35.
[115] Zhou Xun, "Smoking in Modern China,"（《现代中国的吸烟文化》）in Gilman and Zhou, 2004: 167; Gerth, 2003: 51.

第八章　都市的卷烟和乡村的烟袋　民国时期吸烟的文学表达

[1] Esherick, 2000: 11.
[2] Mann, 1984: 79–113.
[3] H. Lu, 1999: 5.
[4] 有关在其他文化语境中对这些问题的讨论，参见谢克特（Shechter, 2006: 119–53）
[5] Schudson, 2001: 490.

[6] Hughes, 2003: 89–94.

[7] Shechter, 2006: 45.

[8] Christy, 1903.

[9] Dikötter, Laamann, and Zhou, 2004: 204–205.

[10] 林语堂，[1935] 1995 年，第 616—620 页。

[11] 徐志摩，1926 年，第 21 页。

[12] L. O. Lee, 1999: 25.

[13] S. Shih, 2001: 261.

[14] 穆时英，1998 年，第 107—123 页。

[15] S. Shih, 2001: 318–321.

[16] S. Shih, 2001: 321.

[17] 穆时英，1998 年，第 3—15 页。

[18] 穆时英，1998 年，第 298—305 页。

[19] S. Shih, 2001: 153–57.

[20] M. Dong, 2003: 258–65.

[21] Jin Shoushen, 1989: 217–23.

[22] Madeleine Yue Dong, "Urban Reconstruction and National Identity, 1928–1936,"（《城市改造与国家认同（1928—1936）》）in Esherick, 2000: 121–138.

[23] M. Dong, "Urban Reconstruction,"（《城市改造与国家认同（1928—1936）》）in Esherick, 2000: 132–35.

[24] 老舍是舒庆春的笔名。老舍于 1899 年出生于满族人家庭，在北京长大，但成年之后主要居住在其他地方（伦敦、山东、武汉和重庆）。从 1946 年至 1949 年，通过美国国务院主持的文化合作项目，老舍在美国长期旅行。1949 年回到中国之后，他一直住在北京，直到在"文革"中自杀（老舍，1999 年，第 273—305 页）。

[25] 老舍，1996 年，上卷，第 382 页。小说的英文翻译，另可参见老舍，1981。

[26] 老舍，1996 年，上卷，第 410 页。

[27] 老舍，1996 年，上卷，第 469—470 页。

[28] 老舍，1996 年，上卷，第 537—538 页。

[29] 老舍，1996 年，上卷，第 542 页。

[30] 老舍，1996 年，上卷，第 542—543、550 页。

[31] 老舍，1996 年，上卷，第 563 页。

[32] 老舍，1996 年，上卷，第 579 页。

[33] 老舍，1996 年，上卷，第 428 页。

[34] 老舍，1996 年，下卷，第 368—374 页。

[35] 老舍，1934 年，第 23—24 页。

[36] 老舍，1942 年。

[37] 老舍，1944 年。

[38] Y. Zhang, 1996: 26.
[39] Y. Zhang, 1996: 25.
[40] Williams, 1993: 13–22.
[41] Williams, 1993: 26.
[42] 吴组缃，[1934] 1956 页，第 1—50 页（第三页提到了香烟）。
[43] 吴组缃，1996 页，第 41—57 页。
[44] Williams, 1993: 51–54.
[45] Williams, 1993: 54.
[46] 吴组缃，1996 年，第 58—74 页。
[47] 吴组缃，1996 年，第 70 页。
[48] 吴组缃，1988 年，第 178—184 页。
[49] Kinkley, 1987: 273–274.
[50] Kinkley, 1987: 31–33, 68–79.
[51] Williams, 2001: 50.
[52] David Der-wei Wang, 1992: 247–289.
[53] Kinkley, 1987: 158–159, 162.
[54] Kinkley, 1987: 24–25.
[55] Kinkley, 1987: 170. 例如，在《边城》和《会明》（Ching Ti 和 Robert Payne 译，沈从文，1982 年，第 61–69、190–289 页）中，沈从文把吸烟袋作为节俭朴素的标志。
[56] Kinkley, 1987: 13.
[57] Kinkley, 1987: 160.
[58] 沈从文，1928 年，第 933—937 页。
[59] Lau, Hsia, and Lee, 1981: 223.
[60] 沈从文，1937 年，第 88—110 页，Jeffrey Kinkley 译，沈从文，1995 年，第 320—345 页。
[61] 沈从文，1929 年，第 1615—1620 页，Jeffrey Kinkley 译，沈从文，1995 年，第 305—319 页。
[62] 沈从文，1930 年，第 669—679 页，Jeffrey Kinkley 译，沈从文，1995 年，第 29—53 页。
[63] McMahon, 2002: 155–62.

第九章　新女性、摩登女郎和女性吸烟的式微（1900—1976 年）

[1] G. Yang et al. 1999: 1247–1253.
[2] B. Liu et al. 1998: 1411–1422.
[3] 东北女性和西南地区某些少数民族妇女依然吸烟袋（Kohrman, 2004: 242, n. 2）。有关大多数当代中国女性不吸烟的习惯，参见王达伟（Wank, 2000: 277–78）。
[4] Tate, 1999: 93–145; Tinkler, 2006: 41–75.
[5] W. Cheng, 2000.
[6] Harrison, 2000: 72.

[7] Bird [1899] 1987: 30.

[8] Tomson, 1899: 116–117, 178.

[9] Tomson, 1899: 18–19.

[10] 徐珂：《清稗类钞》，第13册，[1917] 1984年，第6363页。

[11] 《太后戒烟确闻》，《大公报》，1905年6月27日。

[12] Carl [1907] 2004: 19–20.

[13] C. Yeh, 2006: 60.

[14] C. Yeh, 2003: 397.

[15] Olivovà, 2005: 247.

[16] H. Lu, 1999: 68.

[17] 刘见（1999年，第606页）将这幅图片追溯至清末民初。傅凌智（与作者做个人交流）认为，这幅图片也许可以追溯至1905年或1907年，此时女性坐黄包车的图片十分常见。

[18] 其他女性在家中吸烟袋的案例，参见刘见（1999年，第112、120、261、279、450—51、466—467页）。

[19] C. Yeh, 2006: 4.

[20] 江苏古籍出版社，1991年，插图37。

[21] 《申报》，1912年，6月22日，第9页。

[22] 胡朴安，卷三，[1923] 1986年，第133页。

[23] 《时报》，1911年，9月12日。

[24] 《盛京时报》，1912年9月25日，第7页。

[25] Olivovà, 2005: 247.

[26] Laing, 2000.

[27] 两位年画权威专家傅凌智（A. Flath）与梁庄爱论（Ellen Johnston Laing），一致认为（与作者有个人交流）这幅图片可以追溯到清末民初。但它可能创作于20世纪20年代，因为该习语直到五四运动之后才形成（Flath, 2004: 128–132）。

[28] 参见杨柳青年画表现某女校里的军事训练及其教官吸烟场景(刘见,1999年, 第530页)。

[29] 《广告大观》，未注明出版日期，第4上、22下、23下、31下、40下页。

[30] Pruitt [1945] 1967: 2.

[31] Sirr, 1849: 2:44.

[32] Corner, 1853: 196.

[33] Penny Tinkler, "Women,"（《女性》）in Goodman, 2005: 2:679.

[34] Mitchell, 1992: 329.

[35] Tinkler, 2006: 113–114.

[36] Montgomery, 1915: 146.

[37] Lambert, 1913: 139; Montgomery, 1915: 146.

[38] M. Burton, 1918: 113–114.

[39] Ready, 1904: 192–193.

[40] Walker, 1980: 392–394.

[41] Welshman, 1996: 1379–1386; Hilton, 1995: 587–607.

[42] 在 19 世纪末到 20 世纪初的数十年间，美国、英国、德国、奥地利、意大利、葡萄牙以及日本通过了一系列禁止青少年儿童吸烟的法律，其中包括。1908 年，英国通过了《儿童法》，其中规定年满 16 周岁才能吸烟。由布尔战争中英军的失利引起的对"体质下降"的恐惧，以及对于吸烟损害英国士兵活力的特定担忧，是这项法律得以通过的主要原因（Welshman, 1996: 1383–84）。

[43] Kellogg, 1922: 123.

[44] Ogawa, 2007: 26.

[45] Ogawa, 2007: 24; Tyrrell, 1991: 106.

[46] Ogawa, 2007: 24.

[47] Dikötter, Laamann, and Zhou, 2004: 3–4, 100.

[48] Kellogg, 1922: 120.

[49] Little, 1899: 178–79.

[50] McMahon, 2002: 74.

[51] 《禁吸纸烟》，《大公报》，1907 年 2 月 5 日；《禁吸纸烟》，《大公报》，1908 年 9 月 21 日。

[52] W. Cheng, 1995: 63.

[53] 《大公报》，1910 年 6 月 19 日—21 日，1910 年 9 月 27 日—28 日，1911 年 2 月 23 日，1911 年 2 月 25 日，1911 年 4 月 2 日。

[54] 萨拉·古德里奇（Sarah Goodrich）是历史学家富路特（L. Carrington Goodrich）的母亲。

[55] Wang Zheng, 1999: 135–143.

[56] Edwards, 2003: 374–376.

[57] 刘王立明，1934 年，第 181—196 页。

[58] 安骞：《北京视察识小录》，《大公报》，1907 年 9 月 27 日。

[59] 丁福保：《言说纸烟之害》，《大公报》，1911 年 4 月 17 日。另见丁福保（卷三，1903 年，第 19—22 页）。

[60] Bailey, 2006: 157–97.

[61] Bailey, 2006: 159.

[62] 《北京日报》，1910 年 8 月 11 日。

[63] 《申报》，1912 年 6 月 26 日，第 3 页。

[64] 《申报》，1912 年 3 月 20 日，第 8 页。

[65] 徐珂：《清稗类钞》，第 13 册，[1917] 1984 年，第 6363 页。

[66] Pomerantz-Zhang, 1992: 171–172, 189–190, 234.

[67] 《劝戒纸烟支援会》，《时报》，1911 年 6 月 8 日。

[68] 玛丽·富特·亨德森（Mary Foote Henderson）是一位富裕的华盛顿社会名流，活跃于 19 世纪 90 年至 20 世纪初。亨德森是妇女选举权支持者，同时也是节欲、禁烟和素食主义的坚定倡导者。她的一本书启发伍廷芳加入素食主义者的行列，戒除了所有的酒

精和烟草（Wu Tingfang, 1914: 200–201）。

[69]《劝戒纸烟会纪实》，《申报》，1911 年 5 月 9 日，第 2 页。

[70]《劝戒卷烟大会》，《申报》，1911 年 7 月 3 日；《不吸卷烟大会》，《申报》，1911 年 7 月 8 日；《不吸卷烟大会》，《大公报》，1911 年 7 月 15 日。

[71] Dikötter, Laamann, and Zhou, 2004: 203–204.

[72] Yen, 2005: 165–186.

[73]《时代不同之玩偶》，《玲珑》第 95 期，1933 年，第 681 页。与这幅漫画一同刊出的编辑评论对之强烈批评。编辑指出，尽管某些"交际花"已经"轻率地"从事男性的活动，包括吸烟，但毕竟只是少数女性所为。

[74] Benton, 1996: 240.

[75] Benton, 1996: 227.

[76] Tate, 1999: 137.

[77] Tinkler, 2006: 122.

[78]《玲珑》第 81 期，1933 年，第 30 页；第 82 期，1933 年，第 71 页。

[79] M. Hansen, 2000: 10–22.

[80] Pickowicz, 1991: 46–47, 50.

[81] M. Hansen, 2000: 16.

[82] Laing, 2004: 3.

[83] Dal Lago, 2000: 103–144.

[84] W. Tsai, 2006: 140.

[85] 南洋兄弟烟草公司，"宝塔牌"卷烟广告，《申报》，1923 年 5 月 25 日，第 8 页，重印于蔡维屏（W. Tsai, 2006: 139–140）。

[86] Laing, 2004: 157–60.

[87] 谢之光的一幅画作出现于 1934 年《漫画生活》的封底，描绘了一位金发裸女，手持一支阴燃的香烟，平躺在皱褶的床单上（Laing, 2004: 159）。

[88] Tinkler, 2006: 125.

[89] 参见史书美（S. Shih, 2007）分析的烟草广告。

[90] Wang Zheng, 1999: 20.

[91]《玲珑》1933 年，第 81 期，第 30 页；1933 年，第 82 期，第 71 页；1935 年，第 171 期，291 页；1935 年，第 174 期，第 483 页；1932 年，第 55 期，第 220 页；1931 年，第 23 期，第 825 页；1932 年，第 71 期，第 980 页。

[92]《玲珑》，1936 年，第 240 期，第 1687—1686 页（应为第 1686—1687 页——译者注）。

[93]《玲珑》，1931 年，第 15 期，第 525 页；1937 年，第 268 期，第 1 页，第 48—49 页。

[94]《玲珑》，1937 年，第 268 期，第 1 页，第 48—49 页。

[95]《玲珑》，1936 年，第 240 期，第 1687—1688 页。

[96] Dirlik, 1975.

[97] Dirlik, 1975: 954–1959.

[98]　有关宋美龄的吸烟习惯，参见李台珊（L. T. Li, 2006: 61, 106, 213, and, 453）。有关蒋介石不吸烟的习惯，参见第 340 页。

[99]　蒋介石，[1934] 1975 年，第 18 页。

[100]　1936 年国民党发言人所做的声明，见引于德里克（Dirlik, 1975: 950）。

[101]　《新运十年》，[1934] 1975 年，第 386 页。

[102]　杨国安，2002 年，第 908 页。

[103]　Y. Gao, 2006: 562–563.

[104]　Yen, 2005: 166.

[105]　Dirlik, 1975: 948.

[106]　Diamond, 1975: 10.

[107]　李兰妮：《看女人吸烟》，杨国安，1999 年，第 395—397 页。

[108]　Honig, 2003: 151.

[109]　Xueping Zhong, Wang Zheng, and Bai Di, 2001: 123.

[110]　Bowman, 2000: 73.

结论　中华人民共和国的烟草（1949—2010 年）

[1]　Elisa Tong, Ming Tao, QiuzhiXue, and Teh-wei Hu, "China's Tobacco Industry and the World Trade Organization,"（《中国烟草工业与世界贸易组织》）in T. Hu, 2008: 217.

[2]　Gartmen, 2009.

[3]　G. Yang, "Prevalence of Smoking in China,"（《中国的吸烟率》）in T. Hu, 2008: 17.

[4]　Anita H. Lee and Yuan Jiang, "Tobacco Control Programs in China,"（《中国的控烟项目》）in T. Hu, 2008: 41.

[5]　Michael Ong, Yuan Jiang, Elisa Tong, Yan Yang, Quan Gan, and Teh-wei Hu, "Chinese Physicians: Smoking Behavior and Their Smoking Cessation Knowledge, Attitudes, and Practice,"（《中国医生：吸烟行为和他们的戒烟知识、态度及实践》）in T. Hu, 2008: 64. 有关中国心胸外科医生的高吸烟率，参见高迈德（Kohrman, 2008: 9–42）。

[6]　B. Liu et al. 1998.

[7]　QuanGan, Kirk R. Smith, S. Katharine Hammond, and Teh-wei Hu, "Disease Burden from Smoking and Passive Smoking in China,"（《中国吸烟与二手烟的疾病负担》）in T. Hu, 2008: 83–104.

[8]　Zhengzhong Mao, Hai-Yen Sung, Teh-wei Hu, and Gonghuan Yang, "The Demand for Cigarettes in China,"（《中国的卷烟需求》）in T. Hu, 2008: 141.

[9]　Yuanli Liu, KeqinRao, Teh-wei Hu, Qi Sun, and Zhengzhong Mao, "Cigarette Smoking and Poverty in China,"（《中国的吸烟与贫困》）in T. Hu, 2008: 177.

[10]　2002 年，城市贫困家庭（每月每天人均收入少于 143 元）将他们总收入的 6.6% 用于购买卷烟，而农村贫困家庭（每月每人人均收入少于 54 元）将总收入的平均 11.3% 用于

购买卷烟（Teh-wei Hu, Zhengzhong Mao, Yuanli Liu, Joy de Beyer, and Michael Ong, "Smoking, Standard of Living, and Poverty in China,"《中国的吸烟、生活水平与贫困》in T. Hu, 2008: 166）。1998 年，城市地区的人均医疗开支为 247 元（占收入的 7%），而乡村地区为 134 元（占收入的 9%）。42% 的城市居民拥有医疗保险，而只有 9% 的农村居民拥有医疗保险（Y. Liu et al., "Cigarette Smoking and Poverty,"（《吸烟与贫困》）in T. Hu, 2008: 178）。

[11] Z. Mao et al., "Demand for Cigarettes,"（《中国的卷烟需求》）in T. Hu, 2008: 140–143.
[12] G. Yang et al. 1999: 1249.
[13] G. Yang et al. 2000: 6; G. Yang, "Prevalence of Smoking,"（《中国的吸烟率》）in T. Hu, 2008: 21.
[14] G. Yang et al. 2000: 6.
[15] X. Chen et al. 2004: 666–673.
[16] G. Yang et al., 2008: 1701; also, Yurekli and de Beyer, 2003.
[17] G. Yang, "Prevalence of Smoking,"（《中国的吸烟率》）in T. Hu, 2008: 17.
[18] Y. Peng, 1997: 239.
[19] N. Chen, 1967: 188–189.
[20] 顾阿朝，1995 年，第 124 页。
[21] Vermeer, 1982: 8.
[22] Xu Lu, 1987: 283.
[23] Barcata, 1968: 44; Galston, 1973: 77; Kang Zhengguo, 2007: 122.
[24] Whyte and Parish, 1984: 87–88.
[25] Fang and Rizzo, 2009.
[26] Song, 2001: 283–87.
[27] 康正果，2007: 60.
[28] Shen, 2006: 99; 康正果，2007: 56.
[29] 康正果，2007: 83.
[30] Y. Pan, 2003: 99; Honig, 2003: 151.
[31] Y. Peng, 1997: 115, 230.
[32] H. Li, 2009: 252; Y. Pan, 2003: 99.
[33] Landsberger, 1995: 40–41, 61, 104; Cushing and Tompkins, 2007: 123–124; Min, Duo, and Landsberger, 2008: 56, 57, 70, 132.
[34] H. Li, 2009: 126.
[35] Gao Yuan, 1987: 128–129; Ling, 1972: 52.
[36] Kohrman, 2007: 104; Kohrman, 2008: 25–26.
[37] Wank, 2000: 269; M. Yang, 1994: 128; Y. Yan, 1996: 57–61, 131.
[38] Shen, 2006: 190; Y. Pan, 2003: 217.
[39] Kang Zhengguo, 2007: 156, 161; He Liyi, 2003: 4.
[40] Kohrman, 2008: 26.

[41] Porter, 1997: 252.
[42] 毛泽东经常被描绘为在接见农民时手里拿着一支卷烟，其中有些农民抽烟袋但从不吸卷烟。例如，参见20世纪70年代早期著名绘画《知心话》，重印于兰斯伯格（Landsberger, 1995: 40）。
[43] Z. Pan, 2004: 313.
[44] Bramall, 2000: 48–49, 148.
[45] World Health Organization, 1997; Yurekli and de Beyer, 2003.
[46] H. Zhou, 2000.
[47] Tong et al. "China's Tobacco Industry,"（《中国烟草工业》）in T. Hu, 2008: 213–214.
[48] H. Zhou, 2000: 125.
[49] O'Sullivan and Chapman, 2000: 293.
[50] Tong et al., "China's Tobacco Industry,"（《中国烟草工业》）in T. Hu, 2008: 220.
[51] J. Wang, 2009: 178.
[52] Tong et al., "China's Tobacco Industry,"（《中国烟草工业与世界贸易组织》）in T. Hu, 2008: 235; J. Wang, 2009: 178.
[53] Eng, 1999: 319; Tong et al., "China's Tobacco Industry,"（《中国烟草工业》）in T. Hu, 2008: 214.
[54] Glogan, 2008; J. Wang, 2009: 185.
[55] Glogan, 2008.
[56] A. Chen, Glantz, and Tong, 2007.
[57] Tong et al., "China's Tobacco Industry,"（《中国烟草工业》）in T. Hu, 2008: 229. 如今平均焦油含量是13.2毫克，比起20世纪80年代的25毫克有所下降，但未达到国际标准规定的11.2毫克。
[58] "Shaping Up"（《转型进行时》）2009.
[59] Glogan, 2008.
[60] Tong et al., "China's Tobacco Industry,"（《中国烟草工业》）in T. Hu, 2008: 241.
[61] Wank, 2000: 273.
[62] 2004年9月，一份在8个中国城市中进行的消费调查发现，只有6%的调查对象确实抽过外国卷烟。25%的调查对象说，如果抽外国品牌的话，他们更喜欢洲际特快号"555牌"，9%的人会选择万宝路（Garner, 2005: 239–241）。
[63] Glogan, 2008.
[64] Mackay, 1997: 77–79.
[65] G. Yang, "Prevalence of Smoking in China,"（《中国的吸烟率》）in T. Hu, 2008:17.
[66] Glogan, 2008.
[67] O'Sullivan and Chapman, 2000: 292–302.
[68] M. Ho et al. 2007: 359–60.
[69] Z. Pan, 2004: 309–15.

[70] Q. Gan et al., "Disease Burden from Smoking and Passive Smoking in China,"(《中国吸烟与二手烟的疾病负担》) in T. Hu, 2008: 90.
[71] Anita H. Lee and Yuan Jiang, "Tobacco Control Programs in China,"(《中国的控烟项目》) in T. Hu, 2008: 41.
[72] Z. Pan and D. Hu, 2008: 119.
[73] 张建越(音译):《烟草的药用价值初探》,《中国烟草工作》编辑部,1993年,第441–442页。
[74] "China Raises Tax on Tobacco Products,"(《中国对烟草制品增税》) 2009.
[75] G. Yang, "Prevalence of Smoking,"(《中国的吸烟率》) in T. Hu, 2008: 17.
[76] Kohrman, 2004: 212–213.
[77] "Experts Criticize Tobacco Control System"(《专家批评控烟体制》) 2009.
[78] Kohrman, 2004: 224–226.
[79] Kohrman, 2007: 90–94.

参考文献

方志

Beixin guanzhi (Gazetteer of Beixin Customhouse). 1713. 《北新关志》
Gan xianzhi (Gazetteer of Gan County). 1872. 《赣县志》
Guangdong tongzhi (Gazetter of Guangdong Province). 1731. 《广东通志》
Guangxin fuzhi (Gazetteer of Guangxin Prefecture). 1783. 《广信府志》
Guidong xianzhi (Gazetteer of Guidong County). 1866. 《桂东县志》
Haiyan xianzhi (Gazetteer of Haiyan County). 1748. 《海盐县志》
Hengyang xianzhi (Gazetteer of Hengyang County). 1874. 《衡阳县志》
Huaining xianzhi (Gazetteer of Huaining County). 1825. 《怀宁县志》
Longxi xianzhi (Gazetteer of Longxi County). 1762. 《龙溪县志》
Longyan xianzhi (Gazetteer of Longyan County). 1689. 《龙岩县志》
Nanping xianzhi (Gazetteer of Nanping County). 1828. 《南平县志》
Nanxiong zhouzhi (Gazetteer of Nanxiong Subprefecture). 1819. 《南雄县志》
Naxi xianzhi (Gazetteer of Naxi County). 1813. 《纳溪县志》
Ningguo fuzhi (Gazetteer of Ningguo Prefecture). 1810. 《宁国府志》
Ninghua xianzhi (Gazetteer of Ninghua County). [1684] 1869. Reprint. 《宁化县志》，重印本
Ningyang xianzhi (Gazetteer of Ningyang County). 1692. 《宁洋县志》
Pinghe xianzhi (Gazetteer of Pinghe County). [1719] 1889. Reprint. 《平和县志》，重印本
Pixian zhi (Gazetteer of Pi County). 1870. 《郫县志》
Pucheng xianzhi (Gazetteer of Pucheng County). 1900. 《浦城县志》
Qianlong Shicheng xianzhi (Qianlong Gazetteer of Shicheng County). 1781. 《乾隆石城县志》
Qingquan xianzhi (Gazetteer of Qingquan County). 1763. 《清泉县志》
Quwo xianzhi (Gazetteer of Quwo County). 1880. 《曲沃县志》
Ruijin xianzhi (Gazetteer of Ruijin County). 1683. 《瑞金县志》
(Xuxiu) Ruijin xianzhi (Gazetteer of Ruijin County). 1710. 《续修瑞金县志》
Shishou xianzhi (Gazetteer of Shishou County). 1866. 《石首县志》
Sichuan tongzhi (Gazetteer of Sichuan Province). 1816. 《四川通志》
Susong xianzhi (Gazetteer of Susong County). 1921. 《宿松县志》
Tengyue zhouzhi (Gazetteer of Tengyue Subprefecture). 1897. 《腾越州志》

Xincheng xianzhi (Gazetteer of Xincheng County). 1870.《新城县志》
Yansui zhenzhi (Gazetteer of Yansui Township). 1673.《延绥县志》
Yongding xianzhi (Gazetteer of Yongding County). 1830.《永定县志》
Yongzhou fuzhi (Gazetteer of Yongzhou Prefecture). 1828.《永州府志》
Yunxiao tingzhi (Gazetteer of Yunxiao District). 1816.《云霄厅志》
Yushan xianzhi (Gazetteer of Yushan County). 1823.《玉山县志》
Zhangpu xianzhi (Gazetteer of Zhangpu County). 1700.《漳浦县志》
Zhangzhou fuzhi (Gazetteer of Zhangzhou Prefecture). 1613.《漳州府志》
Zhangzhou fuzhi (Gazetteer of Zhangzhou Prefecture). 1715.《漳州府志》

报纸

Beijing ribao (Beijing Daily)《北京日报》
Dagong bao (L'Impatiale)《大公报》
Shenbao (Shun Pao Daily News)《申报》
Shengjing shibao (Shengjing Times)《盛京时报》
Shibao (Times)《时报》

其他文献

Abel, Clarke. [1818] 1971. *Narrative of a Journey in the Interior of China: A Voyage to and from the Country in the Years 1816 and 1817.*（《中国内陆纪行（1816—1817年）》）Reprint. New York: Arno Press.

Alexander, William, and George Henry Mason. [1805] 1988. *Views of 18th Century China: Costumes, History, Customs.*（《18世纪的中国：服饰、历史与习俗考察》）Reprint. London: Studio Editions.

Anderson, Aeneas. 1795. *A Narrative of the British Embassy to China in the Years, 1792, 1793, and 1794.*（《英使访华录（1792—1794）》）London: J. Debrett.

Antonil, André João. [1711] 1968. *Cultura e Opulencia do Brasil por Suas Drogas e Minas.* Translated and edited by Andrée Mansuy.（《巴西医药矿物地理志》）. Reprint, Paris: Institut des Hautes Études de l'Amérique Latine.

Appadurai, Arjun. 1986. "Introduction: Commodities and the Politics of Value."（《商品与价值的政治学导论》）In *The Social Life of Things: Commodities in Cultural Perspective*（《物的社会生活史：文化视角下的商品》）. Edited by Arjun Appadurai, 3–63. Cambridge: Cambridge University Press.

Arquivos de Macau, 3ª Série（《澳门档案》）, Vols. 5–15 (1966–71). Macau: Imprensa Nacional.

Averill, Stephen 1983. "The Shed People and the Opening of the Yangzi Highlands."（《棚民与长江丘陵地区的开发》）*Modern China*（《近代中国》）9, no. 1 (January): 84–126.

Bailey, Paul. 2006. "'Women Behaving Badly': Crime, Transgressive Behaviour and Genderin Early

Twentieth Century China."（《"坏女人"：20 世纪早期中国的犯罪、违法与社会性别》）
Nan Nü: Men, Women, and Gender in Early and Imperial China （《男女：中国古代和帝国时期的男人、女人与社会性别》）8, no. 1 (March): 156–197.

Bao Shichen. [1872] 1968. *Anwu si zhong* (Four works of Bao Anwu [Shichen]). 1844. In *Jindai Zhongguo shiliao congkan* (Collected materials on modern Chinese history).Vol.294.Compiled by Shen Yunlong. Reprint, Taibei: Wenhai chubanshe. 包世臣：《安吴四种》，沈云龙编《近代中国史料丛刊》，第 294 册。

Barcata, Louis. 1968. *China in the Throes of the Cultural Revolution: An Eye Witness Report.* （《中国剧痛：目击"文化大革命"》）New York: Hart.

Barickman, B.J. 1998. *A Bahian Counterpoint: Sugar, Tobacco, Cassava, and Slavery in the Recôncavo, 1780–1860.* (《巴伊亚州之鉴：雷孔卡沃地区的糖、烟草、木薯与奴隶制(1780—1860 年)》) Stanford, CA: Stanford University Press.

Bayly, C.A. 2002. "'Archaic' and 'Modern' Globalization in the Eurasian and African Arena, c. 1750–1850."（《欧亚与非洲舞台上的"古代"与"近代"全球化（1750—1850 年）》）In *Globalization in World History.* （《世界历史中的全球化》）Edited by A.G. Hopkins, 47–73. London: Random House.

Bell, John. [1763] 1965. *A Journey from St. Petersburg to Pekin, 1719–1722.* （《圣彼得堡至北京之旅（1719—1722 年）》）Reprint, Edinburgh:Edinburgh University Press.

Benedict, Carol. 2011. "Between Sovereign Power and Popular Desire." （《主权与民愿之间》）*Late Imperial China* （《帝制晚期中国》）32, no. 1 (June).,

Benton, Carlton. 1996. "From Teahouse to Radio: Storytelling and the Commercialization of Culture in 1930s Shanghai."（《从茶馆到收音机：20 世纪 30 年代上海的评弹与文化商业化》）Ph.D. diss., University of California, Berkeley.

Biker, Julio Firmino Judice, Manuel Francisco de Barros e Sousa Santarém, Alexandre Metellode Sousa Menezes, and Francisco Xavier Assis Pacheco e Sampaio. 1879. *Memoria Sobreo Estabelecimento de Macau.* （《澳门成立始末》）Lisbon: Imprensa Nacional.

Bird, Isabella. [1899] 1987. *The Yangtze Valley and Beyond: An Account of Journeys of China,chiefly in the province of Sze Chuan and among the Man-tze of the Somo territory.* (《长江流域及以外：中国行纪，主要在四川省与马尔康的梭磨境内》) Reprint,Boston: Beacon Press.

Bowman, John S. 2000. *Columbia Chronologies of Asian History and Culture.* （《哥伦比亚亚洲历史与文化编年》）New York: Columbia University Press.

Bramall, Chris. 2000. *Sources of Chinese Economic Growth, 1978–1996.* （《中国经济增长资料（1978—1996 年）》）Oxford: Oxford University Press.

Brandt, Allan M. 2007. *The Cigarette Century: The Rise, Fall, and Deadly Persistence of the Product That Defined America.* （《香烟的世纪：香烟的沉浮史告诉你一个真美国》）New York: Basic Books.

Brandt, Loren. 2000. "Reflections on China's Late 19th and Early 20th-Century Economy."

(《反思 19 世纪末 20 世纪初的中国经济》) In *Reappraising Republican China*. Edited by Frederic Wakeman Jr. and Richard Louis Edmonds, 28–54. (《重新评估中华民国》) Oxford: Oxford University Press.,

Bray, Francesca. 1997. *Technology and Gender: Fabrics of Power in Late Imperial China*. (《技术与性别：晚期帝制中国的权力经纬》) Berkeley: University of California Press.

Brewer, John, and Frank Trentmann. 2006. *Consuming Cultures, Global Perspectives: Historical Trajectories, Transnational Exchanges*. (《全球视野下的消费文化：历史轨迹与跨国交流》) New York: Berg.

Brokaw, Cynthia. 2007. *Commerce in Culture: The Sibao Book Trade in the Qing and Republican Periods*. (《文化贸易：清代至民国时期四堡的书籍交易》) Cambridge, MA: Harvard University Asia Center. Distributed by Harvard University Press.

Brook, Timothy. 1998. *The Confusions of Pleasure: Commerce and Culture in Ming China.*(卜正民，《纵乐的困惑：明代的商业与文化》) Berkeley: University of California Press.

———. 2002a. "The Culture of Smoking in Imperial China." (《中华帝国的烟草文化》) Unpublished paper.

———. 2002b. "Is Smoking Chinese?" (《吸烟属于中国文化吗?》) *Ex/Change* (Newsletter of the Centre for Cross Cultural Studies, City University of Hong Kong),(《跨文化研究中心通讯》) no. 3 (February): 4–6.

———. 2008. *Vermeer's Hat: The Seventeenth Century and the Dawn of the Global World*. (《维米尔的帽子：从一幅画看全球化贸易的兴起》) New York: Bloomsbury Press.

Buck, John Lossing. 1964. *Land Utilization in China*. (《中国土地利用》) New York: Paragon Book Reprint.

———. 1982. *Chinese Farm Economy*. (《中国农户经济》) New York: Garland.

Bureau of Social Affairs. 1934. *Standard of Living of Shanghai Laborers*.(《上海市工人生活程度》) Shanghai: City Government of Greater Shanghai.

Burton, Audrey. 1997. *The Bukharans: A Dynastic, Diplomatic, and Commercial History, 1550–1702*. (《布哈拉人：一部王朝，外交与商业的历史》) New York: St. Martin's Press.

Burton, Margaret Ernestine. 1918. *Women Workers of the Orient*. (《东方女工》) New York: Central Committee on the United Study of Foreign Missions.

Cai Jiawan. 1826. "Yanpu" (Notes on tobacco). *Baimei shanfang ji shang shu* (Writings fromthe house on Baimei Mountain). China: n.p. 蔡家琬：《烟谱》,《拜梅山房几上书》, 中国：未注明出版日期。

Cao Shuji. 1985. "Ming-Qing shiqi de liumin he Gannan shanqu de kaifa" (The development of the mountain areas of southern Jiangxi and the displaced people in the Ming and Qing periods). *Zhongguo nongshi* (History of Chinese agriculture) 4: 19–40. 曹树基：《明清时期的流民和赣南山区的开发》, 载《中国农史》第 4 期, 第 19-40 页。

———. 1986. "Ming-Qing shiqi de liumin he Ganbei shanqu de kaifa" (The development of the mountain areas of northern Jiangxi and the displaced people in the Ming and Qing periods). *Zhongguo nongshi* (History of Chinese agriculture) 2: 12–37. 《明清时期的流民和赣北山区的开发》, 载《中国农史》第 2 期, 第 12-37 页。

Cao Xueqin and Gao E. 1973–1986. *The Story of the Stone*: vol. 2, *The Crab-Flower Club*. (《石头记》第二卷,《蟹花宴》) Translated by David Hawkes and John Minford. Harmondsworth, Eng.: Penguin Books.

Carl, Katherine A. [1907] 2004. *With the Empress Dowager of China*. (《在慈禧太后身边的日子》) Reprint, Whitefsh, MT:Kessinger.

Centers for Disease Control and Prevention. 2009. "Consumption Data." (《消费数据》) In *Smoking and Tobacco Use*. (《吸烟与烟草的使用》) Atlanta.www.cdc.gov/tobacco/data_statistics/tables/economics/consumption/(accessed 28 August 2010).

Chang Lin-sheng. 1980. "The Enamel Snuff Bottles in the Palace Museum Collection." *National Palace Museum Bulletin* 15, nos. 4–5 (September–December): 5–29. 张临生:《台北故宫博物院藏珐琅鼻烟壶》, 载《台北"国立"故宫博物院馆刊》第 15 卷, 第 4-5 号 (9 月—12 月), 第 5—29 页。

Chao, Yüan-ling. 2009. *Medicine and Society in Late Imperial China: A Study of Physiciansin Suzhou, 1600–1850*. (《中国帝国晚期的医药与社会：苏州医生研究 (1600—1850 年)》) New York: Peter Lang.

Chen, Aiyin, Stanton Glantz, and Elisa Tong. 2007. "Asian Herbal-Tobacco Cigarettes: 'Not Medicine but Less Harmful?'" (《亚洲中草药卷烟:"虽非药物但危害更小"》) *Tobacco Control* (《烟草控制》) 16: e3.

Chen, Chaonan, and Yiyou Feng. 2004. *Old Advertisements and Popular Culture: Posters, Calendars and Cigarettes, 1900–1950*. (《老广告与大众文化：招贴画、月份牌与卷烟, 1900—1950》) San Francisco: Long River Press.

Chen Cong [1805] 1995. *Yancao pu* (Tobacco manual). In *Xuxiu Siku quanshu, Zi bu, Pu lu lei* (Continuation of the Siku quanshu—Philosophers section—Manuals). Vol. 1117: 409–81. Shanghai: Shanghai guji chubanshe. 陈琮:《烟草谱》,《续修四库全书》, 子部, 谱录类, 第 1117 册, 上海: 上海古籍出版社, 1995 年, 第 409-481 页。

Chen Liang. 1940. "Yan-zhi dian" (Tobacco and paper stores). *Shanghai shenghuo* (Shanghai life) 4, no. 7 (July): 14–15. 陈亮:《烟纸店》, 载《上海生活》第 4 卷, 第 7 期 (7 月), 第 14-15 页。

Chen, Nai-Ruenn. 1967. *Chinese Economic Statistics: A Handbook for Mainland China*. (《中国大陆经济数据手册》) Chicago: Aldine.

Chen,Xinguang, Xiaoming Li, Bonita Stanton, Xiaoyi Fang, Danhua Lin, Mathew Cole, Hongjie Liu, and Hongmei Yang. 2004. "Cigarette Smoking among Rural-to-Urban Migrants in Beijing, China." (《中国北京农民工吸烟状况调查》) *Preventive Medicine* (《预防医学》) 39, no. 4 (October): 666–673.

Chen Zhiping and Zheng Zhenman. 1988. "Qing dai Minxi Sibao zushang yanjiu" (The family merchant of Sibao, Western Fujian, in the Qing Dynasty). *Zhongguo jingjishi yanjiu* (Research on Chinese Economic History) 2: 93–109. 陈支平，郑振满：《清代闽西四堡族商研究》，载《中国经济史研究》1988 年第 2 期，第 93—109 页。

Cheng Gao. 1995. *Yan wenhua* (Tobacco culture). Beijing: Zhongguo jingji chubanshe. 成高：《烟文化》，北京：中国经济出版社，1995 年。

Cheng, Weikun. 1995. "Nationalists, Feminists, and Petty Urbanites: The Changing Image of Women in Early Twentieth-Century Beijing and Tianjin." (《民族主义者，女权主义者与小市民：20 世纪早期京津地区的女性形象变迁》) Ph.D. diss., Johns Hopkins University, Baltimore.

———. 2000. "Going Public through Education: Female Reformers and Girls' Schools in Late Qing Beijing." (《通向教育走向公众：晚清北京的女性维新者与女子学校》) *Late Imperial China* (《帝制晚期中国》) 21, no. 1 (June): 107–144.

Chew, Matthew. 2003. "The Dual Consequences of Cultural Localization: How Exposed Short Stockings Subvert and Sustain Global Cultural Hierarchy." (《文化本土化的双重后果：暴露的短袜如何颠覆和维持全球文化等级秩序》) *Positions: East Asia Cultures Critique* (《立场：东亚文化批评》) 11, no. 2 (Fall): 479–509.

Chi Chung-Jui. 1935. "Cigarette Industry in China." (《中国烟草工业》) *Chinese Economic Journal* (《中国经济杂志》) 16, no. 5 (May): 629–639.

Chia, Lucille. 2002. *Printing for Profit: The Commercial Publishers of Jianyang, Fujian (11th–17th Centuries)*. (《印刷牟利：福建建阳的出版商（11～17 世纪）》) Cambridge, MA: Harvard University Asia Center. Distributed by Harvard University Press.

"China Raises Tax on Tobacco Products to Increase Financial Revenue." (《中国对烟草制品增税，意图增加财政收入》) 2009. *China Daily*, (《中国日报》) 20 June. www.chinadaily.com.cn/bizchina/2009–06/20/content_8305628.htm (accessed 30 August 2009).

Christy, Miller. 1903. "Concerning Tinder-Boxes." (《打火匣藏品》) *Burlington Magazine for Connoisseurs* (《伯灵顿鉴赏家杂志》) 1, no.1 (March): 55–62; 1, no. 3 (May): 321–336; 3, no. 8 (November): 197–204; 3, no. 9 (December): 307–316.

Clunas, Craig. 1991. *Superfluous Tings: Material Culture and Social Status in Early Modern China*. (柯律格，《长物志：明代物质文化与社会地位》) Urbana: University of Illinois Press.

———. 1999. "Modernity Global and Local: Consumption and the Rise of the West." (《全球化与本土化的现代性：消费与西方的崛起》) *American Historical Review* (《美国历史评论》) 104, no. 5 (December): 1497–1511.

Cochran, Sherman. 1980. *Big Business in China: Sino-Foreign Rivalry in the Cigarette Industry, 1890–1930*. (《中国的大企业：烟草工业中的中外竞争（1890—1930）》) Cambridge, MA: Harvard University Press.

———. 1999. "Transnational Origins of Advertising in Early Twentieth-Century China." (《20 世纪早期中国广告的跨国起源》,) In *Inventing Nanjing Road: Commercial Culture in Shanghai, 1900–1945*. (《发明南京路：上海商业文化（1900—1945）》) Edited by Sherman Cochran,

37–58. Ithaca, NY: Cornell University Press.

———. 2000. "British-America Tobacco Company." (《英美烟草公司》) In *Encountering Chinese Networks: Western, Japanese, and Chinese Corporations in China, 1880–1937*, 44–69. (《大公司与关系网——中国境内的西方、日本和华商大企业（1880—1937）》) Berkeley: University of California Press.

———. 2006. *Chinese Medicine Men: Consumer Culture in China and Southeast Asia*. (《中华药商：中国与东南亚的消费文化》) Cambridge, MA: Harvard University Press.

Collins, David N., ed. 2000. *Siberian Discovery*. (《探索西伯利亚》) Vol. 1. Richmond, Surrey, UK: Curzon Press.

Corner, Julia. 1853. *China Pictorial, Descriptive, and Historical, with some Account of Ava and the Burmese, Siam, and Anam*. (《插图中国历史纪闻，兼记缅甸、暹罗、安南》) London: Henry G. Bohn.

Courtwright, David T. 2001. *Forces of Habit: Drugs and the Making of the Modern World*. (《习性的力量：瘾品与现代世界的形成》) Cambridge, MA: Harvard University Press.

Cowen, Brian. 2005. *The Social Life of Coffee: The Emergence of the British Coffeehouse*. (《咖啡的社会生活：英国咖啡馆的诞生》) New Haven: Yale University Press.

Cox, Howard. 1997. "Learning to Do Business in China: The Evolution of BAT's Cigarette Distribution Network, 1902–1941." (《学会在中国做生意：英美烟草公司香烟经销网的演变，1902—1941》) *Business History* (《商业史》) 39, no. 3: 30–64.

———. 2000. *The Global Cigarette: Origins and Evolution of British-American Tobacco, 1880–1945*. (《全球化的卷烟：英美烟草公司的起源与演变》) Oxford: Oxford University Press.

Croll, Elisabeth. 2006. *China's New Consumers: Social Development and Domestic Demand*. (《中国的新兴消费者：社会发展与国内需求》) London: Routledge.

Crossman, Carl L. 1972. *The China Trade: Export Paintings, Furniture, Silver, and Other Objects*. (《中国贸易：外销画、家具、白银与其他物品》) Princeton, NJ: Pyne Press.

Culpeper, Nicholas. [1652] 1770. *The English Physician Enlarged: With Three Hundred Sixty Nine Medicines*. (《英国医师手册增补版：附369种药物配方》) Reprint, London: E. Ballard.

Cummins, J.S. 1986. "Two Missionary Methods in China: Mendicants and Jesuits." (《两种在华传教方式：托钵僧与耶稣会士》) In *Jesuit and Friar in the Spanish Expansion to the East*. (《西班牙东扩中的耶稣会与乞修会》) London: Variorum Reprints.

Curtis, Emily Byrne. 1991. "Gifts from Rome: References to Tobacco, Snuff, and Snuff Boxes." (《罗马的赠礼：烟草，鼻烟和鼻烟盒参考文献》) *Journal of the International Chinese Snuff Bottle Society* (《中国鼻烟壶国际学会会刊》) 23, no. 4 (Winter): 4–9 载.

Cushing, Lincoln, and Ann Tompkins. 2007. *Chinese Posters: Art from the Great Proletarian Cultural Revolution*. (《中国宣传画：无产阶级文化大革命的艺术》) San Francisco: Chronicle Books.

Dal Lago, Francesca. 2000. "Crossed Legs in 1930s Shanghai: How 'Modern' the Modern Woman?" (《20世纪30年代上海的二郎腿：现代女性有多"摩登"》) *East Asian History* (《东

亚历史》）19 (June): 103–144 载.

Da Qing Renzong Rui (Jiaqing) Huangdi shilu (Veritable records of the Qing [Jiaqing reign]). 1964. Taibei: Taiwan Huawen shuju.《大清仁宗睿皇帝（嘉庆）实录》，台北：台湾华文书局，1964年。

Da Qing Shizong Xian (Yongzheng) Huangdi shilu (Veritable Records of the Qing [Yongzheng reign]). 1964. Taibei: Taiwan Huawen shuju.《大清世宗宪皇帝（雍正）实录》，台北：台湾华文数据，1964年。

Davis, Deborah S. 2000. *The Consumer Revolution in Urban China*. （《中国都市消费革命》）Berkeley: University of California Press.

Davis, Sir John Francis. 1836. *The Chinese: A General Description of the Empire of China and Its Inhabitants*. （《中国人：中华帝国及其居民概述》）Vol. 1. New York: Harper and Brothers.

Deng Yunxiang. 1996. "Xiangyan yu xiangyan huapian" (Cigarettes and cigarette advertising). In *Shuqing jiumeng: Deng Yunxiang suibi* (Faded dreams of feeling: Informal essays of Deng Yunxiang), 29–39. Shanghai: Dongfang chuban zhongxin. 邓云乡：《香烟与香烟画片》,《书情旧梦：邓云乡随笔》，上海：东方出版中心，1996年。

Dermigny, Louis. 1964. *La Chine e L'Occident: Le commerce à Canton au XVIIIe siècle, 1719–1833*. （《中国与西方：18世纪广州的对外贸易（1719—1833年）》）Paris: École Pratique des Hautes Études.

Di Cosmo, Nicola. 2008. "Before the Conquest: Opportunity and Choice in the Construction of Manchu Power." （《征服前夜：满洲权力构建中的机遇与选择》）Paper presented at the Johns Hopkins University History Seminar, Baltimore, November 10.

Diamond, Norma. 1975. "Women under Kuomintang Rule: Variations on the Feminine Mystique."（《国民党统治下的妇女：女性奥秘的变奏》）*Modern China*（《近代中国》）1, no.1 (January): 3–45.

Dikötter, Frank, Lars Laamann, and Zhou Xun. 2004. *Narcotic Culture: A History of Drugs in China*. （《麻醉文化：中国瘾品史》）Chicago: Chicago University Press.

Ding Fubao. 1903. *Weishengxue wenda* (Questions and answers on hygiene). Shanghai: Wenming shuju jiaoyin. 丁福保：《卫生学问答》，上海：文明书局。

Dirlik, Arif 1975. "The Ideological Foundations of the New Life Movement: A Study in Counterrevolution." （《新生活运动的意识形态基础：反革命运动研究》）*Journal of Asian Studies* （《亚洲研究》）34, no. 4 (August): 945–980.

Dmytryshyn, Basil. 1985. *Russia's Conquest of Siberia, 1558–1700: A Documentary Record*, （《俄罗斯征服西伯利亚的文献记录（1558—1700年）》）vol. 1. Portland: Western Imprints of the Oregon Historical Society.

Dobson, Richard P. 1946. *China Cycle*. （《周游中国》）London: Macmillan.

Dong Han. [1705] 1980. *Chunxiang zhuibi* (Random jottings from Chun Village). Reprint, Taibei: Guangwen shuju. 董含：《莼乡赘笔》，重印本，台北：广文书局，1980年。

Dong, Madeleine Yue. 2003. *Republican Beijing: The City and Its Histories*. （《民国北京城：历史与怀旧》）Berkeley: University of California Press.

Dulles, Foster Rhea. 1930. *The Old China Trade*. （《早期中美贸易》） New York: Houghton Mifflin.

Dunstan, Helen. 1996. *Conflicting Counsels to Confuse the Age: A Documentary Study of Political Economy in Qing China, 1644–1840*. （《令人困惑的矛盾建议：清代中国政治经济的文献研究》） Ann Arbor: Center for Chinese Studies; University of Michigan.

Edds, Kimberly. 2003. "Hookah Bars Enjoy a Blaze of Popularity." （《"水烟吧"颇受大众欢迎》） *Washington Post*, （《华盛顿邮报》） April 13, A3.

Edwards, Louise. 2003. "Liu-Wang Liming." In *Biographical Dictionary of Chinese Women*. （《中国女性传记辞典》） Edited by Lily Xiao Hong Lee and A.D. Stefanowska, 374–376. Armonk, NY: M.E. Sharpe.

Eng, Irene. 1999. "Agglomeration and the Local State: The Tobacco Economy of Yunnan, China." （《工业集聚与地方政府：中国云南的烟草经济》） *Transactions of the Institute of British Geographers*, （《英国地理学家协会学报》） New Series, 24, no. 3: 315–329.

Entenmann, Robert. 1980. "Sichuan and Qing Migration Policy." （《四川和清代移民政策》） *Ch'ing-shih wen-t'i* （《清史问题》） 4, no. 4 (December): 35–54.

Esherick, Joseph W., ed. 2000. *Remaking the Chinese City: Modernity and National Identity, 1900–1950*. （《重塑中国都市：现代性与国家认同（1900—1950年）》） Honolulu: University of Hawai'i Press.

"Experts Criticize Tobacco Control System." （《专家批评控烟制度》） 2009. *People's Daily* （人民网） Online. 10 August. http:// english.peopledaily.com.cn/90001/90778/90857/90860/6722811.html (accessed 30 August 2009).

Fan I-chun. 1992 "Long-Distance Trade and Market Integration in the Ming-Ch'ing Period, 1400–1850." （《明清时期的长途贸易与市场一体化（1400—1850）》） Ph.D. diss., Stanford University, Stanford, CA.

Fang Bao. 1991. *Fang Wangxi quanji* (Complete works of Fang Wangxi [Fang Bao]). Beijing: Xinhua shudian. 方苞：《方望溪全集》，北京：新华书店，1991年。

Fang, Hai, and John A. Rizzo. 2009. "Did Cigarette Vouchers Increase Female Smokers in China?" （《香烟券是否增加了中国的女性烟民数量？》） *American Journal of Preventive Medicine* （《美国预防医学杂志》） 37, no. 2 (August): S126–S130.

Fang Xiantang. 1989. *Shanghai jindai minzu juanyan gongye* (Shanghai's modern domestic cigarette industry). Shanghai: Shanghai shehui kexueyuan chubanshe. 方宪堂：《上海近代民族卷烟工业》，上海：上海社会科学院出版社，1989年。

Fang Xin. 1996. "Qingdai Jiangnan nongmin de xiaofei" (The expenditures of peasants in Qing dynasty Jiangnan). *Zhongguo jingjishi yanjiu* (Research on Chinese Economic History) 11, no. 3: 91–98. 方行：《清代江南农民的消费》，载《中国经济史研究》第11卷，第3期，第91—98页。

Fang Yizhi. [1664] 1983. Wuli xiaoshi (Notes on the principles of things). In *Yingyin Wenyuange siku quanshu* (Photofacsimile reprint of the Wenyuan Pavilion copy of the Siku quanshu), vol. 867: 939.

Taibei: Taiwan shangwu yingshuguan. 方以智:《物理小识》,见《影印文渊阁四库全书》,台北: 台湾商务印书馆,1983 年。

Farquhar, Judith. 1994. *Knowing Practice: The Clinical Encounter of Chinese Medicine*. (《认识实践:中医临床案例》) Boulder, CO: Westview Press.

Finnane, Antonia. 2003. "Yangzhou's 'Mondernity': Fashion and Consumption in the Early Nineteenth Century." (《扬州的现代性:19 世纪早期的时尚与消费》) *Positions: East Asian Cultures Critique* (《立场:东亚文化批评》) 11, no. 2 (Fall): 395–425.

———. 2004. *Speaking of Yangzhou: A Chinese City, 1550–1850*. (《说扬州:1550—1850 年的一座中国城市》) Cambridge, MA: Harvard University Asia Center. Distributed by Harvard University Press.

Flath, James A. 2004. *The Cult of Happiness: Nianhua, Art, and History in Rural North China*. (《崇尚快乐:年画、艺术与中国北方农村的历史》) Vancouver, BC: University of British Columbia Press.

Fong, H.D. 1932. *Cotton Industry and Trade in China*. (《中国之棉纺织业》) Vol. 1. Tianjin: Chihli Press.

Fontenoy, Paul E. 1995. "An 'Experimental' Voyage to China, 1785–1787." (《"实验号"的中国之行,(1785—1787 年)》) *American Neptune* (《美国尼普顿》) 55, no. 4 (October): 289–300.

Foreman, John. 1906. *The Philippine Islands: A Political, Geographical, Ethnographical, Social, and Commercial History of the Philippine Archipelago*. (《菲律宾群岛:菲律宾群岛的政治、地理、民族志、社会和商业通史》) New York: Scribners' Sons.

Fraser, David. 1999. "Smoking Out the Enemy: The National Goods Movement and the Advertising of Nationalism in China, 1880–1937." (《用烟熏出敌人:国货运动与中国广告民族主义(1880—1937 年)》) Ph.D. diss., 加州大学伯克利分校。

Fu Yiling. 1977. "Qingdai nongye zibenzhuyi mengya wenti de yige tansuo" (On the sprouts of capitalism in agriculture in the Qing). *Lishi yanjiu* (History Research) 5: 110–16. 傅衣凌:《清代农业资本主义萌芽问题的一个探索——江西新城〈大荒公禁栽烟约〉一篇史料的分析》,载《历史研究》第 5 期,第 110—116 页。

Fuchs, Walter. 1940. "Koreanische Quellen zur Frühgeschichte des Tabaks in der Mandjurei zwischen 1630 und 1640" (Korean sources on the early history of tobacco in Manchuria between 1630 and 1640). (《1630 年至 1640 年间东北早期烟草史的朝鲜语史料》) *Monumenta Serica* (《华裔学志》) 5: 81–102.

Fujian sheng difangzhi bianzuan weiyuanhui. 1995. *Fujian sheng zhi. Yancao zhi* (Gazetteer of Fujian Province: Tobacco). Beijing: Fangzhi chubanshe. 福建省地方志编纂委员会:《福建省志·烟草志》,北京:方志出版社,1995 年。

Furth, Charlotte. 1999. *A Flourishing Yin: Gender in China's Medical History, 960–1665*. (《繁盛之阴:中国医学史中的性(960—1665 年)》) Berkeley: University of California Press.

———. 2006. "The Physician as Philosopher of the Way: Zhu Zhenheng (1282–1358)." (《道家医者朱震亨（1281—1358 年）》) *Harvard Journal of Asiatic Studies* (《哈佛亚洲研究学报》) 66, no. 2 (December): 423–459.

Galston, Arthur W. 1973. *Daily Life in People's China.* (《人民中国的日常生活》) New York: Thomas Y. Crowell.

Gamble, Sidney D. 1921. *Peking: A Social Survey.* (《北京的社会调查》) New York: George H. Doran.

———. 1933. *How Chinese Families Live in Peiping: A Study of the Income and Expenditure of 283 Chinese Families Receiving from $8 to $550 Silver per Month.* (《北平的中国家庭调查：一项针对 283 个月收入为从 8 银元到 550 银元不等的中国家庭的收支状况研究》) New York: Funk and Wagnalls.

———. 1954. *Ting Hsien: A North China Rural Community.* (《定县：一个中国北方农村社区》) Stanford, CA: Stanford University Press.

Games, Alison. 2008. *The Web of Empire: English Cosmopolitans in an Age of Expansion, 1560–1660.* (《帝国之网：扩张时代下的英国世界主义者（1560—1660 年）》) Oxford: Oxford University Press.

Gao Shiqi. 1912. Pengshan miji (An account of a meeting with Kangxi in 1703). In *Guxue huikan* (Compilation of ancient learning), 1st series, no. 12. Edited by Deng Shi. Shanghai: Guocui xuebao she. 高士奇:《蓬山密记》, 载《古学汇刊》, 第 1 卷, 第 12 期, 上海: 国粹学报社, 1912 年.

Gao Yuan. 1987. *Born Red: A Chronicle of the Cultural Revolution.* (《生而为红："文化大革命"编年》) Stanford, CA: Stanford University Press.

Gao, Yunxiang. 2006. "Nationalist and Feminist Discourses on Jianmei (Robust Beauty) during China's 'National Crisis' in the 1930s." (《20 世纪 30 年代中国"民族危机"时期有关"健美"的民族主义与女权主义话语》) *Gender and History* (《性别与历史》) 18, no. 3 (November): 546–573.

Gardella, Robert. 1994. *Harvesting Mountains: Fujian and the China Tea Trade, 1757–1937.* (《丰收的大山：福建与中国的茶叶贸易（1757—1937 年）》) Berkeley: University of California Press.

Garner, Jonathan. 2005. *The Rise of the Chinese Consumer: Theory and Evidence.* Chichester, (《中国消费者的崛起：理论与依据》) Eng.: John Wiley.

Garnier, Jean-Claude. 1993. *Pipes à Eau Chinoises.* (《中式水烟袋》) Paris: Edition Musée-Galerie de la Seita.

Gartmen, Max. 2008. "New Tastes of Smoke." (《烟的新风味》) Tobacco China Online_www.TobaccoChina.com. September 10. http://act.tobaccochina.net/englishnew/content.aspx?id = 36600 (accessed 30 August 2009).

Gaunt, Mary. 1914. *A Woman in China.* (《一位女性的中国游记》) London: T. Werner Laurie.

Gerth, Karl. 2003. *China Made: Consumer Culture and the Creation of the Nation.* Cambridge, MA:

Harvard University Asia Center. (《制造中国：消费文化与民族国家的创建》) Distributed by Harvard University Press.

Gibbs, Barnard J.. 1938. *Tobacco Production and Consumption in China*. (《中国的烟草生产与消费》) Washington, DC: U.S. Bureau of Agricultural Economics.

———. 1940. *Tobacco Production and Consumption in Manchuria*. (《中国东北的烟草生产与消费》) Washington, DC: United States Office of Foreign Agricultural Relations.

Gilman, Sander L., and Zhou Xun, eds. 2004. *Smoke: A Global History of Smoking*. (《吸烟的全球史》) London: Reaktion Books.

Glogan, Tim. 2008. "China—Still a Mecca for the Tobacco Industry." (《中国——烟草工业的圣地》) *Tobacco Journal International* (《国际烟草杂志》) (January 7). www.tobaccojournal.com/China (accessed 23 July 2009).

Gokale, B.G. 1974. "Tobacco in Seventeenth-Century India." (《17世纪印度的烟草》) *Agricultural History* (《农业史》) 48, no. 4 (October): 484–492.

Goldschmidt, Asaf Moshe. 2005. "The Song Discontinuity: Rapid Innovation in Northern Song Dynasty Medicine." (《宋代分水岭：北宋医药的迅速创新》) *Asian Medicine* (《亚洲医学》) 1, no. 1: 53–90.

Goldstein, Joshua. 2007. *Drama Kings: Players and Publics in the Re-creation of Peking Opera, 1870–1937*. (《戏曲之王：京剧重塑中的演员与公众（1870—1937年）》) Berkeley: University of California Press.

Gongzhongdang Qianlong chao zouzhe (Secret palace memorials of the Qianlong reign). 1982–87. Taibei: Guoli gugong bowuyuan. 《宫中档乾隆朝奏折》, 台北故宫博物院, 1982—1987年。

Gongzhongdang Yongzheng chao zouzhe (Secret palace memorials of the Yongzheng reign). 1977–1999. Taibei: Guoli gugong bowuyuan. 《宫中档雍正朝奏折》, 台北故宫博物院, 1977—1999年。

Goodman, Jordan. 1993. *Tobacco in History: The Cultures of Dependence*. (《历史上的烟草：成瘾的文化史》) London: Routledge.

———, ed. 2005. *Tobacco in History and Culture: An Encyclopedia*. (《烟草的历史与文化百科全书》) 2 vols. Farmington Hills, MI: Charles Scribners' Sons, The Gale Group. Goodrich, L. Carrington. 1938. "Early Prohibitions of Tobacco in China and Manchuria." (《中国东北的早期禁烟》) *Journal of the American Oriental Society* (《美国东方学会会刊》) 58, no. 4 (December): 648–57.

Grant, Joanna. 2003. *A Chinese Physician: Wang Ji and the "Stone Mountain Medical Case Histories."* (《一位中国医生——汪机和〈石山医案〉》) London: Routledge Curzon.

Gray, J.H. 1878. *China: A History of the Laws, Manners, and Customs of the People*. (《中国：法律、风貌及习惯之历史》) Vol. 2. London: R. Clay, Sons, and Taylor.

Grehan, James. 2006. "Smoking and 'Early Modern' Sociability: The Great Tobacco Debate in the

Ottoman Middle East (Seventeenth to Eighteenth Centuries)." (《吸烟与"近代早期"的社交：奥斯曼中东地区的烟草大辩论（17 世纪至 18 世纪）》) *American Historical Review* (《美国历史评论》) 111, no. 5 (December): 1352–1377.

———. 2007. *Everyday Life and Consumer Culture in Eighteenth-Century Damascus.* (《18 世纪大马士革的日常生活与消费文化》) Seattle: University of Washington Press.

Gu A'chao. 1995. *Beijing yancao zhi* (Gazetteer of Beijing tobacco). Beijing: Zhongguo shangye chubanshe. 顾阿朝：《北京烟草志》，北京：中国商业出版社，1995 年。

Guanggao daguan (Advertising panorama). N.d. Guangzhou: Dongya gongsi. 《广告大观》，广州：东亚公司，未注明出版日期。

Guo Bocang.1886. *Minchan luyi* (A record of Fujian products).Minxian, China:Chen Guiying. 郭柏苍：《闽产录异》，闽县陈氏。

Guo Shengpi. 1993. *Sichuan lishi nongye dili* (The historical agricultural geography of Sichuan Province). Chengdu: Sichuan renmin chubanshe. 郭声波《四川历史农业地理》，成都：四川人民出版社，1993 年。（此处作者名字注音误，应为 Guo Shengbo——译者注）

Guoli zhongyang yanjiuyuan, Lishi yuyan yanjiusuo. 1936. *Ming-Qing shiliao, yi bian* (Sources on Ming-Qing History, Part 1). Shanghai: Shangwu yinshu guan. 国立中央研究院，历史语言研究所，《明清史料：乙编》（此处有误，注音为乙编，是该套书第二部分，但注释中对应的英文解释却为 part 1 第一部分——译者注）

Hamilton, Gary G., and Chi-kong Lai. 1989. "Consumerism without Capitalism: Consumption and Brand Names in Late Imperial China." (《资本主义以外的消费主义》) In *The Social Economy of Consumption.* (《消费的社会经济》) Edited by Henry J. Rutz and Benjamin S. Orlove, 253–279. Lanham, MD: University Press of America.

Hansen, Carl A. 1982. "Monopoly and Contraband in the Portuguese Tobacco Trade, 1624–1702." (《葡萄牙烟草贸易的专卖与走私（1624—1702 年）》) *Luso-Brazilian Review* (《葡萄牙—巴西评论》) 19, no. 2: 149–168.

Hansen, Miriam Bratu. 2000. "Fallen Women, Rising Stars, New Horizons: Shanghai Silent Films as Vernacular Modernism." (《堕落女性、明日之星、新的视野：作为本土现代主义的上海无声电影》) *Film Quarterly* (《电影季刊》) 54, no. 1 (Autumn): 10–22.

Hanson, Marta. 1997. "Inventing a Tradition in Chinese Medicine: From Universal Canon to Local Medical Knowledge in South China; the Seventeenth to the Nineteenth Century." (《发明中医传统：从普世标准到华南地方知识的演变（17 世纪至 19 世纪）》) Ph.D. diss., University of Pennsylvania, Philadelphia.

———. 1998. "Robust Northerners and Delicate Southerners: The Nineteenth-Century Invention of a Southern Wenbing Tradition."(《北人强健与南人羸弱：19 世纪南方温病学派传统的发明》) *Positions: East Asia Cultures Critique* (《立场：东亚文化批评》) 6, no. 3 (Winter): 515–549.

———. 2006. "Northern Purgatives, Southern Restoratives: Ming Medical Regionalism." (《北方的泻药、南方的补药：明代的医学地方主义》) *Asian Medicine* (《亚洲医学》) 2, no. 2:

115–170.

Hao Jinda. 1987. "Dui yancao chuanru ji yaoyong lishi de kaozheng" (Textual research on the history of the spread of tobacco into China and its medicinal uses). *Zhonghua yishi zazhi* (Chinese Journal of Medical History) 17, no. 4: 225–28. 郝近大：《对烟草传入及药用历史的考证》，载《中华医史杂志》1987年17卷第4期，第225—228页。

Harrison, Henrietta. 2000. *The Making of the Republican Citizen: Political Ceremonies and Symbols in China, 1911–1929*. （《制造共和国民：中国的政治仪式与象征（1911—1929年）》）Oxford: Oxford University Press.

Hay, Jonathan. 2001. *Shitao: Painting and Modernity in Early Qing China*. （《石涛：清初中国的绘画与现代性》）Cambridge: Cambridge University Press.

Hayford, Charles W. 1990. *To the People: James Yen and Village China*. （《到群众中去：晏阳初与中国乡村》）New York: Columbia University Press.

He Changling. [1826] 1972. *Huangchao jingshi wenbian* (The august dynasty's documents on statecraf). In *Jindai Zhongguo shiliao congkan* (Collected materials on modern Chinese history). Vol. 731. Compiled by Shen Yunlong. Taibei: Wenhai chubanshe. 贺长龄：《皇朝经世文编》，沈云龙编：《近代中国史料丛刊》，第731册，台北：文海出版社，1972年。

He Liyi. 2003. *Mr. China's Son: A Villager's Life*. （《中国之子：一个村民的一生》）Edited by Claire Anne Chik. Boulder, CO: Westview Press.

Henderson, George, and Allan Hume. 1873. *Lahore to Yarkand: Incidents of the Route and Natural History of the Countries Traversed; by the Expedition of 1870 under T. D. Forsythe, Esq.* （《从拉合尔到莎车：沿途国家的路线和博物学琐记；来自1870年福赛思爵士探险队》）London: L. Reeve and Co.

Henriot, Christian. 2001. *Prostitution and Sexuality in Shanghai: A Social History, 1849–1949*. （《上海妓女：19—20世纪中国的卖淫与性》）Cambridge: Cambridge University Press.

Hershatter, Gail. 1997. *Dangerous Pleasures: Prostitution and Modernity in Twentieth-Century Shanghai*. （《危险的愉悦：20世纪上海的娼妓问题与现代性》）Berkeley: University of California Press.

Hilton, Matthew. 1995. "'Tabs,' 'Fags' and the 'Boy Labour Problem' in Late Victorian and Edwardian Britain." （《英国维多利亚晚期与爱德华时期的"香烟画片""香烟"和"男童工问题"》）*Journal of Social History* （《社会史杂志》）28, no. 3 (Spring): 587–607.

Ho, Michael G., Yu Shi, Shaojun Ma, and Thomas E. Novotny. 2007. "Perceptions of Tobacco Advertising and Marketing That Might Lead to Smoking Initiation among Chinese High School Girls." （《对于可能引发中国高中女生吸烟的烟草广告与营销之看法》）*Tobacco Control* （《烟草控制》）16, no. 5 (October): 359–60.

Ho, Ping-ti. 1954. "The Salt Merchants of Yang-chou: A Study of Commercial Capitalism in Eighteenth-Century China." （何炳棣，《扬州盐商——十八世纪中国商业资本的研究》）*Harvard Journal of Asiatic Studies* （《哈佛亚洲研究学报》）17, no. 1–2 (June): 130–168.

———. 1955. "The Introduction of American Food Plants into China."（《美洲粮食作物传入中国》）*American Anthropologist*, （《美国人类学家》） New Series, 57, no. 2 (April): 191–201.

———. 1959. *Studies on the Population of China, 1368–1953.* （《明初以降人口及其相关问题》）Cambridge, MA: Harvard University Press.

Höllmann, Thomas O. 2000. "The Introduction of Tobacco into Southeast Asia." （《烟草在东南亚的引进》）In *Opiums: Les Plantes du Plaisir et de la Convivialité en Asie.* （《鸦片：用于享乐与社交的亚洲植物》） Edited by Annie Hubert and Philippe Le Failler, 305–326. Paris: Institut de recherché sur le Sud-Est Asiatique, Harmattan.

Hong Lin and Qiu Leisheng. 2001. *Zhongguo lao yanbiao tulu* (Catalogue of old Chinese cigarette packs). Beijing: Zhongguo shangye chubanshe. 洪林，裘雷声：《中国老烟标图录》，北京：中国商业出版社，2001 年。

Honig, Emily. 2003. "Socialist Sex: The Cultural Revolution Revisited." （《社会主义的性：再探文化大革命》） *Modern China* （《近代中国》） 29, no. 2 (April): 143–175.

Horesh, Niv. 2009. *Shanghai's Bund and Beyond: British Banks, Banknote Issuance, and Monetary Policy in China, 1842–1937.* （《上海外滩内外：英国银行、货币发行和中国货币政策(1842—1937 年)》） New Haven: Yale University Press.

Hsü, Ginger. 2001. *A Bushel of Pearls: Painting for Sale in Eighteenth-Century Yangchow.* （《一斛珠：18 世纪扬州的商业画》） Stanford, CA: Stanford University Press.

Hu Pu'an. [1923] 1986. *Zhonghua quanguo fengsu zhi* (A survey of local customs in China). Vol. 2. Reprint, Shijiazhuang, Hebei: Heibei renmin chubanshe. 胡朴安：《中华全国风俗志》，第二卷，重印本，石家庄：河北人民出版社，1986 年。

Hu, Teh-wei, ed. 2008. *Tobacco Control Policy Analysis in China.* （《中国控烟政策分析》）Singapore: World Scientifc Publishing.

Hu Wenkai, ed. 1985. *Lidai funü zhuzuo kao* (An examination of women's writing through the dynasties). Shanghai: Shanghai guji chubanshe. 胡文楷：《历代妇女著作考》，上海：上海古籍出版社，1985 年。

Huang Benji. [1848] 1985. *Hunan fangwu zhi* (Flora and fauna of Hunan). Reprint, Changsha: Yuelu shushe, Hunan sheng xinhua shudian. 黄本骥：《湖南方物志》，重印本，长沙：岳麓书社，湖南省新华书店，1985 年。

Hubei meishu chubanshe.1999. *Minjian meishu: Hubei muban, nianhua, jianzhi, piying* (Folk art: Woodblock prints, New Years' prints, paper cuts, and leather silhouettes). Wuhan: Hubei meishu chubanshe. 湖北美术出版社：《民间美术：湖北木版、年画、剪纸、皮影》，武汉：湖北美术出版社，1999 年。

Huc, Evariste-Régis. 1855. *The Chinese Empire.* （《中华帝国》） Vol. 1. London: Longman, Brown, Green, and Longmans.

Hughes, Jason. 2003. *Learning to Smoke: Tobacco Use in the West.* （《学会吸烟：烟草在西方的使用》） Chicago: University of Chicago Press.

Hummel, Arthur W., ed. 1943. *Eminent Chinese of the Ch'ing Period (1644–1912)*. (《清代名人传略（1644—1912 年）》) 2 vols. Washington, DC: U.S. Government Printing Office.

Hunter, William C. 1885. *Bits of Old China*. (《旧中国杂记》) London: Kegan Paul Trench and Co.

Institute of Pacifc Relations. 1936. "Large Drop in U.S. Leaf Tobacco Exports to China." (《美国对华出口烟叶大幅下降》) *Far Eastern Survey* (《远东调查》) 5, no. 3 (January): 25–27.

Jiang Jieshi. [1934] 1975. "Xinshenghuo yundong zhi yaoyi" (The essential meaning of the New Life Movement). In *Xinshenghuo yundong shiliao* (Historical documents of the New Life Movement). Reprint, Taibei: Guomindang Archives. 蒋介石：《新生活运动之要义》,《新生活运动史料》, 重印本，台北：国民党档案，1975 年。

Jiangsu guji chubanshe.1991. *Suzhou Taohuawu muban nianhua* (Taohuawu woodblock New Year prints, Suzhou). Nanjing: Jiangsu guji chubanshe. 江苏古籍出版社：《苏州桃花坞木版年画》, 南京：江苏古籍出版社，1991 年。

Jiangsu xin yixueyuan. [1912] 1977. *Zhongyao da cidian* (Dictionary of Chinese medicine). Reprint, Shanghai: Renmin chubanshe. 江苏新医学院：《中药大辞典》, 重印本，上海：人民出版社，1997 年。

Jin Shoushen. 1989. *Lao Beijing di shenghuo* (Life in old Beijing). Beijing: Beijing chubanshe. 金受申：《老北京的生活》, 北京：北京出版社，1989 年。

Jing Su and Luo Lun. 1978. *Landlord and Labor in Late Imperial China: Case Studies from Shandong*. (《清代山东经营地主经济研究》) Translated, with an introduction, by Endymion Wilkinson. Cambridge, MA: Council on East Asian Studies, Harvard University. Distributed by Harvard University Press.

Johnson, Ian, and Marcus Brooke. 1977. "The Chinese Water-pipe."(《中国水烟》) *Arts of Asia* (《亚洲艺术》) 7, no. 6 (November–December): 62–67.

Johnson, Linda Cooke. 1995. *Shanghai: From Market Town to Treaty Port, 1074–1858*. (《上海：从市镇到条约口岸（1074—1858 年）》) Stanford, CA: Stanford University Press.

Kanda Nobuo. 1955–63. *Manbun rōtō* (The secret chronicles of the Manchu dynasty, 1607–1637). (《满文老档》) 7 vols. Tokyo: TōyōBunko.

Kaplan Murray, Laura May.1985. "New World Food Crops in China: Farms, Food, and Families in the Wei River Valley, 1650–1910." (《中国的新大陆粮食作物：渭河谷地的农家、粮食与家庭（1650—1910 年）》) Ph.D. diss., University of Pennsylvania, Philadelphia.

Kellogg, John Harvey. 1922. *Tobaccoism; Or, How Tobacco Kills*. (《尼古丁中毒；或烟草如何致命》) Battle Creek, MI: Modern Medicine Publishing Co.

Kim, Seonmin.2006. "Bordersand Crossings: Trade, Diplomacy, and Ginseng between Qing China and Chosōn Korea." (《边疆与交汇：清朝和李氏朝鲜的人参贸易与外交》) Ph.D. diss., Duke University, Durham, NC.

Kinkley, Jeffrey C.1987. *The Odyssey of Shen Congwen*. (《沈从文传》) Stanford, CA: Stanford University Press.

Kleiner, Robert. 1994. *Chinese Snuff Bottles*. (《中国鼻烟壶》) Hong Kong: Oxford University Press.

Ko, Dorothy. 1994. *Teachers of the Inner Chambers: Women and Culture in Seventeenth Century China*. (《闺塾师：明末清初江南的才女文化》) Stanford, CA: Stanford University Press.

Kohrman, Matthew. 2004. "Should I Quit? Tobacco, Fraught Identity, and the Risks of Governmentality in Urban China."(《"我该戒烟吗?"中国城市的烟草、身份焦虑和治理风险》) *Urban Anthropology* (《城市人类学杂志》) 33, no. 2–4: 211–245.

——.2007. "Depoliticizing Tobacco's Exceptionality: Male Sociality, Death, and Memory Making among Chinese Cigarette Smokers." (《烟草特殊性的去政治化：中国烟民中的男性社交、死亡与记忆制造》) *China Journal* (《中国研究》) 58 (July): 85–109.

——. 2008. "Smoking among Doctors: Governmentality, Embodiment, and the Diversion of Blame in Contemporary China." (《医生吸烟：当代中国的治理、具体表现与责任转移》) *Medical Anthropology* (《医学人类学杂志》) 27, no. 1: 9–42.

Kōsaka Masanori. 1991. "Shindai chūki no Kaushu to shōhin ryūtsū—Heshin kan o chūshin toshite" (Hang chou and commodities circulation in the mid-Qing period—especially focused on the Beixin customhouse). (《清代中期的杭州和商品流通——以北新关为中心》) *Tōyōshi kenkyū* (The journal of Oriental researches) (《东洋史研究》) 50, no. 1: 34–57.

Kotilaine, Jarmo T. 2005. *Russia's Foreign Trade and Economic Expansion in the Seventeenth Century*. (《17世纪俄罗斯的对外贸易与经济扩张》) Leiden, The Netherlands: Brill.

Laing, Ellen Johnston.1996. "Erotic Themes and Romantic Heroines Depicted by Ch'iu Ying." (《仇英描绘的情色主题与浪漫女性形象》) *Archives of Asian Art* (《亚洲艺术档案》) 49: 68–91.

——. 2000. "Reform, Revolutionary, Political and Resistance Themes in Chinese Popular Prints, 1900–1940." (《中国大众印刷品中的改革、革命、政治与抗争主题（1900—1940年）》) *Modern Chinese Literature and Culture* (《现代中国文学与文化》) 12, no. 2: 123–175.

——.2004. *Selling Happiness: Calendar Posters and Visual Culture in Early Twentieth-Century Shanghai*. (《出售快乐：20世纪初期上海的月份牌与视觉文化》) Honolulu: University of Hawai'i Press.

Lambert, Miss. 1913. "The Christian Education of Women in the East." (《东方女性的基督教教育》) In *The Emergency in China*. (《中国的危急关头》) Edited by Francis Lister Hawks Potts, 138–139. New York: Missionary Education Movement of the United States and Canada.

Landsberger, Stefan. 1995. *Chinese Propaganda Posters: From Revolution to Modernization*. (《中国政治宣传画：从革命年代到现代化》) Armonk, NY: M.E. Sharpe.

Lao She. 1934. "Xiguan" (Habit). *Renjianshi* (This Human World) 11 (5 September): 23–24. 老舍：《习惯》,《人间世》第11期（1934年9月5日）,第24—24页。

——. 1942. "He Rong xiansheng de jieyan" (Mr. He Rong Quits Smoking). *Xinmin wanbao* (New People's Evening Post), 25 June. 《何荣先生的戒烟》,《新民晚报》1942年6月25日。

——. 1944. "Jieyan" (Quitting smoking). *Xinmin wanbao* (New People's Evening Post), 9

September. 《戒烟》,《新民晚报》1944 年

———. 1981. *Camel Xiangzi*. (《骆驼祥子》) Translated by Shi Xiaoqing. Beijing: Foreign Languages Press.

———. 1996. *Lao She*. 2 vols. Edited by Shu Yi. Beijing: Huaxia chubanshe. 舒乙编:《老舍》第 2 卷, 北京: 华夏出版社, 1996 年。

———. 1999. *Blades of Grass: The Stories of Lao She*. (《草叶: 老舍的故事》)Translated by William A. Lyell and Sarah Wei-ming Chen. Honolulu: University of Hawai'i Press.

Lapa, José Roberto do Amaral. 1968. *A Bahia e a Carreira da India*. (《巴伊亚与印度航线》) São Paulo, Brazil: Editora Nacional.

Lau, Joseph S.M., C.T. Hsia, and Leo Ou-fan Lee, eds. 1981. *Modern Chinese Stories and Novellas, 1919–1949*. (《近代中国小说选 (1919—1949 年)》) New York: Columbia University Press.

Laufer, Berthold.1924. *Tobacco and Its Uses in Asia*. (《烟草及其在亚州的消费》) Chicago: Field Museum of Natural History.

Le Comte, P. Louis, S.J. 1697. *Nouveaux Mémoires sur l'état present de la Chine*. (《中国近事报道》) Vol. 1. Paris: J. Anisson.

Lee, Hsien-wei. 1934. *The Tobacco in China*. (《烟草在中国》) Tientsin: Haute études; Shanghai: Université l'Aurore, Institut des hautes études industrielles et commerciales, Faculty of Commerce, Economic Studies.

Lee, James. 1982. "Food Supply and Population Growth in Southwest China, 1250–1850." (《中国西南地区的食物供给与人口增长 (1250—1850 年)》) *Journal of Asian Studies* (《亚洲研究》) 41, no. 4 (August): 711–746.

Lee, Leo Ou-fan. 1999. *Shanghai Modern: The Flowering of a New Urban Culture in China, 1930–1945*. (李欧梵,《上海摩登: 一种新都市文化在中国 (1930—1945 年)》) Cambridge, MA: Harvard University Press.

Legarda, Benito J., Jr. 1999. *After the Galleons: Foreign Trade, Economic Change and Entrepreneurship in the Nineteenth-Century Philippines*. (《大帆船贸易时代的终结: 19 世纪菲律宾的对外贸易、经济变迁与企业家精神》) Manila: Ateneo de Manila University Press; Madison: Center for Southeast Asian Studies, University of Wisconsin.

Leong, Sow-Teng. 1997. *Migration and Ethnicity in Chinese History: Hakkas, Pengmin, and Their Neighbors*. (《中国历史上的移民与族群: 客家人、棚民及其邻居》) Stanford, CA: Stanford University Press.

Leung, Angela Ki-che. 2003a. "Medical Learning from the Song to the Ming." (《宋明时期的医学教育》)In *Song-Yuan Ming Transition to Chinese History*. (《中国历史上从宋到元明的转变》) Edited by Richard Von Glahn and Paul Jakov Smith, 374–398. Cambridge, MA: Harvard University Asia Center. Distributed by Harvard University Press.

———. 2003b. "Medical Instruction and Popularization in Ming-Qing China." (《明清时期的医学教育与大众化》) *Late Imperial China* (《帝制晚期中国》) 24, no. 1 (June): 130–152.

———. 2009. *Leprosy in China: A History*. (《麻风：一种疾病的医疗社会史》) New York: Columbia University Press.

Li Ê. [1884] 1978. *Fanxie shanfang quanji* (Collection of Li Fanxie's [Li Ê] mountain studio). In *Jindai Zhongguo shiliao congkan xubian* (Collected materials on modern Chinese history: continuation). Vols. 601–604. Compiled by Shen Yunlong. Reprint, Taibei: Wenhai chubanshe. 厉鹗：《樊榭山房全集》, 沈云龙编《近代中国史料丛刊续编》, 第 601-604 册, 重印本, 台北：文海出版社, 1978 年。

Li Gang.1997. *Shaanxi shangbang shi*(A history of the Shaan xi merchants). Xi'an: Xibei daxue chubanshe. 李刚：《陕西商帮史》, 西安：西北大学出版社, 1997 年。

Li, Huaiyin. 2009. *Village China under Socialism and Reform: A Micro-history, 1948–2008*. (《乡村中国纪事：集体化和改革的微观历程》) Stanford, CA: Stanford University Press.

Li Jinghan, ed. 1934. *Dingxian jingji diaocha yibufen baogao shu* (A partial report on economic conditions in Dingxian). Hebei: Hebei sheng xianzheng jianshe yanjiuyuan. 李景汉编：《定县经济调查一部分报告书》, 河北：河北省县政建设研究院, 1934 年。

———, ed. [1933] 1992. *Dingxian shehui gaikuang diaochao* (Dingxian: A social survey). Reprint, Shanghai: Shanghai shudian. 《定县社会概况调查》, 重印本, 上海：上海书店, 1992 年。

Li, Laura Tyson. 2006. *Madame Chiang Kai-shek: China's Eternal First Lady*. (《宋美龄：中国永远的第一夫人》) New York: Atlantic Monthly Press.

Li Shihong. [1833] 1990. *Renshutang biji* (Random notes from the Hall of Benevolence and Mercy). In *Zhaodai congshu* (Collected works of our dynasty). Vol. 25, pp. 1355–1372. Edited by Zhang Chao. Reprint, Shanghai: Shanghai guji chubanshe. 黎士宏：《仁恕堂笔记》, 张潮编：《昭代丛书》, 第 25 卷, 重印本, 上海：上海古籍出版社, 1990 年, 第 1355—1372 页。

Li Tiaoyuan. [1778] 1969. *Nanyue biji* (A southern Yue [Guangdong] notebook). Reprint, Taibei: Guangwen shuju. 李调元：《南粤笔记》, 重印本, 台北：广文书局, 1969 年。

Li Yiyun. 2001. "Yancao jingyou Menggu chuanru Nuzhen kao" (An examination of the introduction of tobacco into the Jurchen area by way of Mongolia). *Neimenggu daxue xuebao* (Journal of Inner Mongolia University) 33, no. 1: 56–62. 李漪云：《烟草经由蒙古传入女真考》, 载《内蒙古大学学报》2001 年第 33 卷第 1 期, 第 56—62 页。

Liang Shiqiu. 1999. "Xiyan" (Smoking). *Liang Shiqiu daibiao zuo* (Liang Shiqiu's representative works). Beijing: Huaxia chubanshe. 梁实秋：《吸烟》,《梁实秋代表作》, 北京：华夏出版社, 1999 年。

Liang Sibao and Zhang Xinlong. 2007. "Ming-Qing shiqi Quwo yancao de shengchang yu maoyi" (Quwo's tobacco production and trade in the Ming and Qing dynasties). *Zhongguo jingjishi yanjiu* (Researches in Chinese economic history), no. 3: 42–50. 梁四宝、张新龙：《明清时期曲沃烟草的生产与贸易》, 载《中国经济史研究》2007 年第 3 期, 第 42—50 页。

Liang Zhangju. [1875] 1969. *Tui'an suibi* (Random notes of Liang Tui'an [Zhangju]). In *Jindai Zhongguo shiliao congkan* (Collected of materials on modern Chinese history). Vols. 437–438.

Compiled by Shen Yunlong. Reprint, Taibei: Wenhai chubanshe. 梁章钜：《退庵随笔》，沈云龙编《近代中国史料丛刊》，第 437-438 册，重印本，台北：文海出版社，1969 年。

Libert, Lutz. 1986. *Tobacco, Snuff-Boxes, and Pipes*. （《烟草，鼻烟壶和烟斗》）Translated by Sheila Marnie. London: Orbis.

Lieberman, Victor B. 2003. *Strange Parallels: Southeast Asia in Global Context, c. 800–1830*. （《奇怪的对比：全球语境下的东南亚（800—1830 年）》）Vol. 1. Cambridge: Cambridge University Press.

Lin Yütang. [1935] 1995. "My turn at quitting smoking" (Wo de jieyan). （林语堂，《我的戒烟》）Translated by Nancy E. Chapman. In *The Columbia Anthology of Modern Chinese Literature*. （《哥伦比亚现代中国文学作品选》）Edited by Joseph S. M. Lau and Howard Goldblatt, 616–620. New York: Columbia University Press.

Ling, Ken. 1972. *The Revenge of Heaven: Journal of a Young Chinese*. Translated by Miriam London and Ta-ling Lee. （《天堂的复仇：一个中国青年的日记》）New York: Putnam.

Ling Long (Elegance). （《玲珑》）1931–1937. www.columbia.edu/cu/lweb/digital/collections/linglong/ (accessed 19 March–18 April 2007).

Lipman, Jonathan N. 1997. *Familiar Strangers: A History of Muslims in Northwest China*. （《熟悉的陌生人：中国西北穆斯林的历史》）Seattle: University of Washington Press.

Little, Alicia Helen Neva. 1899. *Intimate China: The Chinese as I Have Seen Them*. （《亲近中国：我眼中的中国人》）London: Hutchinson and Co.

Liu, Bo-Qi, Richard Peto, Zheng-Ming Chen, Jillian Boreham, Ya-Ping Wu, Jun-Yao Li, T. Colin Campbell, and Jun-Shi Chen. 1998. "Emerging Tobacco Hazards in China: 1. Retrospective Proportional Mortality Study of One Million Deaths." （《中国面临的烟草危害（一）：对 100 万起死亡的回顾性死亡率研究》）*British Medical Journal* （《英国医学杂志》）317 (November 21): 1411–1422.

Liu Cuirong. 1978. "Ming-Qing shidai nanfang diqu de zhuanye shengchan" (Specialized cultivation in southern China during the Ming-Qing period). *Dalu zazhi* (Mainland Magazine) 56, nos. 3–4: 125–59. 刘翠溶：《明清时代南方地区的专业生产》，《大陆杂志》1978 年第 56 卷，第 3-4 号，第 125—159 页。

Liu Jian, ed. 1999. *Tianjin Yangliuqing huashe cang Zhongguo Yangliuqing nianhua xianban xuan* (Chinese Yangliuqing New Year's prints from the collection of the Tianjin Yangliuqing Artists Association). Tianjin: Tianjin Yangliuqing huashe: Xinhua shudian Tianjin faxingsuo. 刘见编：《（天津杨柳青画社藏）中国杨柳青年画线版选》，天津：天津杨柳青画社，新华书店天津发行所，1999 年。

Liu Shengmu. [1903] 1929. *Biyan congke* (Collection of works relating to snuff). In *Zhijie tang congke* (Collectanea from the Hall of Honesty and Uprightness). Reprint, China: Lujiang Liushi. 刘声木：《鼻烟丛刻》，《直介堂丛刻》，重印本，庐江刘氏。

Liu Ts'ui-jung. 1980. *Trade on the Han River and Its Impact on Economic Development, c. 1800–*

1911. (《汉水流域的贸易及其对经济发展的影响（1800—1900）》) Nankang, Taibei: Institute of Economics, Academia Sinica.

Liu-Wang Liming. 1934. *Zhongguo funü yundong* (The Chinese women's movement). Shang hai: Shangwu yinshuguan. 刘王立明：《中国妇女运动》，上海：商务印书馆，1934 年。

Ljungstedt, Andrew. 1836. *An Historical Sketch of the Portuguese Settlements in China*. (《在华葡萄牙居留地简史》) Boston: James Munroe.

Lou Dexing. 1996. "Huacheng yan gongsi zai guohuo yundong zhong fazhan zhuangda" (The development and expansion of Huacheng Tobacco Company during the National Goods Movement). *Zhongguo jindai guohuo yundong* (China's modern National Products Movement). Edited by Pan Junxiang, 213–218. Beijing: Zhongguo wenshi chubanshe. 娄德兴：《华成烟公司在国货运动中发展壮大》，潘君祥编《中国近代国货运动》，北京：中国文史出版社，1996 年。

Lu, Hanchao. 1999. *Beyond the Neon Lights: Everyday Shanghai in the Early Twentieth Century*. (《霓虹灯外：20 世纪初日常生活中的上海》) Berkeley: University of California.

Lugar, Catherine. 1977. "The Portuguese Tobacco Trade and Tobacco Growers of Bahia in the Late Colonial Period." (《殖民地晚期的葡萄牙烟草贸易与巴伊亚的烟草种植者》) In *Essays Concerning the Socioeconomic History of Brazil and Portuguese India*. (《巴西和葡属印度社会经济史论文》) Edited by Dauril Alden and Warren Dean, 26–70. Gainesville: University Presses of Florida.

Lu Xun. 2002. *Love-Letters and Privacy in Modern China: The Intimate Lives of Lu Xun and Xu Guangping*. Translated by Bonnie McDougall. (《现代中国的情书与隐私：鲁迅和许广平的爱情生活》) Oxford: Oxford University Press. (此书为杜博妮研究专著，而非翻译作品。译作英文名为：Letters Between Two: Correspondence Between Lu Xun and Xu Guangping，中文名为《两地书》——译者注)

Lu Yao. [1833] 1995. *Yan pu* (Tobacco manual). In *Xuxiu Siku quanshu, Zi bu, Pu lu lei* (Continuation of the Siku quanshu—Philosophers section—Manuals). Vol. 1117: 483–486. Shanghai: Shanghai guji chubanshe. 陆耀：《烟谱》，《续修四库全书》，子部，谱录类，第 1117 册，上海：上海古籍出版社，1995 年，第 483—486 页。

Lynn, Richard John. 1991. "Researches Done during the Spare Time into the Realm of Yong Lu, God of the Nose: The Yonglu Xianjie of Zhao Zhiqian." (《嗅觉之神：赵之谦的〈勇庐闲诘〉》) *Journal of the International Chinese Snuff Bottle Society* (《中国鼻烟壶国际学会会刊》) 23, no. 4 (Autumn): 5–26.

Macartney, George. 1963. *An Embassy to China: Being the Journal Kept by Lord Macartney during his Embassy to the Emperor Ch'ien-lung, 1793–1794*. (《乾隆朝马戛尔尼使华日志（1793—1794 年）》) Hamden, CT: Archon Books.

Mackay, Judith. 1997. "Smoking in China: 'The Limits of Space.'" (《吸烟在中国："空间的限制"》) *Tobacco Control* (《烟草控制》) 6, no. 2(June): 77–79.

MacPherson, Kerrie. 1998. "Cholera in China, 1820–1930." (《霍乱在中国（1820－1930 年）》：

传染病国际化的一面》) In *Sediments of Time: Environment and Society in Chinese History*. (《积渐所至：中国环境史论文集》) Edited by Mark Elvin and Liu Ts'ui-jung, 487–519. Cambridge: Cambridge University Press.

McChesney, R.D. 1996. *Central Asia: Foundations of Change*. (《中亚：变革的基础》) Princeton, NJ: Darwin Press.

McMahon, Keith. 2000. "Opium and Sexuality in Late Qing Fiction." (《晚清小说中的鸦片与性》) *Nan Nü: Men, Women, and Gender in Early and Imperial China* (《男女：中国古代和帝国时期的男人、女人与社会性别》) 2, no. 1 (January): 129–179.

———. 2002. *The Fall of the God of Money: Opium Smoking in Nineteenth-Century China*. (《财神爷的陨落：19世纪中国的鸦片消费》) Lanham, MD: Rowman and Littlefeld.

Mann, Susan. 1984. "Urbanization and Historical Change in China." (《中国城市化与历史变迁》) *Modern China* (《近代中国》) 10, no.1 (January): 79–113.

———. 1997. *Precious Records: Women in China's Long Eighteenth Century*. (《缀珍录：十八世纪及其前后的中国妇女》) Stanford, CA: Stanford University Press.

Mao Tun (Mao Dun). [1939] 1957. *Midnight*. Reprint. Beijing: Foreign Languages Press. 茅盾：《子夜》，重印本，北京：外文出版社，1957年。

Mao Zedong. 1990. *Report from Xunwu*. (《寻乌调查》) Translated, with an introduction and notes, by Roger R. Thompson. Stanford, CA: Stanford University Press.

Marks, Robert. 1998. *Tigers, Rice, Silk, and Silt: Environment and Economy in Late Imperial South China*. (《老虎、稻子、丝绸和淤泥：中华帝国晚期中国南方经济》) Cambridge: Cambridge University Press.

Marsh, Madeleine. 1988. "This Sovereign Weed: A Brief History of Tobacco from its Discovery until the End of the Eighteenth Century." (《具有特效的野草：烟草简史（首次发现至18世纪末）》) In *Tobacco Containers and Accessories: Their Place in Eighteenth-Century European Social History*. (《烟草容器与配件：其在18世纪欧洲社会史的地位》) Edited by Deborah Gage and Madeleine Marsh, 9–42. London: Gage and Co.

Martini, Martino. 1654. *Bellum Tartaricum; or, The Conquest of the Great and most Renowned Empire of China*, by the Invasion of the Tartars. (《鞑靼战纪》) London: John Crook.

Matthee, Rudi. 2005. *The Pursuit of Pleasure: Drugs and Stimulants in Iranian History, 1500–1900*. (《追求愉悦：伊朗历史上的毒品与兴奋剂（1500—1900年）》) Princeton: Princeton University Press.

Mazumdar, Sucheta. 1998. *Sugar and Society in China: Peasants, Technology, and the World Market*. (《中国：糖与社会：农民、技术和世界市场》) Cambridge, MA: Harvard University East Asia Center. Distributed by Harvard University Press.

Meyer-Fong, Tobie. 1999. "Making a Place for Meaning in Early Qing Yangzhou." (《清初扬州成名论》) *Late Imperial China* (《晚期帝制中国》) 20, no. 1 (June): 49–84.

———. 2003. *Building Culture in Early Qing Yangzhou*. (《清初扬州文化》) Stanford, CA: Stanford

University Press.

Miles, Steven B. 2006. *The Sea of Learning: Mobility and Identity in Nineteenth-Century Guangzhou.* (《学海：十九世纪广州的社会流动性与身份认同》) Cambridge, MA: Harvard University East Asia Center. Distributed by Harvard University Press, 2006.

Millward, James A. 1998. *Beyond the Pass: Economy, Ethnicity, and Empire in Qing Central Asia, 1759–1864.* (《嘉峪关外：1759—1864 年新疆的经济、民族和清帝国》) Stanford, CA: Stanford University Press.

———. 2001. "Not Just in China: Qing Dynasty Expansion and Eclecticism." (《中国不是唯一：清代扩张与折衷主义》) *Journal of the International Chinese Snuff Bottle Society* (《中国鼻烟壶国际学会会刊》) 33, no. 1 (Spring): 4–17.

Milmore, Benno, and Arthur Conover. 1956. "Tobacco Consumption in the United States, 1880–1955." (《美国的烟草消费（1880—1955 年）》) In *Tobacco Smoking Patterns in the United States.* (《美国的吸烟模式》) Public Health Monograph no. 45. Edited by William Haenszel, Michael B. Shimkin, and Herman P. Miller. Washington, DC: U.S. Government Printing Office.

Min, Anchee, Duo Duo, and Stefan R. Landsberger. 2008. *Chinese Propaganda Posters from the Collection of Michael Wolf.* (《迈克尔·沃尔夫收藏的中国政治宣传画》) Hong Kong: Taschen.

Mintz, Sidney W. 1985. *Sweetness and Power: The Place of Sugar in Modern History.* (《甜与权力：糖在近代历史上的地位》) New York: Penguin Group.

Mitchell, Dolores. 1992. "Images of Exotic Women in Turn-of-the-Century Tobacco Art." (《世纪之交烟草艺术中的异域女性形象》) *Feminist Studies* (《女权主义研究》) 18, no. 2 (Summer): 327–350.

Montgomery, Helen Barrett. 1915. *The King's Highway.* (《君王大道》) Brattleboro, VT: Central Committee of the United Study of Foreign Missions.

Moss, Hugh, Victor Graham, and Ka Bo Tsang. 1993. *The Art of the Chinese Snuff Bottle.* (《中国鼻烟壶的艺术》) 2 vols. New York: Weatherhill.

Mu Shiying. 1998. *Mu Shiying daibiao zuo* (Mu Shiying's representative works). Beijing: Huaxia chubanshe. 穆时英：《穆时英代表作》，北京：华夏出版社，1998 年。

Nakano, Teruo. 1984. *Higashi Aija no kitsuenga* (Smoking paraphernalia of East Asia). (《东亚的烟具》) Catalog of an exhibition held at the Tenri Gallery, November 26, 1984–March 30, 1985. Tokyo: Tenri Gyararī. (aija 应为 ajia（アジア），kitsuga 应为 kitsugu（喫煙具）——译者注)

Naquin, Susan. 2000. *Peking: Temples and City Life, 1400–1900.* (《北京：寺庙与城市生活（1400—1900 年）》) Berkeley: University of California Press.

Needham, Joseph, Hsing-Tsung Huang, and Gwei-Djen Lu, eds. 1984. *Science and Civilization in China,* (《中国科学技术史》) vol. 6, part 1, Botany. Cambridge: Cambridge University Press.

Newitt, M.D.D. 2005. *A History of Portuguese Overseas Expansion, 1400–1668.* (《葡萄牙海外扩张史（1400—1668）》) London: Routledge.

Ng Chin-keong. 1983. *Trade and Society: The Amoy Network on the China Coast, 1683–1735*. (《厦门的兴起——1683—1735 年贸易和社会》) Singapore: Singapore University Press.

Ni Zhumo. [1624] 1694. *Bencao huiyan* (Illustrated materia medica). Reprint, Zhejiang: Jiantang minshi. 倪朱谟：《本草汇言》，清康熙三十三年甲戌刻本。

Nieuhof, Johannes. [1669] 1673. *An Embassy from the East-India Company of the United Provinces to the Grand Tartar Cham, Emperor of China*. (《荷兰共和国东印度公司使团觐见大鞑靼可汗、中国皇帝纪实》) Translated by John Ogilby. Reprint, London: J. Macock.

Norton, Marcia S. 2000. "New World of Goods: A History of Tobacco and Chocolate in the Spanish Empire, 1492–1700." (《新大陆的商品：西班牙帝国的烟草和巧克力史（1492—1700 年）》) Ph.D. diss., University of California, Berkeley.

Norton, Marcy. 2008. *Sacred Gifts, Profane Pleasures: A History of Tobacco and Chocolate in the Atlantic World*. (《神圣的礼物、世俗的愉悦：大西洋世界烟草和巧克力史》) Ithaca, NY: Cornell University Press.

Obringer, Frédéric. 2001. "A Song Innovation in Pharmacotherapy: Some Remarks on the Use of White Arsenic and Flowers of Arsenic." (《药物学的创新：关于砒霜及砒霜花的应用》) In *Innovation in Chinese Medicine*. (《中医的创新》) Edited by Elisabeth Hsu, 192–219. Cambridge: Cambridge University Press.

Ogawa, Manako. 2007. "The 'White Ribbon League of Nations' Meets Japan: The Trans-Pacific Activism of the Woman's Christian Temperance Union, 1906–1930." (《当日本遭遇"白丝带联盟"：基督教妇女节制会的跨太平洋的激进主义（1906—1930 年）》) *Diplomatic History* (《外交史》) 31, no. 1 (January): 21–50.

Olivovà, Lucie.2005. "Tobacco Smoking in Qing China." (《清代中国的烟草消费》) *Asia Major*, (《亚洲专刊》) 3dser., 18, part 1:225–250.

Osbeck, Peter.1771. *A Voyage to China and the East Indies*. (《中国与东印度群岛之行》) London: Printed for Benjamin White.

Osborne, Anne Rankin. 1989. "Barren Mountains, Raging Rivers: The Ecological and Social Effects of Changing Landuse on the Lower Yangzi Periphery in Late Imperial China." (《贫瘠的山区、汹涌的河流：中华帝国晚期长江下游周边地区土地利用方式的演变及其生态社会效应》) Ph.D. diss., Columbia University, New York.

O'Sullivan, Belinda, and Simon Chapman. 2000. "Eyes on the Prize: Transnational Tobacco Companies in China, 1976–1997." (《矢志不移：中国的跨国烟草公司（1976—1997）》) *Tobacco Control* (《烟草控制》) 9, no. 3 (September): 292–302.

Paderni, Paola. 2002. "Fighting for Love: Male Jealousy in Eighteenth-Century China." (《冲冠一怒为红颜：18 世纪中国的男性嫉妒》) *Nan Nü: Men, Women, and Gender in Early and Imperial China* (《男女：中国古代和帝国时期的男人、女人与社会性别》) 4, no. 1 (March): 35–69.

Pagani, Catherine. 2001. *"Eastern magnifcence and European ingenuity": Clocks of Late Imperial China*. (《东方堂皇与欧洲精巧：中国封建社会晚期的钟表》) Ann Arbor: University of

Michigan Press.

Pan, Yihong. 2003. *Tempered in the Revolutionary Furnace: China's Youth in the Rustication Movement.*（《锤炼在革命熔炉中：上山下乡运动中的中国青年》）Lanham, MD: Lexington Books.

Pan Zhe, Li Hongbin, Sun Fangming, eds. 1989. *Qing ruguan qian shiliao xuanji* (Selection of historical materials from before the Qing entered the pass). Vol. 2. Beijing: Zhongguo renmin daxue chubanshe. 潘喆，孙方明，李鸿彬编：《清入关前史料选辑》第二卷，北京：中国人民大学出版社，1989 年。

Pan, Zhenfeng. 2004. "Socioeconomic Predictors of Smoking and Smoking Frequency in Urban China: Evidence of Smoking as a Social Function."（《中国城市吸烟的社会经济指数与吸烟频率：吸烟社会功能的证据》）*Health Promotion International*（《国际健康促进》）19, no. 3: 309–315.

——, and Dongsheng Hu. 2008. "Hierarchical Linear Modeling of Smoking Prevalence and Frequency in China between 1991 and 2004."（《中国吸烟比率和频率的科层线性模型（1991—2004 年）》）*Health Policy and Planning*（《卫生政策与计划》）23: 118–24.

Peng, Yali. 1997. "Smoke and Power: The Political Economy of Chinese Tobacco."（《吸烟与权力：中国烟草的政治经济学》）Ph.D. diss., University of Oregon, Eugene.

Peng Zeyi. 1997. *Qingdai gongshang hangye beiwen jicui* (Collection of representative stele inscriptions from handicraf industries of the Qing dynasty). Zhengzhou: Zhongzhou guji chubanshe. 彭泽益：《清代工商行业碑文集萃》，郑州：中州古籍出版社，1997 年。

Peng Zunsi. 1816. "Shu zhong yan shuo" (On tobacco in central Sichuan). In *Sichuan tongzhi*(Gazetteer of Sichuan Province). 彭遵泗：《蜀中烟说》，《四川通志》，1816 年。

Perdue, Peter C. 1987. *Exhausting the Earth: State and Peasant in Hunan, 1500–1850.*（《耗尽地力：湖南的国家与农民（1500—1850 年）》）Cambridge, MA: Council on East Asian Studies. Distributed by Harvard University Press.

Perkins, Dwight. 1969. *Agricultural Development in China, 1368–1968.*（《中国农业的发展（1368—1968 年）》）Chicago: Aldine.

Perry, Elizabeth J. 1993. *Shanghai on Strike: The Politics of Chinese Labor.*（《上海罢工：中国工人政治研究》）Stanford, CA: Stanford University Press.

Pickowicz, Paul. 1991. "The Theme of Spiritual Pollution in Chinese Films of the 1930s."（《20 世纪 30 年代中国电影中的精神污染主题》,）*Modern China*（《近代中国》）17, no. 1 (January): 38–75.

Pickwell, Sheila M., Samrang Schimelpfening, and Lawrence A. Palinkas. 1994. "'Betelmania': Betel Quid Chewing by Cambodian Women in the United States and Its Potential Health Effects."（《"槟榔狂热"：美国柬埔寨籍妇女嚼槟榔及其健康隐患》）*Western Journal of Medicine*（《西部医学杂志》）160, no. 4 (April): 326–330.

Poland, B., K. Frohlich, R.J. Haines, E. Mykhalovskiy, M. Rock, and R. Sparks. 2006. "The Social

Context of Smoking: The Next Frontier in Tobacco Control?" (《吸烟的社会语境：烟草控制的新前线?》) *Tobacco Control* (《烟草控制》) 15, no. 1 (February): 59–63.

Pomerantz-Zhang, Linda. 1992. Wu Tingfang (1842–1922): *Reform and Modernization in Modern Chinese History*. (《伍廷芳 (1842—1922 年)：中国近代史上的改良与现代化》) Hong Kong: Hong Kong University Press.

Pomeranz, Kenneth. 2000. *The Great Divergence: China, Europe, and the Making of the Modern World Economy*. (《大分流：欧洲、中国及现代世界经济的发展》) Princeton: Princeton University Press.

Pond, Wilf. P. 1894. "Chinese Snuff Bottles." (《中国鼻烟壶》) *Frank Leslie's Popular Monthly: The American Magazine* (《弗兰克·莱斯利大众月刊：美国杂志》) 37, no. 4: 504–511.

Porter, Edgar A. 1997. *The People's Doctor: George Hatem and China's Revolution*. (《人民的大夫：马海德和中国革命》) Honolulu: University of Hawai'i Press.

Pruitt, Ida. [1945] 1967. *A Daughter of Han: The Autobiography of a Chinese Working Woman*. (《汉族女儿：一位中国劳动妇女的自传》) Reprint. Stanford, CA: Stanford University Press.

Ptak, Roderich, and Dietmar Rothermund, eds. 1991. *Emporia, Commodities, and Entrepreneurs in Asian Maritime Trade, c. 1400–1750*. (《亚洲海洋贸易的商业中心、商品与企业家（1400—1750 年）》) Stuttgart: Franz Steiner Verlag.

Ptak, Roderich. 2004. "Ming Maritime Trade to Southeast Asia, 1368–1567: Visions of a System." (《明代东南亚的海洋贸易：一种体系的想象（1368—1567 年）》) In *China, the Portuguese, and the Nanyang: Oceans and Routes, Regions and Trade (c. 1000–1600)*. (《中国，葡萄牙人与南洋：海洋与航线，地区与贸易（1000—1600 年）》) Burlington, VT: Ashgate.

Qi Jun. 1981. *Yan chou* (Melancholy smoke). Taibei: Erya chubanshe. 琦君：《烟愁》，台北：尔雅出版社，1981 年。

Quan Zuwang. [1804] 2003. *Quan Zuwang "Jie qi ting ji" jiao zhu* (Collation and explication of Quan Zuwang's "Jie qi ting ji"). 4 vols. Reprint, Taibei: Guoli bianyi guan. 全祖望：《全祖望〈鲒埼亭集〉校注》，4 册，重印本，台北：国立编译馆，2003 年。

Rapaport, Benjamin. 1977. "Tobacco Pipe Curiosities of the Orient." (《东方烟斗珍品》) *Arts of Asia* (《亚洲艺术》) 27, no. 2 (January–February): 78–87.

Rawski, Evelyn S. 1972. *Agricultural Change and the Peasant Economy of South China*. (《华南农业变化与农业经济》) Cambridge, MA: Harvard University Press.

———. 1975. "Agricultural Development in the Han River Highlands." (《汉江丘陵地带的农业发展》) *Ch'ing-shih wen-ti* (《清史问题》) 3, no. 4: 63–81.

———. 1998. *The Last Emperors: A Social History of Qing Imperial Institutions*. (《清代皇家习俗的社会史》) Berkeley: University of California Press.

Rawski, Thomas G. 1989. *Economic Growth in Prewar China*. (《战前中国经济增长》) Berkeley: University of California Press.

Ready, Oliver George. 1904. *Life and Sport in China*. (《中国的生活与体育》) London: Chapman and Hall.

Rechcigl, Jack E., and Nancy A. Rechcigl. 1999. *Biological and Biotechnical Control of Insect Pests.* (《抑制害虫的生物与生物技术》) London: Taylor and Francis Group, CRC Press.

Reid, Anthony. 1985. "From Betel-Chewing to Tobacco-Smoking in Indonesia." (《印度尼西亚从嚼槟榔到吸烟的转变》) *Journal of Asian Studies* (《亚洲研究》) 25, no. 3 (May): 529–547.

Rogaski, Ruth. 2004. *Hygienic Modernity: Meanings of Health and Disease in Treaty-Port China.* (《卫生的现代性：中国通商口岸卫生与疾病的含义》) Berkeley: University of California Press.

Romaniello, Matthew. 2007. "Through the Filter of Tobacco: The Limits of Global Trade in the Early Modern World." (《以烟草为例：近代早期世界中全球贸易的局限》) *Comparative Studies in Society and History* (《社会与历史比较研究》) 49, no. 4 (October): 914–937.

Rooney, Dawn F. 1993. *Betel Chewing Traditions in South-East Asia.* (《东南亚的咀嚼槟榔传统》) Kuala Lumpur: Oxford University Press.

Roth Li, Gertraude. 2002. "State Building before 1644." (《1644年以前的国家构建》) In *The Cambridge History of China*, Vol. 9, Part One: The Ch'ing Empire to 1800. (《剑桥中国史（清帝国至1800年）》) Edited by Willard J. Peterson, 9–72. Cambridge: Cambridge University Press.

Rowe, William T. 1984. *Hankow: Commerce and Society in a Chinese City, 1796–1889.* (《汉口：一个中国城市的商业和社会（1796—1889）》) Stanford, CA: Stanford University Press.

———. 2001. *Saving the World: Chen Hongmou and Elite Consciousness in Eighteenth-Century China.* (《救世——陈宏谋与十八世纪中国的精英意识.》) Stanford, CA: Stanford University Press.

———. 2002. "Social Stability and Social Change." (《社会稳定与社会变革》) In Te Cambridge History of China, Vol. 9, Part One: The Ch'ing Empire to 1800. (《剑桥中国史（清帝国至1800年）》) Edited by Willard J. Peterson, 473–562. Cambridge: Cambridge University Press.

Schonebaum, Andrew David. 2004. "Fictional Medicine: Diseases and Doctors and the Curative Properties of Chinese Fiction." (《虚构的医学：疾病、医生与中国小说的疗效》) Ph.D. diss., Columbia University, New York.

Schudson, Michael. 2001. "The Emergence of New Consumer Patterns: A Case Study of the Cigarette." (《新兴的消费模式：卷烟的个案研究》) In *Consumption: Critical Concepts in the Social Sciences,* (《消费：社会科学中的关键概念》) Vol.4.Edited by Daniel Miller, 475–501. London: Routledge.

Serruys, Henry. 1975. *Trade Relations: The Horse Fairs (1400–1600).* (《贸易关系：马市（1400—1600年）》) Brussels: Institut Belge des Hautes Etudes Chinoises.

Shammas, Carole. 1993. "Changes in English and Anglo-American Consumption from 1550 to 1800." (《英国与英美消费的变迁（1550—1800年）》) In Consumption and the World of Goods. (《消费与商品世界》) Edited by John Brewer and Roy Porter, 177–205. London: Routledge.

Shanghai shehui kexueyuan; Jingji yanjiusuo. 1983. *Yingmei yan gongsi zai hua qiye ziliao huibian* (Documents on the enterprises of BAT in China). 4 vols. Beijing: Zhonghua shuju. 上海社会科学院经济研究所：《英美烟草公司在华企业资料汇编》，4 卷，北京：中华书局，1983 年。

Shangye yuebao (Commerce Monthly). 1935. 17, no. 5: 2–3. 《商业月报》1935 年第 17 卷，第 5 期，第 2—3 页。

"Shaping Up: China's Tobacco Industry Is Making More Money with Fewer Factories." （《改善：中国烟草工业正以更少工厂赚更多钱》）2009. *Tobacco Reporter Magazine*, （《烟业通讯》）April. www.tobaccoreporter.com/home (accessed 29 August 2009).

Shapiro, Jean A., Eric J. Jacobs, and Michael Tun. 2000. "Cigar Smoking in Men and Risk of Death from Tobacco-Related Cancer." （《男性抽雪茄与烟草相关癌症的死亡风险》）*Journal of the National Cancer Institute* （《全国癌症研究所月刊》）92, no. 4 (February): 333–337.

Shechter, Relli. 2003. "Selling Luxury: The Rise of the Egyptian Cigarette and the Transformation of the Egyptian Tobacco Market, 1850–1914." （《推销奢侈：埃及香烟的崛起与埃及烟草市场的转型（1850—1914）》）*International Journal of Middle Eastern Studies* （《国际中东研究》）35, no. 1 (February): 51–75.

——. 2006. *Smoking, Culture, and Economy in the Middle East: The Egyptian Tobacco Market, 1850–2000*. （《中东的吸烟、文化与经济：埃及的烟草市场》）London: I. B. Tauris.

Shen Bang. 1980. *Wanshu zaji* (Miscellaneous records from the Wanping County office). Beijing: Zhonghua shuju. 沈榜：《宛署杂记》，北京：中华书局，1980 年。

Shen Chiran. [1809] 1885. *Hanye congtan* (Collected notes on a wintry night). Reprint, China: Xinyang Zhao shi. . 沈赤然：《寒夜丛谈》，重印本，新阳赵氏．

Shen Congwen. 1928. "Baizi" (Baizi [name]). Xiaoshuo yuebao (Short Story Monthly) 8, no. 10: 933–937. 沈从文：《白字》，载《小说月报》1928 年第 8 卷第 10 期，第 933—937 页。

——. 1929. "Caiyuan" (Vegetable Garden). Xiaoshuo yuebao (Short Story Monthly) 20, no. 10: 1615–1620. 《菜园》，载《小说月报》1929 年第 20 卷第 10 期，第 1615—1620 页。

——. 1930. "Zhangfu" (The Husband). Xiaoshuo yuebao (Short Story Monthly) 21, no. 4: 669–679. 《丈夫》，载《小说月报》1930 年第 21 卷第 4 期，第 669—679 页。

——. 1937. "Daxiao Ruan" (Big Ruan and Little Ruan). Wenxue zazhi (Literary Magazine) 1, no. 2: 88–110. 《大小阮》，载《文学杂志》1937 年第 1 卷第 2 期，第 88—110 页。

—— (Shen Ts'ung-wen). 1982. The Chinese Earth. （《中国土地》）Translated by Ching Ti and Robert Payne. New York: Columbia University Press.

——. 1995. Imperfect Paradise. （《不完美的天堂》）Translated by. Honolulu: University of Hawai'i Press.

Shen, Fan. 2006. *Gang of One: Memoirs of a Red Guard*. （《一人帮：一名红卫兵的回忆录》）Lincoln: University of Nebraska Press.

Shepherd, John R. 1993. *Statecraft and Political Economy on the Taiwan Frontier, 1600–1800*. （《台湾边疆的治理与政治经济（1600—1800 年）》）Stanford, CA: Stanford University Press.

Shi Runzhang. [1833] 1990. *Juzhai zaji* (Random notes of Shi Juzhai [Runzhang]). In *Zhaodai congshu* (Collected works of our dynasty). Edited by Zhang Chao, 986–995. Reprint, Shanghai: Shanghai guji chubanshe. 施闰章：《矩斋杂记》，张潮编，《昭代丛书》，重印本，上海：上海古籍出版社，1990 年，第 986—995 页。

Shih, Shu-mei. 2001. *The Lure of the Modern: Writing Modernism in Semicolonial China, 1917–1937*. (《现代的诱惑：书写半殖民地中国的现代主义（1917—1937 年）》) Berkeley: University of California Press.

———. 2007. "Shanghai Women of 1939: Visuality and the Limits of Feminine Modernity." (《1939 年的上海女性：可视性与女性现代性的局限》) In *Visual Culture in Shanghai, 1850s-1930s*. (《上海的视觉文化 :19 世纪 50 年代到 20 世纪 30 年代》) Edited by Jason C. Kuo, 205–240. Washington, DC: New Academia.

Sihn, K.H., and H.G. Seo. 2001. "The Introduction of Tobacco and the Diffusion of Smoking Culture in Korea." (《烟草传入与吸烟文化在韩国的传播》) *Uisahak* (Korean Journal of Medical History) (《韩国医学史》) 10, no. 1 (June): 23–59.

"Simyang changgye" (Letters from Shenyang, 1637–1643). 1970. In *Kaiguo shiliao* (Historical materials on the founding of the country). Taibei: Tailian guofeng chubanshe. 《沈阳状启》，《开国史料》，台北：台联国风出版社，1970 年。

Sirr, Henry Charles. 1849. *China and the Chinese: Their Religion, Character, Customs, and Manufacture*. (《中国与中国人：他们的宗教、性格、习俗和产品》) 2 vols. London: William S. Orr and Co.

Sivin, Nathan. 1987. *Traditional Medicine in Contemporary China*. (席文，《当代中国的传统医学》) Ann Arbor: Center for Chinese Studies, University of Michigan.

Smith, Frederick Porter. 1871. *Contributions towards the Materia Medica and Natural History of China for the Use of Medical Missionaries and Native Medical Students*. (《中国药物学与自然史》，) Shanghai: American Presbyterian Mission Press; London: Trübner and Co.

Song, Lina. 2001. "Gender Effects on Household Resource Allocation in Rural China." (《性别对中国农村家庭资源配置的影响》) In *China's Retreat from Equality: Income Distribution and Economic Transition*. (《中国放弃平等：收入分配与经济转型》) Edited by Carl Riskin, Zhao Renwei, and Li Shi, 276–303. Armonk, NY: M. E. Sharpe.

Souza, George Bryan. 1986. *The Survival of Empire: Portuguese Trade and Society in China and the South China Sea, 1630–1754*. (《葡萄牙在中国和中国南海的贸易与社会（1630—1754 年）》) Cambridge: Cambridge University Press.

———. 2005. "Macau and the *Estado da India*: Colonial Administration, Administrators, and Commerce." (《澳门与印度政厅：殖民地治理、行政官与商业》) Unpublished paper.

———. 2007. "Developing Habits: Opium and Tobacco in the Indonesian Archipelago, c. 1619–c. 1794." (《习惯的形成：印尼群岛的鸦片与烟草（1619—1794 年）》) In *Drugs and Empires: Essays in Modern Imperialism and Intoxication, c. 1500–c. 1930*. (《瘾品与帝国：近

代帝国主义与吸毒论文集（1500—1930 年）》） Edited by James H. Mills and Patricia Barton, 39–56. London: Palgrave.

Spence, Jonathan. 1975. "Opium Smoking in Ch'ing China." （《清代中国的鸦片消费》） In *Conflict and Control in Late Imperial China*. （《中华帝国晚期的冲突与控制》） Edited by Frederic Wakeman Jr. and Carolyn Grant, 143–173. Berkeley: University of California Press.

Starks, Tricia. 2006. "Red Star/Black Lungs: Anti-tobacco Campaigns in Twentieth-Century Russia." （《红星／黑肺：20 世纪俄罗斯的禁烟运动》） *Social History of Alcohol and Drugs* （《酒精和药物的社会史》） 21, no.1 (Fall): 50–68.

Staunton, George. 1797. *An Authentic Account of an Embassy from the King of Great Britain to the Emperor of China*. （《英使谒见乾隆纪实》） 3 vols. London: W. Bulmer and Co. for G. Nicol, Bookseller to His Majesty.

Steensgaard, Niels. 1999. "The Route through Quandahar: The Signifcance of the Overland Trade from India to the West in the Seventeenth Century." （《通向坎大哈之路：17 世纪印度到西方陆路贸易的重要性》） In *Merchants, Companies, and Trade: Europe and Asia in the Early Modern Era*. （《商人、公司与贸易：近代早期的欧洲与亚洲》） Edited by Sushil Chaudhury and Michel Morineau, 55–73. Cambridge: Cambridge University Press.

Stewart, Grace. 1967. "A History of the Medicinal Use of Tobacco, 1492–1860." （《药用烟草史（1492—1860 年）》） *Medical History* （《医学史》） 11, no. 3 (July): 228–268.

Sun, Laichen. 2000. "Ming–Southeast Asian Overland Interactions, 1368–1644." （《明朝与东南亚的陆路交流（1368—1644 年）》） Ph.D. diss., University of Michigan, Ann Arbor.

Suzuki, Barnabas T. 1991. *Introduction of Tobacco and Smoking into Japan*. （《日本对烟草与吸烟的引进》） Tokyo: Academie Internationale de la Pipe.

Tao, L. K. (Tao Menghe). 1928. *Livelihood in Peking: An Analysis of the Budgets of Sixty Families*. （《北平生活费之分析》） Peking: Social Research Department, China Foundation for the Promotion of Education and Culture.

Tao Weining. 2002. "Mingmo Qingchu xiyan zhi feng ji yancao zai guonei de chuanbo fangshi yu tujing yanjiu" (Smoking customs in China and the manner of tobacco's diffusion during the late Ming and early Qing). *Zhongguo lishi dili luncong* (Collections of essays on Chinese historical geography) 17, no. 2 (June): 97–106. 陶卫宁：《明末清初吸烟之风及烟草在国内传播方式与途径研究》，载《中国历史地理论丛》第 17 卷第 2 期（6 月），第 97—106 页。

Tashiro Kazui. 1976. "Tsushima Han's Korean Trade, 1684–1710." （《对马藩的朝鲜贸易（1684—1710 年）》） *Acta Asiatica* （《东方学会》） 30 (February): 85–105.

Tate, Cassandra. 1999. *Cigarette Wars: The Triumph of "The Little White Slaver."* （《卷烟战争："小白奴隶"的胜利》） New York: Oxford University Press.

Terajima Ryōan. [1713] 1906. *Wa-Kan sansai zue* (Japanese and Chinese illustration of the three worlds). （《和汉三才图会》） Reprint, Tokyo: Yoshikawa Kōbunkan.

Teiss, Janet M. 1998. "Dealing with Disgrace: The Negotiation of Female Virtue in Eighteenth-

Century China." (《丑事：18 世纪中国的女德》) Ph.D. diss., University of California, Berkeley.

———.2004. *Disgraceful Matters: The Politics of Chastity in Eighteenth-Century China*. (《丑行：十八世纪中国的贞洁政治》) Berkeley: University of California Press.

Thévenot, M. Melchisedec.1696. *Relations de Divers Voyages Curieux*. (《旅行志异》) Paris: Tomas Moette.

Tiriez, Régine. 1999. "Photography and Portraiture in Nineteenth-Century China." (《19 世纪中国的摄影与肖像画》) *East Asian History* (《东亚历史》) 17–18 (June–December): 77–102.

Thomson, John. 1899. *Through China with a Camera*. (《用相机记录中国》) New York: Harper.

Tian Peidong. 1995. *Shaanxi shangbang* (The Shaanxi merchant clique). Hong Kong: Zhonghua shuju. 田培栋:《陕西商帮》, 香港：中华书局, 1995 年。

Tinkler, Penny. 2006. *Smoke Signals: Women, Smoking, and Visual Culture*. (《烟雾信号：女性、吸烟与视觉文化》) Oxford: Berg.

"Tobacco Crops of Chekiang." (《浙江的烟草作物》) 1929. *Chinese Economic Journal* (《中国经济杂志》) 5, no. 3 (September): 806–810.

Tsai, Weipin. 2006. "Having It All: Patriotism and Gracious Living in Shenbao's Tobacco Advertisements, 1919–1937." (《包罗万象：〈申报〉烟草广告中的爱国主义与优雅生活（1919—1937）》) In *Creating Chinese Modernity: Knowledge and Everyday Life, 1900–1940*. (《创造中国的现代性：知识与日常生活》) Edited by Peter Zarrow, 117–145. New York: Peter Lang.

Tsin, Michael. 1999. *Nation, Governance, and Modernity in China: Canton, 1900–1927*. (《国家、治理与中国的现代性：广东（1900—1927 年）》) Stanford, CA: Stanford University Press.

Tyrrell, Ian. 1991. *Woman's World/Woman's Empire: The Woman's Christian Temperance Union in International Perspective, 1880–1930*. (《女性的世界/女性的帝国：国际视野下的基督教妇女节制会（1880—1930 年）》) Chapel Hill: University of North Carolina Press.

U.S. Bureau of the Census, Population Division. 2000. "Historical National Population Estimates." (《全国人口历史估计》) Washington, DC. www.census.gov/popest/archives/1990s/popclockest.txt (accessed 28 August 2010).

Unschuld, Paul U. 1985. *Medicine in China: A History of Ideas*. (《中国医学思想史》) Berkeley: University of California Press.

———. 1986. *Medicine in China: A History of Pharmaceutics*. (《中国医学：药物史》) Berkeley: University of California Press.

Van Braam Houckgeest, André Everard. 1798. *Voyage de l'ambassade de la Compagnie des Indes Orientales hollandaises, vers l'empereur de la Chine: dans les années 1794 & 1795*. (《北京之行：1794 年和 1795 年荷兰东印度公司使节团访华纪实》) Vol. 1. Philadelphia: Nederlandsche Oost-Indische Compagnie, American Imprint Collection, Library of Congress.

Venkatachalapathy, A.R. 2006. *In Those Days There Was No Coffee: Writings in Cultural History*. (《没有咖啡的日子：书写文化史》) New Delhi: Yoda Press.

Vermeer, Eduard B. 1982. "Income Differentials in Rural China," (《中国农村的收入差距》) *China Quarterly* (《中国季刊》) 89(March): 1–33.

———, ed. 1990. *Development and Decline of Fukien Province in the 17th and 18th Centuries.* (《17 至 18 世纪福建省的发展与衰落》) Leiden, The Netherlands: E.J. Brill.

———. 1991. "The Mountain Frontier in Late Imperial China: Economic and Social Developments in the Bashan." (《中华帝国晚期的山区边疆：巴山的经济与社会发展》) *T'oung Pao*, (《通报》) 2nd series, 77, no. 4–5: 300–329.

Wakeman, Frederic, Jr. 1985. *The Great Enterprise: The Manchu Reconstruction of Imperial Order in Seventeenth-Century China.* (《洪业：清朝开国史》) Vol. 2. Berkeley: University of California Press.

———. 1995. "Licensing Leisure: The Chinese Nationalists' Attempt to Regulate Shanghai, 1927–1949." (《娱乐管制：中国民族主义者管理上海的尝试（1927—1949 年）》) *Journal of Asian Studies* 54, no. 1 (February): 19–42.

Waldron, Ingrid, Gary Bratelli, Laura Carriker, Wei-Chin Sung, Christine Vogeli, and Eliza-beth Waldman. 1988. "Gender Differences in Tobacco Use in Africa, Asia, the Pacifc, and Latin America." (《烟草消费在非洲、亚洲、大洋洲和拉丁美洲的性别差异》) *Social Science Medicine* (《社会科学与医学》) 27, no. 11: 1269–1275.

Walker, R. B. 1980. "Medical Aspects of Tobacco Smoking and the Anti-tobacco Movement in Britain in the Nineteenth Century." (《吸烟的医学面向与 19 世纪英国的禁烟运动》) *Medical History* (《医学史》) 24, no. 4 (October): 391–402.

Wang Ang. [1683] 1998. *Bencao beiyao* (Complete [corpus] and essentials of materia medica). Reprint. Beijing: Zhongguo zhongyiyao chubanshe. 汪昂：《本草备要》，重印本，北京：中国中医药出版社，1998 年。

Wang, David Der-wei. 1992. *Fictional Realism in Twentieth-Century China: Mao Dun, Lao She, and Shen Congwen.* (《20 世纪中国的虚构现实主义：茅盾，老舍，沈从文》) New York: Columbia University Press.

Wang, Di. 2008. *The Teahouse: Small Business, Everyday Culture, and Public Politics in Chengdu, 1900–1950.* (《茶馆：小生意、日常文化与成都的公共政治（1900—1950 年）》) Stanford, CA: Stanford University Press.

Wang, Junmin. 2009. "Global-Market Building as State Building: China's Entry into the WTO and Market Reforms in China's Tobacco Industry." (《作为国家建设的全球市场建设：中国加入世贸和中国烟草工业的改革》) *Theory and Society* (《理论与社会》) 38, no. 2: 181.

Wang Pu. [1799] 1968. "Yin an suo yu" (Desultory comments from Yin hermitage). In Wu Zhenfang, *Shuo ling* (Speaking of bells). Reprint. Taibei: Xinxing shuju. 王逋：《蚓庵琐语》，吴震方：《说铃》，重印本，台北：新兴书局，1968 年。

Wang Shihan. [1737] 1886. "Jin si lu" (A record of golden shreds). In *Congmu Wang Shiyi shu* (Collection of Mr. Wang's posthumous papers). Reprint, Changsha: n.p. 汪师韩：《金丝录》，《丛

睦汪氏遗书》，重印本，长沙：出版者不详，1886 年。

Wang Shizhen. [1702] 1982. *Xiang zu biji* (Orchid notes). Reprint, Shanghai: Shanghai guji chubanshe. 王士禛：《香祖笔记》，重印本，上海：上海古籍出版社，1982 年。

———. [1709] 1997. *Fen gan yü hua* (Sharing sweet anecdotes). Reprint. Beijing: Zhonghua shuju. 《分甘余话》，重印本，北京：中华书局，1997 年。

Wang Tinglun (Jian'an). [1699] 1997. *Linting kaoyan* (Considering Linting). Beijing chubanshe. 王廷抡（简庵）：《临汀考言》，北京出版社，1997 年。

Wang Wenyu. 2002. "Ming-Qing de yancao lun" (Tobacco in Ming-Qing China). Ph.D. diss., Guoli Taiwan shifan daxue, Taibei. 王文裕：《明清的烟草论》，博士论文，台湾师范大学，台北。

Wang Xin. 1805. *Qing yan lu* (A record of fne tobacco). China: Bai chi lou. 王訢：《青烟录》，百尺楼，1805 年。

Wang Zheng. 1999. *Women in the Chinese Enlightenment: Oral and Textual Histories*. （《中国启蒙时期的女性——口述与文本的历史》） Berkeley: University of California Press.

Wank, David L. 2000. "Cigarettes and Domination in Chinese Business Networks." （《卷烟及其在中国生意关系中的支配地位》） In T*he Consumer Revolution in Urban China*. （《中国都市消费革命》） Edited by Deborah S. Davis, 268–286. Berkeley: University of California Press.

"Wanshou shengdian" (Panorama of Beijing during the celebrations of the sixtieth anniversary of the Kangxi emperor's birthday). [1717] 1983–1986. In *Yingyin Wenyuange siku quanshu* (Photofacsimile reprint of the Wenyuan Pavilion copy of the Siku quanshu). Taibei: Taiwan shangwu yingshuguan. 《万寿盛典》,《影印文渊阁四库全书》，台北：台湾商务印书馆，1983—1986年。

Welshman, John. 1996. "Images of Youth: The Issue of Juvenile Smoking, 1880–1914." （《青春的形象：青少年吸烟问题（1880—1914 年）》） *Addiction* （《上瘾》） 91, no. 9 (September): 1379–1386.

Wenkang. [1878] 1991. *Ernü yingxiong zhuan* (Tales of romantic heroes). Reprint, Shanghai: Shanghai guji chubanshe. 文康：《儿女英雄传》，重印本，上海：上海古籍出版社，1991 年。

Whyte, Martin K., and William L. Parish. 1984. *Urban Life in Contemporary China*. （《当代中国城市生活》） Chicago: University of Chicago Press.

Wickberg, Edgar. [1965] 2000. *The Chinese in Philippine Life, 1850–1898*. （《菲律宾生活中的华人（1850—1898 年）》） Reprint, Manila: Ateneo de Manila University Press.

Widmer, Ellen. 1996. "The Huanduzhai of Hangzhou and Suzhou: A Study in Seventeenth Century Publishing." （《杭州与苏州的还读斋：17 世纪的出版业研究》） *Harvard Journal of Asiatic Studies* （《哈佛亚洲研究学报》） 56, no. 1 (June): 77–122.

——— and Kang-I Sun Chang, eds. 1997. *Writing Women in Late Imperial China*. （《中华帝国晚期的女作家》） Stanford, CA: Stanford University Press.

Wilbert, Johannes. 1993. *Tobacco and Shamanism in South America*. （《南美的烟草与萨满教》） New Haven, CT: Yale University Press.

Williams, Philip F.C. 1993. *Village Echoes: The Fiction of Wu Zuxiang*. （《乡村的回音：吴组缃的

小说》） Boulder, CO: Westview Press.

———. 2001. "Twentieth-Century Fiction."（《二十世纪的小说》） In *The Columbia History of Chinese Literature*. （《哥伦比亚中国文学史》） Edited by Victor H. Mair, 732–757. New York: Columbia University Press.

Wimmer, Linda. 1996. "African Producers, European Merchants, Indigenous Consumers: Brazilian Tobacco in the Canadian Fur Trade, 1550–1821."（《非洲生产者、欧洲商人与本土消费者：加拿大毛皮贸易中的巴西烟草（1550—1821 年）》） Ph.D.diss.,University of Minnesota.

Witke, Roxane. 1977. *Comrade Chiang Ch'ing*. （《江青同志》） Boston: Little, Brown.

World Health Organization. 2004. "Economic, Ecological, and Environmental Effects of Tobacco Use." （《烟草消费的经济、生态和环境效应》） *Tobacco Free Initiative: Report on Tobacco Control in India*. （《无烟化提案：印度烟草控制报告》） Geneva: World Health Organization. www.whoindia.org/LinkFiles/Tobacco_Free_Initiative_03-Chapter-05.0.pdf (accessed 19 March 2009).

———. 1997. "Tobacco or Health: A Global Status Report; Country Profiles by Region; Western Pacifc: China." （《烟草或健康：全球状况报告；按地区划分的国家档案；西太平洋：中国》） Geneva: World Health Organization. www.cdc.gov/tobacco/who/china.html (accessed 21 May 2003).

Wu Daxun. [1790] 1998. *Diannan wenjian lu* (A record of things seen and heard in Yunnan). In *Yunnan shiliao congkan* (Collection of historical materials on Yunnan). Edited by Fang Guoyu. Vol. 12, pp. 1–48. Kunming: Yunnan daxue chubanshe. 吴大勋：《滇南闻见录》，方国喻编《云南史料丛刊》，第 12 卷，昆明：云南大学出版社，1998 年，第 1—48 页。

Wu Han. 1961. "Tan yan cao" (Speaking of tobacco). In *Deng xia ji* (Under the lamp), 17–23. Beijing: Zhongguo gongye chubanshe. 吴晗：《谈烟草》，《灯下集》，北京：中国工业出版社，第 17—23 页。

———, ed. 1980. Chaoxian Lichao shilu zhong de Zhongguo shiliao (Materials on China from the Veritable Records of the Chosŏn [Yi] Dynasty). Beijing: Zhonghua shuju. 吴晗编：《朝鲜李朝实录中的中国史料》，北京：中华书局，1980 年。

Wu Jiayou, ed. 2001. *Feiyingge huace* (Flying Shadows Studio Illustrated). Vol. 2. In *Qingdai baokan tuhua jicheng* (Collection of Qing dynasty new spaper illustrations). Beijing:Quanguo tushuguan wenxian suowei fuzhi zhongxin. 吴嘉猷编：《飞影阁画册》，《清代报刊图画集成》，北京：全国图书馆文献缩微复制中心，2001 年。

Wu Tingfang. 1914. *America Through the Spectacles of an Oriental Diplomat*. （《一个东方外交官眼中的美国》） New York: Frederick A. Stokes Co..

Wu Yiluo. [1757] 1960. *Bencao congxin* (New compilation on materia medica). Reprint, Hong Kong: Shanghai yinshuguan. 吴仪洛：《本草从新》，重印本，香港：上海印书馆，1960 年。

Wu Ying. [1780] 1986. "Wu Ying lanyu xian ce an" (WuYing's obstructionism). In *Qingdai wenziyu dang* (Archives of literary cases during the Qing). Shanghai: Shanghai shudian, Xinhua shudian. 吴

英：《吴英拦舆献策案》,《清代文字狱档》, 上海：上海书店, 1986 年。

Wu Zuxiang. [1934] 1956. "Fan jia pu" (Fan Hamlet). In *Fan yu ji* (After-hours). Reprint, Hong Kong: Yimei tushu gongsi. 吴组缃:《樊家铺》,《饭余集》, 重印本, 香港：艺美图书公司, 1956 年。

———. 1988. "Yan" (Tobacco). In *Shi huang ji: Sanwen juan* (Prose gleanings: Essay collection). Beijing: Beijing daxue chubanshe.《烟》,《拾荒集：散文卷》, 北京：北京大学出版社, 1988 年。

———. 1996. *Xi liu ji* (West Willow anthology). Beijing: Zhongguo wenlian chuban gongsi.《西柳集》, 北京：中国文联出版公司, 1996 年。

Xie Zhongba. 1710. "Jin yan yi" (An opinion about banning tobacco). In *(Xuxiu) Ruijin xianzhi* (Gazetteer of Ruijin County). 谢重拔:《禁烟议》,《续修瑞金县志》, 1710 年。

"Xin shidai de zhunü" (The new-style housewife). 1928. *Funü zazhi* (Ladies Journal) 13, no. 1 (January): 25–26.《新时代的主妇》,《妇女杂志》1928 年第 13 卷第 1 期（1 月）, 第 25—26 页。（原文拼音误作 zhunü——译者注）

"Xinyun shi nian" (Ten years of the New [Life] Movement). [1934] 1975. In *Xinshenghuo yundong shiliao* (Historical documents of the New Life Movement). Reprint,Taibei:Guomindang Archives, 1975.《新运十年》,《新生活运动史料》, 重印本, 台北：国民党档案, 1975 年。

Xiong Bingzhen. 1999. *Anyang: Jinshi Zhongguo ertong de jibing yu jiankang* (Children's diseases and health in modern China). Taibei: Lianjing. 熊秉真:《安恙：近世中国儿童的疾病与健康》, 台北：联经, 1999 年。

Xu Dixin and Wu Chengming, eds. 2000. *Chinese Capitalism*, 1522–1840.（《中国资本主义（1522—1840 年）》） New York: St.Martin's Press.

Xu Guangping. 1945. "Lu Xun xiansheng de xiangyan" (Mr. Lu Xun's cigarettes). *Wen cui* (Literary Collections), no. 3 (October 23): 18. 许广平:《鲁迅先生的香烟》,《文萃》第 3 期（1945 年 10 月 23 日）, 第 18 页。

Xu Ke, comp. [1917] 1984–1986. *Qingbai leichao* (Anecdotal sources on the Qing). Reprint, Beijing: Zhonghua shuju. 徐珂编撰:《清稗类钞》, 重印本, 北京：中华书局, 1984—1986 年。

Xu Lu. 1987. "Industrial Corporations."（《工业企业》） In *China's Industrial Reforms*.（《中国工业改革》） Edited by Gene Tidrick and Chen Jiyuan, 281–296. New York: Oxford University Press, published for the World Bank.

Xu Tan and Qiao Nan. 2007. "Qingdai de Yanmenguan yu saibei shangcheng—yi yanmenguan beike wei zhongxin de kaocha" (Yanmenguan and the commercial cities north of the Great Wall during the Qing Dynasty—A case study using inscriptions from Yanmenguan). *Huazhong Shifan Daxue xuebao* (Journal of Huazhong Normal University) 46, no. 3 (May): 78–85. 许檀, 乔南:《清代的雁门关与塞北商城——以雁门关碑刻为中心的考察》,《华中师范大学学报》2007 年第 46 卷第 3 期（5 月）, 第 78—85 页。

Xu Yang. 1999. *Gusu fanhua tu* (Prosperous Suzhou). Beijing: Wenwu chubanshe. 徐扬:《姑苏繁华图》, 北京：文物出版社, 1999 年。

Xu Zhimo.1926. "Xiyan yu wenhua" (Smoking and culture). *Chenbao fukan* (Morning Post Literary Supplement) (10 January): 21. 徐志摩：《吸烟与文化》，《晨报副刊》（1926 年 1 月 10 日），第 21 页。

Yan, Yunxiang. 1996. *The Flow of Gifts: Reciprocity and Social Networks in a Chinese Village.* （阎云翔，《礼物的流动：一个中国村庄中的互惠原则与社会网络》）Stanford, CA: Stanford University Press.

Yan Ruyi. [1829] 1991. *Sansheng bianfang beilan* (Guide to frontier defense of three provinces). Reprint, Yangzhou: Jiangsu Guangling guji keyin she. 严如熤：《三省边防备览》，重印本，扬州：江苏广陵古籍刻印社，1991 年。

Yang, Bin. 2004. "Horses, Silver,and Cowries:Yunnan in Global Perspective." （《马、白银与海贝：全球视角下的云南》）*Journal of World History* （《世界历史》）15, no. 3 (September): 281–322.

Yang Boda.1987. *Tributes from Guangdong to the Qing Court.* （《清代广东贡品》）Beijing and Hong Kong:Palace Museum and Chinese University of Hong Kong.

——. 1996. "The Palace Workshops and Imperial Kilns Snuff Bottles of Emperor Qianlong." （《宫廷作坊与乾隆帝的料胎画珐琅鼻烟壶》）*Arts of Asia* （《亚洲艺术》）26, no. 5 (September–October): 65–77.

Yang, G., K. Becker, L. Fan, Y. Zhang, G. Qi, C.E. Taylor, and J. Samet. 2000. "Smoking in China."（《吸烟在中国》）In *Tobacco: The Growing Epidemic.* （《烟草：不断蔓延的瘟疫》）Edited by Rushan Lu, Judith Mackay, Shiru Niu, and Richard Peto, 5–10. London: Springer.

Yang, Gonghuan, Lixin Fan, Jian Tan, Guoming Qi, Yifang Zhang, Jonathan M. Samet, Carl E.Taylor, Karen Becker, and JingXu. 1999. "Smoking in China:Findings of the 1996 National Prevalence Survey." （《吸烟在中国：1996 年吸烟率调查的发现》）*Journal of the American Medical Association* （《美国医学协会杂志》）282, no. 13 (October 6): 1247–1253.

Yang, Gonghuan, Lingzhi Kong, Wenhua Zhao, and Xiao Wan. 2008. "Health System Reform in China (3): Emergence of Chronic Non-communicable Diseases in China," （《中国的卫生系统改革(3)：中国慢性非传染病病的挑战与应对》）*Lancet* （《柳叶刀》）372, no. 9650 (November 8–14): 1697–1705.

Yang Guo'an. 1985. "Qingdai yancao ye shuyao" (Tobacco during the Qing). *Wen shi* (Literature and History) 25: 197–221. 杨国安：《清代烟草业述要》，载《文史》1985 年第 25 期，第 197—221 页。

——, ed. 1999. *Yanshi xianqu* (Leisurely delights of tobacco matters). Beijing: Beijing Yanshan chubanshe. 杨国安编：《烟事闲趣》，北京：北京燕山出版社，1999 年。

——, ed.2002. *Zhongguo yanyeshi huidian* (Documents on the history of Chinese tobacco). Beijing: Guangming ribao chubanshe. 杨国安编：《中国烟业史汇典》，北京：光明日报出版社，2002 年。

Yang, Mayfair Mei-hui. 1994. *Gifts, Favors, and Banquets: The Art of Social Relationships in China.* （《礼物、喜好与宴会：中国社会关系的艺术》）Ithaca, NY: Cornell University Press.

Yang Shicong. 1977. "Yutang huiji" (Collected writings from Jade Hall). In *Qingdai jinhuishu congkan* (Collection of books banned during the Qing). Taibei: Weiwen tushu chubanshe. 杨士聪：《玉堂荟记》,《清代禁毁书丛刊》, 台北：伟文图书出版社, 1977 年。

Yang, Simon, and L.K. Tao. 1931. *A Study of the Standard of Living of Working Families in Shanghai.* (《上海工人生活程度的一个研究》) Peiping [Beijing]: Institute of Social Research.

Yao Lü. [1611] 1995. Lu shu (The book of dew). In *Xuxiu Siku quanshu, Zi bu, Za jia lei* (Continuation of the Siku quanshu—Philosophers section—Miscellaneous), Vol. 1132: 491–706. Shanghai: Shanghai guji chubanshe. 姚旅：《露书》,《续修四库全书》, 子部, 杂家类, 第 1132 册, 上海：上海古籍出版社, 1995 年, 第 491—706 页。

Ye Mengzhu. [1935] 1981. *Yueshi bian* (Seeing the world). Kangxi era. Reprint, Shanghai: Shanghai guji chubanshe. 叶梦珠：《阅世编》, 康熙朝, 重印本, 上海：上海古籍出版社, 1981 年。

Ye Tianshi. 1963. *Zhongfutang gongxuan liangfang* (Selection of good prescriptions). Beijing: Renmin weisheng chubanshe. 叶天士：《种福堂公选良方》, 北京：人民卫生出版社, 1963 年。

Yeh, Catherine Vance. 2003. "Creating the Urban Beauty: The Shanghai Courtesan in Late Qing Illustrations." (《制造都市丽人：晚清插画中的上海名妓》) In Writing and Materiality in China. (《中国的书写与物质性》) Edited by Judith T. Zeitlin and Lydia H. Liu, with Ellen Widmer, 397–447. Cambridge, MA: Harvard University Asia Center. Distributed by Harvard University Press.

———.2006. *Shanghai Love: Courtesans, Intellectuals, and Entertainment Culture, 1850–1910.* (《上海·爱：名妓、知识分子与娱乐文化》) Seattle: University of Washington Press.

Yeh, Wen-hsin. 1997. "Shanghai Modernity: Commerce and Culture in a Republican City." (《上海的现代性：一个民国城市的商业与文化》) *China Quarterly* (《中国季刊》) 150 (June): 375–94.

Yen, Hsiao-Pei. 2005. "Body Politics, Modernity, and National Salvation: The Modern Girl and the New Life Movement." (《身体政治、现代性与救国：摩登女郎与新生活运动》) *Asian Studies Review* (《亚洲研究评论》) 29, no. 2 (June): 165–186.

Yi Bin. 1995. *Lao Shanghai guanggao* (Old Shanghai advertising). Shanghai: Shanghai huabao chubanshe. 益斌：《老上海广告》, 上海：上海画报出版社, 1995 年。

Yu, Renqiu. 2004. "Imperial Banquets in the Wanshu yuan." (《万树园中的御膳》) In *New Qing Imperial History: The Making of Inner Asian Empire at Qing Chengde.* (《亚洲内陆帝国在清代承德的构建》) Edited by James A. Millward, Ruth W. Dunnell, Mark C. Elliott, and Philippe Forêt, 84–90. London: Routledge Curzon.

Yunnan sheng yancao zhi (Gazetteer of Yunnan tobacco). 1993. Edited by Yunnan sheng yancao zhuanmai ju, Yunnan sheng yancao gongsi bian. Kunming: Yunnan renmin chubanshe. 云南省烟草专卖局编：《云南省烟草志》, 昆明：云南人民出版社, 1993 年。

Yurekli, Ayda, and Joy de Beyer. 2003. "Profiles: Western Pacific Region—China." (《档案：西太平洋地区——中国》) *Country Economics of Tobacco Briefs.* (《烟草经济摘要》)

Washington, DC: World Bank.

Zeng Yuwang. 1982. "Yiyou biji" (Random jottings on the year 1645). In *Qingdai riji huichao* (Compilation of Qing-era diaries). Edited by Shanghai renmin chubanshe. Shanghai: Shanghai renmin chubanshe. 曾羽王：《乙酉笔记》，《清代日记汇抄》，上海：上海人民出版社，1982 年。

Zhang Haiying and Zhang Zhengming. 1995. *Shanxi shangbang* (The Shanxi merchant clique). Hong Kong: Zhonghua shuju. 张海瀛，张正明：《山西商帮》，香港：中华书局，1995 年。

Zhang Jiebin. [1636] 1994. Jing Yue quanshu (The complete works of Jing Yue [Zhang Jiebin]). Reprint, Beijing: Zhongguo Zhongyiyao chubanshe. 张介宾：《景岳全书》，重印本，北京：中国中医药出版社，1994 年。

Zhang Lu. [1715] 1996. *Benjing fengyuan* (Elucidation of the meaning of the original classic). Reprint, Beijing: Zhongguo zhongyiyao chubanshe. 张璐：《本经逢原》，重印本，北京：中国中医药出版社，1996 年。

Zhang Rulin. [1751] 1998. *Aomen jilue* (Outline record of Macao). In *Aomen wenti shiliao ji* (Collection of historical materials on the Macao question). Edited by Zhongguo gonggong tushuguan guji wenxian zhenben huikan, Shi bu. Vol. 1. Reprint, Beijing: Zhonghua quanguo tushuguan wenxian suowe ifuzhi zhongxin. 张汝霖：《澳门纪略》，《中国公共图书馆古籍文献珍本汇刊》编：《澳门问题史料集》，第一卷，史部，重印本，北京：中华全国图书馆文献缩微复制中心，1998 年。

Zhang Tao. [1884] 1986. *Jinmen zaji* (Miscellaneous records of Tianjin). Reprint, Tianjin: Tianjin guji chubanshe, Xinhua shudian. 张焘：《津门杂记》，重印本，天津：天津古籍出版社、新华书店，1986 年。

Zhang, Yingjin. 1996. *The City in Modern Chinese Literature and Film: Confgurations of Space, Time, and Gender.* （《中国现代文学与电影中的城市：空间、时间与性别构成》）Stanford, CA: Stanford University Press.

Zhao Xuemin. [1765] 1998. *Bencao gangmu shiyi* (Supplement to the Systematic Materia Medica). Reprint, Beijing: Zhongguo zhongyiyao chubanshe. 赵学敏：《本草纲目拾遗》，重印本，北京：中国中医药出版社，1998 年。

Zhao Zhiqian. [1880] 1937. *Yonglu xianjie* (Leisurely investigations into the realm of Yonglu). In *Congshu jicheng chubian* (Collected collectanea, 1st series). Edited by Wang Yunwu. Reprint, Shanghai: Shang wuyin shuguan. 赵之谦：《勇庐闲诘》，王云五编：《丛书集成初编》，重印本，上海：商务印书馆，1937 年。

Zheng Chaoxiong. 1986. "Cong Guangxi Hepu Mingdai yaozhi nei faxian ci yantou tanji caoyan chuanru wo guo de shijian wenti" (A discussion of porcelain tobacco pipes discovered in a Ming Dynasty kiln in Hepu, Guangxi, and the problem of the time of tobacco's entry into China). *Nongye Kaogu* (Agricultural Archaeology) 2: 383–387, 391. 郑超雄：《从广西合浦明代窑址内发现瓷烟斗谈及烟草传入我国的时间问题》，载《农业考古》1986 年第 2 期，第 381—387、391 页。（拼音"caoyan"应为"yancao"——译者注）

Zheng Yangwen. 2005. *The Social Life of Opium in China*. (《鸦片在中国的社会生活史》) Cambridge: Cambridge University Press.

Zhong, Xueping, Wang Zheng, and Bai Di, eds. 2001. *Some of Us: Chinese Women Growing Up in the Mao Era*. (《我们中的一些人：在毛泽东时代成长的中国妇女》) New Brunswick, NJ: Rutgers University Press.

Zhongguo yancao gongzuo bianjibu, eds. 1993. *Zhongguo yancao shihua* (A history of Chinese tobacco). Beijing: Zhongguo qinggongye chubanshe. 中国烟草工作编辑部编：《中国烟草史话》，北京：中国轻工业出版社，1993年。

Zhou, Huizhong. 2000. "Fiscal Decentralization and the Development of the Tobacco Industry in China." (《财政分权与中国的烟草工业发展》) *China Economic Review* (《中经评论》) 11: 114–133.

Zhou Junqi. 2002. *Minguo Tianjin shehui shenghuo shi* (A social history of everyday life in Republican-era Tianjin). Tianjin: Tianjin shehui kexue yuan chubanshe. 周俊旗：《民国天津社会生活史》，天津：天津社会科学院出版社，2002年。

Zhu Xiang. 1998. "Yanjuan" (Cigarettes). In *Zhu Xiang daibiao zuo* (Zhu Xiang's representative works). Beijing: Huaxia chubanshe. 朱湘：《烟卷》，《朱湘代表作》，北京：华夏出版社，1998年。

索 引
（词条页码为正文边码）

A

ACC. 参见美国烟草公司 American Cigarette Company
ATC. 参见美国烟草公司 American Tobacco Company
阿裨尔，克拉克 Abel, Clarke, 120
阿布林，色特库尔，Ablin, Seitkul, 259–60n91
阿德斯烟草公司 Ardath International, 140, 143, 279n41
阿拉伯水烟，nargilah (narghile), 26
阿拉伯水烟，shisha, 26
阿拉干（缅甸），27
阿美士德伯爵 Amherst, Lord, 120
阿帕杜莱，阿尔君 Appadurai, Arjun, 11
阿斯特蕾号（船）Astrea (ship), 121
埃尔弗兰杰先生，Helfflinger, Monsieur, 121
埃及，11, 12, 13, 133
爱国主义，206, 222, 238–39, 353
安德逊，爱尼斯 Anderson, Aeneas, 74
安徽省，42
安塞，218
安康县（陕西），43
安乐公，160
安庆府（安徽），42, 54
奥林热 Obringer, Frédéric, 92
奥斯贝克，彼得 Osbeck, Pehr, 119–120
澳门，113, 116–17, 119–121
澳门纪略，117

B

BAT. 参见英美烟草公司 British-American Tobacco Company

巴德妮，保拉 Paderni, Paola, 84
巴西鼻烟，amostrinha, 113, 114, 116–17, 124. 另见鼻烟，巴西
巴西：鼻烟贸易，120, 274n55；烟草产地，113–14, 116, 119, 272n13
芭拉，蒂姐 Bara, Theda, 226
罢工，277n57
白馥兰 Bray, Francesca, 83
白洛伦 Brandt, Loren, 151
白乃心 Grueber, Father Johann, 74
白锡包或"绞盘"牌卷烟，160-161, 182–184
白银，24, 27–28, 62
包捷 Olivovà Lucie, 84, 205
包世臣，45, 75
北京爱国纸烟厂，164–65
北京大象卷烟厂，164–65
北京皇家造办处，114
北京日报，219
北京：与传统习俗相关，184–85, 196；20 世纪 30 年代的二元烟草市场，150, 164–72；1949 年后的卷烟消费，243；20 世纪 30 年代的卷烟消费，164, 172；北京的烟草销售，155；用于烟草的花费，167–69；家庭支出，168, 281n86；背景的旱烟消费高档化，67；手工卷烟作坊，165, 170–72；烟草传入，20–21；日本卷烟厂，165, 170；青少年吸烟，170, 171 fig., 218；当地烟行，164；卷烟生产，164–65, 170；清代烟草贸易，25；回收烟草，165, 167, 170；购物区，165–66；20 世纪 20 年代和 30 年代北京的社会结构，165, 167,

280n74；烟铺，55–56, 67, 114, 125, 164, 166, 185, 273n21；鼻烟的使用，112, 122, 125
北平纸烟业同业公会，164
北新海关，54–55
北裕丰商号（北京），56
贝尔，约翰 Bell, John, 74
贝莱，保罗，Bailey, Paul, 219
本草（materia medica）：本草和槟榔的特征描述，93；关于烟草对男性和女性的不同健康功效，103–5；列入烟草，108–9；根据地区推荐不同的烟草用途，106–7；论及烟草，62–63, 87–88, 100–101；认为烟草对健康既有益又有害的观点，89。另见倪朱谟；张介宾
本顿，卡尔顿 Benton, Carlton, 223–25
鼻烟盒，113–14, 118
鼻烟壶，112, 114–115, 118, 122–123；在19世纪的肖像画中，121, 274n68
鼻烟：美国，121, 124；西班牙鼻烟，113–114, 116–17, 124；与满洲人和蒙古人相关，125；"豆烟"，117；相关书籍，123–24；巴西，113–14, 116–17, 120, 129；鉴赏，121, 123；便利，180；北京的经销商，114, 125, 273n21；国产，114–15；税率，122；与精英阶层，9, 35, 111, 117–18, 121；礼仪，113；时尚，113, 124–125；"飞烟"，117；法国，114；作为礼物赠与，113, 117–18, 120, 121；与欧洲人联系起来，115–16；进口，110, 116–17, 119–121, 124, 273n16；传入，3, 112；作为一种畅销商品，118–25；在中华人民共和国时期，240；用鼻子吸食，6；贸易，118–19, 121；普及，112, 122–125, 130；在《石头记》中，116；西班牙，113–114；由美洲印第安人使用，113；种类，115, 122, 124。另见鼻烟壶；鼻烟盒
彼得大帝 Peter the Great, 31
毕嘉 Gabiani, Giandomenico, 113
槟榔，93–94, 109, 256n20, 270n33
波塞，冯 Poser, Heinrich von, 30

波斯，26
波斯水烟，qalyan, 26
伯德，伊莎贝拉 Bird, Isabella, 202
勃固（缅甸），27
博尔曼公司，约翰 John Bollman Company, 277n68
卜凯 Buck, John, 74, 261n56, 262n78
卜正民 Brook, Timothy, 65, 112
"补脾胃"学派（补土派），95
不吸烟的人，86
布尔战争，Boer War, 214, 285n42
布哈拉，23, 29–30, 259n84

C
Craven "A" 卷烟，160, 182–184, 280n51
财政包干制，247
蔡维屏 Tsai Weipin, 227
曹锡端，《烟草倡和诗》，73
曹雪芹，《石头记》，116
茶，6, 50, 68, 91
茶馆，9
茶叶贸易，23–24, 42
查慎行，266n48
缠足，178, 205–206, 215–217
"长城"牌卷烟，162, 166
长江丘陵：迁徙到，35–43；烟草栽种，44–49
长沙，44
长泰县（福建），19
长烟袋，3, 11–12, 63, 72, 81, 111, 127, 151；在沈从文的小说中作为美德的象征，194–195. 另见烟袋；抽烟袋
常赉，265n37
常山县（浙江），107
厂房，45
朝贡体系，118
朝鲜：人参对之的吸引力，22–23, 94；烟草传入，18, 22；在中国东北销售烟草，22, 24；出产的烟草，18, 110, 258n53；与日本的贸易，

258n32

潮州府（广东），43–44, 107, 108

陈琮，2, 76, 108, 257n13；《烟草谱》，53, 72–73

陈宏谋，70, 85

陈润夫，220–21

陈毅，161, 280n56

陈元龙，65, 67–68, 264n16

陈章，71–72, 266n50

陈祖官（祖官），121

《晨报副刊》，182

承德（热河）118, 126, 139, 274n50

城乡差异：在文学作品中，190–95；在20世纪30年代的中国，178；吸烟习惯，178–79；烟草产品与城乡差异，174–75, 196–97, 241, 244, 287n10

程从周，96–97

程为坤，200

抽烟袋：在北京，150, 164；在儿童中，74–75；与传统联系在一起，148, 184–85, 195–96；老百姓，11, 73–75, 149；与创造性，83–84；在定县，174；精英，63, 72；精英妇女，81–84, 82 fig.；礼仪，73, 112；形象，79–80 fig., 82 fig.；文学表现，84–85, 189, 196；男人和女人一起，81–83；在中华人民共和国时期，240, 244, 288n42；在清代，67；清代女性，75–76, 79–80, 80 fig., 83, 86；作为高价卷烟的一种替代品，188；在中华民国时期，125, 151, 197；与性，78, 84–85；在上海，157；与社会地位，61–63, 109, 112, 163；与城乡差异，178–79, 185–87, 194–97。另见长烟袋；旱烟；烟草消费；水烟袋

抽烟主义，182

滁州府（浙江），42

传教士：方济各会修士，19, 257n7；耶稣会士，25, 29, 74, 113, 115；与妇女吸烟，201, 212–13。另见世界基督教妇女节制会

慈禧太后，202

村井兄弟烟草公司，Murai Brothers Tobacco Company, 135–136, 202

D

打火匣，180

大东南烟草公司，158

大东烟草，158

《大公报》（天津），202, 218

大理府（云南），28

大米，42, 45, 52

大夏，259n84

"大跃进"，129, 243

戴真兰 Theiss, Janet, 81, 84

淡巴菰（烟草），7, 19, 95, 256n25

刀耕火种的农耕方式，40, 45

德庇时 Davis, John Francis, 120

德隆烟厂（德伦烟厂），141, 142

邓小平：吸卷烟者，161, 236, 280n56；经济改革，11, 242, 247

邓州县（河南），43

抵制外货，132, 140–41, 202

地方主义：在小说中，189–95；在医学思想中，105–7

地主，47, 52；"山地主"，48–49

帝国主义，12, 213, 215, 239

蒂进，伊萨克 Titsingh, Isaac, 114

蒂瑞丝，维珍纳 Thiriez, Régine, 128

电影，225–26

佃农，47, 52

丁福保，218

丁玲，193

定县（河北），150, 173–75

东北：烟草传入，18, 22–25, 35；人参，23, 94；日本占领，143, 231；禁止烟草，24；烟草消费，153

东方主义，211–12, 215, 220, 238

东南亚，25, 27–28, 33, 57, 159, 262n75

东亚烟草株式会社，East Asia Tobacco Company (Ta Tobako Kabushiki Kaisha), 140, 143, 166

东印度公司 East India Company, 93, 120

董含，64, 68, 85

董以宁（董文友），69, 77–78, 265n34

董玥 Dong, Madeleine Yue, 172, 185

杜克，詹姆斯 Duke, James, 1, 133–34。另见美国烟草公司 American Tobacco Company

对马岛，22, 258n32

多尔衮，25, 258n53

E

俄罗斯，11, 29, 30–31, 54, 59, 136, 138

《儿女英雄传》，81, 83, 86, 112, 198

儿童法（英国），216, 285n42

二手烟，241, 251

F

FOB 牌卷烟，159

发热，92–94, 96–97, 99, 106–107, 269n22。另见伤寒、疟疾、疟、瘴、瘴气

发烟，245, 253

法国，113–114, 124, 133, 159

法海，69, 265n36

范庆记烟厂，135

范善庆，135

范毅臣，260n1

方苞，56–57, 70, 71, 85

方济各会修士，19, 257n7

方宪堂，158

方行，75

方以智，24, 92

方卓芬，50, 262n81

"飞女"牌卷烟，162

非洲，15, 26, 29–30, 33, 115

菲律宾，6, 12, 19, 63–64, 134–135, 146, 181

肺疾，88, 92, 102

肺结核，104

费多洛维奇，米哈伊尔 Fedorovich, Tsar Mikhail, 23

弗兰 Dal Lago, Francesca, 227

福建商人，15, 19, 36, 54, 57–59, 257n9。

福建省：烟草集散中心，36；客家移民，37, 40, 260n14；水烟生产，52, 125, 259n81；烟草消费，74；烟草栽种，19, 40, 41–42, 46, 52, 54–55, 57, 264n121。另见福建商人；福建烟草；漳州

福建烟草，19–20, 53, 56, 101

福建移民，36, 40–42

抚顺（辽东），23

釜山，22, 258n32

妇女戒吸纸烟社，217

妇女：与禁烟运动，12–13；与儒家对吸烟的批评，85–86；疾病，104；受雇于手工卷烟作坊，143–44, 147；受雇于卷烟厂，277n57；进入公共领域，200, 210；在烟田里劳作，40, 45, 262n59。另见名妓；333 女性吸烟；摩登女郎；"新女性"

《妇女杂志》，其中的漫画，223, 224 fig.

傅凌智 Flath, James A., 284n17, 284n27

富路特 Goodrich, L. Carrington, 7

G

噶尔丹，260n91

甘博，西德尼 Gamble, Sidney D.: 一个吸烟男孩的照片，170, 171 fig.；妇女吸烟的照片，209, 209 fig.；"租烟"，58 fig.；北京社会调查，168–69, 281n86；定县社会调查，173–74；

甘肃省：烟草传入，28–31；烟草栽种，29, 59；烟铺，57–59；与烟草贸易，29, 54；烟草种类，29；出产的水烟，125–27, 129。另见兰州

甘蔗，6, 69

疳积，104, 271n75

赣南（江西），40, 46

赣州府（江西），40

高家龙 Cochran, Sherman, 132, 136–39, 147, 153, 175–76

高迈德 Kohrmann, Matthew, 253

高士奇, 118, 273n48

高彦颐 Ko, Dorothy, 76

哥伦布 Columbus, Christopher, 1

格兰特，乔安娜 Grant, Joanna, 97

工人, 156–58, 278n16

公发洋行 Rex and Company, 135

宫中进单, 273n46

古伯察 Huc, Evariste-Régis, 122

关税, 35, 54–55

关廷高（廷呱）, 134

关系（社会联系）9, 245, 247

关作霖（史贝霖）, 274n68

光绪皇帝, 216

广东省：经济作物, 69, 265n37; 烟草消费, 93, 129, 139, 153; 客家移民, 37, 40–41; 监管贸易的官员, 117, 273n46; 鼻烟生产者, 114; 烟草栽种, 19, 40–41, 43–44

广丰县（江西）, 42; "广丰烟", 42

广告：针对女性, 218, 239, 251; 装饰派艺术, 280n61; 英美烟草公司, 138–39, 147, 208; 表现摩登女郎, 222, 227–31, 228 fig., 230 fig., 239; 与全球市场, 10, 131, 179; 包含女性吸烟形象, 202, 208–9, 208 fig.; 作为学习吸烟的途径, 8; 刊登在报纸和期刊上, 156; 在中华人民共和国时期, 250, 252; 招牌, 8, 53, 56, 263–64n115

广西省, 37, 41, 56, 93, 135, 264n118

广信府（江西）, 42, 53

广州皇家造办处, 114

广州：获得国产或进口烟草的可能性, 56; 卷烟消费, 153–55, 278n15; 与鼻烟文化, 118; 在广州的欧洲贸易, 117; 鼻烟的普及, 112; 鼻烟贸易, 114, 117, 119–120; 与梅毒, 97; 与美国的贸易, 121

归懋仪, 84

闺怨诗, 77–79, 81, 227

鬼怪故事, 84

鬼邪, 93, 270n25

贵州省, 37, 43

郭起元, 259n81

国货的卷烟, 12, 132, 147, 208

国货运动, 12, 159, 208

国际贸易, 25, 65, 130. 另见全球经济体系；烟草贸易

国家控烟办公室, 252

"国家贸易商", 119

国家烟草专卖局, 247–250, 252–53

国民党, 142, 144, 150, 165, 232, 235–236, 239. 另见蒋介石；新生活运动

果阿, 116, 119, 120

H

"哈德门"牌卷烟 139, 158, 161, 174, 182, 184, 187, 195–196

哈尔滨, 135

海派, 163, 179, 181

海上贸易, 21, 31–32

海盐县（浙江）, 263n91

邗江诗社, 70, 71, 73, 88, 266n48

韩良辅, 69–70, 265n37

韩嵩 Hanson, Marta, 106

韩菼, 67, 265n26

汉口, 43, 54, 56, 129, 140, 145, 154

汉森，米莲姆 Hansen, Miriam, 226

汉中县（陕西）, 43, 48; "汉中烟", 43, 52–53, 56

旱地农业, 37, 40, 45, 48

旱烟：优质, 34, 44, 51, 53, 59, 67, 110; 价格, 278n4; 为婚丧嫁娶购买, 169–70; 品种, 51–53, 109. 另见抽烟袋；烟草栽种；烟铺；水烟

杭州, 35, 56, 66, 88, 107, 266n48, 272n85, 278n4

"好彩"牌卷烟, 159, 161
好莱坞, 179, 223, 226
合资公司, 250, 277n38
何荣, 187–88, 191
河东烟行, 54. 另见山西烟草行会。
河南省, 43
河中地区, 29, 30
黑猫卷烟。参见 Craven "A" 卷烟
亨德森, 玛丽·富特 Henderson, Mary Foote, 221, 285n68
亨特, 威廉 Hunter, William, 83
横光利一,《点着的卷烟》, 182
衡阳县（湖南）, 41, 261n25；"衡阳烟", 41, 52, 54, 107
红花烟草, 5, 28, 29, 30, 52
红薯, 6, 28, 48, 52
"红塔山"牌卷烟, 248
红卫兵, 236, 245
"红锡包"卷烟, 135, 139, 145, 158, 160–162, 166, 187, 191, 196
胡朴安, 206
胡也频, 193
湖北省, 43, 57
湖南省, 41, 44, 57, 249
"花旗"牌卷烟 162
花生, 6
华成烟草公司, 132, 140–43, 147, 277n37, 279n44；卷烟品牌, 142, 158, 161–162；在上海的工厂, 154
华广生, 78
"华丽"牌卷烟, 188
华州县（陕西）, 261n48
还读斋刻书铺, 100
皇家烟草公司, 136, 146, 279n41
皇家专卖, 35
皇太极, 22–24, 258n49
黄包车, 204 fig., 205, 284n17

黄包车夫, 158, 168–69, 279n30；在老舍的小说中, 185–86
"黄包车"牌卷烟, 141
黄花烟草, 5, 29–31, 51–52, 259n81
回收文化, 10, 14, 165, 256n35
回族商人, 29
惠尔斯公司 W.D. and H.O. Wills Tobacco Company, 133–135, 136
惠州商人, 54, 97
火柴, 180
霍格, 勤努 Hogg, E. Jenner, 276n17
霍乱, 99, 271n60, 275n91

J

机制卷烟, 见卷烟
"鸡"牌卷烟, 139, 174
基督教妇女节制会 Woman's Christian Temperance Union (WCTU), 214–15, 217
吉布斯, 伯纳德 Gibbs, J. Barnard, 145, 153, 262n78
"吉士"牌卷烟, 159, 182–184
纪里安 Stumpf, Kilian, 113
妓女, 79, 213, 220, 221 fig., 238. 另见名妓
济宁府（山东）, 25, 44–45, 48, 52, 56, 108
家庭劳动力, 45, 52, 262n59
嘉庆皇帝, 126
嘉兴府（浙江）, 20
间作, 52
剪辫运动, 220
建宁府（福建）, 41
建阳府（福建）, 41–42
江南: 卷烟销售, 154；精英文化, 3, 67–72；
江苏省, 20, 114, 153–154
江西省, 40–41, 42, 55, 71, 135, 139
蒋介石, 150, 232–36, 245, 286n98
教会学校, 216–17
教宗本笃十三世 Benedict XIII, Pope, 113
节育协会, 217

"金龙"牌卷烟, 158, 161, 230 fig.

"金鹿"牌卷烟, 249

金受申, 184–185

"金鼠"牌卷烟, 158, 161–162, 182–184

金学诗, 81

金元四大家, 95

禁烟。参见禁烟法规

禁烟法规, 8, 24–25, 35, 216, 234, 252, 258n56, 285n42

禁烟小册子, 264n118

禁烟运动：在民国初年, 217–22；社会性别与禁烟运动, 12–13, 85–86, 201, 211, 214, 217, 221–22；与青少年吸烟, 214；与民族退化, 13, 213–14；东方主义与禁烟运动, 201–2, 211–13；在中华人民共和国时期, 252–53；经世致用的倡导者推行的禁烟运动, 56, 65, 70, 85；伍廷芳与禁烟运动, 220–21；世界基督教妇女节制会（WWCTU）与禁烟运动, 215–217

"京八寸"卷烟, 194

京派, 179, 188, 189–195, 196。另见老舍；沈从文；吴组缃

京师大学堂, 218

泾阳县（陕西）, 129

经济的商业化：晚明, 62, 64–65；农民与经济的商业化, 151。另见全球经济体系

经世致用的倡导者, 8, 70, 85

"精神刺激革命", 6, 256n20

精英文化, 68–69, 121；江南, 3, 68–72

酒。见酒精

酒精, 6, 67–68, 91–92, 157, 175, 278n16

卷烟广告。参见广告

卷烟机, 1, 12, 133–135

"卷烟世纪", 2, 11, 251

卷烟税, 142, 144–45, 247

卷烟业：华商, 132, 141, 275n2, 277n49；竞争, 135–36, 276n19；手工卷烟的生产, 135, 139, 144, 170–72；机制, 135–36, 140, 276n17；机械化, 10, 131, 135；跨国公司, 136。另见英美烟草公司

卷烟：英国制造, 159; brands of, 135,158, 161–63；带有内置烟嘴的卷烟, 146, 277n68；与水烟袋的对照, 192–93；仿冒卷烟, 145, 167, 170, 176–77, 249；卷烟运销, 138, 147；相关文章, 181–82, 187–88；进口, 134, 149, 159–61, 250；在小说中, 182–84, 185–87, 189, 190–91；法国, 133, 159；手工卷烟, 12, 132, 134, 135, 139, 143–45, 146, 166, 176–77, 181, 196, 240；本土化, 146；传入, 10, 134–35；作为大众消费品, 13, 147, 149–50, 151, 164, 175–177, 197, 242；营销, 133–134, 138–39, 140–43,162；起源, 133；作为国货, 146；大众化, 133, 141–42；价格, 151, 174, 278n4；为婚丧嫁娶购买, 169–70；定量供应, 243–44；销售, 137, 153, 211；作为现代性的象征, 5, 11–12, 179–81, 185, 197；焦油含量, 249, 288n57；与21世纪消费主义, 11, 145, 150, 177, 190。另见人均卷烟消费；吸烟；女性吸烟；青少年吸烟

嚼烟, 180

均州县（湖北）, 43, 54, 56

K

卡尔, 凯瑟琳 Carl, Katherine A., 202

卡尔佩珀, 尼古拉斯 Culpeper, Nicholas, 269n24

卡门, 226

咖啡, 6

凯洛格, 约翰·哈维 Kellogg, John Harvey, 214–215, 219, 221

坎大哈, 30

康发祥,《鼻烟歌》, 115–16

康纳, 茱莉亚 Corner, Julia, 211–12

康熙皇帝, 56, 67, 76, 112–113, 117–118, 274n49

抗日战争, 139–140, 143

考克斯, 霍华德 Cox, Howard, 135–37

烤烟, 44, 133, 141, 144, 161, 184, 261–62n56

柯律格 Clunas, Craig, 65
轲慕慈 Goodrich, Sarah Boardman Clapp, 216–17
克里扎尼奇，尤里，Krizhanich, Iurii, 29, 259n78
客家：烟草传播，40–41；移民，34, 37, 41；种植烟草，37–40, 59, 260n14, 261n27, 262n59；妇女 40, 45, 262n59
"孔雀"牌卷烟，135, 139, 145, 164, 166, 202
亏症，96–97, 104
昆明，43

L
"兰花烟"，105
兰州："青条烟"，52；"黄花烟"，28–31, 259n75；烟铺，36；水烟，35, 107, 126–27, 129
老巴夺烟草公司 A. Lopato and Sons, 135, 276n20
"老刀"牌或"强盗"牌卷烟，135, 158, 160, 187–188, 190–191, 196, 208 fig.
老晋隆（马斯塔德公司），Lao Jinglong (Mustard and Company) 134–35
老舍，282n24；作为吸烟者，188, 198；小说和散文中的卷烟和烟袋，185–89, 198；《老字号》，187；《骆驼祥子》，185–87, 189
老挝—中国财富烟草公司，249
黎士宏，40, 63
黎遂球，267n86
李调元，114, 273n27
李昊，95–96
李景汉 (Franklin C. H. Lee), 173
李明 Le Comte, Père Louis, 25
李欧梵 Lee, Leo Ou-fan, 182
李平书，221
李时珍,《本草纲目》, 272n85
醴陵县（湖南），261n27
厉鹗：认为烟草是一种饮料，91, 109；去世，88；被提及，87, 100, 266n48；烟草助长诗性，71–72；为曹锡端的《烟草倡和诗》所作的序，73；关于旱烟的社会等级，62；"天香"，71

立德，海伦·阿丽霞·乃娃（立德夫人，阿绮波德）Little, Alicia Helen Neva (Mrs. Archibald Little), 215–16
利吉特和梅尔烟草公司 Liggett and Myers, 140, 143
利玛窦 Ricci, Matteo, 272n9
利兴烟厂，132, 141–42
"联珠"牌卷烟，158, 161–162
《良友》，156, 230 fig.
梁赛珍，232
梁实秋，161–62
梁章钜，126, 275n99
梁庄爱论，Laing, Ellen Johnston, 284n27
辽东，15, 22, 24–25, 258n49
林理彰 Lynn, Richard, 272n9
林语堂，161, 181–82；《论语》杂志，161, 181；《人间世》杂志，161, 187
《玲珑》杂志，223, 225 fig., 232, 233 fig., 286n73
另见漳泉商人
刘见，284n17
刘王立明，217
流行病，89, 96, 107, 269n19, 275n91
六气（六种气候类型），269n19
六淫（六种对外无节制的行为），92, 99, 269n19
六饮（六种饮料），91
卢汉超，159, 161
鲁信烟草公司，162
鲁迅，160, 279n23, 279–80n49
陆培，73
陆耀,《烟谱》, 73, 109, 111–12, 123, 266n59, 271n70
陆羽,《茶经》, 72
"吕宋烟草"，134, 146, 181
罗溥洛 Ropp, Paul, 78
罗斯基 Rawski, Thomas, 140
罗斯曼国际公司 Rothman International, 250
罗威廉 Rowe, William, 85
骆绮兰，83
"骆驼"牌卷烟，159, 182–184, 188, 250

M

马家（汀州），40

马戛尔尼勋爵 Macartney, Lord, 74–75, 119–20

马克梦 McMahon, Keith, 86

马来亚，27

马尼拉，21, 181

马氏兄弟，70；圈子，71–72, 266n48

马市，23, 24

马斯塔德公司（老晋隆）Mustard and Company (Lao Jinlong), 134–35

马曰琯，70. 另见马氏兄弟

马曰璐，70. 另见马氏兄弟

玛丽冈特 Gaunt, Mary, 139, 276n33

迈耶，弗兰克 Meyer, Frank,"在架子上风干的烟叶", 46 fig.

满（洲）人，22, 25, 29, 61–62, 125, 194. 另见女真人

曼达克烟（与鸦片混合的烟草），3, 6, 79

曼里克，塞巴斯蒂安 Manrique, Sebastian, 27

曼素恩 Mann, Susan, 83；"人伦道德", 80–81

漫画，包含女性吸烟，219–20, 219 fig., 221 fig., 223, 224 fig., 225 fig., 286n73

《漫画生活》，286n87

毛泽东，139, 161, 236, 280n56；手持卷烟的形象，245, 246 fig., 288n42

茅盾，《子夜》，160

茂大卷叶烟制造所，135

茂林（安徽），189–90

茂生洋行，276n17

贸易网络，33, 36, 41, 62, 87, 138, 146, 154, 260n1

梅毒，89, 97

梅尔清 Meyer-Fong, Tobie, 67, 77

美国：女性吸烟，199–200, 201, 212, 222, 238；烟草消费，10, 50, 151–53, 180, 212, 262–63n83, 278n8；在广州的贸易，121

美国烟草公司 American Tobacco Company (ATC), 133–36, 146, 161. 另见英美烟草公司 British-American Tobacco Company

美国烟草公司 Mercantile Tobacco Company, 276n17

美国纸烟公司 American Cigarette Company (ACC), 136, 276n17, 276n23

"美丽"牌卷烟 158, 161, 182, 194；广告，228 fig., 229

美人，77–79, 227

美原镇（陕西），21, 43

美洲印第安人，1, 7, 19, 93, 113, 133, 181, 269n24

蒙古，22–25, 29, 54, 125, 262n75

蒙古人：烟草消费，25, 61, 74, 125；清朝皇帝赠予礼物，118, 274n50；贩卖烟草，29, 259n78；准噶尔，260n91

米哈伊洛维奇，沙皇阿列克谢 Mikhailovich, Tsar Aleksei, 259n91

米华健 Millward, James, 115

米切尔，多萝西 Mitchell, Dolores, 212

棉纺织厂工人，156, 158, 278n16

棉花，49, 50

缅甸，27–28, 43, 115

描绘吸烟袋女性的画作，79, 80 fig., 82 fig.

庙会，166–167

民国时期文学，179, 195–98. 另见老舍；沈从文；吴组缃

"民族毒药"，211, 213, 216, 221, 238. 另见民族退化

民族退化，213–215, 232, 238. 另见"民族毒药"

民族主义，132, 140

闽北，36, 41–42

《闽东本草》，103

闽赣粤边界地区，37, 40, 54

闽南，36

闽西，36, 40

名妓：文化，76–78, 267n91；吸烟，76–80, 203–6, 204 fig., 237–38, 284n17。另见妓女

明朝遗民，19, 78

明末烟草禁令，25；福建烟草市场，20, 257n13；娱乐场所，66, 76–78；儒医，89, 94, 96；烟

草消费，20, 25, 56, 62, 75, 129；人参的使用，94；鼻烟的使用，112, 118；温病学派，105–106

摩登女郎（摩登女子或摩登小姐），85, 201, 203, 205, 251；与卷烟，222–31；与新生活运动，234–35

摩登破坏团，234–35

莫里斯国际公司，菲利普 Philip Morris International, 248

莫理循，赫达，Morrison, Hedda, "烟铺内部" "Tobacco shop interior," 47 fig.

木版印刷品，205

穆时英：《Craven "A"》，182–83；《黑旋风》，183；《烟》，183–84

N

男性情谊，68, 245–47, 253–54

南京，56, 66, 69, 76, 113, 150, 165, 185, 189

南京国民政府时期，148, 149–151, 222, 227；北京的两极分化烟草市场，163–67；烟草消费的总体模式，151–54；高家龙对吸烟的论述，175–76；河北定县的烟草消费模式，172–75；上海卷烟市场，154–59；烟草消费的社会分层，159–63, 167–72, 176–77

南雄府（广东），40–41, 49

南洋兄弟烟草公司：品牌，158, 162；在上海的工厂，154；与国货，132, 147, 208；英美烟草公司的主要竞争对手，140–43, 166

内务府，53, 117–118

尼古丁，6, 9, 12, 269n24

倪朱谟，68, 93, 98, 109；《本草汇言》，103

年画：妓女吸烟，204 fig., 205, 284n17；"改良年画"，206；表现女性吸烟，79, 80 fig. 82 fig., 83, 206–8, 207 fig., 284n27, 284n28

宁都府（江西），40

宁化县（江西），260n19

宁老太太，85, 170, 209

纽霍夫，扬 Nieuhof, Jan, 67

努尔哈赤，22–23

女性吸烟：与文化落后联系在一起，215–16;；漫画形象，219–20, 219 fig., 221 fig., 223, 224 fig., 225 fig., 286n73；雪茄，202–203, 206, 209；与香烟券制度，243–44；妓女吸烟，76–80, 203, 204 fig., 205, 237–38, 284n17；在20世纪减少，199, 210–11；作为有损名誉的行为148, 201, 218；精英妇女与女性吸烟，75–76, 81, 83–84, 202, 205–6；与性别平等，218；形象，203, 204 fig., 205–8, 207 fig., 212, 284n17；日本，216；医学观点，103–5；相关的复杂信息，232；在电影中，225–27；在东北，24, 76, 283–84n3；鸦片，215–16；东方主义与女性吸烟，211–12；与爱国主义，206, 222, 238–39；在中华人民共和国时期，199, 201, 232, 236, 239, 241–242,250–51；与诗歌，77–79, 83–84；私下，81, 84, 200–202, 227；在清代，62, 64, 75–85, 202–3, 266–67n69；与生育健康，103–104, 211, 219–20；在民国时期，200–201, 209–10；与性关系混乱，84–85, 198, 212–213, 220, 221, 223, 226, 229, 236, 238；水烟袋，9, 105, 126–127, 128 fig., 202, 203；在西方，13, 86, 199–201, 212–13, 222, 238。另见摩登女郎

女真人，22–23, 24。另见满洲人

疟疾，25, 92–93, 101, 106, 252, 269n22。另见瘴气

疟（间歇性发热），92, 97, 105, 269n22。另见疟疾，瘴气

O

欧美来华旅行者，201–2

欧洲，1–2, 7, 32–34, 89–90, 113, 129

P

彭慕兰 Pomeranz, Kenneth, 50–51, 262n80

彭萨克，詹姆斯 Bonsack, James, 133–34。另见卷烟机

棚民, 37, 41–42, 48–49, 59, 261n28
郫县（四川）, 43, 53, 263n91
匹科威茨, 保罗 Pickowicz, Paul, 226
"品海"牌卷烟 13, 135, 145, 158, 160, 164, 166
平和县（福建）, 19, 264n121
平民教育运动, 173, 175
莆田县（福建）19, 40, 102
葡萄牙, 19, 21, 27, 113, 116–117, 120
葡萄牙皇家烟草专卖公司 Royal Portuguese 烟草专卖, 116, 119
蒲爱达 Pruitt, Ida, 85, 170, 209
蒲城县（福建）, 41–42, 52, 54, 56；"蒲城烟", 42, 52–54, 263–64n115

Q

琦君, 160, 162
气, 91；元气, 88, 91, 94, 97；地气, 105, 109；烟气, 93, 98；阴阳, 91–92, 103–5
迁徙, 34, 37, 40–42
"前门"牌卷烟 158, 161–162, 166, 187
钱塘（杭州）, 71
乾隆皇帝, 35, 70, 71, 114, 117–118, 274n50
巧克力, 6
切成细丝的烟草。参见丝条烟
"茄力克"牌卷烟, 159, 160, 161, 166
秦淮区（南京）, 76
青岛, 145
青少年吸烟：与禁烟运动, 214, 216, 218, 234, 285n42；卷烟, 170, 171 fig., 医疗上的益处, "青条烟", 52, 107, 126, 129
清代旗人, 25, 61–62
清代烟草零售, 55–57
清明更迭, 2, 35, 41, 66, 78
《清俗纪闻》, 83
曲沃县（山西）, 21, 36, 54
全球经济体系：与卷烟, 10, 145–46, 196；大萧条（20 世纪 30 年代）, 190–191；对北京和上海的不同影响, 172；与近代早期烟草的传播, 32–33；晚明, 与社会流动, 62, 65；商品的民族认同, 278n69；与条约口岸, 131；进入机会不均, 13；在 20 世纪作家的著作中, 179. 另见国际贸易
全祖望, 71–72, 266n48；《淡巴菰赋》, 71
泉州府（福建）, 19, 24, 36, 40. 另见漳泉商人

R

人参, 22–24, 35, 94, 96, 109, 121
人均卷烟消费：20 世纪 20 年代和 30 年代, 151–53；北京, 164, 172, 243；定县, 173；广州, 154, 278n15；上海, 155, 278–79n20；天津, 154, 278n16
"人伦道德"（曼素恩）, "familistic moralism" (Mann), 80–81
日本：禁烟运动, 13, 216, 烟草传入, 22, 257n30；侵略中国, 231–33；出产的烟草, 18, 19, 56, 110；与韩国的贸易, 258n32
日本烟草, 248
柔和"七星"牌卷烟, 250
儒学：与对吸烟的谴责, 85–86；与女性吸烟, 200, 211；与天人合一医学, 268n3；与新生活运动, 232
儒医, 62, 89, 106, 271n84. 另见张介宾；张璐
瑞德, 安东尼 Reid, Anthony, 93
瑞金县（江西）, 40, 46, 54, 260n19
瑞州府（江西）, 41

S

三藩之乱, 42–43, 59
三个摩登女性, 226
三年困难时期, 243
"三炮台"牌卷烟, 160–161, 166, 279n44
"三旗"牌卷烟, 142
丧葬, 169
瑟尔, 亨利·查理 Sirr, Henry Charles, 211

索 引 | 361

莎车，30
"山地主"，48–49
山东省，20, 22, 25, 44–45, 142, 261–62n56, 274
山蛊，93, 269–70n25
山陕商人，20, 138, 263n102, 276n29；"汉中烟"贸易，43；"衡阳烟"贸易，41, 53–54；蒙古边疆贸易，23–24；水烟贸易，107
山西省，21, 243. 另见山陕商人
山西烟行，263n102
陕西省，21, 43, 54, 57
伤寒，94, 96, 270n34, 270n35
商帮，53–54
商人：挪用精英生活方式，66, 121；印度尼西亚华人，94；公行，117–19, 121；多样化的产品，107；烟草的高档化，67；回族，29；徽州，54, 97, 190；行商，57, 59；商人家庭，138；中华帝国晚期的商帮，53–54；作为中间人，47；与鼻烟的普及，118–20；肖像画，121, 274n68；社会地位，65–66；同州和朝邑，129. 另见福建商人；陕西–山西商人；同朝商人；漳泉商人
上海：卷烟品牌偏好，161, 163；生产的卷烟品牌，162；卷烟消费，150, 154–59, 163, 164, 278–79n20, 279n25；卷烟厂，140–141, 154–155, 162, 276n17, 276n23, 277n38；卷烟市场，150, 154–58, 161, 178, 276n23；进口卷烟消费，159–61；旱烟消费，157；名妓，203；卷烟的多样性，158–59；兰州烟草商号，129；大众消费文化，3, 11, 255n8；来自上海的旧烟盒，280n61；相比于北京的烟草消费模式，172, 177；寓公，160；卷烟税，142；烟草进口，56；作家，179, 181–84；在吴组缃的小说中，190–191. 另见摩登女郎；海派
上海劝戒纸烟会，220–21
上海市烟兑同业公会价格表，162
上海烟草集团，249
上瘾，5–6, 100, 102, 188, 252, 256n20

社会达尔文主义，12, 213, 232
社会流动，与晚明经济，62, 64–67, 89
"社交革命"，8, 256n30
摄影，203
《申报》，156, 221；关于吸烟与女性生育健康的漫画，219–20, 219 fig.；漫画《妓女吸卷烟》，220, 221 fig.；关于上海名妓吸烟，205
申涵光，20–21, 64, 76
沈彩，84, 268n112
沈赤然，75
沈从文：《柏子》，194–195；《边城》，283n55；《菜园》，194；《大小阮》，194；《会明》，283n55；乡土中国，188–89；故事和小说，189, 193–95；小说中卷烟和烟草产品的使用，194–196, 198, 283n55；《丈夫》，195
沈德潜，70
沈敦和，221
沈穆：《本草洞诠》，99–100；被提及，101
沈廷对，259n75
沈阳，22, 24
《沈阳状启》，24
沈豫，《秋荫杂记》，122
《盛京时报》，206
诗：闺怨，77–79, 81；一边吸烟一边作诗，83–84；关于名妓的生活，78；关于烟草，68, 70–73, 84, 265n45；关于女性与吸烟，81
施肥，44–45, 50
施坚雅，九个经济大区，Skinner, G. William, nine macroregions of, 260n1
施闰章，65, 92, 264n15
石城县（江西），260n19
石码县（福建），19, 56；"石码烟"，19, 53, 107
石奇，50, 262n81
石首县（湖北），36
石涛，118, 274n51
实验号（船）Experiment (ship), 121
史书美 Shih, Shu-mei, 182, 286n89

史贻直，67
使馆牌卷烟，187
世界基督教妇女节制会 World Woman's Christian Temperance Union (WWCTU), 214–17, 219
世界贸易组织 World Trade Organization (WTO), 248, 250, 252–253
收废纸的人，170
手工卷烟作坊，135, 139, 170–72, 248
书籍贸易，40–42, 63, 70–71, 123
"双刀"牌卷烟，166, 174
双重轮作，52
水手，15, 32
水烟吧，10
水烟袋，"bong" pipe, 26
水烟袋：中国, 26, 126–127；作为阳气的过滤器, 105；"水烟吧", 10；起源, 18, 26, 111, 192；在中华人民共和国时期, 240；与社会互动, 192；被卷烟替代, 129, 168, 202；种类, 26, 127, 258n62；在吴组缃的散文中, 130, 192. 另见女性吸烟，水烟；水烟烟草
水烟：消费, 9, 111, 126–127, 129, 168, 202, 203；运销, 126；在福建种植的水烟, 52, 259n81；传入, 25–31, 259n81；兰州, 28–30, 107, 126–27, 129, 259n75；社会地位与水烟, 125–26；用于制作水烟的烟草品种, 52. 另见女性吸烟，水烟袋
顺治皇帝，67
丝绸之路，27, 30
斯当东爵士，乔治 Staunton, Sir George, 119–20
斯考特，埃德蒙 Scott, Edmund, 93
四川省：烟草在八旗士兵中的普及，25；鼻烟, 114；烟草栽种, 43, 59；烟铺, 57–59；烟草贸易, 54. 另见郫县
松江府（江苏），20, 25, 65
宋荦，118, 274n49
宋美龄，234–237, 286n58
苏北人，158

苏拉特，119
苏亚雷斯 Soares, Simeo (Joseph), 113
苏州，56, 66, 69, 81, 118, 129, 263–64n115
孙得功，258n49
孙嘉淦，70
索萨，乔治 Souza, George B., 116, 262n75

T
台湾，36, 57, 202, 236, 257n9
泰培烟厂，135, 276n19, 276n23
泰瑞尔，伊恩 Tyrrell, Ian, 215
谭吉璁，23
汤姆森，约翰 Thomson, John, 202, 209
桃花坞作坊（苏州），79, 80 fig.
陶孟和，280n74, 281n86
腾越州（云南），28, 259n71
天蕙斋，125
天津：卷烟消费, 153–54, 278n16；卷烟业, 144–146；烟铺, 20, 56
天津条约，122
天桥集市，166–67, 170, 176
天人合一医学，88–90, 268n3
条丝烟，52–54. 另见"永定烟"
条约口岸，7, 10, 147–48, 178；卷烟消费, 131, 153–54, 164
汀州府（福建），40–42, 44, 46
廷呱（关廷高），134
廷克勒，佩妮 Tinkler, Penny, 212, 226
亭子间，161
同朝商人，126, 129, 138
土地开垦政策（清代），42, 69
土耳其，12, 136
土耳其烟草，133
土壤，44, 48–49, 52

W
WWCTU. 参见世界基督教妇女节制会

外交礼物，23, 31, 118, 259–60n91, 274n50
晚明社会地位的差异，62, 64–65
"万宝路"牌卷烟，248, 250, 289n62
万载县（江西），261n28
汪昂，100–101, 109；《本草备要》，101–102
汪机，270n46；《石山医案》，96；对于亏症的观点，97
汪儒望 Valat, Jean, 113
汪师韩，《金丝录》，53, 73
王逋，20, 24
王德威 Wang, David Der-wei, 193
王浩，118
王肯堂，《六科证治准绳》，106
王（刘王立明），维丽德，弗朗西斯 Wang, Frances Willard (Liu–Wang Liming), 217
王士禛：关于韩菼喜爱吸烟的轶事，67；与董以宁，69, 265n34；举办文学聚会，76；被提及，70, 86；肖像画，118；关于鼻烟，114；关于烟草向精英传播，64；关于妇女吸烟，75；关于烟草的著作，69；《香祖笔记》，69
王廷抡，40
王訢，42, 259n81
威尔士，50, 262n82
威克斯，范妮 Wickes, Fannie, 170
惟善 Smith, Frederick Porter, 134
维多利亚时期，86, 200, 212–213, 215, 238
维丽德 Willard, Frances E., 215, 217
卫生会，220
渭河河谷，21, 43, 57
魏纶 Williams, Philip, 190
温病学派，105–106
"温补"学派，89–90, 95, 96, 104, 106；治疗阳虚的药剂，97–98, 104
温上贵叛乱（1723年），41, 261n28
"文化大革命"，129, 236–37, 243–45
文康，《儿女英雄传》，81, 83, 86, 112
文学聚会，69, 70–72, 77

"乌厚烟"，52
无线电，223–25
无烟烟草，240
吴仪洛，《本草从新》，101–2, 109, 271n70
吴英，56, 264n118
吴有性，269n19
吴组缃，188, 189–93；《樊家铺》，190；《官官的补品》，191；《金小姐与雪姑娘》，190；将烟袋浪漫化，196；抽烟袋的农村人始终是男性，198；青少年时期在茂林吸烟，190；《烟》，130, 191–93
五卅运动（1925年），140
五四运动（1919年），140, 235, 238
五味，92
五脏（五种脏器功能系统），90, 98, 269n12
五种脏器功能系统（五脏），90, 105, 269n12
伍廷芳，220–21, 285n68

X

西班牙，1–2, 113–114
西北大学，217
西伯利亚，23, 29, 54, 59, 262n75
吸卷烟：美国人吸卷烟，151–53, 262–63n83；美洲印第安人吸卷烟，133；与抽旱烟对比，151；与培植关系，245, 247；教育与吸卷烟，241–42；与工业化，133–34；在毛泽东时代，242；男性化，245–47；与爱国主义，206, 222, 238–39, 253；农民吸卷烟，173, 176, 241, 248, 287n10；与生理退化，214, 285n42；在后毛泽东时代的中国，242–43, 247；接受过程，131–32；无产阶级化，241；与民族退化，213–14, 238；区域，152, 153–54, 211；替代水烟和鼻烟，9, 130–131, 149, 202；在17世纪和18世纪，133；与性，183, 190；社会地位与吸卷烟，149, 150–51, 159–63, 241；作为西方文化的象征，3, 12, 148, 189, 192–93, 196–197；北京城市贫民吸烟，170；与城乡差异，

150, 179, 190, 194–97, 244。另见人均卷烟消费；女性吸烟；青少年吸烟；人均烟草消费

吸烟的社会背景，5, 8–9, 68, 255n14。另见关系

吸烟：将烟吸入的行为，6, 26, 90–91, 258n63；与性别，198–199；与社会差异，11–12；吸烟的社会属性，8–9。另见人均卷烟消费；吸卷烟；女性吸烟；抽烟袋；烟草消费；水烟消费

吸烟相关疾病，88–89, 92, 102, 241, 251–52

"希尔顿"牌卷烟，250

"仙岛"牌卷烟，190

"仙女"牌卷烟，162

暹罗，27, 258n62

乡村建设学院（定县），173

相思草，100, 102

香港，142, 143–144, 154–155

香烟牌子，190, 208, 208 fig., 227

湘赣丘陵，41, 54

湘潭县（湖南），41, 261n25

"消费革命"，11, 14

消费文化，3–5, 14, 133, 145, 147–48, 177, 255n8

消化，107, 109, 252

小川真和子 Ogawa, Manako, 215

小贩，159, 166

小鹿庄，174

小市民：卷烟消费，149, 154, 156, 161；在上海，相较于北京，165；迎合小市民的出版物，156, 203

小说，论及卷烟，182–87, 189

孝道，85

肖像画：手持水烟袋的精英男性与女性，127–29, 128 fig.；手持鼻烟壶的商人，121, 274n168；石涛所作，118

谢之光，227–29, 286n87

辛亥革命（1911年），批评女性吸烟的评论，217–219；与"洋服热"，164；与妇女在公共场合吸烟，200, 205–206, 210

新昌县（江西），261n28

新城县（江西），42, 262n59

新感觉派，182

新混合型卷烟，249

新疆，26, 28, 30, 54, 259n73

"新女性"，200–201, 203, 206, 217, 235；与吸卷烟，208, 210, 238–39；区别于摩登女郎，222, 229；传教士对之的看法，212–13. 另见摩登女郎

新女性，226

新生活运动，232–35, 236–37, 245

新月社，182

新政时期（1900—1911年），200, 202, 206

行商，117–19, 121

性关系混乱：女性吸烟与性关系混乱，212–213, 220, 221 fig., 223, 226, 229, 236, 238；在文学作品中，190, 198

性与吸烟，清代，77–79, 84–85

修水县（江西），261n27

虚劳，104

徐珂，202, 220

徐玲，232, 233 fig.

徐扬，56, 263–64n115

徐志摩，《吸烟与文化》，182

许安泰，72

许广平，160, 279–80n49

宣传海报，245, 246 fig.

薛己，95–96

雪茄，3, 10, 111, 134；女性吸雪茄，202–203, 206

雪茄商标，212

Y

鸦片，3, 6, 100, 121, 169, 234, 279n30；与民族退化，213, 215–216；可吸食，6, 79, 272n85

亚历山大，威廉 Alexander, William, 75

烟草，7, 89, 95

烟草产量，50, 262n78

烟草工业公司，243

烟草工业：国有化，211, 243；在中华人民共和国时期，240–242；在毛泽东时代，242–47；在后毛泽东时代，247–49, 253

烟草公司，3, 12, 140–43；国有化，211, 243. 另见英美烟草公司；华成烟草公司；南洋兄弟烟草公司

烟草加工，45–47, 46 fig., 47 fig.

烟草控制框架公约，252–53

烟草礼仪，68, 73, 111–113, 245

烟草贸易：与中亚和南亚，25–31, 262n75；销售给海外华人，59, 264n123；清朝，26；区域贸易网络，194；与东南亚，57, 262n75；贸易量，54–55

烟草捐客，45

烟草商人。参见商人

烟草审议会 Junta do Tabaco, 116, 120–21

烟草：使人上瘾的特性，6, 100；与酒精，67–68；国外起源，7, 95；被认为对不同的个体有不同的影响，102–8；分类，90–91, 93, 109；与其他新大陆的消耗品相比，6；被认为致醉，67–68, 91；时尚，10, 110–11, 129, 131；有害影响，88–90, 102；传入中国，1–2, 15–18, 16–17 fig.；起源，63–65；传说中对健康的益处，8, 62–63, 74, 79, 87, 89–90, 92–94, 101–2, 109, 252；与清代政治经济，2；在欧洲和中东的接受过程，1–2, 7, 90；词语，7, 91, 95, 270n38；用作一种杀虫剂，93, 102, 252, 269n24；在医学中的使用，79, 89, 92–93, 98–99, 108；种类，5, 29–30, 51–53, 59, 110；弗吉尼亚，133, 135, 159, 161, 184, 190. 另见卷烟；旱烟；烟草消费；烟草栽种；水烟

烟草文本，62. 另见烟草指南

烟草消费：在高级妓女中，76–80；中国人相比于欧洲人和美国人，50–51, 262n82, 262–63n83；在 18 世纪和 19 世纪，50–51, 74, 262n80, 262n81；时尚，110–11, 113, 124, 125；性别与烟草消费，198–199, 210–212；在 20 世纪 20 年代和 30 年代，151–53；农民，74–75；在中华人民共和国时期，149, 240；清代，50；与性，77–79；社会地位烟草消费，34, 51, 55, 59, 61–62, 63–67, 110–11, 129–30；美国，50, 151–53, 212, 262–63n83, 278n8；城乡差异，112, 129, 150, 174–75, 178–79, 196–97, 241, 287n10. 另见人均卷烟消费；吸卷烟；女性吸烟；抽烟袋

烟草栽种：条件，44；传播，21, 36–39 fig., 40–44, 50, 57, 60, 260n21；收入，44, 47–48；在家庭农场，34；资金筹集，47；丘陵与低地，35, 44–49, 261–62n56；将烟田还耕粮食的运动，69, 126–27，在新大陆，1；在 19 世纪的中国，19；与土壤肥力，48–49；技术，52–53

烟草指南，53, 62, 108, 123, 124；陆耀的《烟谱》，73, 111–12, 266n59

烟草种子，36, 48

烟袋，67, 127, 211

烟袋：在明代窑址发现的，257n5；出租，57；种类，73, 272n1. 另见长烟袋；抽烟袋；水烟袋 104；烟袋，74–75；在中华人民共和国时期，244

烟的意涵，7

烟铺，9, 55–57, 108；在北京，55–56, 67；在杭州，43；在兰州，36；专卖福建烟草，36；在天津，20, 56；内景，47 fig.

烟头，165, 167, 170, 186, 245

烟行，45

烟纸店，159

烟嘴，206

延绥镇（陕西），23

严如熤，48

兖州府（山东），25, 114

晏阳初（晏，詹姆士），173

扬州，54, 56, 66, 69–71, 76–77, 274n57

阳虚，97–99, 103–4, 106
杨方兴，24
杨复吉，266n59
杨国安，49–50, 266n62
杨士聪，21, 64, 257n23
洋服热，164
"养阴"学派，89–90, 95–96, 98, 104, 106
姚成烈，264n118
姚旅，7, 19, 69, 93, 102;《露书》, 19
耶稣会士，25, 29, 74, 113, 115
《野草闲花》, 226
叶凯蒂 Yeh, Catherine, 205
叶梦珠，20, 64
叶天士，108
一年三作，52
伊斯兰教，7
医生，吸烟，241, 247, 287n5
医学文献。参见本草；烟草，传说中的健康功效
宜昌县（湖北），135
颐中烟草，174
阴虚，103–104
阴阳二元论，91–92, 103–5
印度，26–28, 30, 43, 49
印度尼西亚，93–94
印度水烟，huqqah (hookah), 26, 129, 258n62。另见水烟袋
印刷媒体：名妓吸烟的形象，204 fig., 205, 284n17；女性吸烟者的形象，202–203；其中的摩登女郎，223。另见年画
英国：女性吸烟，199–200, 212, 222, 238；烟草消费，10, 50, 262n82
英美烟草公司 British-American Tobacco Company：所做的广告，138–39, 147, 208 并购，279n41；遭受的抵货，202；所产品牌，158, 160–161；与中国卷烟市场，1, 132, 136–39；来自手工烟的竞争，144–45, 248, 277n57；所占支配地位，135–37, 140–143, 166, 181, 276n19；边疆区，276n29；销售和运输网络，138–39, 146, 153, 175–76；迁至香港，143 在北京的销售，166, 281n81；构造，136, 146；在上海的卷烟销售，154–55
"婴孩"牌卷烟，174
雍正皇帝：收到的鼻烟礼品，113–14, 117–118；土地开垦计划，35, 42, 69–70
永定县（福建），46；"永定烟"，52–53
永年县（直隶），21
永泰和烟草公司，155, 166, 281n81
尤侗，69, 77
《游戏报》, 203
玉米，6, 28, 45, 48–49, 52
玉山县（江西），42
玉溪红塔集团，249
郁结，99, 271n61
袁枚，83–84
袁州府（江西），41
月份牌，139, 227
月经，103–104
岳震川，43
岳州府（湖南），41
越南，27
"云龙"牌卷烟，166
云南省：卷烟生产，249；被提及，37, 93；出产的"兰花烟"，105；烟草栽种，28, 43, 59, 259n71；与缅甸的贸易联系，26–28

Z

臧咸，48
曾羽王，20, 64–65
闸北，流行的卷烟品牌，162
詹姆士一世 James I, 8
张焘，134
张机，《伤寒杂病论》, 94, 270n34
张介宾，67–68, 93, 95, 109；相较于倪朱谟和张璐，103–4, 106；对烟草的探讨，98–99；对后

来医学家的影响，100–102；《张氏内经》，98

张晋凯，20

张璐，271n84；《本经逢原》，106；对于烟草的看法，106–7；《张氏医通》，106

张英进，188

张竹卿，141

漳泉商人，36, 46, 54, 59, 94, 257n9

漳州府（福建），19, 24, 36, 40, 52–53, 107, 270n33；与"石码烟"，19, 53, 107, 263n91. 另见漳泉商人

瘴（间歇性发热），92, 97, 105, 269n22. 另见疟疾, 瘴气

瘴气，25, 92–93, 99, 269n22

招牌，8, 53, 56；"蒲城烟"，263–64n115

赵学凯，272n85；《百草镜》，107

赵学敏，108, 272n85；《本草纲目拾遗》，107, 272n85

赵之谦，《勇庐闲诘》，123–25, 272n9

浙江省，19, 20, 42, 114, 135, 142, 153–154, 257n13；浙西词派，71

振胜烟厂，141

郑成功（国姓爷），36

知心话，288n42

直隶省，20

指南（烟草），53, 62, 124；陆耀的《烟谱》，73, 266n59

中国共产党（CCP），13, 148, 211, 236, 242–43, 244–247

"中国"牌卷烟，141

中国烟草总公司，248

中和烟铺（天津），20, 56

中华国货维持会，220

中华人民共和国：卷烟销售，250–51；吸卷烟，149, 240–42；烟草产品消费，240；女性吸烟，236, 242, 250–51；外国卷烟，244, 250, 289n62；青少年吸烟，244；毛泽东时代，236, 242–47；吸烟的男性化，245–47；抽烟袋，244；农村与城市的吸烟者，241, 244, 248, 287n10；吸烟相关的疾病，241；烟草控制手段，252–53；烟草工业，240–242, 247–48, 253

钟表，119, 274n57

钟雪萍，236

种族改良基金会，214

重庆，187–88

周继煦，《勇庐闲诘评语》，123

洲际特快号"555"牌卷烟，159, 250, 279n41, 289n62

洲际特快号"999"牌卷烟，159–60, 279n41

朱履中，《淡巴菰百咏》，118, 274n53

朱秋痕，232

朱湘，160–161, 279n23

朱震亨，95–96

朱中楣，《美人唉烟图》，76, 79

"紫金山"牌卷烟，139

紫玉，267n90

"自行车"牌卷烟，164

邹家（汀州），40

祖官（陈祖官），121

作坊，45

作家：小说，182–84, 185–87, 189；关于吸烟的文章，181–82；上海，160–61；工作室，72

作物轮作，44, 50

译后记

作者班凯乐（Carol Benedict）是斯坦福大学历史系博士，现任美国乔治城大学历史系教授。这本书出色地展示了，烟草这份来自新大陆的"礼物"，如何经历实物和文化两个层面的移植和传播，在中国的土壤中生根发芽，反映了中国物质文化史、消费史和烟草史研究的新动向，因其研究卓越，获得了美国历史学会2011年"费正清东亚历史学奖"。

这本关于中国五百年烟草史的专著大致可以分为两个部分。第一部分主要在跨文化的全球视野中，共时性地检视了烟草于晚明传入中国的历史，追溯在头一百年中，烟草如何通过欧亚贸易网络嵌入中国的农业实践，以此说明"中国与近代早期世界的联系越来越密切"。其余章节则从空间、时间、社会经济和性别的角度，历时性地考察了从帝国晚期到近代早期，中国文化中烟草消费的延续与演变，促使我们"根据几个世纪以来所发生的事实，而不是参照一个基于西欧或北美模式的单一化'消费社会'的理想化标准"，来看待中国消费的历史。

这部学术著作的诸多优点之一，在于作者深入浅出地将历经几个世纪的中国烟草史和吸烟文化展现在读者面前。要利用如此纷繁的史料，雕琢出一部条理清晰、通俗易懂的学术作品，可谓是一个巨大的挑战，而班凯乐成功地应对了这个挑战。此外，作者虽以"中国烟草史"（原版书名直译为《金丝烟》）为题，但并未将视野局限于"中国"和"烟草"，而是在跨文化的视野中，比较中国与其他社会的异同，同时凭借对烟草史的深入研究，参与到对全球化、本土化、商品经济、医疗文化、消费文化及社会性别等重要议题的讨论中，令我们对这些议题又有了新的认识。

我从 2006 年开始关注中国近代卷烟工业，也因为这一研究兴趣与本书结缘。2011 年 7 月，我正以"战前十年的中国卷烟市场"为题撰写博士论文。恰逢美国斯坦福大学教授高迈德（Matthew Kohrman）来上海访问烟草博物馆，告知我《中国烟草史》刚于 5 月出版，并将随行携带的书相借，让我先睹为快，因此我大概是这本书在中国大陆最早的读者之一。随后，我和当时还在北京师范大学读博士的韩炅（Luke Hambleton）一起撰写了这本书的书评。① 2012 年初，我先生贾钦涵博士在美国哥伦比亚大学访学之际，将英文版的书评当面转交给班凯乐教授，自此我开始通过邮件与班凯乐教授取得了联系。2012 年，我应邀参加在北京大学斯坦福中心举办的国际学术研讨会 Critical Industrial Studies in Cigarette Production Before, during and After "Liberation" Workshop, present on "The Cigarette Industry during the Great Leap Forward"，在会上见到班凯乐教授，得以当面向她请教。2012 年 7 月，我获得博士学位后，在美国斯坦福大学胡佛研究所访学期间，将博士论文邮寄给班凯乐教授指正。所以，从我撰写博士论文的最后阶段直到修改出版，班凯乐的这本专著成为我研究的重要对话对象，班凯乐教授本人在资料上和方法上亦为我提供了宝贵的建议。

当北京大学出版社的王立刚编辑联系我翻译此书时，我自觉义不容辞。值此《中国烟草史》中译本出版之际，我谨向班凯乐教授致以诚挚的谢意。

此外，感谢复旦大学历史学系的刘平教授向北京大学出版社推荐我来担任本书的译者。我还要感谢我的同事许明杰老师和马孟龙老师，在我

---

① 韩炅、皇甫秋实：《多重视野下的中国烟草史——读 Golden-Silk Smoke: A History of Tobacco in China, 1550—2010》，《近代中国的物质文化》，《近代中国研究集刊》第 5 辑，上海古籍出版社 2015 年版，第 467—477 页。

翻译中遇到问题时,第一时间帮我答疑解惑。还有山西大学历史文化学院的魏晓锴老师,以及历史学系的硕士研究生林煜堃和历史地理研究所的博士研究生位书海,也在翻译和校对的过程中为我提供了诸多帮助,在此特致谢忱。我还要感谢本书的责编王立刚老师,耐心沟通、细心编辑。限于译者水平,本书难免有舛误之处,祈请方家指正。

著作权合同登记号 图字：01-2016-6288

图书在版编目（CIP）数据

中国烟草史 /（美）班凯乐著；皇甫秋实译. —北京：北京大学出版社，2018.7

（先声文丛）

ISBN 978-7-301-29467-3

Ⅰ.①中… Ⅱ.①班… ②皇… Ⅲ.①烟草工业－工业史－中国 Ⅳ.① F426.89

中国版本图书馆 CIP 数据核字（2018）第 078971 号

Golden-Silk Smoke: A History of Tobacco in China, 1550-2010, by Carol Benedict
© 2011 The Regents of the University of California
Published by arrangement with University of California Press

书　　　名	中国烟草史 ZHONGGUO YANCAOSHI
著作责任者	〔美〕班凯乐 著　皇甫秋实 译
责任编辑	王立刚
标准书号	ISBN 978-7-301-29467-3
出版发行	北京大学出版社
地　　址	北京市海淀区成府路 205 号　100871
网　　址	http://www.pup.cn　新浪微博：@北京大学出版社
电子信箱	sofabook@163.com
电　　话	邮购部 62752015　发行部 62750672　编辑部 62755217
印 刷 者	北京中科印刷有限公司
经 销 者	新华书店
	880 毫米 ×1230 毫米　A5　11.75 印张　340 千字 2018 年 7 月第 1 版　2022 年 3 月第 2 次印刷
定　　价	75.00 元

未经许可，不得以任何方式复制或抄袭本书之部分或全部内容。
版权所有，侵权必究
举报电话：010-62752024　电子信箱：fd@pup.pku.edu.cn
图书如有印装质量问题，请与出版部联系，电话：010-62756370